조국 근대화의 젠더정치
가족·노동·섹슈얼리티

조국 근대화의 젠더정치 — 가족·노동·섹슈얼리티
1판 1쇄 펴냄 2015년 12월 30일
1판 2쇄 펴냄 2016년 7월 30일

지은이   이재경·유철인·나성은 외
펴낸이   이형진
펴낸곳   도서출판 아르케
출판등록   1999. 2. 25. 제2-2759호
주소   강원도 홍천군 내촌면 와야리 300-4
대표전화   (02)336-4784~6 | 팩스   (02)6442-5295
E-Mail   arche21@gmail.com | Homepage   www.arche.co.kr

값 24,000원

ⓒ 이재경·유철인·나성은 외, 2015

ISBN 978-89-5803-146-8   93300

조국 근대화의 젠더정치
가족·노동·섹슈얼리티

이재경·유철인·나성은 외 지음

아르케

■ 책을 펴내며

1950년대 한국전쟁이후 등장하기 시작한 경제발전과 근대화 담론은 1960년대 박정희 정권이 들어서면서 급속도로 확산되었다. 경제성장을 중심으로 한 사회변화가 강력한 정부 주도로 이루어지면서 정치·사회 영역에서 비민주와 억압이 팽배해졌으며, 이러한 문제들은 사적 세계로 분류되는 가족과 섹슈얼리티의 영역에서 가부장적 권위주의와 성불평등이 지속되는 데에도 영향을 미쳤다. 개발 시기 여성의 일상 경험은 한국의 근대화 및 가족주의의 맥락에 놓여 있다. 여성들은 가족 내에서 재생산 노동을 담당했던 것은 물론, 사회에서는 경제성장의 핵심적 노동자로 직접 기여하면서 가족생활을 유지했다. 개발독재와 서구 모델의 경제발전 및 근대화가 이루어지는 가운데 대다수의 여성들은 어머니이자 아내로, 주변화된 노동자로 살아왔다. 그러나 이 시기 여성이 가족과 국가에 의해 도구적으로 희생되었다고만 평가할 수 없다. 여성들에게는 다양한 도전과 협상을 통해 좌절을 극복하고 자신의 삶을 능동적으로 기획하는 근대적 주체가 되어가는 과정이기도 했다.

『조국 근대화의 젠더정치 — 가족·노동·섹슈얼리티』에 실린 글들은 한국의 발전과 근대화 과정에서 비가시화되어 온 여성들의 헌신과 기여, 그리고 다양한 협상과 전략에 기반을 둔 여성들의 행위성을 논의하는 연구들이다. 특히 가족, 노동, 섹슈얼리티를 주요한 논의의 영역으로 설정하고 이들 간의 상호 연결에 주목하였다.

『조국 근대화의 젠더정치 — 가족·노동·섹슈얼리티』는 2010년도 한국연구재단의 기초연구지원인문사회 토대연구사업인 "여성 구술생애사를 통해 본 한국의 근대: 분단·개발·탈식민의 경험과 기억"(NRF-2010-322-B00022)의 연구결과물로, [젠더와 기억] 총서 중 세 번째 단행본이다. 2012년 『여성주의 역사 쓰기: 여성 구술생애사 연구방법』, 2013년 『여성(들)이 기억하는 전쟁과 분단』을 발간했으며, 이후 『여성 구술사 아카이브』를 발간함으로써 [젠더와 기억] 총서 시리즈를 마무리할 예정이다.

  이 책이 나오기까지 많은 분들의 노력과 도움이 있었다. 연구 사업에 열정적으로 참여해 주시고 개발 시기 여성 경험에 관한 논의에 깊이를 더해주신 <근대와 여성의 기억> 연구팀에게 고마움을 전한다. 또한 이 책에 논문 게재를 수락해주신 김승경, 김혜경, 배은경, 안연선 교수께도 감사드린다. 특히 원고 편집과 교정을 총괄하여 헌신적 노력을 아끼지 않은 김연주 박사에게 감사드린다. 본 연구사업을 위해 그동안 공간과 행정적 지원을 아낌없이 해준 이화여자대학교 한국여성연구원 김은실 원장님과 최수영, 홍혜미 선생님께도 고마움의 인사를 전한다. 실무를 도와 준 서정은, 신수경 선생에게도 감사를 표시하고 싶다. 마지막으로 이 책의 출판을 위해 수고해주신 도서출판 아르케의 이형진 사장님과 실무를 담당해 준 최창신 선생님께도 감사드린다.

  이 책은 개발 시기 여성의 일상 경험에 주목해 온 기존의 연구 성과들을 기반으로 마무리될 수 있었다. 개발 시기 여성들의 삶에 대한 정당한 조망에 이 책이 조금이나마 기여하기를 바라며, 여성들의 일상 경험에 대한 보다 풍부한 논의들이 지속적으로 이어지기를 기대한다.

2015년 11월
근대와 여성의 기억 연구진을 대표하여
이재경

■ 목차

조국 근대화의 젠더정치 — 가족·노동·섹슈얼리티

책을 펴내며 | 4

    1. 여성주체의 관점에서 본 발전과 근대화　　　　| 이재경　_7

1부　부계가족주의와 핵가족 담론

    2. 논쟁의 장으로서의 "가족"
       : '박정희체제'하 핵가족 담론과 성별규범의 재구성 | 김혜경　_27
    3. 전후 경제개발의 영웅서사를 넘어서
       : 1935년 개성 출생 여성 사례　　　　　　　　| 박혜경　_59
    4. 1920년대 출생 여성의 생애를 통해 본 재혼과 모성 | 나성은　_91

2부　경제개발 주체로서의 여성

    5. 생산성, 투쟁성 그리고 여성성
       : 한국 여공의 다층적 이미지　　　　　　　　 | 김승경　_125
    6. 여성 사업가의 생애와 제주도 관광사업의 역사　| 유철인　_153
    7. 경제개발시기 젠더화된 이주: 독일의 한국간호사　| 안연선　_179

3부　발전국가와 섹슈얼리티

    8. 1960-70년대 출산조절 보급 과정을 통해 본 여성과 '근대'
　　　　　　　　　　　　　　　　　　　　　　| 배은경　_207
    9. '기생관광': 발전국가와 젠더, 포스트식민 조우
　　　　　　　　　　　　　　　　　　　| 이하영·이나영　_239
    10. 여성노인의 생애사를 통해 본 가정폭력과 빈곤 속 생존
　　　　　　　　　　　　　　　　　　　　　　| 박언주　_275

제1장 여성주체의 관점에서 본 발전과 근대화

이재경

1. 들어가며

발전[1]과 근대화라는 사회적 목표는 한국뿐 아니라 2차 대전 이후 식민통치에서 독립한 대부분의 제3세계 국가[2]들이 추진해온 국가적 프로젝트였다. 서구의 산업화와 경제성장을 모델로 한 발전프로젝트는 당시 미국의 사회과학을 지배했던 근대화 이론으로 뒷받침되었다(김연주·이재경, 2013). 근대화 이론에서는 전통(tradition)과 근대(modern)를 이분화하며, 근대사회는 전통적인 가치와 제도를 변화시킴으로써 실현될 수 있다고 본다. 사회의 발전은 누적적(cumulative)인 역사적 과정인데, 발전된(developed) 또는 근대화된 국가란 국민의 의사를 반영하는 대의민주주의, 높은 생산성을 추구하는 산업자본주의, 권리와 기회를 모든 사회집단의 구성원에게 공정하게 부여하는 사회, 성과주의적 기준과 전문적인 규범에 의해 기능하는 공공행정 조직을 갖춘 것을 의미한다(Pritchett et al, 2013: 2).

---

[1] 한국사회에서 'development'는 발전 또는 개발로 번역되어 사용해 왔다. 영어로는 동일한 단어이지만 발전은 더 나은 상태로의 이행의 의미로 쓰이고, 개발은 경제적인 측면을 강조하는 다소 좁은 개념이며 주로 국가나 국제기구의 정책용어로 사용되어 왔다. 이 글에서는 발전을 주로 사용하며 특정한 맥락에서 개발을 적절히 사용하였다.

[2] 제3세계(the Third World)국가는 냉전시대 서구 자본주의 국가(제1세계)와 국가사회주의 국가(제2세계)와 구별되는 2차 대전 후 새롭게 산업화와 경제개발을 추진하고자 하는 나라들을 칭하는 용어였다. 그러나 이후 제1세계와 제3세계는 위계를 암시하는 제국주의적 용어라는 비판을 받아 현재는 주로 개발도상(developing)국가를 주로 사용한다. 1960, 70년대 한국의 개발 시기를 논의하는 이 글에서는 당시 통용되었던 제3세계 국가라는 용어를 쓰고 때에 따라 개발도상국가를 사용하였다.

그러나 한국을 비롯한 제3세계 국가들에서 발전은 서구 모델의 산업화와 경제성장을 의미하는 것이었다. 근대화 프로젝트에서 경제발전이 핵심이 된 배경에는 2차 대전 후 냉전의 영향이 크며, 특히 과거 식민통치를 했던 서구 자본주의 진영의 국제정치적 이해관계와 무관하지 않다. 미국을 비롯한 제1세계 국가들은 다양한 원조3)를 통해 피식민 국가들의 경제발전을 유인하고 군사적 동맹을 지속함으로써 공산주의의 위협에서 보호하고자 하는 전략적 필요가 있었다(문승숙, 2005: 21). 이후 이러한 원조가 오히려 제3세계 국가들의 제1세계에 대한 경제적 종속을 심화시켰으며, 결과적으로 종속국가(dependent country) 내에서의 빈부격차가 악화됨으로써 정치·사회적 갈등이 증폭되었다는 비판을 받았다.4)

1) 발전과 근대화에 관한 페미니즘 논의

한편 발전과 근대화에 대한 페미니즘 논의는 발전과정에서의 여성 배제에 대한 문제제기에서 시작한 여성발전(Women in Development, WID) 논의와 이후 여성발전 논의의 서구 중심성을 극복하고자 하는 탈식민(post-colonial) 페미니즘 비판으로 이어져 왔다. 먼저, 여성발전(WID) 논의는 여성들이 경제발전과정에서 소외되었으며, 근대화가 여성에게 평등한 권리나 지위상승을 가져다주지 못했다고 주장한다. 여성발전 접근은 전통과 근대라는 근대화 이론의 가정을 전제로 삼고 있다. 따라서 여성의 억압적인 상황을 권위주의적이고 남성 중심적인 전통사회의 유산으로 보며, 여성을 발전과정에 통합시키고자 하는 정책적 개입을 통해 개선하고자 하였다. 여성발전 논의는 발전과정에서 나타나는 젠더 차이와 차별을 가시화시키고, 다양한 프로그램을 통해 여성들이 지역사회에서 조직화되고 활동할 수 있는 계기를 제공하였다는 점에서 긍정적인 측면이 있다. 동시에 성별분업에 대한 문제제기를 하지 않음으로써 남성가장에 대한 여성의 의존을 지속시키고,

---

3) 흔히 미국을 비롯한 선진국이 후진국에 직접 또는 간접으로 제공한 경제적인 원조를 말하며, 경제개발협력이나 개발협력으로도 칭한다. 미국의 대외원조의 일차적 목적은 자국의 군사, 경제, 정치적 이익을 위해 자본주의 진영의 안정과 번영을 확보하는 것이었다.
4) 전후 제3세계 발전에 대한 이론적 흐름과 논쟁은 Viterna, Jocelyn and Cassandra Robertson(2015)을 참고할 것.

세력화(empowerment)의 조건을 약화시킨다는 비판을 받아 왔다. 다시 말해 발전과 근대화 프로젝트가 긍정적이고 불가피한 측면이 있지만, 많은 근대화 프로그램이 국가와 가족의 가부장적 구조에 대한 여성의 의존을 약화시키지 못했고, 기존의 성역할이나 성별분업을 변화시키지 못했다는 것이다5)(모저, 2000; Boserup, 1970; Pearson and Jackson, 1998). 한국사회에서는 1960, 70년대 개발시기 새마을운동의 부녀회 조직이나 활동이 여성을 발전과정에 통합시키고자하는 여성발전(WID) 전략의 맥락에서 평가할 수 있다.

다음은 여성발전(WID)과 같은 발전과 근대화 이론의 서구중심적 패러다임에 관한 탈식민주의 비판이다. 탈식민 페미니즘은 단순히 성별화된(gendered) 발전정책에 대한 비판을 넘어서 인식론적 전환을 요구한다(모한티, 2003; McEwan, 2001). 1970년대까지도 발전과정에서의 여성의 역할과 지위에 관한 페미니스트 논의는 서구의 학자들에 의해 이론화되었으며, 서구 여성운동의 맥락에서 비전과 전략들을 세계 다른 지역으로 수출하여 왔다. 이 과정에서 각 나라의 문화적 특성이나 역사를 고려하지 않고 제3세계 여성들에게 서구중심의 평등과 해방의 목표와 전략을 이식하려 함으로써 결과적으로 여성들을 대상화, 피해자화 하게 되었다. 서구의 페미니스트들은 제3세계 여성을 페미니스트 의식이 충분하지 않고 전통적인 관습과 문화에 순종함으로써 결과적으로 가부장적 권력에 억압받는다고 보는 것이다. 이후 이들 여성을 동질화하고, 토착문화에 대한 몰이해와 과거 여성들이 참여했었던 저항과 민족해방 투쟁을 간과한 채 서구 페미니스트 의제를 제3세계에 이식하려고 한 점은 많은 비판을 받았다. 탈식민 페미니스트들은 무엇이 발전인지, 누구를 위한 발전인지, 발전의 주체는 누구인지, 발전이 여성의 삶을 풍요롭게 해 왔는지, 발전이 과연 바람직한 사회를 만들어 왔는지에 대한 질문을 지속적으로 제기해 오고 있다(미스·시바, 2000).

---

5) 이러한 비판에서 남성과 여성의 불평등한 지위와 역할, 자원 접근 등의 권력관계와 차이에 주목하고, '여성'보다는 '젠더관계'에 주목하는 젠더와 발전(Gender and Development: GAD) 논의가 시작되었다. 젠더관계를 강조하는 젠더와 발전(GAD) 접근은 전통적인 성역할의 변화를 촉구하며, 여성을 단지 발전의 대상 또는 수동적 수용자로 보지 않고 발전과정에서 여성의 행위성을 보다 강조한다(이은아, 2007). 보다 구체적인 논의는 모저(2000)를 참고할 것.

2) '조국 근대화'와 한국여성

발전과 근대화에 대한 페미니스트 논의를 토대로 한국사회의 근대적 변화에서 강력한 개발주의가 지배했던 1960-1970년대를 분석하는 것은 중요하다. 1950년대 한국전쟁이후 등장하기 시작한 경제발전과 근대화 담론은 1960년대 박정희 정권이 들어서면서 급속도로 확산되었다. 1962년에 시작된 5년 단위의 경제개발계획은 1986년까지 이어졌으며, 연평균 10%에 이르는 경제 성장률을 기록하면서 "한강의 기적"으로 불리는 발전을 하였다. 경제성장을 중심으로 한 사회변화가 강력한 정부 주도로 이루어지면서 "개발독재"라는 오명을 얻을 만큼 정치 및 사회의 영역에서 비민주와 억압도 팽배했다. 이러한 문제들은 일상생활에도 영향을 미쳐서 이른바 사적 세계로 분류되는 가족과 섹슈얼리티 영역에서 가부장적 권위주의와 성불평등을 정당화시켰다. 경제, 생산성, 노동 중심의 사회구조와 가치관의 지배로 인해 가족 등 사적 세계에 속한 여성의 경험과 위치는 평가절하되거나 비가시화되어 왔다. 가족주의와 충효사상을 토대로 한 국가 주도의 개발정책에서는 흔히 산업역군으로 호명되는 남성들의 땀과 노력만이 강조될 뿐이었다.

그러나 개발 시기에 여성은 가정에서는 재생산 노동을 담당하고, 사회에서는 경제성장의 핵심적인 노동자로 직접적으로 기여했으며, 부녀회 조직을 통해 새마을 운동을 비롯한 국가정책에 동원되었다. 이 시기 여성들은 자녀를 양육하고 남성 가장을 내조하는 어머니이자 아내이며(김연주·이재경, 2013; 배은경, 2008), 경제성장을 위해 산아제한 정책을 충실히 따르는 국민적 모성으로(김은실, 1991; 황정미, 2005), 농촌을 떠나온 나이 어린 값싼 노동력으로(Kim, 1997; 김원, 2004), 비공식 부문에 종사하면서 차별과 이중부담을 지는 주변화된 노동력으로(조형, 1985), 남성 산업역군과 외국인의 위안거리로 정당화되는 성산업의 종사자로(박정미, 2014) 다양하게 존재해 왔다. 이러한 점에서 한국의 국가주도의 발전이 결코 성중립적이지 않았음을 확인할 수 있다.

이 장에서는 '조국 근대화'로 요약되는 개발시기에 여성들의 삶과 경험에 관해 논의하고자 한다. 특히 가족, 노동, 섹슈얼리티를 주요한 논의의 영역으로 설정하고 분절이 아닌 상호 연결에 주목하고자 한다. 가정에서 여성의 무임금 노동, 사회에서 저임금 불안정 노동, 일본과 미국 등의 강대국을 상대로 한 성매매와 독일로의 이주 노동을 통한 외화 벌이 등으로 한국은 급격히 발전할 수 있었다. 그러나 여성들은 이러한 현실에서 무력하게 착취당하는 대상으로만 존재하지 않았으며, 다양한 도전과 협상을 통해 자신의 삶을 기획하고 전망하면서 좌절을 극복하고 희망을 실현시키기 위해 노력했다. 개발시기에 여성이 가족과 국가에 의해 도구적으로 희생된 것으로만 볼 수 없으며, 발전과정에서 정책의 '의도하지 않은 효과'로 점차 근대적 주체가 되어갔다. 예컨대 생산노동을 통해 근대적 노동주체로의 길이 열리고, 가족계획사업을 통해 재생산 통제(reproductive control) 능력과 새마을 부녀회를 통해 지역사회에서의 지도력(leadership)을 배우고 알아감으로써 근대적 개인으로 변화되는 과정이었다고 볼 수 있다.

2. 부계가족주의와 핵가족 담론

개발시기 가족생활은 전통과 근대, 부계가족주의와 핵가족의 이상(idea)이 공존했던 시기로 볼 수 있다. 당시 박정희 정권은 5.16 쿠데타의 정치적 정당성을 확보하기 위해 경제발전을 최우선 과제로 삼고, 권위주의적인 독재정치를 정당화하고, 재벌중심의 국가주도 산업발전을 견인하기 위해 유교적 가치인 충효사상과 가족주의를 이념적 자원으로 동원하였다. 물질적 차원에서의 산업화와 정신적 차원에서의 '한국적 가치'가 근대화 프로젝트를 가능하게 한 주요 요소였다고 볼 수 있다(김은실, 2002). 경제성장 중심의 발전 모델은 가족과 가족주의에 절대적으로 의존하면서도 가족을 생산과정에서 분리된 영역으로 간주해 국가의 비개입 영역으로 남겨 두었다. '선가정, 후복지'의 정책기조 아래 여성은 생산경제를 유지하기 위해 필요한 사회적 재생산 비용을 온전히 떠맡았다. 또한 여성은 출산력 감소뿐만 아니라 근검절약을 실천하는 합리적 가정 경영 주체로서 발전의 근대성을 체화하는 어머니로 호명되기도 했다(이진옥, 2012). 한편 전쟁과 분단으로 인한 가부장적 가족의 붕괴와 근대 핵가족 담론의 확산은 사적 영역의 주체로서 가정주부를 옹호하는 동시에 사회적으로 가부장적 가족주의를 강화하는 계기가 되었다(이재경 외, 2013: 25).

　가족의 근대화 담론의 등장은 갑작스러운 현상은 아니었다. 한국전쟁 후 국가

재건을 위해 근대화를 추진하던 1950년대부터 이미 핵가족 담론이 나타나기 시작했다. 1960년대에는 박정희 정권이 근대화 프로젝트를 추진하면서 신문이나 잡지를 통해, 또는 여성엘리트나 여론주도층의 대중강연을 통해 핵가족 담론의 확산을 주도하였다. 사실 남성생계부양자와 전업 주부라는 성역할에 기반한 근대적 핵가족의 실현은 가족의 생계를 유지할 수 있을 정도의 수입과 이러한 성역할을 욕망하는 개인들이 있을 때 가능하다(김연주·이재경, 2013). 그러나 개발시기의 국가경제나 개별 가족의 현실은 살림만 하는 가정주부보다는 각종 비공식부문 노동과 소득활동은 하는 '일하는' 주부를 필요로 했다. 그럼에도 불구하고 핵가족 담론이 확산된 배경을 보면, 산업발달이 농촌에서 도시로 남성 노동자와 가족들의 이주를 추동하였는데 도시로 이주한 가족은 전통적인 3세대 가구가 아닌 2세대 가구였다. 또한 가난을 벗어나기 위해 경제개발의 일환으로 추진되었던 산아제한정책은 가족규모가 감소하는 소가족화 현상이 가속화되었다. 이 시기 전통과 근대의 접합으로 도시 가족은 형태상으로는 소가족, 핵가족이지만 정서나 가치의 측면에서는 부계 가족적 연대가 지속되고 있었다고 볼 수 있으며(이재경, 1999), 핵가족화에 대한 사회적 반응도 양가적이며 모순적이었다.

제2장 <논쟁의 장으로서의 "가족": '박정희체제'하 핵가족 담론과 성별규범의 재구성>(김혜경)에서 저자는 급속한 산업화가 진행된 1960-70년대에 가족이데올로기가 어떻게 이용되었는지를 신문기사 분석을 통해 논의하고 있다. 1960년대 박정희체제는 핵가족을 근대화의 주요 지표로 제시하고, 여성과 가족의 근대적 변화를 촉구하였다. 그러나 도시화로 인해 대가족적 복지체계가 무너지고 돌봄의 연대가 약화되어 가면서, 1970년대 들어서는 핵가족에 대한 비판 담론이 등장하게 되었다. 노인 돌봄 등 대가족적 연대가 위기에 처하자 가정주부를 비난하였다. 그 내용은 가정 기술의 발달과 단출해 진 가족으로 여가시간이 많아진 주부들이 자신의 역할에 충실하지 못하고 춤바람이 나거나 도박을 한다는 등이다. 특히 교육수준이 높고 노부모와 동거를 기피하는 주부가 비난의 주 대상이었다. 1970년대 세계적인 여권 신장 담론은 한국 사회에도 영향을 미쳤지만 한국 사회는 이를 여성의 남성화, 모성성의 상실로 간주하였다. 저자는 핵가족 담론을 통해 근대화가 지향했던 개인이 남성에게 국한되어 있었으며, 여성은 가정과 분리되어

인식되지 못했음을 논의하고 있다. 그러나 당시에 핵가족을 이루고 사는 도시 주부의 삶을 로망으로 여기는 중산층 여성들이 부권적 가족주의 이데올로기에 균열을 내기 시작했었음을 강조한다.

'가정주부'와 '핵가족'이라는 중산층의 로망은 경제적으로 열악한 여성들의 삶과는 거리가 멀었다. 한강의 기적이라는 신화는 개인에게도 부지런히 일하면 가난을 이기고 물질적으로 풍요로워질 수 있다는 영웅 서사를 내면화시켰지만, 개인의 삶, 특히 여성의 삶에서는 실현되기 어려웠다. 무능한(또는 부재한) 남편과 자녀부양을 위해 희생과 헌신을 한 여성들의 경험은 '자식(특히 아들)을 성공시킨 억척(또는 훌륭한) 어머니'로 호명되기도 하지만 가부장적 가족주의에 의해 당연한 것으로 간주되며 비가시화 되어온 것이 일반적이다. 제3장 <전후 경제개발의 영웅서사를 넘어서: 1935년 개성 출생 여성 사례>(박혜경)에서 저자는 구술자의 생애 이야기에서 고난극복의 영웅적 서사가 나타나지 않음에 주목한다. 6.25 전쟁으로 교육을 많이 받지 못한 이북 출신 구술자는 월남 후 지속적으로 가난하게 살았다. 1960, 70년대 까지 남편이 서울에서 산업노동자로 일할 때는 형편이 괜찮았으나, 1979년 제2석유 파동으로 회사가 부도를 내고, 남편이 산재로 장애를 얻어 재취업을 하지 못하면서 고생이 시작되었다. 집에서 틈틈이 남편의 일을 돕고 부업을 했던 구술자는 남편이 실직하자 보험회사, 하숙, 식당 등에서 일을 했고, 노년에는 손자녀 양육을 하고 있다. 자녀들이 중산층으로 살고 있지만 경제적 어려움으로 인해 자녀들의 학비 지원을 하지 못했기 때문에 구술자 자신의 공은 아니라고 하였다. 이는 초등학교밖에 졸업하지 못한 여성이 안정적인 일자리를 갖기 어려웠고, 가난으로 인해 자녀교육이라는 부모 노릇을 제대로 할 수 없었던 점을 미안하게 생각하고 있는 것이다. 저자는 구술자의 빈곤이 우연한 경험이 아니라 한국 경제 개발의 그늘이라고 결론내리고 있다.

이처럼 개발시기 여성들은 남성의 저임금 또는 남성의 부재로 인해 공식·비공식 영역에서 노동하면서 가족의 생계에 기여했다. 그럼에도 불구하고 남편에게 사랑받는 아내, 자녀에게 존경받는 어머니 곧 살림하는 전업주부로서의 삶은 많은 여성들의 이상이었다. 제4장 <1920년대 출생 여성의 생애를 통해 본 재혼과 모성>(나성은)에서 저자는 재혼에 대한 사회의 부정적인 시선에도 불구하고 안정적인 '아내'를 꿈꾸고 재혼을 한 여성의 생애를 통해 이러한 지향이 어떻게 좌절되는가를 살펴보았다. 이 여성은 1952년에 재혼하였는데, 1950년대 전쟁미망인들 중 2% 정도만 재혼하였다는 통계(이임하, 2006)를 보더라도 공식적으로 재혼한 여성은 흔한 사례는 아니었다. 그러나 재혼을 하면서 기대했던 남편의 사랑을 받으며 살림을 하고 자녀를 키우는 아내로서의 삶을 살지 못했다. 남편이 경제력도 없을뿐더러 부부 사이도 좋지 않았고, 전혼 자녀 세 명과 재혼 후 낳은 자녀 세 명 모두 여섯 명의 실질적 생계부양자로 살아야 했다. 이 여성은 자신의 노동이 실질적인 자녀부양이었음에도 불구하고 자신의 노동 경험을 과소평가하는데, 이는 개발시기의 보수적인 가족주의와 성별분업 이데올로기의 영향으로 볼 수 있다. 또한 딸들에게 감정적, 경제적 도움을 받으면서도 자신의 재산은 세 명의 아들에게만 분배하는 식으로 남아선호를 실천하는 전통적인 모습을 보였다. 저자는 구술자가 '정상적인 아내로서의 삶'을 살기 위해 재혼을 감행했지만 아내라는 지위 획득에 실패한 자신의 인생을 "고단한 삶"으로 인식하고 있다고 결론내린다.

3. 경제개발 주체로서의 여성

한국의 경제성장은 생산영역에서 여성의 저임금 노동과 재생산 영역에서의 무임 노동으로 가능했다고 볼 수 있다. 1960, 70년대 수출집약적 산업에 종사하며 저임금과 장시간 노동, 비인간적 대우와 폭압적 노사관계를 감내한 어린 여성 노동자들은 산업역군으로서 발전 국가의 토대를 만드는 데 기여했을 뿐 아니라, 그들의 임금은 대부분 농촌지역에 있는 가족을 부양하거나 오빠나 남동생 교육을 위해 사용되었다(이진옥, 2012). 1960, 70년대 여성들은 저임금의 생산직 노동, 각종의 공식·비공식 부문의 서비스 노동, 부업, 장사 등 기혼여성의 비공식 부문 노동, 농촌여성의 농업노동, 외화벌이로 용인되었던 성노동 등 가족의 생계와 산업발전을 위해 많은 일을 하였다.

그러나 가부장적 가족주의에 기반하여 여성들이 국가 발전을 위해 동원되었고 근대화 프로젝트의 희생양이었다는 견해는 현실을 충분히 설명하지 못한다.

여성들의 주변화된 장시간 노동으로 한국이 급격한 경제 성장을 할 수 있었던 것은 사실이나 그 안에서 여성들의 행위성과 주체성을 발견할 수 있기 때문이다. 제5장 <생산성, 투쟁성 그리고 여성성: 한국 여공의 다층적 이미지>(김승경)에서 저자는 '공순이'로 불렸던 여성들의 노동 경험을 통해 이들의 공적 역할과 정치적 투쟁을 조명하였다6). 공장에서 노동자들은 젠더화된 위계를 통해 통제되었고 사회적으로 공순이라고 무시되었다. 그러나 여성들은 가족을 경제적으로 돕기 위해, 또한 자신의 결혼 자금을 모으기 위해 노동자 정체성을 지니고 있었다. 사회적인 무시로 인해 주눅이 들기도 했지만 한편으로 자신이 노동자로서 경제활동을 하는 것에 대한 자부심도 지니고 있었던 것이다. 가부장적 가족주의에 의해 여성들은 노동을 결혼하기 전의 일시적인 상태로 간주하고 전업주부의 삶을 기대하는데, 이러한 이데올로기는 여성들을 저임금, 저숙련, 불안정 노동으로 착취하는 근거가 되기도 했다. 그러나 막상 노동 탄압에 부딪혔을 때 여성 노동자들은 이를 정면으로 대면하여 적극적으로 투쟁에 참여하였다. 이들에 대한 사회적 무시 또는 보호받아야 하는 연약한 이미지 모두 여성들의 실제 모습과는 차이를 보이고 있었던 것이다. 노동 탄압에 저항하면서 여성 노동자들은 희생자, 순교자, 영웅으로서 여전사의 이미지를 획득하였다. 저자는 여성 노동자들이 군사정권에 동원되어 경제발전에 기여했지만 동시에 군사정권의 몰락을 추동했다는 점을 강조하고 있다. 여성 노동자들에 의해 노동 운동이 지속될 수 있었으며 이후 이들의 희생으로 국민적인 분노와 저항을 촉발할 수 있었던 것이다.7)

---

6) 김승경의 글에서 다루고 있는 마산수출자유지역은 1970년 1월 1일 「수출자유지역설립법」이 공포되면서 그 해 3월 16일에 마산수출자유지역 제1공구(659,752㎡)가 지정되었고, 1972년에 들어서 제2공구 (264,535㎡)가 지정 건설되었다. 1973년에 입주기업체가 115개 유치되는 등 1970~74년의 기반 조성기는 성공적으로 그 목표를 달성하게 되었다. 한편 1975~1980년의 성장·정비기 동안에는 입주업체 수의 증가와 함께 입주업체의 평균 수출규모가 739만달러로 크게 늘어났고 외화가득률도 53.0%로 높아져 수출자유지역의 질적 고도화가 달성되었다. 1980년 이후에는 수출의 안정적인 증가와 함께 노동집약형 업종이 기술집약형 업종으로 대체됨으로써 수출자유지역이 점차 성숙기에 접어들게 되었다. 그러나 1980년대 말 민주화로 인한 노사분규의 여파로 1989년에는 수출이 전년보다 5.8%나 감소하는 등 침체의 시기도 겪게 되었다. 한편 1994년 이후에는 대표적인 업종 구조가 전기·전자업종중심으로 변화하면서 산업단지의 고도화를 경험하게 되었다. 2000년 「자유무역지역의지정등에관한법률」이 공포되면서 마산수출자유지역에서 마산자유무역지역으로 명칭이 변경되었고, 같은 해 12월 15일 마산자유무역지역의 제3공구(160,566㎡)가 마지막으로 준공되었다(출처: 한국민족문화대백과사전).
7) 여성 노동자들은 동일방직('72년 5월)과 원풍모방('72년 8월), 반도상사('74년 4월), YH 무역('75년 5월) 등의 투쟁을 통해 국가권력의 노동운동 탄압에 항거하는 한편 민주노조를 건설하기 위해 노력하였다.

많은 여성들에게 노동은 일생에 걸친 활동으로 여성들은 노동을 통해 자신과 가족의 생계를 꾸릴 뿐 아니라 자신의 정체성을 구성한다. 나아가 여성의 노동은 지역 경제와 특정 산업, 국가의 발전에 이르기까지 직접적인 영향을 미친다. 따라서 여성 노동의 주변성과 불안정성에 집중하기보다 이러한 어려움에도 불구하고 여성의 노동이 경제와 산업 발전에 어떻게 기여했는지를 검토하는 것이 필요하다. 제6장 <여성 사업가의 생애와 제주도 관광사업의 역사>(유철인)에서 저자는 제주도에서 초기 관광사업을 시작해 현재까지 지속하고 있는 여성 사업가의 구술생애사를 통해 제주 관광 산업의 역사를 살펴보고 있다. 구술자는 전국 최초의 관광안내원으로 일을 시작하여 헌신적인 인간관계, 배짱과 도전, 정치인들과의 협상, 빠른 현상 파악과 미래를 전망하는 통찰력 등을 통해 관광사업을 주도한 제주 관광사업의 산역사로 자신을 재현한다. 초기 관광 산업은 정부가 주도하거나 반관반민(半官半民)으로 운영되어 정치인들과의 인맥과 협상이 중요했다. 구술자는 1960년대 중반 한 국회의원의 도움으로 서울소재 K여행사의 제주지사를 설립하였고, 1970년대에는 제주도지사의 국내 여행사와 국제 여행사 강제 통합 정책에 반대하다 국정원에 끌려가는 등 탄압을 받기도 했다. 이후 1978년 제주관광여행사가 민영체제로 전환되면서 정부 정책으로부터 다소 자유로워졌지만 이전과는 달리 사업은 쉽지 않아 도전과 실패를 반복했다. 그러나 구술자는 여러 사업을 시도하고 실패하면서도 딸 셋을 키웠으며, 변호사와 통역사가 된 딸들이 구술자가 어려운 일이 있을 때마다 도움을 주고 있으며 평생 관광사업에 종사해 온 어머니를 자랑스러워한다. 온갖 어려움에도 포기하지 않고 사업을 지속해 온 구술자의 삶은 여성의 헌신적 노동이 한 산업 분야에 미친 영향력을 잘 보여준다.

제7장 <경제개발시기 젠더화된 이주: 독일의 한국간호사>(안연선)에서 저자는 1960년대와 70년대에 간호사 또는 간호조무사로 독일로 이주한 여성들의 경험세계를 분석하였다.8) 가난한 조국은 외화벌이를 위해 여성들을 독일로 파견했고

---

8) 1960년대 한국은 심각한 실업난과 경제개발정책에 따른 외화부족사태를 해결하는 것이 절실한 과제였다. 반면 독일은 2차 세계대전 이후 전쟁으로 인한 노동력 감소와 급속한 경제성장으로 인해 노동력 부족사태를 겪게 되었다. 특히 간병인과 같은 힘든 육체노동이 요구되는 간호 인력의 부족은 매우 심각한 상태였다. 정확한 의미에서 간호 인력의 독일 송출은 1950년대 후반부터 시작되었다. 그러나 이 시기의

이들은 국가 경제에 상당히 기여했다. 대체로 여성들의 독일 이주는 가족 경제를 기반으로 한 가족 공동의 결정인 경우가 많았는데, 즉 가족을 위해 이주한 경우이다. 그러나 가족이 반대하는 경우도 있었는데, 이유는 미혼인 딸이 부모의 통제에서 벗어나 성적인 자유를 누리거나 나이가 들어 결혼에 어려움을 겪을 것을 우려한 것이었다. 당시 한국에서 여성이 취업을 위해 단신으로 해외에 가는 것은 극히 드문 일이었다. 특히 전통의 영역에 남아있던 여성들이 '근대성으로 진입'할 수 있는 매우 새롭고 특별한 기회였다. 여성들은 고등 교육을 받고, 더 나은 미래를 살 수 있을 것이라는 기대를 가지고 독일로 갔다. 가족이 동의했든, 동의하지 않았든 여성들에게 이주는 새로운 세계에 대한 도전이었으며, 전통규범이나 가부장적 통제로부터의 탈출이었다고 볼 수 있다. 이들은 남성들이 해외이주를 하고 여성들은 남성을 기다리거나 따라가는 일반적인 성역할에서 벗어난 독립적인 행위를 한 것이다. 또한 남성을 생산 영역에 여성을 재생산 영역에 배치하는 성별 분리에 도전하였고, 독일에서는 아시아 여성에 대한 편견에 맞섰다. 저자는 독일로 이주한 한국 여성들을 단순히 효심 깊은 딸의 역할을 하는 가족의 희생양으로만 간주할 수 없으며 이들이 지니는 다층성과 주체성에 주목해야 한다고 분석하고 있다.

4. 발전국가와 섹슈얼리티

최근까지 한국의 개발시기에 대한 연구는 정치적, 경제적 차원의 거시적 논의가 많았고, 가족이나 섹슈얼리티 등 미시적 차원의 연구는 드물었다. 그러나 당시 발전프로젝트와 여성의 섹슈얼리티 규제는 매우 밀접하게 연결되어 있었다. 기지촌, 기생관광, 가족계획사업, 윤락행위 방지법과 부녀정책 등을 통해 국가가

송출은 기독교 선교단체를 중심으로 이루어진 민간교류의 형식이었다. 이후 1966년부터 독일 마인츠 대학의 의사였던 이수길 박사의 주선으로 대규모 간호사 파견이 시작되었으며, 이때부터 한국해외개발공사가 간호 인력의 모집과 송출을 담당하게 되었다. 그리고 1966년부터 1976년까지 약 1만 226명의 간호 인력이 독일에 파견되었다. 파독간호사들이 매년 국내로 송금한 1천만 마르크 이상의 외화는 한국 경제개발에 커다란 기여를 했다. 따라서 최근 이들의 국가발전에 대한 공헌에 대해 정부차원에서의 역사적 재평가 작업이 추진되고 있다(출처: 한국민족문화대백과사전).

어떻게 여성의 일상과 섹슈얼리티를 제도적으로 규율하고 있는지 알 수 있다. 이 시기 국가의 정책은 공사 분리에 근거한 가족과 사생활에 대한 비개입의 원칙, 성매매 금지 등의 명시적 기조와는 달리 실질적으로는 개인의 사적 생활에 깊숙이 개입하는 양면성을 보였다.

1969년대 박정희 정권은 인구증가를 경제개발의 저해요인으로 규정하고 가족계획사업을 경제개발 5개년 계획의 일환으로 포함시켰다. 이후 30여 년간 출산력(fertility)의 급격한 저하9)는 재생산 영역에서의 '한강의 기적'으로 불리며 중국을 포함한 다른 개발도상국들에게 모범사례가 되었다. 여성은 출산력을 통제해야할 가족계획사업의 대상이었을 뿐 아니라 가부장적 가족을 꾸려야하는 핵심 주체였다. 제8장 <1960-70년대 출산조절 보급 과정을 통해 본 여성과 '근대'>(배은경)에서 저자는 여성의 섹슈얼리티가 혈연 집단이나 국가의 노동력을 재생산하기 위한 공적 자산으로 간주된 현상을 가족계획사업을 중심으로 논의한다. 개발시기 가족계획사업은 성이나 섹슈얼리티에 대한 직접적인 언급을 하지 않았으며, 성이 아니라 가난에서 벗어나고 행복한 가족을 만들 수 있는 근대적 삶의 방식임을 강조하였다. 성의 문란을 우려하여 출산조절 정보를 결혼 제도와 의료 안에서만 다루었고, 대외적으로 피임교육이 아닌 인구 교육이라는 이름으로 홍보하였다.

여성들은 가족계획 사업이 가족의 경제생활을 개선할 수 있다는 생각으로 호응했지만 그 과정에서 자신의 몸에 대한 안전과 존중을 보장받지 못했다. 국가가 여성의 재생산 건강에 대한 고려없이 루프, 난관 수술, 인공 유산, 피임약 등을 남용하여 여성의 건강이 심각하게 위협받는 결과가 초래되었다. 그러나 저자는 여성들이 단순히 경제발전이라는 국가적 사명을 위해 가족계획사업에 동조한 것은 아니었다고 강조하며, 가족계획사업 이전부터 이미 출산 조절의 욕구를 가지고 있었음을 지적한다. 여성들은 가난을 벗어나기 위해, 보다 나은 미래를 계획하기 위해, 자녀양육의 질을 높이기 위해 등의 이유로 적은 수의 자녀를 원했다. 여성들 스스로 자신의 출산력을 조절하고자 하는 내생적 욕구가 있었기 때문에 가족계획사업이 성공할 수 있었다는 분석이다. 그럼에도 불구하고

---

9) 경제개발계획의 일환으로 추진되었던 가족계획사업은 1962년에 시작하여 1981년도에 끝났으며, 합계출산율은 1964년 4.9명에서 1983년에는 2.1명으로 감소하였다.

출산계획의 주체는 부부로 규정되었기 때문에 여성은 출산에 있어서 '개인'도, 권리의 '주체'도 되지 못하는 한계가 있었음을 논의한다.

이처럼 박정희 정권에 의한 한국의 발전국가는 가족주의 이데올로기를 이용하여 발전 과정에서 사회적 재생산 비용을 최소화하고, 여성의 섹슈얼리티를 통제했다. 여성의 섹슈얼리티 통제는 일반 여성을 대상으로 한 출산 통제에 그치지 않았다. 경제성장과 외화벌이를 위해 기지촌과 기생관광 등을 통해 여성의 섹슈얼리티를 정책의 도구로 사용했다. 따라서 개발 시기의 성매매 정책은 성별화(gendered)된 발전기획의 맥락에서 볼 수 있다. 제9장 <'기생관광': 발전국가와 젠더, 포스트식민 조우>(이하영·이나영)에서 저자는 '기생관광'을 중심으로 국가가 성매매 정책을 통해 어떻게 위선적·이중적으로 여성의 섹슈얼리티를 활용한 관광정책을 육성했는지를 논의하였다. 박정희 정권은 군사쿠데타 직후부터 외자유치를 위해 관광산업을 육성했고, 1970년대에 관광을 유일한 흑자산업으로 인식하였다. 그러나 관광자원과 사업 전략이 부족했던 박정희 정권은 여성의 몸을 자원으로 삼았다. 박정희 정권은 금지와 국가규제, 범죄화와 허용이라는 이중적 성매매 체계를 구축해 관광정책의 기반을 마련하였다. 초기에는 미군 기지촌을 대상으로 하던 관광정책은 1965년 한일국교정상화 이후에는 일본인 관광객으로 확대되었다. 일본인 관광객을 대상으로 한 기생관광으로 관광객과 관광수입이 비약적으로 증가했으며 1970년대 초반에 한국은 일본인들이 찾는 제1의 관광지가 되었다. 저자들은 이에 대해 '기생'이라는 식민지적 기표가 포스트식민 공간에 소환되는 지연된 시간성을 보여주고 있으며, 일본남성이라는 식민지배자 남성의 성적 정복을 통한 한국의 재식민화라고 분석하였다. 이를 통해 저자들은 여성의 몸을 거점으로 경쟁하고 재구성되는 남성(성)들의 이중적이고 우화적인 모습을 역사의 표면 위로 끌어내고 있다.

개발시기에 가족주의가 여성의 노동과 연관되어 작동하는 것과 마찬가지로 가족주의는 여성의 섹슈얼리티와도 밀접하게 연관되어 있다. 당시 여성들은 중매를 통한 결혼이 흔했는데, 이는 여성들의 섹슈얼리티가 부모의 통제아래 있음을 알 수 있다. 여성들은 결혼을 함으로써 원가족의 경제적 부담을 덜고 나아가 상승혼을 통해 원가족에게 경제적 도움이 되어야 하는 존재였다. 근대시기에도 결혼은 사랑에 기반한 개인 간의 결합이 아닌 경제적 필요에 의한 집안 간의 혼인이 일반적이었다. 제10장 <여성노인의 생애사를 통해 본 가정폭력과 빈곤 속 생존>(박언주)에서 저자는 형편이 괜찮은 집안으로 결혼을 하라는 친정 부모에 뜻에 따랐다가 평생 빈곤과 가정 폭력에 시달린 여성의 삶을 분석하였다. 사실 시집은 친정보다 훨씬 가난했는데 혼사를 위해 가정 형편을 위장한 것에 불과하였다. 구술자는 오히려 시집 식구들의 생계를 부양하고 친정으로부터 경제적 도움을 받아 시집을 일으켰지만 시집 식구들로부터 똑똑한 척 한다는 이유로 구박을 받았다. 남편의 성적 폭력으로 임신을 반복하고 상습적 구타로 사산을 한 후 구술자는 가출을 하였다. 그러나 자녀들을 두고 온 것에 대한 죄책감으로 자녀들을 경제적으로 지원했고 이로 인해 남편에게 자신의 거주지가 노출되곤 했다. 특히 남편은 경찰의 지원을 받아 구술자를 찾아내곤 했는데 남편이 가출의 이유를 '외도'라고 이야기했기 때문에 국가기관의 지원이 가능했다. 뿐만 아니라 아내의 외도는 섹슈얼리티 윤리를 위반한 행위로 간주되어 경찰은 남편의 폭력을 묵인했다.

이 여성의 사례에서 볼 수 있는 섹슈얼리티의 규율 방식은 부모의 결혼배우자 선택권, 남편의 폭력 행사권으로 나타나며, 여성의 항변은 여성을 성적으로 비난함으로써 무력화되었다. 이처럼 여성의 섹슈얼리티는 결혼 전에는 부모에 의해, 결혼 후에는 남편에 의해 통제되고 사회(또는 국가기관)는 이를 당연시하였다. 근대 시기에 여성은 성적 주체가 될 수 없었던 사회문화적 상황으로 인해 개인으로 존재하기 어려웠음을 알 수 있다.

5. 나오며

발전과 근대화는 2차 대전 후 대부분의 제3세계 국가들이 추진해온 국가적 프로젝트였다. 각 국가마다 발전과 근대화의 경로는 다양했지만, 개발독재와 서구 모델의 경제발전과 근대화는 한국 발전의 주요 특성으로 지적되어 왔다. 그러나 이러한 서구적 근대화의 이면에 여성 젠더에 대한 전통적 호명이 존재했다. 여성들은 유교 이데올로기에 기반한 현모양처로서 가족을 위한 헌신과 희생을 주문받았다. 이러한 헌신과 희생에는 가족과 국가에 의한 섹슈얼리티 억압과 통제도 포함되었다. 한국의 발전과 근대화는 이러한 과정을 통해 실현되었지만 '한강의 기적'이라는 수사에서 비가시화 되어왔다. 따라서 이 장에서는 보이지 않고 들리지 않은 여성들의 헌신과 기여 그리고 그 안에서 수동적인 희생자로서만 머문 것이 아니라 다양한 협상과 전략을 통해 다층적인 정체성을 지닌 여성의 행위성을 드러내고자 하였다. 이 책에 실린 여성들의 생애사를 중심으로 한 글들을 통해 개발 시기 여성들의 삶에 대한 정당한 조망에 조금이나마 기여할 수 있기를 바란다.

■ 참고문헌

김연주·이재경. 2013. "근대 '가정주부' 되기 과정과 도시 중산층 가족의 형성: 구술생애사 사례 분석", 『가족과 문화』 25(2): 29-61.
김원. 2004. "1970년대 여공과 민주노조운동: '민주 대 어용' 균열 구도의 비판적 검토", 한국정치학회, 『한국정치학회보』 38(5): 125-151.
김은실. 2002. "한국 근대화 프로젝트의 문화 논리와 성별 정치학", 한국여성연구원 편, 『동아시아의 근대성과 성의 정치학』, 서울: 푸른사상.
모저, 캐롤린. 2000. 장미경 외 옮김, 『여성정책의 이론과 실천』, 문원출판.
모한티. 2005. 문현아 옮김, 『경계없는 페미니즘: 이론의 탈식민화와 연대를 위한 실천』, 여이연.
문승숙. 2005. 『군사주의에 갇힌 근대』, 이현정 옮김, 또하나의 문화.
미스, 마리아 시바, 반다나. 2000. 『에코페미니즘』, 손덕수·이난아 역, 창비.
박정미. 2014. "발전과 섹스: 한국 정부의 성매매 관광정책, 1995-1988년", 『한국사회학』 48(1): 235-264.
배은경. 2008. "구술생애사를 통해 본 산업화 시기 한국 어머니의 모성 경험", 한국여성연구소, 『페미니즘 연구』 8(1): 69-123.
이은아. 2007. "젠더와 여성정책", 이재경 외, 『여성학』, 미래인.
이임하. 2006. "'전쟁미망인'의 전쟁 경험과 생계활동: 군경(軍警) 미망인을 중심으로", 『경제와 사회』 71: 11-39.
이재경. 1999. "여성의 경험을 통해 본 한국 가족의 근대적 변형", 『한국여성학』 15(2): 55-86.
이재경·윤택림·조영주 외. 2013. 『여성(들)이 기억하는 전쟁과 분단』, 홍천: 아르케.
이진옥. 2012. "사회적 재생산을 통해 본 발전국가의 재해석", 부산대학교 여성연구소, 『여성학연구』 22(1): 73-101.
조형. 1985. "어머니는 왜 자신 없어 하는가: 취학 전 아동양육을 중심으로", 또 하나의 문학동인(편), 『평등한 부모 자유로운 아이』, 또 하나의 문화 제1호, 서울: 평민사.
황정미. 2005. "'저출산과 한국 모성의 젠더정치'", 한국여성학회, 『한국여성학』 21(3): 99-132.

Kim, Seung-kyung. 1997. *Class Struggle or Family Struggle?: Lives of Women Factory Workers in South Korea*, Cambridge University Press.
Boserup, Easter. 1970. *Women's Role in Economic Development*, NY: St. Martin's Press.
McEwan, Cheryl. 2001. "Postcolonialism, Feminism and Development: Intersections and Dilemmas," *Progress in Development Studies*, Vol.1, No.2, pp.93-111.
Pearson, Ruth and Cecile Jakson, 1998. "Introduction: Interrogating Development: Feminism, Gender and Policy," C. Jakson and R. Pearson(eds.), *Feminist Visions of Development*, Routledge.
Pritchett Lant, Michael Woolcock and Matt Andrews. 2013. " Looking Like a State: Techniques of Persistent Failure in state capability for Implementation," *The Journal of Development Studies*, vol.

49, no. 1, pp.1-18.

Viterna, Jocelyn and Cassandra Robertson. 2015. "New Directions for the Sociology if Development," *Annual Review of Sociology*, Vol. 41, pp.243-269.

제Ⅰ부 부계가족주의와 핵가족 담론

제2장 논쟁의 장으로서의 "가족" *
— '박정희체제'하 핵가족 담론과 성별규범의 재구성

김혜경

1. 서론

1) 연구의 목적

1960-70년대에 걸쳐 한국사회의 산업화 과정은 "조국근대화"라는 시대적 명제를 가지고 가열차게 진행된 것이었다. 국가가 선봉에 서서 경제발전과 사회통합을 지휘하면서 사회 전반적으로 급속한 내적 변동을 경험하였다. 그리고 그 한 가운데 가족을 둘러싼 가치변동과 이념적 경합이 존재하였는데, 특히 핵가족/확대가족에 대한 규범적 담론이 그것이다. 이 글은 1960-70년대 "박정희체제" 기간동안 진행된 한국 가족이데올로기의 특성을 핵가족/확대가족을 둘러싼 담론의 변화양상을 추적하면서 살펴보되, 가족담론이 성별규범을 어떻게 재구조화하려고 시도하였는지를 분석하고자 한다.

역사적으로 한국의 전통적인 지배적 가족규범은 조선조 중기 이후 강화된 장자중심의 부계직계 가족규범으로, 부계조상의 제사를 공동으로 치루는 혈족집단(門中)의 성격을 갖는다(최재석, 1982). 그러나 장남과의 동거규범을 실천원리로 갖는 부계직계 가족규범의 지위는 20세기 전반기 일제 강점기를 거치면서 불안정화되기 시작하였다. 1920년대 문화통치기의 가족개량담론은 확대가족제도의

---

* 이 글은 『사회와 역사』 82집(한국사회사학회, 2009)에 실린 필자의 원고를 일부 수정한 것이다.

봉건성을 강력히 비판하였으며, 또한 일본식 호주제와 가족법제의 도입은 국가주의적 가족개념을 상정함으로써 부계 혈연계승 단위로서의 전통적 가족 개념을 약화시켰다(김혜경, 1998; 김혜경·정진성, 2001). 그 과정에서 식민지적 근대의 호주제 핵가족규범은 법제적인 우위성을 획득하지는 못하였으나 부계 확대가족의 전통규범에 대응하는 문화적 상징으로 등장하였다.

이러한 양면성을 가지는 한국사회의 핵가족론이 해방(1945년)이후 현저한 산업화와 도시화를 이루었던 1960-70년대를 통해 어떠한 변화를 이루었는지를 살펴보는 일은 한국사회 가족이데올로기의 이해에 필수적인 단계가 될 것이다. 이 글은 1960-70년대 가족담론의 유형과 변화를 고찰하되, 그것을 "박정희체제"의 복합성, 즉 발전국가(developmental state)적 경제주의, 정치적 독재, 그리고 대중적 동의기반을 확보한 헤게모니적 지배와 같은 다차원성과 관련하여 살펴볼 것이다. 그리고 여기서 형성된 지배적 가족담론이 젠더규범을 어떻게 재규정하고 있었는지, 또한 당대의 여성운동과 단체들은 이러한 과정에 어떻게 개입하며 가족담론의 변형에 기여하였는지를 살펴보고자 한다.

2) 60-70년대 "박정희체제"의 시대적 배경

박정희는 1961년 군사쿠데타를 통해 집권했지만 암살당한 1979년까지의 18년 동안 급속한 경제성장을 이루었다. 연평균 8.5%의 고도성장을 이루었는데 그것은 1950년대 국민총생산 연평균 증가율 4%에 비하면 괄목할만한 것이었다(김대영, 2003: 173). 산업화, 도시화의 결과 민주주의에 대한 사회적 요구가 확장되면서 재임후반부인 70년대 초반부터는 정치적 억압이 강화되었는데, 특히 파시즘적 헌법을 발표한 1972년의 "10월유신"은 독재화의 서막을 알리는 동시에 18년간의 지배의 특성을 양분하는 결정적 사건으로 평가된다(조희연, 2007).[1]

그러나 연구사적으로 볼 때 박정희시대는 2000년대 이후로 단순히 "독재"로서

---

[1] 박정희체제의 민족주의는 18년간의 역사 속에서 일정한 단계별 변화양상을 보인다고도 지적되는데, 군정기인 60년대 초반까지만 해도 그것은 반공·경제발전과 함께 민주주의의 담론을 유지하고 있었으나, 63년 말 박정희의 대통령 취임이후 1964년 이래 경제발전, 그리고 60년대 말 이래로는 군사주의, 국가주의의 성격들이 강화되었다고 한다(전재호, 1998a).

만은 이해되지 않는다. 포스트 모던한 역사 인식과 방법론의 확장, 일상사의 연구성과 등을 통하여 2000년대 이래 박정희시대를 보는 관점은 다양화하여왔다. 특히 "대중독재론"은 독재의 대중적 기반(동의), 혹은 "악의 평범성"을 강조하면서(임지현·김용우, 2004) 박정희체제에 대한 해석을 다원화시켰다. 역사적으로도 박정희시대가 취득한 경제적 개발주의의 헤게모니는 이미 50년대부터 형성되었다고도 볼 수 있는데, 즉 50년대의 한국전쟁과 분단은 강고한 반공 논리를 바탕으로 "반공·개발주의"의 대중적 설득력을 내장하고 있었다고도 해석된다(정해구 외, 2007: 5). 그 결과 박정희의 재임기는 그 복합성으로 인해 "박정희레짐(박정희체제)"이라는 고유명사로 별칭되기도 한다.

한편 사회적 탄압에 맞서 민주화운동도 함께 자라났으며 특히 여성단체들도 70년대 들어서는 활발한 활동을 전개하였다. 즉 가족법 개정을 위한 연대활동을 통해, 그리고 1975년 유엔이 선포한 "여성의 해" 준비사업 등을 계기로 이전 시기에 비해 적극적인 활동을 보였다(이태영, 1991; 여성단체협의회, 1993). 1960년대 이래 여성단체와 국가와의 관계는 억압과 순응의 양상만은 아니었는데, 여성단체들은 "새마을 부녀운동", "가족계획사업" 등의 지역개발사업 등을 통해 국가 가부장제와 거래하기도 했다(신현옥, 2000). 또한 일반 여성들도 가족단위의 이해(利害)를 최대화하기 위해 관주도적 가족계획사업에 적극 협조하는 모습을 보이기도 했다(배은경, 2004).

인구학적으로 볼 때 1960년 현재 3세대 이상의 확대가족은 전체 가구의 28.6%를 차지하고 있었으나 1970년 23.2%, 1980년 18.1%로 감소하는 모습을 보인다(인구주택총조사). 특히 도시의 경우 그것은 1960년의 19.1%, 70년 15.4%, 80년 13.9%로 나타난다. 한편 여성의 고등학교 취학률은 1970년 24.1%로 증가하였고, 취업률은 65년의 37.2%에서 75년 40.4%로 늘어났다. 물론 도농간·계층간 차이가 컸는데, 특히 도농간의 차이가 커서 70년 현재 농촌여성의 경제활동참가율이 46.8%에 이르렀던 것에 비해 도시의 경우는 26.0%에 머물렀다.

2. 연구의 방법과 대상

본 연구는 담론분석의 방법을 사용하였으며, 일간신문을 중요한 분석자료로 사용하였다. 신문은 『조선일보』 1960-1979년의 20년분을 대상으로, "가족"을 [제목]과 [주제]항목으로 검색한 2,487건 중에서, 가족형태·가족제도와 가족의식의 변화를 보여주거나 해석하는 기사를 선택하였다. 따라서 사건·사고 기사는 제외되고, 칼럼·사설·좌담회·시리즈물 중에서 수집한 총 133건이 최종 분석대상으로 선정되었다. 한편 본 논문의 주요관심인 핵가족화를 둘러싼 가족가치관의 변화를 보완하기 위하여 "가족" 항목 이외에도 주부, 부부 등의 검색어를 통해 발견된 기사 중, 새로운 아내상과 남편상에 대해 언급하는 기사를 검토하였다. 한편 지배담론의 특성을 잘 반영하는 사설의 중요성을 고려하여, 사설을 따로 검토하였는데, 『조선일보』 20년간(1960-1979년) "사설" 11,327건을 대상으로 전부 목록을 검토하여, 가족변화와 관련된 130건의 기사를 선정하여 가족제도·가족의식의 변화를 둘러싼 담론적 특징을 분석하였다.

그러나 중앙일간지에서 상대적으로 약화되기 쉬운 농촌가족과 관련한 주요한 이슈와 담론을 보완하기 위해서 농민관련 자료를 보충하고자 농민관련 자료 중 그 역사와 의미로 보아 중요한 『농협신문』 17년치(1963년 창간. 1976년부터 『농민신문』으로 제호 변경)를 대상으로 사설과 독자투고 등을 중심으로 검토하였다. 이외에 일간지 기사로서 발견하기 어려운 여성들의 핵가족에 대한 태도를 알기 위해서 1965년 창간된 월간지 『주부생활』의 특집기사를 참조하였다. 마지막으로 이 시기 가족과 관련한 중요한 정책, 혹은 그에 대한 (여성)단체의 대응을 확인하기 위해 가족계획사업과 가족법개정운동에 관한 자료를 검토하였다.

3. 이론적 논의: "가족"론과 "박정희체제"

1) 쟁론의 장으로서의 가족, 그리고 "전통"과 근대

가족은 물질적 삶과 관련된 가구이자, 동시에 이데올로기이며 언어적 생산물이다 (Barrett, 1994). 근대의 역사에서 가족담론이 전개되어온 과정을 보면 가족은 사회보장제도나 의료제도, 학교체제 등의 사회기구("the social")가 구성해낸 결과물이거나(Donzelot, 1979), 식민지의 "전통"을 둘러싼 식민주의와 민족주의 간의 담론적 경합의 산물이어왔다. 예컨대 19세기 말 20세기 초 식민지 인도에서는 전통적 확대가족은 식민주의자들에 의해서는 확대가족적 전횡 하에 있는 비문명으로 비판되었으나, 반면 그것은 민족주의자들에게는 공동체적 가치를 지닌 미덕으로 칭송되고, 대신 서구의 핵가족은 개인주의, 이기주의로 매도되었다 (Chakrabarty, 1994: 352-359). 또한 자국의 전통 중에서도 무엇을 전통으로 보편화할 것이냐는 문제는 매우 정치적인 것으로서, 대표적으로 19세기 말 일본 근대 명치시기에 성문화된 "이에(家)"제도는 봉건적 무사계급의 가족제도를 모델로 한 것이라는 점에서 고안된 전통으로 지적되기도 한다(上野千鶴子, 1994).

한국의 경우 일제하 1920년대의 기간 동안에는 근대가족의 가치는 개량주의적 민족주의자, 전문가 체계, 신여성 집단에 의해 찬미되고 이에 비해 조선시대의 유교적 "전통"은 봉건적 가족론의 표상으로, "미개"로서 비판되었으나, 30년대에 이르러 일본의 군국주의화가 가속화한 사회 보수화 속에서 그러한 비판론은 자취를 감추고 있었다(김혜경, 2006: 144-145).

한편 60년대 이후 핵가족적 사회변화에 대한 해석에서 전통적 규범의 영향력을 강조하는 학자들은 인구통계학적 핵가족화에도 불구하고 장남의 부모 부양규범과 가계 계승의식을 특징으로 하는 부계 확대가족의 이데올로기가 중요했다고 강조하였다(안호용, 1991; 장현섭, 1993).

2) 박정희체제의 민족주의와 젠더

1960-70년대의 박정희체제의 근대화논리에는 민족주의의 요소들이 적극 도입되었다. 특히 박정희는 제1공화국과 제2공화국 시기에 서구의 가치와 제도를 무분별하게 모방한 것이 문제이며, 이것이 근대화의 장애물이 될 수 있다고 보았다. 그 결과 박정희체제는 민족주의를 기틀로 하여, 전통에 대한 강조와 서구문화에 대한 비판을 수행했다. 특히 70년대로 넘어가면서 전통사상과 윤리에 대한 관심이 정교화되었으며, 그것은 제4공화국의 유신헌법(1972)으로써 구체화되었다(문승숙, 2000: 60). 또한 박정희의 『민족중흥의 길』(1979) 등에 나타난 서사는 물질적

문명과 정신적 가치를 구분하여 서구의 물질문명과 대비되는 민족적 전통을 강조한다는 점에서 일종의 동도서기론(東道西器論)의 요소를 내장하고 있었다(문승숙, 2000: 57-58). 나아가 박정희체제의 민족주의는 가족주의와 혈연주의, 충효사상을 활용하면서 전통을 재구성하거나 강화하는 특색을 가진 것으로 지적되는데, "나라에 충성하고 부모에 효도하는 충효사상"을 강조하였다(이수인, 2007: 22).

한편 서양/동양의 구분, 물질/정신의 이분과정은 성별화된 것이었는데 전자의 요소에는 남성이, 후자에는 여성이 할당되는 특성을 가지고 있었다(김은실, 1999: 87-88). 그러나 여기서 남성의 서구성 경험은 인정되었으나, 여성의 서구체험은 억압당하고 주변화되었다(김은실, ibid: 89; 문현아, 2002).

4. 핵가족 담론 분석: 유형과 변화

1960년 현재 3세대 이상의 확대가족은 전체 가구의 28.6%를 차지하고 있었다(1970년 23.2%. 1980년 18.1%. 인구주택총조사). 실제로 60년대 전반기까지도 아직 핵가족이란 용어는 보편화되지는 않았던 것으로 보인다. 『조선일보』가 1970년대 한국사회를 정리하는 기획기사에서 설명한 바에 의하면 한국사회에서 "핵가족"이란 용어가 "등장한 것은 산업화가 막 시작된 60년대 중·후반기"이며, "본격적으로 입에 오르내리기 시작한 것은 70년대에 들어서"였다고 한다(특별기획 시리즈 51 "한국 1970년대, 무엇을 계승하고 무엇을 버릴 것인가: 핵가족화". 『조선일보』 1981년 10월 7일). 대가족에 대응하는 가족형태에 대해서는 "소가족"이라는 표현이 주로 사용되었다. 그러나 가족정책과 일간지상의 가족담론에서는 이미 60년대 초반부터 핵가족을 규범화하는 가족론이 구축되고 있었다. 가족근대화의 취지를 담은 가족법의 1차 개정이 1962년 통과되었으며, 61년부터 진행된 가족계획사업은 "알맞은 자녀"관으로부터 시작하여 점차 소자화규범을 지원하는 정책을 수립함으로써 핵가족화의 효과를 발생시키는 역할을 수행했다. 그러나 시기적으로는 대체로 70년대 이후 가족담론은 보수화의 경향을 보인다. 특히 핵가족화가 가진 노인의 소외, 효의 문제, 주부의 (가정)부재가 비판되는데, 이러한 변화는 박정희체제의 (핵)가족담론이 갖는 복합성을 반영하는 것이라고 보인다.

1) 핵가족의 긍정담론

(1) "봉건잔재" 비판과 가족근대화론

가족규범에 대한 재정립 시도는 역사적으로 식민지기와 같이 민족정체성이 논구되는 시기에 두드러진 양상으로, 이미 일제강점기하에서도 20년대의 가족개량론에서는 전통가족이 개인적 독립성보다는 친족제도에 대한 의존성을, 국가나 사회보다는 혈연적 가족을 중심에 두는 사고를 양산하여 민족의 발전에 저해가 된다는 주장이 전개된 역사가 있다(김혜경, 1998). 60년대 박정희 정권 초기의 사회동원과 담론의 재구성 전략에서도 정신(민족성) 개조론이 포함되었다. 정권초기 박정희는 "지난 날 우리 민족사상의 '악유산'을 청산하고 … 건전한 '국민도'를 확립하는 일"을 국가재건의 한 방향으로 제시하였다(『우리 민족의 나아갈 길』, 1962: 2-3, 신병현, 2005: 95 재인용). 구체적으로 "퇴영과 조잡과 침체의 연쇄사에서 내면화된 사대주의적 자주정신의 결여, 게으름과 불로소득 관념, 개척정신의 결여 …" 등이 지적되었다(전재호, 1998b: 89-93, 유선영, 2008: 357 재인용).

1965년『조선일보』는 1월 한 달 내내 총 12회에 걸쳐서 "모랄전쟁: 전통도 좋지만 이런 것은 좀"이라는 타이틀로 한국사회가 개선해야 할 전통을 들고 있는데 여기에는 열녀, 대가족제도, (세대를 가르는) 사랑, 제례, 혈연 등의 주제가 포함되어 가족과 관련한 "봉건잔재"를 비판한다. 여기서 대가족제도는 "혐오와 갈등, 비극의 온상"으로 묘사되었다. 부모중심의 대가족제도와 자식중심의 소가족제도간의 "모랄"갈등에서 자식세대는 부모탓에 감정표현도 억제하여 이혼에 이르는 문제부터, 심지어는 가족살인까지 벌어지는 일도 있다고 그 갈등의 심각성을 토로하였다.

> 부부가 ㅡ자집을 짓고 살다가, 자식이 크면 ㄴ자집으로 기둥을 덧대고, 그 자식이 결혼하면 ㄷ자집으로, 다시 그 자녀가 결혼하면 ㅁ자집으로 불려나가는, 마치 살아있는 생물처럼 자라는 ㅁ 자집이 그 안에 가지고 있는 비극의 요소들. 사회질서와 모랄에 가장 위협요소 … 낫으로 처와 어머니를 베어죽이고 형장의 이슬로 사라진 남자, 올케를 죽인 대학생

시누이 등 지난 2년간 신문에 보도된 범죄 중 대가족제도가 그 원인이 된 경우가 8%에 달한다(모랄전쟁[4] "대가족제도: 혐오, 갈등, 상극·비극의 온상"『조선일보』1965년 1월 8일. 인용자 강조).

비슷한 시기『농민신문』의 한 특집기사는 "근대화의 문턱에 선 농촌"이라는 주제 하에 농촌 가족제도의 문제점을 지적하고 있었다. 이 기사에서는 도시와 달리 농촌에서는 3대, 4대까지 한집에서 사는 숫자가 32.3%나 되는데 이것은 "횡적인 부부관계의 가족구성이기보다 종적인 가계가 중시"되고 있는 증거이며, "농촌 근대화의 암"이 되고 있다고 개탄하기도 하여 핵가족화를 근대화의 중요지표로 이해하는 모습을 보여준다("근대화의 문턱에선 농촌",『농민신문』1966년 12월 12일). 이러한 맥락에서 전통적인 시어머니의 상은 비판되었으며, 그에 비해 며느리를 딸처럼 대하거나 며느리가 학교공부를 할 수 있도록 손주를 돌보아주는 시모의 모습이 바람직한 사례로 소개되기도 한다("마을의 등불: 고부담 1",『농민신문』, 1968년 2월 12일).[2]

한편 1963년『조선일보』의 한 기사는 미래의 지도층이 될 대학생들의 가족가치관에 대한 조사결과를 보고하는데, 1,895명 남녀 대학생들의 제사의식이나 미망인 여성의 재혼 등에 대한 설문결과를 논하면서 "탈피못한 후진성" "전통적 가족관념 뿌리깊고 민주주의에도 극히 회의적"이라는 부제를 달아서 소개하고 있다("한국 대학생의 가치관",『조선일보』1963년 7월 30일). 그러나 실제 조사결과를 보면 미망인 여성의 재혼에 대해서는 "무자녀일 경우에는 무방하다"는 의견이 97%나 되어 위의 기사제목에 의문을 가지게 하는데, 이러한 편집경향은 가족의식의 선진화의 중요성을 역설하고 있는 것으로 생각된다.

전통가족에 대한 가치가 "후진성"이라고 해석되는 것에 비해서 핵가족은 "개명, 진화한 가족"이라고 강조되었다. 특히 "아파트"[3]와 같은 주거형태는 핵가족적

---

[2] 이 기사는 농촌 대가족에서의 시어머니의 권위유지욕을 비판하면서 그와 대비하여 도시 대가족의 고부관계를 소개하는데, 여기서 시어머니는 마치 친정어머니와 같이 며느리를 "꼭 막내딸 대하듯 정이 뚝뚝 덧게" 대하는데, 아이를 출산하고 대학에 다니는 며느리를 위해 직접 아이를 업고 학교까지 다니며 모유를 먹여오기도 한다는 것이다("마을의 등불: 고부담 1",『농민신문』, 1968. 2. 12).
[3] 도시인구는 1960년의 28%에서 80년 57%로 두배가 되었다. 도시화와 함께 아파트가 새로운 주거양식으로 등장하였는데, 도시를 중심으로 볼 때 아파트의 거주율은 1970년 현재 2.2%에 불과하던 것이 75년 4.7%로 두배이상 증가하였으며, 70년대 후반 급증하여 80년에는 14.4%에 이르게 되었다(한국주택

삶을 실현시켜주는 하나의 수단으로 이해되었다. 1962년 문을 연 마포아파트를 소개한 한 주부대상의 잡지에서는 주민의 가장 많은 수가 화이트 칼라, 회사원이며, 그 다음이 상인, 공무원, 교육자, 예술·언론인, 군인 및 의사의 순으로, "중류이상 가정"의 거주방식임을 강조하였다("아파트 생활, 그 내용을 해부한다", 『주부생활』, 1965년 8월).4) 이와 같은 아파트는 "종래의 대가족형태에서 소가족형태로 옮겨가는 한국의 가정"에 적합한 것으로, 그만큼 "아파아트의 가정은 개명, 진화한 부부중심의 소가족"이며, "맞벌이 부부 생활의 표본실(?)"이라고 지적되기도 했다. 그리고 "단출한 살림, 간편한 생활양식을 빌미(?)로 시부모의 그늘을 벗어나게" 해주는 장점이 있는 것으로 이해되었다("아파트 생활, 그 내용을 해부한다," 『주부생활』, 1965년 8월).

핵가족에 대한 기대감은 특히 젊은 여성들 사이에서 높았던 것으로 보인다. 1965년, 봄을 맞아 미혼여성의 결혼설계 기사를 기획한 한 연재물을 보면, 일정한 교육을 받고 직장생활을 하는 "마드모아젤"은 "철저한 핵가족 의지"를 가진 사람들로서, "시부모들은 딱 질색"이며, "분가"와 "아파트"를 꿈꾸고 있다고 묘사된다("마드모아젤. 새봄의 결혼설계[전5회]" 중 5회 『조선일보』 1965년 4월 4일). 그리고 이 기사는 "단둘만이 오붓하게 꾸미는" 신혼살림을 타이틀로, 출근하는 듯한 남편의 옷매무새를 다듬어주는 다정한 아내의 사진을 게재한다.

그러나 이러한 아파트에 대한 긍정적 기사는 70년대 후반에 가면 그 근대적 생활양식의 측면보다는 방화벽에 갇힌 삶으로, 노인소외 등을 낳는 차가운 주거양식이라고 비판되기도 한다(뒤의 2절 "핵가족의 비판담론"의 (1)절 "노인 소외" 참조).

총람, 1984/1986, 보건사회연구원, 1991: 50에서 재인용). 아파트 건설은 이농으로 서울이 포화상태가 되면서 의도적인 강남개발 정책 속에서 확산되는데, 75년에는 반포, 잠실 등의 100만평이 아파트지구로 지정되기 시작했으며, 땅값 상승을 부추기는 정책은 투기자본의 집중현상을 낳는 것은 물론 정치자금 조달이라는 효과도 가졌다(강준만, 2006: 55-69).

4) 그러나 강준만의 강남개발사에 의하면 "1960년대 말까지 아파트는 '마당이 없는 집'이라는 인식과 더불어 소음 등 공동생활의 불편함 때문에 빈민들의 주거 공간이라는 시각이 지배적"이었다는 지적도 있다(강준만, 2006).

(2) "사회발전"론과 "소가족"의 법제화: 핵가족의 "발견"과 추인

① "사회발전"론과 "소가족"의 법제화(1962)

현실적으로 60년대의 가족형태는 대가족의 비율이 전체 가구형태의 1/4을 넘고 있다(1960년 28.6%, 1965년 26.6%). 이러한 실정은 1962년 당시 고려대학교 이태현교수가 조사한 결과와도 크게 차이가 나지 않아서, 시부모와 동거하는 3대가족은 29.5%인데, 그것도 도시는 22.2%이지만, 인구구성상 압도적 다수를 차지하는 농촌은 44.6%가 그러한 것으로 나타난다(『조선일보』 7월 19일).

그러나 1962년의 가족법 개정(호적제도 개편)은 이러한 보편적 가족형태와는 다른 근대적 가족관념을 내포하는 것으로, 소가족을 정당화하고 있었다. "家族은 婚姻하면 當然히 分家된다. 戶主는 直系尊屬 아닌 成年男子로서 獨立의 生計를 할 수 있는 家族을 分家시킬 수 있다"(민법 789조 法定分家, 强制分家)라는 조항은 1962년 12월 31일 국회를 통과함으로써 이제 한국의 성문화한 가족제도는 호주가족을 기본으로, 결혼한 차남이하의 자가 분가하는 형태를 띄게 되었다. 물론 여전히 장남의 호주상속제도와 직계가족제도는 강고했지만 이 새로운 호적제도는 소가족제도로 해석되고 있었다.

당시 법안개정에 관련된 언론상의 소개는 행정적 발전을 위한 취지는 물론, "호주중심제에서 부부중심제로"의 변화를 의미하는 측면을 강조하였다. 1961년 『조선일보』의 한 기사는 국가재건최고회의가 현행민법과 호적법상 호주중심의 가족제도를 부부중심제로 고치는 등 동법을 현실화하는 방향으로 개정하고자 심의하고 있다고 소개하면서 아래와 같이 설명한다.

> 현재 우리나라의 법제도는 **혈족적인 연쇄(連鎖)관계 동양적인 순풍미속(淳風美俗)을 이유로 전가족이 호주권에 예속당하고** 있으나 그 호적이 반드시 현실의 생활장소와는 일치하지 않을 뿐 아니라 **생활의 단위가 점점 부부중심으로 변화**하고 있으며 … 현행 호적법상 호적과 기류가 아무런 연결이 없기 때문 …. **인구동태 파악이나 호적사무의 간소화에도** 지장을 초래 …(『조선일보』 1961년 9월 17일. 인용자 강조).

위에서 지적된 것처럼 호적제도의 변화는 현실적으로는 호적과 실제 거주지상의 괴리로 인한 행정상의 문제를 해결하고 인구동태 파악을 용이하게 한다는 취지를 갖는 것이었다. 그러나 이러한 변화는 단순히 '행정편의'만을 위한 것은 아니었으며, 법제상의 근대화를 추구했던 3공화국의 근대화 시도 중의 하나였다고 할 수 있다. 당시 신민법의 제정취지에 의하면, "우리나라 대가족제도는 개인의 자유활동을 위축시킬 뿐만 아니라 '사회전체의 발전'을 저해하는 바 크므로 이를 부부중심의 소가족제도로 전환한다"고 나타나 있다(최유정, 2005: 97. 인용자 강조). 이외에도 개정의 명분에 나타나 있는 "사회발전"에는 "월남동포에 대한 차별의식 철폐 등 지역감정의 해소"와 같은 정치적, 사회적 고려도 포함된 것으로 보인다(『조선일보』 1962년 7월 24일; 이태영, 1991: 139).

그러나 이러한 국가의 가족법 근대화는 여성계의 노력이 강하게 투영되어 있었던 것이다. 법안의 개정취지는 당시 가족법 개정을 주장하던 여성계의 그것과 완전히 일치하는 것이었는데 가족법 개정활동가 이태영이 1962년 국회에 제출한 제안이유서를 보면 아래와 같다.

> 우리나라의 가족제도는 **인간의 자유활동**을 위축시킬 수 있을 뿐만 아니라 **사회전체의 발전**을 저해하는 바 지대하기 때문에 이를 **부부중심의 소가족제도**로 전환하기 위하여, 현행민법상 임의분가와 강제분가의 양제도가 있기는 하나 이것만으로는 그 목적을 충분히 달성할 수 없으므로 새로 법정분가제를 창설하여 차남이하의 자는 혼인하면 법률상 당연히 분가하도록 하기 위하여 이를 개정하려는 것(이태영, 1991: 139-140, 인용자 강조)

가족법 개정에 대한 여성계의 개입과정은 이후로도 지속된다.[5] 결국 62년 12월의 가족법 개정은 사회발전이라는 국가의 이해와 남녀평등이라는 여성운동의 이해가 만나면서 만들어진 근대적인 법적 장치라고 할 수 있을 것이다. 애초 일제하의 구민법을 대체하는 신민법의 가족법이 탄생한 것은 1958년으로서,

---

5) 군정이후 해산되었던 단체 중 일부 여성단체들은 1960년 4.19로부터 이어지는 민주당정부 수립, 이듬해의 5.16쿠데타, 그리고 62년의 군정개시라는 혼란기를 가족법 개정의 호기로 이용하려는 전략을 가지고 "이런 세월 속에서 우리가 무엇을 해야 할 것인가 … 반드시 옳은 방법은 아니지만 '나라가 어수선한 틈을 타서' 200명 국회의원을 설득하기 어려우니 한 사람을 설득하여 가족법을 민주적으로 고치자는 압력을 넣자 …"(한국가정법률상담소 1976, [한국가정법률상담소 30년사]: 76; 이태영, 1991: 134 재인용)는 전략을 마련하였다. 그 결과가 62년 호적제도 개편으로 이어졌으나 매우 미흡한 것이었고, 이후 가족법 개정운동은 정부의 "가족계획사업"을 활용하여 친족상속상의 남녀차별을 없애고자 시도한다.

처의 법적 무능력제도의 폐지, 부부별산제, 혼인과 협의이혼의 자유 등의 개혁을 담고 있었으나, 근본적으로 호주제, 친족범위의 성차별 등 헌법에 보장한 남녀평등을 구현하지는 못한 것이었다고 할 수 있다. 그러나 1958년의 신민법에 대해서는 그것이 단순히 "순풍미속론"의 결과라는 해석도 있지만(이태영, 1991: 31), 관습존중론의 입장이 근대적인 남녀평등론과의 절충을 시도한 결과로도 해석되며, 그 결과 호주권이 온존된 채 부부중심의 근대적 핵가족모델이 결합되는 절충적 형태를 띠고 있음이 지적되기도 했다(김은경, 2007: 4장). 이러한 연장선상에서 진행된 1962년의 호적제도 개편은 호주제를 온존시키고 있기는 했지만, 일부일처제 핵가족을 강화한 성격을 가지는 것으로 풀이할 수 있을 것이다.

② 핵가족의 "발견": 과학적 사회조사를 통한 핵가족의 "추인"

1960년대 초중반을 걸쳐 활발하게 진행된 각종 가족의식 조사 등 소가족에 대한 사후검증과 "추인"의 작업들은 바로 이와 같은 "부부중심의 소가족", 즉 핵가족의 가족법제를 사회적으로 인정하게 되는 과정이었다고 할 수 있다. 즉 62년의 호적제도 개편은 가족의식의 현실에 대해 주목하게 하는 계기가 되어 오히려 개정 이후 다수의 가족조사가 이루어졌으며, 그 결과가 신문지상에 크게 소개되었는데 이러한 일련의 과정은 일종의 "핵가족의 발견" 현상이라고도 할 수 있을 만하다. 이미 일제 강점기하에서도(특히 20년대 전반) 민족발전의 목표 아래서 대가족제도의 개혁이 논의되었지만, 그것은 어디까지나 추상적 구호 수준에 머물러 있던 것인 반면, 박정희체제 전반의 개혁의 무드 속에서 전개된 60년대 전반의 가족론은 법제화는 물론, 가족의식과 실태 파악과 같은 실재의 가족을 대상으로 전개된, 핵가족에 대한 일종의 추인작업이었다.

1962년의 한 신문기사에서는 "이러한 호적제도의 개혁방향이 당시의 가족의식과 얼마나 부합하는지를 알기위한" 조사가 진행되었다고 언급한다. 서울 등 전국 각지 10개 곳 1,098명을 대상으로 진행된 서울대 행정대학원의 조사의 결과에 따르면, 호적지와 거주지의 괴리가 보편화되었음을 보여준다고 하며, "서울은 6%만이, 그리고 인천은 3%만이 자기의 거주지에 호적이 있으며 … 도시의 일치율은 10%, 농촌의 경우 49%가 그러한 것으로 드러났다"고 지적하는

데, 그 기사의 부제는 "7할이상이 제사찬성, 도시일수록 가족관념 희박, 11%가 자유혼을 희망" 등으로, 점차 가족관념이 희박해지고 도시일수록 더욱 그러하다는 점을 강조하고 있다("우리의 가족의식", 『조선일보』 1962년 8월 8일).

가족집단보다 중시되는 개인의식, 혹은 호적지와 분리된 가구를 꾸리고 살아가는 소가족화에 대한 소개는 60년대 중반기까지 지속되는데, 1966년 일본 동양대학의 한국사회구조 실태조사의 일환으로 진행된 한 조사를 소개한 기사는 이미 한국사회에서 "가족집단보다는 개인을 우선시하는 태도들이 형성되고 있음"을 대대적으로 보도하였다("한국인의 가족의식: 박강래 씨의 연구데이터를 중심으로", 『조선일보』 1966년 5월 8일). 이러한 변화에 대한 언론의 태도는 내면적으로는 복합적인 양상을 띠고 있다고 보는 것이 정확할 것인데, 변화와 새로움에 대한 놀람과 강조, 그에 대한 우려가 중첩되어 있는 외에도, 핵가족적 삶에 대한 기대가 투영되어 있는 모습을 보인다. 예컨대 가족실태를 소개하는 1962년의 한 기사는 29.5%의 대가족의 비율(농촌 44.6%, 도시 22.2%)을 언급하고 있으나, 그 기사에 삽입된 사진은 부부와 2남1녀의 자녀가 함께 모여앉아 다정한 한때를 보내는 전형적 핵가족의 모습이었다("우리주부들의 환경", 『조선일보』 1962년 7월 19일).

(3) "경제발전"과 소가족론의 결합: "가족계획사업"

1956-60년 사이 우리나라의 연평균 인구증가율은 약 3% 수준이었다. 1961년 5.16쿠데타 이후 국가재건최고회의는 인구증가를 "경제개발"의 저해요인으로 규정하고 가족계획사업을 경제개발5개년계획의 일환으로 포함시킨다(공세권외 1981: 95-97). "인구증가율을 1.3%로 둔화시켜야만이 민족의 숙원이라고 할 국민소득 1천달러 달성의 복지사회를 이룩"할 수 있었기 때문이었다(대한가족계획협회, 1975: 29). 그리고 이와 같은 가족계획의 경제주의는 반공주의와도 연결된 것이었는데, 적정한 인구수준을 통한 생활수준 향상으로써 북한 공산당에 대한 우월성을 보여야 했기 때문이었다(김명숙, 2008: 275-276).

그러나 초기 가족계획사업은 종교계의 생명경시에 대한 문제제기나 성적 타락의 위험에 대한 오해로 인해 사회적 인식상 동의를 구하는 데 쉽지 않았다("가족계획에 대한 올바른 인식을", 『조선일보』 1961년 11월 12일). 그러나 가족계획사업의 설득력은 점차 그 경제적 의미에서 추구되고 있었다. 65년 조선일보 사설은 "인구문제를 떠나서 경제문제나 경제계획은 있을 수 없다"고 하면서 사업의 성공을 위해서는 가족계획이 "낙태의 문제"로 오해되는 것을 극복하면서 가정의 "생활문제"로 다루어질 필요가 있다고 제안하고 있다(『조선일보』 1965년 5월 27일).

애초 박정희체제하 가족계획사업은 자녀수의 규범 등 가족규범과 직결된 것이었다. 가족계획사업의 발전단계는 자녀관의 변천에 따라서도 구분될 수 있는데, 먼저 1961년부터의 "알맞은 자녀" 운동기, 1965년부터의 "세자녀" 운동기, 그리고 1971년부터 77년까지의 "두자녀" 운동기가 그것이다(김초강·정혜정, 1980: 341 표 참조, 배은경, 2004: 159 재인용). 특히 1971년 "두자녀 운동" 초기에 등장한 "딸·아들 구별말고 둘만 낳아 잘 기르자"는 슬로건은 "이전의 '알맞게 낳자'와 다르며, 그것도 1남1녀도 아닌, '딸 아들 구별말고'라는 캐치 프레이즈라는 점에서 '혁신적인' 방향전환이었으며, 인구에 회자되게 하는 배경이 되었다"고 평가된다(대한가족계획협회, 1975: 35, 99).

가족계획사업은 표면적으로는 자녀수의 규범만을 제시했지만, 그것이 내포하고 있는 가족관은 핵가족의 그것이었다. 실제로 보건사회부와 대한가족계획협회의 70년대의 포스터들이 그려내고 있는 가족이미지는 부부와 자녀로만 구성된 핵가족으로서, 자녀수의 감소라는 과제는 내용적으로는 핵가족화로의 변화를 포함한 것이어야 했다. 참고로 1970년의 포스터를 보면 아들의 손을 잡은 한복을 입은 어머니와 딸을 무등태운 아버지가 함께 즐거운 나들이를 가는 모습을 그리고 있었으며, 74년의 포스터에서는 당시에 유행하던 양장스커트를 입은 어머니가 딸 하나의 손을 잡고, 아버지는 다른 딸을 하늘 높이 안아 올려주는 단란한 사진을 게재하였는데 그 두 가족이미지 중 어디에서도 조부모가 끼어들 자리는 없어보였다(포스터는 인구가족협회 자료참조. http://www.ppfk.or.kr/asso/asso_history40_poster.asp#). 실제로 아들출산에 묶이지 않는 가족계획의 실행을 위해서는 시부모보다는 부부수준의 결정이 중요했으며, 특히 주부들은 사업의 실행 당사자로서 가정생활의 물질적 윤택과 정서적 단락을 추구하여 사업에 참여하였다고 한다(배은경, 2004). 그리고 주부들에게 사업참여에 강한 동기를 부여하였던 두 자녀 출산이후 단산한 가족에게 주어지는 아파트 분양혜택6) 역시 대가족의 주거형태로서보다는 핵가족적 가구설계에 적합한 것이었다고 보아야 할 것이다.

그러나 가족계획사업은 초기부터 핵가족 규범을 목표로 구상된 것은 아니었다. 가족계획사업의 핵가족규범과의 결합은, 사업의 미진한 성과가 남아선호사상을 보장하는 친족법과 연관되어 있다는 문제의식이 확산된 70년대 초반부터의 현상이라고 할 수 있다. 본고의 분석대상인 조선일보의 가족계획 관련기사도 60년대가 훨씬 많고, 그것도 사업초기인 61년과 62년에 압도적으로 집중되어 있으나 그 성격은 산아제한의 필요성에 대한 계몽수준을 크게 넘어서지 않았다. 그러나 이러한 특성은 70년대 이래 변화한다. 1972년 봄 조선일보의 사설은 아래와 같이 가족계획사업과 관련된 가족법상의 성차별 문제라든가 낙태 합법화 등의 사회적 조처들이 갖는 중요성을 언급하고 있다.

> (정부도) 국민의 합리적이고도 자발적인 (가족계획) **사업참여를 독려하기 위하여** 몇가지 제도를 과감하게 개혁할 방안을 제시했는데, 곧 사내아이를 많이 바라는 관념을 없애기 위해 **친족상속법상의 남녀차별을 없애고**, 임신중절, 즉 낙태를 합법화하고 모자보건법을 마련한다("장기 가족계획사업이 내포하는 '혁명론'", 『조선일보』 1972년 4월 26일. 인용자 강조).

이와 같은 가족계획(소가족화)과 가족법제, 경제발전과의 연결에 대한 문제의식은 이미 여성계에서 제기되고 있던 것이었다.7) 1970년 9월에 열린 여성단체협의회

---

6) 정부는 1974년 소득세법과 상속세법의 개정에서 세액 공제대상을 3자녀로 조정했으며, 76년에는 2자녀로 축소하였다. 한편 주거정책에서 1978년에는 2자녀 불임수용가정에 공동주택 입주우선권을 제공하였다(최유정, 2005: 133 재인용).

7) 60년대 중반기까지 여성단체협의회(이하 여협)은 가족법 개정운동에 심정적인 지지만을 보내왔으나 1966년 가정법률상담소가 회원단체로 가입하면서 가족법에 대한 인식이 높아지는 계기를 마련하였다. 이미 조산원협회 등을 회원단체로 두고 있는 등의 이유로 가족계획활동에 적극적인 참여를 해오면서 사업의 한계를 느끼던 차, "문제의 핵심에 가족법이 있다"는 사실을 재인식하고 가족법 개정운동에 동참하게 되었다는 것이다(여성단체협의회, 1992: 128-129). 즉 여협은 회원단체들의 가족계획사업 참여를 매개로 가족법 개정의 실리를 얻어내고자 했다고 볼 수 있다.

주최의 세미나(<70년대와 인구문제>) 행사장에는 "딸·아들 구별말고 둘만 낳아 잘 기르자"라는 대형 현수막 아래, "'74년 세계인구의 해" 그리고 "'75년 세계 여성의 해"라는 두 개의 포스터가 행사장 전면에 좌우로 길게 드리워진 광경이 연출되었다(여성단체협회의, 1993: 13 사진 참조). 이는 인구문제와 여성주의를 연결시키려는 당시 여성계의 명백한 전략을 보이는 것으로, 24-25일의 양일간의 대회 후 제안된 단체의 건의문은 "남자 본위의 현행 가족제도는 남아선호도를 높이는 요인이 되어 가족계획을 정면으로 해치고 있으므로 가족법상의 남녀차별을 폐지하라"는 주장을 담고 있었다.[8] 국가 차원에서도 여성단체의 협조를 활용할 필요성이 있었으며, 가족계획 사업시행 10년이 되는 1972년, 사업의 효과가 미미한 원인이 남아선호 사상 등 전통적인 가족관계에 있다는 분석을 내리고,[9] 인구억제의 측면에서 가족법 개정에 관심을 가지고 후원하게 되었다.

2) 핵가족의 비판담론

1960-70년대를 통해 가족관련 신문기사는 양적으로는 가족계획사업을 소개하는 것이 압도적 다수를 차지했지만 70년대 들어 그 수는 급감하고 대신 중요한 가족담론 주제로 부상한 것이 바로 가족제도의 변화와 노인문제이다. 특히 사설의 가족관련 기사들은 노인의 지위하락을 곧바로 핵가족제도와 연결지어 가족의 붕괴론을 제시한 특징을 갖는다. 그리고 가족제도의 붕괴의 주요한 원인으로 가정에 부재한 주부, 자기를 찾고자 주부역할에 충실하지 못한 여성이 제시된다. 특히 춤바람, 주부도박 등을 주부여가의 주요 측면으로 짚어내면서 "중년여성"을 새로운 문젯거리로 떠올렸다.

일단 70년대에 확산된 핵가족 비판론은 정치적으로는 "10월유신"(1972년)

---

8) 이것을 계기로 가족법 개정운동은 범여성운동으로 확산되어 "범여성가족법개정촉진회"가 결성되어 1979년까지 지속된다. 그러나 여협의 활동은 매우 모순적인 측면들을 동반한 것이었는데, 특히 유신체제 하 여협의 가족계획사업과의 결합은 피임의 책임을 여성화하거나 여성의 성을 통제한 반여성적이기까지 한 점들이 지적되었다(서명선, 1989), 이외에 여협의 기관지를 분석한 연구에서는 그들의 "여성" 담론이 여공, 식모, 윤락녀 등을 배제하며 구성된 제한적 개념화임이 지적되기도 했다(신건, 2001).

9) 한국가정법률상담소 1992, 『가족법 개정운동 범여성 가족법 개정 촉진회(1973-78) 자료집』(미간행), 김금남, 2004: 48-49 재인용.

및 연이은 "긴급조치"의 선포 등 60년대 말 이후 가속화된 박정희체제의 정치적 보수화 및 민주주의의 후퇴[10]와 연관이 있다고 보인다. 그리고 60년대 말 이래 언론은 정부의 특혜지원과 같은 길들이기 전략 속에서 정권의 보수화와 경향을 같이 했다고 보인다.[11] 그러나 사회적 탄압에 맞서 민주화운동도 함께 자라났으며 여성단체들도 가족법 개정을 위한 연대활동이나, 유엔이 선포한 "여성의 해"(1975년) 준비사업 등을 계기로 이전 시기에 비해 상대적으로 활발한 활동을 전개하였다 (이태영, 1991; 여성단체협의회, 1993). 또한 가족담론의 보수화는 여성들의 고학력화나 사회진출 증대와 같은 변화에 대한 일종의 반작용이라고도 보이는데, 고등학교 취학률은 1970년 24.1%로 증가하였고, 취업률은 65년의 37.2%에서 75년 40.4%로 늘어났다. 물론 도농간·계층간 차이가 컸는데, 특히 도농간의 차이가 커서 70년 현재 농촌여성의 경제활동참가율이 46.8%에 이르렀던 것에 비해 도시의 경우는 26.0%에 머물렀다. 이러한 도시와 농촌의 여성들의 삶의 차이는 도시 중산층 전업주부의 "여가"를 문제시하는 담론의 한 배경으로 등장했다고 보인다. 도시의 경우 3세대 이상 가족형태는 1960년의 19.1%에서 70년 15.4%, 80년 13.9%로 감소하였다.

(1) "노인 소외" 담론과 핵가족 비판

도시화, 근대화가 지속되면서 윤리관의 변화에 대한 우려가 제기되고 있는 가운데, 핵심적으로 "노인의 소외"가 문제로 부상하였는데, 그 핵심에는 핵가족화에 대한 비판이 자리잡고 있었다.

---

[10] 1972년 "10월유신"의 선포를 상징으로 하는 유신체제는 70년대 이후 독재화, 파시즘화의 서막이었다. 직접적인 정치적 사건으로 1971년 대선과 72년 총선에서의 고전이 한 배경이 되었다(조희연, 2007: 145). 그러나 60년대를 통해서도 여러 차례 서울 위수령, 대학 휴교령 등을 발효해야 했듯이 그 정치적 기반이 전적으로 안정적이었던 것은 아니었다(조희연, 2007: 144). 이외에 사회적 배경으로는 60년대말, 70년대초 성장위주 개발정책의 결과 누적된 모순 속에서 노동자 전태일의 분신사건이 일어났으며, 강제이주된 철거민들의 저항인 광주대단지 사건 등 민심이 이반되는 현상이 발생하고, 경제적으로는 오일쇼크의 발생 등 위기적 상황이 전개된 점을 지적할 수 있다. 이러한 속에서 박정희정권은 민중의 저항을 탄압하고 위기극복을 위한 체제를 모색하여 "유신체제"를 수립하고 국민의 기본권을 제한했다(이수인, 2007: 21; 강준만, 2002).

[11] 친정부적 보도와 그에 대한 특혜라는 교환관계가 진행되었는데 특히 『조선일보』는 가장 적극적으로 친유신 보도를 하고 특혜를 얻은 신문으로 지적된다(조희연, 2007: 147).

> ... 핵가족이란 말은 젊은 남녀가 밀실 속에서 전혀 구애없이 삶을 즐겨보자는 것인데 꿀같은 젊은이끼리의 즐거움이 얼마나 오래 갈 것이냐… 그런 완전범죄형의 즐거운 사랑이란 금시 식기 쉽고 … 식고 나면 파경을 면치 못한다는 것도 숱한 실례가 증명해주고 있다 … 세계적인 추세라는 핵가족 형성의 사회가 인간관계에 중대한 파탄을 초래하고 있는 만큼 누구도 소외되지 않고 슬프지 않을 수 있는 가족제도 운영의 지혜는 … 창조적인 혜지가 될는지 모른다. 하여튼 **노인네를 외롭고 슬프게 해서는 안된다** … ("노인네를 슬프게 하지 말자: 그들도 예전엔 젊었고 젊은이도 언젠가는 늙는다", 『조선일보』 1972년 10월 15일 사설)

이에 따라 경로사상과 효의 현대적 해석과 실천이 제시되기도 했으며("밀려난 효의 회복" 1974년 5월 8일 사설), 노인문제의 대응책으로 핵가족단위의 가정생활이 부도덕하다는 인식을 함양할 필요가 있다고 거론되기도 한다("늙는다는 건 서러운 것" 1978년 9월 24일 사설). 심지어는 기사의 실제내용과는 상당한 거리가 있어 의도적으로까지 보이는 제목을 부친 경우도 있어서 당시 언론의 핵가족 비판에 대한 적극적인 의지를 짐작케 한다("탈 경로사상 몰고 온 핵가족 시대의 사회문제" 1972년 10월 12일 사설). 그리고 노인과 함께 사는 것이 어린이들의 심성에 유익하다거나, 아이들을 돌보아주는 기능이 있다는 점이 강조되기도 했다("어버이날을 맞이하여" 1975년 5월 8일 사설). 70년대 후반으로 가면 점차 제도적 차원의 해결책도 언급되기 시작하는 변화를 보이는데, 예컨대 78년 11월 1일의 사설은 노년연금이나, 노인가정의 공적 부조제도, 노인취업 등 노인복지정책의 필요성을 강조한다.

그러나 이미 70년대 후반으로 가면 핵가족을 지향하는 의식은 농촌을 포함, 전국적 현상으로 확대되었다고 보인다. 1978년 농협중앙회가 전국 40개 마을 1천호의 농가를 대상으로 조사한 결과, 농가의 46.4%가 핵가족제도를 바라고 있어 "우리 농촌의 전통적인 가족형태인 대가족제도가 흔들린다"고 토론되었다. 실제로 영농, 생활비관리, 자녀교육, 가사결정권도 조부모층이 결정하는 농가는 10%미만이며, 부부중심으로 결정하는 농가는 70-80%로 나타났다(『조선일보』 1978년 4월 11일, "농촌서도 <대가족제도>가 흔들린다").

한편 핵가족 의식의 확산은 새로운 주거문화로서의 "아파트"와 관련이 있는 것으로 지적되었다. 아파트문화의 특징은 조선일보에서 1978년 연재한 '달라지는 서울'이라는 기획기사의 한 테마를 차지했다.

> … 아파트붐은 서울의 겉보기를 표변시키는 것 이상으로 서울시민의 의식구조를 급변시키고 있다 … **가족제도는 철저히 핵가족화해가고 있으며, 노인들은 서구에서처럼 소외당하고 있다.** 집안과 밖은 차가운 방화벽으로 단절되고 있고, 인간관계는 문에 달린 렌즈를 통해 보는 것처럼 우그러져 가고 있다 … 아파트 생활은 재래식 주택에 비해 여러모로 편리하다 … 그러나 깨어진 기왓장이나 막힌 하수구를 고칠 필요가 없어진 가장이나 연탄갈기, 빨래하기, 상보기가 수월해진 주부는 무엇을 하고 있는가? … ([달라지는 서울. 기획연재 "아파트", 『조선일보』 1978년 1월 17일. 인용자 강조)

이 기사는 아파트 주거형태로 인한 의식구조의 급변을 지적하는 것이었는데, 타이틀로 뽑힌 제목은 "핵가족화로 집안팎은 방화벽에 단절"로서, 핵가족에 대한 비판에 초점이 두어졌으며, 노인소외가 거론되었다.

(2) "주부 부재(不在)" 담론: 가정주부의 가정부재에 대한 비판

70년대의 주부들은 과연 당시 일부 언론에서의 지적처럼 "심심해 죽을만큼" 여가가 있었는가? 그리고 여자들이 집밖에 나오는 것은 왜 가정을 파괴하는 것으로 담론화되었는가? 왜 주부의 외출이 "주부도박단"의 위해를 논하는 가운데 같이 등장해야 하는가? 노인의 발견과 함께 70년대 핵가족화 비판담론의 또 다른 축에는 (가전제품의 확산과 함께) "핵가족화로 과도한 여가를 갖게 된 주부들이 집밖으로 돌면서 가정부재, 주부부재의 탈선을 일으킨다"는 논리가 있었다.

이미 70년대 초 서울시 대상의 한 조사에 대한 기사는 "흔들리는 주부가치관"이라는 자극적인 제목을 통해 탈선주부가 아닌 일반주부도 가질 수 있는 문제적 가능성을 암시한다. 신문은 서울시의 사회복지사업 기본자료인 『부녀행정보고서』 2집(1971)을 소개하면서 서울시 주부(6백가구)에 대한 실태조사를 보고하는데, 타이틀로 "약혼전제 프리섹스 긍정 29%" "'경우따라 이혼한다'도 34%나"라고 선정적인 제목들을 달고 있다("흔들리는 주부가치관: 서울시 조사 실태보고",

『조선일보』 1972년 4월 30일). 그리고 "노부모와의 동거는 21.2%뿐"이라고 하면서 "핵가족의 양상"을 띠고 있다고 지적하는데, 교육수준이 높을수록 노부모와의 동거를 기피하는 현상을 꼬집었다.

주부가치관의 혼란은 가사 기계화는 물론, 소가족제도와 연결되는 것으로 이해되었다. 1973년 이규태 기자의 현대여성의 문제에 대한 기사는 문제의 핵심을 주부의 "가정부재"에서 찾는데, "기계문명과 민주주의, 소가족제도가 안겨다준 보너스"가 가져온 여가로 인해 계, 치맛바람이 일어나는 등 주부의 업을 포기하는 문제가 발생했다는 것이다. 이에 비해 전통적 여성들은 소처럼 일함으로써 오히려 과도한 여가가 주는 불안의 문제가 없었다면서, 여가를 잘 활용하는 것이 문제의 해결이라고 주장하였다(이규태, "뭔가 다르다: 異說한국사 130- 한국여성은 억압만 받고 살아왔나 26", 『조선일보』 12월 2일).

이미 50년대부터 전후 피폐한 가정경제를 살리는 데 숨은 공로자였던 여성들의 "계"에 대해서는 그 기여에도 불구하고 많은 비판이 제기되어 왔으나(이임하, 2004), 70년대를 거치면서 그것은 소위 "계바람, 춤바람, 치맛바람"의 삼풍(三風)으로 통칭되면서 70년대 내내 문제적 주부를 지칭하는 하나의 기호로 자리잡았다. 여기에 도박이 추가될 때 그것은 "'주부'도박단"이라는 압도적인 비난어로서 사회의 지탄을 받기에 마땅하였다. 수사당국에 적발된 "주부도박단"이 계기가 되어 나온 73년의 사설은 마땅히 있어야 할 자리와 역할(가정, 주부)을 빗겨간 주부들을 비판한다. 여기서 "주부의 가정부재가 초래한 사랑의 결핍은 비행청소년의 원인"으로 지목되고 있으나, 남편 가정역할의 한계는 언급되지 않은 채 다만 열심히 일하는 "선량한 생활인"으로 묘사된다("사설: 주부도박풍조의 유행", 『조선일보』 1973년 10월 23일).

다른 한편, 부재하지 않고 집을 지키는 중류층 여자들이 겪는 "우울증"이 주목을 받았으며, 그 원인은 핵가족화와 가전제품 사용, 그리고 식모로 인한 과도한 여가라고 분석되었다(『조선일보』 1975년 9월 7일; 『조선일보』 1975년 9월 10일). 신문은 또한 YWCA가 20-40대 주부회원 200명을 대상으로 시행한 '주부들의 자기성장' 조사 결과를 인용하며, 대다수가 두통, 시력장애, 신경성 소화장애, 불면증 등의 문제를 겪고 있다는 강조하였다(1975년 9월 7일). 그리고

<표 2-1> 70년대 『조선일보』 사설에 나타난 주부문제에 대한 관심

일자	기사명
72.11.16.	행복은 가정조화에 있다. 춤바람난 유부녀들의 딱한 경우
73.5.3.	어머니의 사회의식 향상, 어린이를 위한 선행과제
73.10.23.	주부도박풍조의 유행
74.2.17.	여성에게 부치는 글. 진정한 사랑과 함께 존경받기를 바라면서
76.7.3.	여가를 어떻게 선용할까. 특히 가정부인들의 깊은 사려가 요구된다
77.12.18.	가정관리: 왜 차차 힘들어가는가
79.4.1.	중년여성의 문제
79.5.6.	'중년여성의 문제' 재론, 오해와 비판에 답하여

주부탈선의 뉘앙스까지를 풍기는 주부여가론은 "윤리"의 문제로까지 이해된다. 76년 기사의 편집자주에는 '한가한 주부는 무엇을 해야 하나'라는 타이틀 아래 과학기술의 발달이 가져온 생활용품으로 인해 과도한 여가를 갖게 된 주부들이 화투놀이나 춤바람으로 여가를 메우고 있다고 지적하며 윤리적 대안을 제시하고자 하였다("여가의 병리와 윤리: 무엇을 해야 하나", 『조선일보』 1976년 7월 4일). 이러한 비판담론 속에서 도박현장을 습격당한 주부들은 목숨을 건 도피까지를 선택해야 했으며, 실제로 위 기사의 직접적인 계기에는 당시 단속경찰관을 피해 달아나다 실족, 사망한 주부가 있었다.

그러나 평균 3.5명의 출산율을 기록하던 70년대 중반, 그것도 가옥구조가 불편한 주거환경에서 대부분의 주부들이 그렇게 여가의 병리를 앓고 있었는지는 의문이다. 실제로 1975년 한 가정학자의 조사에 의하면 주부들의 평균 가사노동은 8.4시간으로 분석되었다(윤복자, 1975). 시기는 조금 다르지만 66년도 한 가정학자의 조사결과에서는 세탁 1시간 51분, 육아 1시간 57분 등 총 6시간 10분의 가사노동시간이 소개되기도 했다("서울주부들의 24시간", 『조선일보』 1966년 6월 12일).

아래의 사설목록에서 나타나는 바와 같이 70년대 사설의 특징은 주부비판에 있었고, 그 요점은 가정에 부재한 주부였는데, 주부권 행사가 여권신장 추종(혹은 내조와 여권)과는 다른 것으로서, 여성으로서의 길에 충실할 것을 권고하고 있다. 특히 79년 4월의 중년여성 문제에 대한 사설은 새마을 열차에 탄 중년주부들이 술 마시고 화투하는 장면을 거론하면서 가장의 권위와 도덕이 상실한 것을 그 원인으로 들고 있다.

그러나 이러한 비판에도 불구하고 여자들은 연탄갈 일이 없는 아파트를 선호했으며, 세탁기가 해주는 빨래를 필요로 했다([달라지는 서울. 기획연재] "아파트", 『조선일보』 1978년 1월 17일 참조). 그리고 "시부모와 한 밥상에서 대해야" 하는 대가족제도를 피하고 싶어했다("핵가족과 확대가족", 『조선일보』 1973년 6월 5일). 또한 지배담론에서는 과도한 여가가 낳은 질병이라고 비판하는 우울증은 어쩌면 여성의 사회적 가치를 교육받은 고학력 여성들이 가정으로 유폐되는 상황에 대해 신체적으로 저항하는 양상이라고도 해석될 수 있을 것이다.

3) 핵가족 비판담론의 이원구조

이상에서 서술한 비판담론의 논리는 "산업화(근대화) → 서구화 → 핵가족화 → 노인소외 → 가족해체"의 연속선상에 놓여있다. 이 연속선을 꿰는 것은 매우 이원적인 논리구조인데, 거기에는 선과 악의 대비에 맞먹는 위계성이 자리하고 있다. 그것은 첫째, 서구적 근대와 역사적 전통의 대비, 둘째, 여성과 남성의 대비, 셋째, 도시와 농촌의 대비를 특징으로 한다. 앞서 이론적 배경의 논의에서도 지적되었던 것처럼 핵가족화는 전통의 왜곡, 서구화의 문제라는 틀로 접근되어 비판되어 온 역사적 전례가 있으며(Chakrabarty, 1994), 특히 남성적 기준의 서구화를 배경으로 여성의 서구체험은 부정되었다는 지적처럼(김은실, 1999) 여성들의 소가족적 태도들은 비난의 대상으로 부상하였다. 특히 60-70년대 산업화·도시화의 진전과 함께 증가하는 핵가족 유형과 핵가족 의식, 그리고 취업이나 여성운동 등을 통해 가정 밖으로 가시화된 여성들의 존재와 같은 현실적인 사회변화는 일종의 백래쉬 현상을 낳았다고 보인다. 여기에 1972년 "한국적 민주주의"를 내걸고 선포된 "유신체제"의 "전통"에 대한 강조는 핵가족화의 서구적 측면을 보다 적극적으로 비판하게 한 정치적·사회적 배경이 되었다고 해석된다.

(1) 서구근대 대(對) 조상전래의 전통

핵가족이 문제인 것은 조상전래의 전통을 무시하는 서구맹신의 결과이기 때문으로 이해된다. 이러한 태도는 70년대 이후 훨씬 강화되지만 이미 60년대 초 호적제도 개편안을 앞둔 사설에서는 발견할 수 있다. 조선일보의 한 사설은 가족제도의 '붕괴'를 언급하면서 그 "이대 원인(을) … 근대적 경제사정과 개인주의 사상의 보급"으로 꼽았다. 따라서 **"지나치게 서구적인 근대사상에 치우쳐 조상전래의 미풍양속 관념도 낡은 사상으로 일소하려는 경솔"**을 범해서는 안 되며, **"오랜 역사, 전통 속에서 귀중한 유산을 골라내는 노력"**이 필요하고 **"법으로써 관습을 왜곡시키는 무리"**가 있어서는 안 된다고 경고한다(1962년 8월 8일 사설). 가족법 개정과 같은 문제는 늘 이러한 전통과 연관되어 지적된다. 여성계의 가족법개정에 대해 이들 지배담론은 남녀평등의 대의에 대해서는 동의하면서도 시기상조의 측면을 강조한다. 즉 가족법 개정은 "오랜 **역사와 전통과 윤리**'의 문제이므로 충분한 시간이 필요"함은 물론, 가정의 평화를 파괴할 우려가 있다는 것이다("가족법 개정의 시비, 충분한 기간을 둔 국민적 합의 조성이 선결", 『조선일보』, 1974년 7월 19일. 인용자 강조).

노인소외에 대해서도 "서양 사람처럼 되는 것이 진보발전이라는 맹신의 부산물"이라고 하며("노인네를 슬프게 하지 말자", 1972년 10월 15일 사설), 핵가족화로 인해 밀려난 효의 회복과 같은 "윤리관의 회복"이 노인문제에서 핵심적 과제가 됨을 지적한다("밀려난 효의 회복", 1974년 5월 8일 사설).

(2) 여성 대(對) 남성

근대화가 가져온 핵가족화는 남성과 여성의 역할의 재편을 가져오고 있었다. 그러나 가정의 흔들림에 대한 우려에서 남편의 책임은 언급되지 않으며, 가정붕괴를 막아야 할 책임의 소재지는 "주부"에서 찾아진다. 즉 남성의 사회활동 참여로 인한 가정에의 부재가 가장의 의무로 이해되고 있었던 반면, 여성의 사회참여는 서구적인 여권신장의 흐름을 틈탄 가정역할에의 소홀로 지적되거나, 시부모봉양을 기피하려는 이기적인 태도로 비판되었다.

『조선일보』74년 2월 17일자의 사설은 **"세계적으로 '여권신장'**이 부르짖어지고 있는 현재 어쩔 수 없이 한국에도 밀려든 그 경향"을 우려하면서 "'(아내) 관리의 제한은 바깥주인으로서의 '가장의 대외활동' 또는 공적 생활이 그만큼 과중한 데 그 원인이 있으며 … **내조의 역할이라는 아내의 본분**'을 잃을 때 주부는 주부로서의 존재가치를 상실하게 되는 것은 당연한 이치의 귀결이다 …"라고 충고한다. 또한 가정살림에서 "주부권을 행사하는 것과 여권신장 추종은 다른 것이니 **여성의 본질을 손상하지 말라**"는 권고를 서슴치 않는다("여성에게 부치는 글", 『조선일보』 상동. 인용자 강조). 그리고 "여권"과 "내조"의 성역할을 대비하면서, "여자의 소비성향, 사치풍조 등이 급상승하는데 그것을 **자제케하는 가장의 설득력**의 한계"를 걱정한다("가정관리: 왜 차차 힘들어가는가", 『조선일보』 1977년 12월 18일의 사설. 인용자 강조).

특히 여권(신장)에 대한 거부감은 상당히 컸다. 1971년 숙명여대 정요섭 교수는 대한여학사협회가 선정한 "슬기로운 여인되기"의 운동정립을 위한 심포지움의 주제강연에서 "해방후 **서양문화의 영향**은 한국 여성의 지위를 급속도로 향상시켜 이제 **여권확립의 문제를 들먹이는** 단계에까지 이르렀고 남녀동등권을 주장하고 있으나 이러한 남녀동등에 대한 권리투쟁은 **여성의 남성화, 즉 중성이라는 괴물을 낳게** 했다"고 비판하였다. 그리고 "모성애로써 남성을 길러주는 협동자로서의 기본자세"가 바로 70년대의 슬기로운 여성상이라고 계몽하였다(『조선일보』 1971년 4월 13일. 인용자 강조). 70년대 초반 활성화된 한국의 여성운동에 대한 가부장적 지식인 사회의 저항은 적지 않은 듯한데, 여성단체의 활동은 여성운동적 성격으로 이해되고 있지 않을뿐더러, 신문을 통해 소개된 서구의 여성운동도 희화화한 모습으로 그려지고 있었다.[12]

(3) 도시 대(對) 농촌

핵가족화론에 대한 비판은 주로 '서구 vs 전통'을 대비시키는 축을 중심으로 진행되었지만, 이외에도, '(서구를 지향하는) 도시 vs (도시의 비정함에 물들지

---

[12] 조선일보에서 "여성운동"으로 검색하면 외국의 사례만 나오고, 더욱이 그것도 희화화된 측면을 강조할 뿐이었다('브래지를 벗어라' 등 미국여성운동 기사소개). 60년대까지 신문에서 여권, 여성운동이란 일종의 금기였다고 보이며, 다만 "여성단체"라는 검색어로는 단체의 활동소개 수준으로 약간의 기사가 검색된다(135건).

않은) 농촌'이라는 이원구조의 대비 속에서 진행되는 현상이기도 했다.13) 그러나 이 이원론은 양면성을 가지고 있었는데, 한편에서는 농촌의 전통적 덕목과 소비에 물들지 않은 생산적 삶을 칭송하면서도, 다른 한편으로는 도시의 핵가족이 누리는 가족적 단란생활과 문화를 부러워하는 이중성을 보인다. 전체 인구의 다수가 농촌에 거주하면서도『조선일보』등의 중앙일간지에서는 도시에서의 삶을 중심으로 한 논의가 대다수였기 때문에, 이 글에서는『농민신문』의 기사를 참고하여 살펴본 결과, 농촌을 전통의 담지자로 묘사하는 경향이 두드러졌다.

도시화가 전체 인구의 약 절반가량이 도시에 거주하게 되는 70년대 중반을 넘어가면서부터는(1975년 48.4%) 농촌에서도 핵가족 지향의 태도가 나타나기 시작했다. 그러나 바로 그러한 시기부터 핵가족적 상은 도시적인 것, 비정한 것으로 비판되는 역설을 보인다. 1978년 농협이 수행한 농촌지역 의식구조 조사를 소개하는 한 기사에서는, 핵가족형태를 희망하는 비율이 적지 않게 나타났음에도 불구하고 "농촌의 아름다운 가족제도의 전통이 농촌사회의 중심층에 그대로 유지되고 있음은 바람직한 현상"이라고 하여 조사결과와는 부합하지 않는 해설을 달고 있다("우리 농민생각 이렇게 달라졌다 2: 농협 조사서 밝혀진 '의식구조'"『농민신문』1978년 8월 21일).

농촌의 미덕을 강조하는 경향은 서구화된 비정한 도시를 비판하는 것과 쌍을 이루어 진행되었다. "핵가족의 시대"가 되면서 도시에서는 선진국도 감탄하는 우리의 조상숭배전통이 "극도로 서구화해 가고 물질만능주의로 인정이 말라가는" 탓에 "노인들은 고독 속에 허덕이게 되었고, 맞벌이 부부의 아이들은 무서운 범죄를 저지르게 된다"는 것이다("새벽종: 농촌의 노인문제, 복지농촌 건설은 노인들의 복지로부터",『농민신문』1980년 7월 7일 사설). 1978년 한해의 투고글을 총정리하는 한 기사에 의하면 가장 많이 투고된 것은 "묵묵히 고향(농촌)에 남아 '흙의 보람과 꿈을 가꾸는 젊은이들의 의지를 담은'" 이야기였으며, 이외에는 "도시의 핵가족화에 따른 비정함"에 마음아파하며 노인을 공경하자는 내용의 이야기도 많이 실린 내용 중 하나라고 소개하고 있다. 그러나 실제로는 농촌에

---

13) 경제기획원의 인구주택조사에 의하면 1960년 현재 3세대이상 가족은 농촌에서는 32.4%(도시 19.1%) 이었으며, 70년까지도 농촌의 확대가족은 도시의 두 배를 보여주었고, 70년대 후반 가속화된 도시화를 통해서 비로소 그 격차를 줄였다.

시집가려는 처녀들이 없어 서른이 넘도록 장가못간 노총각 문제도 많이 투고되었다("'여자, 남자의 눈'에 비친 78년 농촌", 『농민신문』 1978년 12월 28일).

이처럼 농민들 스스로 도시와의 차이에 많은 관심을 나타내고 있는 것으로 보이는데, 대체로 도시의 주부나 부부의 모습이 과장되어 이해되는 경향을 보이며, 그에 대한 남녀의 반응은 사뭇 다른 모습을 보였다. 도시의 주부들에 대한 이야기는 "아기들에겐 우유통을 물려놓고 식모에게 맡겨둔 채 동창회니 계니 하면서 밖으로 자유롭게 쏘다니는" 사람들이거나(독자투고 "남자의 눈", 『농민신문』 1967년 2월 27일) 혹은 "부부동반여행을 하거나 남편과 마주 앉아 즐거이 이야기하는" 핵가족적 단란을 즐기는 사람들로 이해되고 있었다(독자투고 "남자의 눈: 농사군은 싫어요", 『농민신문』 1967년 3월 27일). 그러나 이에 대한 남편과 아내의 반응은 너무도 다른 것이어서 흥미로운데, 그것을 개탄하는 남편에 대해 아내는 "하루를 살다가 죽어도 그렇게 살다가 죽어야 한다"는 반응을 보이고, 남편은 "아무래도 아내를 타일러야되겠다"고 다짐한다(1967년 2월 27일 상동기사). 새마을 부녀사업 초기 참여여성들이 보여주었던 시도들, 즉 거리의 남편을 가정으로 끌어들이고자 했던 사업들 역시 이러한 핵가족적 질서에 대한 기대와 관련이 있다고 보인다. 즉 당시 활성화되었던 "화투장 태우기"나 "주막" 추방운동(박진환, 1980: 145-146)들은, 핵가족 밖에 있는 거리의 남성(남편)을 가정화시키고자 하는 이들의 숨은 기대가 반영된 것으로 해석할 수도 있을 것이다.

그러나 농촌에서 요구되는 이상적인 여성역할은 전반적으로 생산자로서의 그것이 가장 강력하게 나타났다. 따라서 도시여성의 삶을 중심으로 제시되는 중앙일간지에서 지적되는 핵가족의 소비적 주부의 문제에 대한 논의는 거의 눈에 띄지 않는다. 대신 가정빈곤과 마을발전을 위해 일하는 모습이 두드러지는데, 예컨대 "새농민 여성상"이 갖는 노동하는 여성규범[14]이 그것이다. 그리고 "게으름과 낭비"를 비판하는 새마을사업의 생활윤리적인 작동방식은 이들 여성의 '가정을 넘어선' 사회참여를 정당화시키는 이념이 되었다고 보인다.

---

[14] 예컨대 "새농민 여성상"의 수상자의 수상기준을 보면, 의식주생활 등의 생활능력이 있는 여성, 전작(田作)관리 등의 노동능력이 있는 여성, 신생활 개선운동에 공헌이 큰 여성, 그리고 안으로는 가족제도의 합리화와 가정의 화목을 이루고 있는 여성이다("새농민 여성상, 흙을 벗하는 믿어운 일꾼", 『농민신문』, 1965. 4. 8.)

5. 요약 및 결론

연구결과 박정희체제는 18년의 긴 기간에 걸친 만큼 가족담론에 있어서도 다양한 층위를 보여주었다. 종종 이해되는 것처럼 가족은 효와 전통의 상징으로 불러들여지기도 했지만, 또한 사회발전·경제발전의 명분과 결합하면서 근대화의 지표로 재구성되어 소가족적·부부중심적 핵가족론을 형성하기도 했다. 이러한 변화는 시기와도 맞물려 있었는데 크게 보아 60년대의 가족론은 핵가족의 긍정적 가치를 인정하는 특징을 보여주었으며, 70년대 이후로는 비판의 소리가 높아지는 변화를 보인다. 핵가족 비판론에서는 효와 노인문제가 부상하였으며, 여성의 사회참여가 높아지는 분위기 속에서 가정적 존재규정에 균열감을 느끼는 주부들을 재가정화하려는 비판의 목소리가 높았다. 논리의 구조를 축약하면 "산업화(근대화) → 서구화 → 핵가족화 → 주부부재, 노인소외 → 가족해체"로 이어지며, 담론내적으로는 전통과 근대, 남성과 여성, 농촌과 도시의 위계적인 이분법이 존재하였다.

이러한 담론상의 특징과 변화는 60년대 말 이래 박정희정권의 보수화, 군사화 등 파시즘적 국가주의가 강화된 정치적 변화를 바탕으로 하고 있다고 볼 수 있을 것이었다. 그러나 가족담론의 변화과정에 국가의 보수화만이 절대적 역할을 한 것으로 보기는 어려우며, 교수와 문인 등 다양한 사회지도층 인사들이 참여하였다. 특히 신문사설의 논조는 일관되게 며느리, 주부, 모성과 아내와 같은 여성 "본연"의 역할을 넘어서는 것을 비판하고 있었다. 본문에서 분석하고 있는 『조선일보』와 같은 언론은 정권의 길들이기 속에서 보수적인 정책변화의 분위기를 적극적으로 추동해내고 있었다고 보아야 할 것이다.

그러나 이외에도 담론의 변화에는 다양한 사회적 요인들이 작용했다고 보인다. 핵가족의 증가와 같은 현실적 변화, 그리고 본격적 수준은 아니지만 근대화가 진행되면서 발생하는 합리화와 개인주의는 불가피하게 부계적이고 전통적인 가족관계와 마찰을 빚을 토대가 되었을 것이다. 특히 여성의 고학력화 및 세계적 추세의 여권주의 담론의 바람 속에서 가정내 역할에만 만족하지 못하는 중산층 전업주부가 형성된 것은 이러한 비판담론 생산의 또 다른 배경이 되었다고 보인다. 그 결과 발생한 여론주도층의 우려는 가족변화와 젠더역할에 대한 백래쉬의 성격을 갖는 핵가족 비판담론으로 양산되었다고 보인다. 이런 점에서 70년대 강화된 가족담론은 동요하는 성별규범의 조정을 핵심기제로 가지고 있었다고 생각된다.

한편 국가의 가족담론, 대표적으로 가족법개정, 가족계획사업의 실현과정에서 여성들의 행위성이 두드러진 점을 기억해야 할 것이다. 특히 가족법개정을 위한 여성단체들의 노력은 자신들의 이해(利害)를 인구문제와 적극적으로 결합해내면서 국가의 권력에 대해 한편으로는 순응하고 다른 한편으로는 활용하는 양면성을 보여주었다. 이것은 저항과 순응의 이분법으로 설명하기 어려운 박정희체제하 행위자들의 사회구성(social construction)의 예를 보여준다고 할 수 있다. 그러나 조직화된 여성들만이 아니라 일반여성들도 지배담론에 동의하지 않는 수동적 저항의 방식으로써 자신의 행위성을 드러내고 있었다. 노인소외나 핵가족화를 비판하는 지배담론 속에서 중산층 전업주부들이 앓고 있었다고 보도되는 우울증이나 두통 등의 질환은 단지 육체적 질환으로만 여겨지기는 어렵다고 보인다. 이것은 오히려 자신들의 다양한 욕구를 억압하는 담론에 대한 "부적응", 수동적 저항으로도 해석될 수 있다고 생각된다. 실제로 언론에서는 주부들의 질병을 "윤리" 차원의 문제로 연결시키며 우려 섞인 목소리를 나타냈다. 그리고 핵가족화에 저항할 전통의 보루라고 강조되는 농촌에서도 여성들은 핵가족과 과도한 여가를 즐기는 (도시)주부에 대한 비판담론이 무색하게 도시주부들의 핵가족적 삶을 가족 로망으로 여기고 있었다. 이러한 현실은 박정희체제의 보수화와 전통화의 소환물인 부계(부권)적 가족주의 이데올로기가 갖는 균열의 지점을 드러낸다고 볼 수 있을 것이다.

■ 참고문헌

* 1차 자료
『조선일보』 (1960-79); 『농민신문』 (농민신문사, 1963-80).
박정희(1963), 『국가와 혁명과 나』, 향문사; 박정희, 1968, 『민족중흥의 길』, 광명출판사 (참고).

* 2차 자료(정책사, 사업사 등)
내무부. 1980. 『새마을운동 10년사』.
대한가족계획협회. 1975. 『한국가족계획십년사』.
보건사회부. 1987. 『부녀행정 40년사』.
한국여성단체협의회. 1993. 『한국여성단체협의회 30년사』.

* 논문 및 단행본
강준만. 2006. 『강남, 낯선 대한민국의 자화상』, 인물과사상사.
_____. 2002. 『한국 현대사 산책: 1970년대편- 평화시장에서 궁정동까지』, 인물과사상사.
고황경·이만갑·이효재·이해영. 1963. 『한국농촌가족의 연구』, 서울대학교출판부.
공세권·박인화·유희원. 1981. 『한국가족계획사업 1961-1980』, 가족계획연구원.
공제욱 엮음. 2008. 『국가와 일상: 박정희 시대』, 한울.
공제욱. 2008. "박정희시대 일상생활 연구의 의미", 공제욱 엮음(2008). 앞책.
김금남. 2004. "한국 여성운동의 주기별 조직연대에 관한 연구: 가족법개정운동 사례를 중심으로", 이화여자대학교 석사학위청구논문.
김대영. 2004. "박정희 국가동원 메커니즘에 관한 연구: 새마을운동을 중심으로", 한국산업사회학회 『경제와 사회』 2004년 봄호.
김동춘. 2000. 『전쟁과 사회』, 돌베개.
김명숙. 2008. "국가동원과 가족계획", 공제욱 엮음. 앞의 책.
김수영. 2001. 『동아시아의 자본주의 발전과 가족: 한국과 일본의 사례』, 고려대학교 박사학위논문.
김은실. 1999. "한국근대화 프로젝트의 문화논리와 가부장성", 『당대비평』, 1999년 가을.
김혜경. 1998. "일제하 '어린이기'의 형성과 가족변화에 관한 연구", 이화여자대학교 박사학위논문.
_____. 2006. 『식민지하 근대가족의 형성과 젠더』, 창작과비평사.
김혜경·정진성. 2001. "핵가족 논의와 식민지적 근대성", 한국사회학회편 『한국사회학』 35집 4호.
다나자키 아쯔코. 2001. "현대 한국 중산층 부부역할 형성과정에 관한 분석: 6,70년대 여성잡지를 중심으로", 서강대학교 석사학위논문.
문승숙. 1998. "민족공동체 만들기", 『위험한 여성』, 박은미 역, 삼인, 2000.
문지영. 2003. "한국에서 자유주의 정부수립 후 1970년대까지 그 양면적 전개와 성격에 관한 연구", 서강대학교

정치외교학과 박사논문 (유선영에서 재인용).
문헌아. 2002. "박정희시대 영화를 통해 구현된 여성이미지 되짚어 보기", 한국정신문화연구원편, 『박정희시대 연구』, 백산서당.
박진도·한도현. 1999. "새마을운동과 유신체제", 『역사비평』 47호.
박진환. 1980. 『새마을 사업의 점화과정』, 서울대학교 새마을운동 종합연구소편.
배은경. 2004. 『한국사회 출산조절의 역사적 과정과 젠더』, 서울대학교 사회학과 박사논문.
서명선. 1989. "유신체제하의 국가와 여성단체", 한국여성연구원편, 『여성학논집』 6집.
서울대학교 새마을운동 종합연구소 1980. 『새마을운동의 이념과 실제: 새마을운동 국제학술회의 논문집』.
신건. 2001. "1960-70년대 근대화 프로젝트와 여성담론에 관한 연구: 여성단체협의회의 [여성]지 분석을 중심으로", 연세대학교 사회학과 석사논문.
신병현. 2005. "1960, 70년대 산업화과정에서 노동자들의 사회적 정체성에 영향을 미친 주요 역사적 담론들: 근대화와 가부장적 가족주의 담론구성체를 중심으로", 이종구외. 2006. 『1960-70년대 노동자의 생활세계와 정체성』. 한울.
신현옥. 2000. 『국가개발정책과 농촌지역 여성조직에 관한 연구』, 연세대학교 사회학과 박사논문.
안호용. 1991. "한국가족의 형태분류와 핵가족화의 의미", 『한국의 사회와 역사: 최재석교수 정년퇴임 기념논총』, 일지사.
양현아. 2000. "식민지시기 한국 관습법의 관습 문제 I ", 『사회와 역사』 제58집, 문학과지성사.
유선영. 2008. "과민족화 프로젝트와 호스티스 영화", 공제욱 엮음. 2008.
이상록. 2006. "서론: '대중독재론', 박정희 체제 분석의 유용한 칼날 혹은 거추장스러운 갑옷", 장문석·이상록 편, 『근대의 경계에서 독재를 읽다: 대중독재와 박정희체제』, 그린비.
이수인. 2007. "국가동원체제의 문화적 동원", 정해구 외, 『박정희체제의 국가동원 메카니즘에 관한 연구』, 학술진흥재단 보고서.
이임하. 2004. 『여성, 전쟁을 넘어 일어서다』, 서해문집.
이준식. 2002. "박정희시대 지배이데올로기의 형성: 역사적 기원을 중심으로", 한국정신문화연구원편, 『박정희시대 연구』, 백산서당.
이태영. 1991. 『가족법 개정운동 37년사』, 가정법률상담소.
이효재·김주숙. 1977. "농촌지역사회 발전을 위한 여성의 역할", 이대한국문화연구원 『논총』 30집.
임지현·김용우 엮음. 2004. 『대중독재: 강제와 동의 사이에서』, 책세상.
장문석·이상록 편. 2006. 『근대의 경계에서 독재를 읽다: 대중독재와 박정희체제』, 그린비.
장경섭. 1992. "핵가족 이데올로기와 복지국가", 한국산업사회학회편 『경제와 사회』 15권.
장현섭. 1993. "한국 사회는 핵가족화하고 있는가", 한국 사회사연구회논문집 39, 『한국 근현대 가족의 재조명』, 문학과 지성사.
전재호. 1998a. "박정희 체제의 민족주의: 담론의 변화와 그 원인", 『한국정치학회보』 32집 4호.
_____. 1998b. "민족주의와 역사의 이용: 박정희체제의 전통문화정책", 서강대 사회과학연구소 『사회과학연구』 7. (유선영에서 재인용).
정해구 외. 2007. 『박정희체제의 국가동원 메카니즘에 관한 연구』, 학술진흥재단 보고서.

조형·Tinker. 1981. "지역사회개발과 여성의 역할", 서울대학교 새마을운동 종합연구소, 앞책.
조희연. 2005. "박정희체제의 복합성과 모순성", 『역사비평』 70호(2005년 봄호).
최유정. 2005. 『가족정책을 통해 본 한국의 가족과 근대성:1948년-현재까지』, 이화여대 박사논문.
최재석. 1983. 『한국가족제도사연구』. 서울: 일지사.
한국보건사회연구원. 1991. 『한국가족의 기능과 역할변화』.

Anderson, M. 1980. *Approaches to the History of the Western Family 1500-1914*, London: Mcmillan Press LTD.
Chakrabarty, D. 1994. "Postcoloniality and the Artifice of History: Who Speaks for 'Indian' Pasts?". H. A. Vesser ed. *The New Historicism Reader*, Routledge.
Donzelot, J. 1979. *The Policing of families*. translated by R. Hurley. NY: Pantheon Books.
Hareven, T. & Plakans, A. eds. 1987. *Family History at the Crossroads*, Princeton: Princeton U. P. 1987.
Somerville, J. 2000. *Feminism and the Family: Politics and Society in the UK and USA*, Macmillan Press Ltd.
上野千鶴子(우에노 치즈코). 1994. 『近代家族の成立と終焉』, 岩波書店.
인터넷 자료: 인구가족협회 http://www.ppfk.or.kr/asso/asso_history40_poster.asp#.

제3장 전후 경제개발의 영웅서사를 넘어서 *
— 1935년 개성 출생 여성 사례

박혜경

1. 서론

1) 문제제기 및 연구의 목적

한국 현대사의 주류 서사는 우리는 전쟁으로 인한 폐허 위에서 경제성장의 기적을 이루어 냈다는 것이다. 개발주의가 노정시켜 온 정치적·경제적 파행구조에 대한 비판에도 불구하고, 허리띠를 졸라매고 노력하여 가난을 이겨냈다는 승리자의 정체성은 대부분의 한국인의 의식 속에 뙤리를 틀고 있다.

경제개발의 영향에 관한 논의들은 주로 정치 및 경제의 구조적 변화라는 거시적인 측면에 집중해 왔다. 그 부정적인 영향에 관한 비판들도 마찬가지였는데, 전후 경제개발의 부정적 영향에 관해서도 민주주의의 지체나 경제구조의 파행 등 주로 구조적이고 제도적인 문제들이 지적되었던 것이다. 예를 들어, 계급이동의 한계나 상대적 빈곤 개념을 통한 연구들은 경제개발로 빈곤에서 벗어났다는 신화를 비판했지만 양적 자료에 근거한 구조분석이 주를 이루었다. 분단과 개발이 우리의 삶에 무엇이었는지를 행위자로서의 사람과 구체적 경험으로서의 삶이 드러나는 방식으로 풍부하게 이해하기 위해서는 양적이고 거시적인 설명 위에

---

* 이 글은 『경제와 사회』 통권 100호(비판사회학회, 2013)에 실렸던 논문을 약간의 교정과 교열만을 거쳐 거의 그대로 실은 것이다. 구술자 김난영 씨께 감사드린다.

일상의 체험들에 관한 질적이고 미시적인 분석이 보태어져야 한다.

이러한 문제의식 속에서, 이 연구는 1935년 개성에서 출생하여 한국전쟁 후 월남한 여성 김난영 씨1)의 구술생애사를 기반으로 분단과 경제개발이 일상에 끼친 영향에 관하여, 연애, 결혼, 노동 경험 등에 초점을 맞추어 분석한다. 김씨가 전쟁으로 인한 실향과 이산가족의 경험을 가지고 있기 때문에 그의 생애구술은 월남한 여성들과 유사한 측면이 있다. 하지만 그의 사례는 개발시대에 도시 변두리에서 살아온 서민 여성의 생애 이야기로도 흥미롭다. 김씨는 자신이 내내 "어렵게 살았다"고 하였는데, 그의 이 고생스러운 생애 여정이 한국전쟁 및 산업화와 깊은 연관 속에서 진술되고 있기 때문이다.

이러한 김난영 씨의 생애 구술 내용 외에도, 본 연구는 그의 생애사 이야기의 서사적 특성에 주목하였다. 그것이 고난극복의 영웅적 서사의 성격을 가지지 않은 점 때문이다. 이러한 점은 전후 폐허 위에 '한강의 기적'을 이루어냈다는 한국 경제개발의 거대서사를 위반한다. 구술생애사 연구는 개인의 구술을 자료로 볼 것인가 주관적인 텍스트로 볼 것인가에 따라 두 방향으로 나뉜다. 구술사를 자료로 보고 그 안에서 진실성만을 추구하는 방법이 있어 왔으나, 인류학을 중심으로 구술사를 삶에 대한 의미부여의 표현으로 보고 그 서사적 특성에 주목하는 새로운 경향이 생겨나고 있다(유철인, 1990). 본 연구에서는, 윤택림(2001)의 주장과 같이, 역사는 객관적 사실이기보다는 부분적인(partial) 자료를 바탕으로 한 해석이기에 여러 판본이 존재할 수 있다고 보고,2) 구술생애사도 이러한 의미에서 구술자 자신의 삶에 관한 해석을 담은 역사라는 관점을 택할 것이다. 이에 구술의 내용과 구술의 서사적 특성 모두 본 연구의 초점의 대상이다.

분단과 개발이 구체적으로 연애, 결혼, 노동 등 우리의 일상생활에 개입하게 되는 과정은 한국사회의 근대적 변화를 이해하는 데 빠져서는 안 될 부분임에도, 사료의 불충분함은 이러한 질문을 파고드는 것을 어렵게 해 왔다. 최근 구술사 연구를 통해서 이러한 자료의 부족이 적잖이 해소되고, 여성의 삶과 사적 세계가 적극적으로 해석되기 시작했다. 특히 일상생활에 관한 이야기를 담은 구술생애사

---

1) 구술자의 신상정보 보호를 위하여 가명을 사용한다.
2) 본 연구는 학문에서의 객관성과 인식 주체의 부분성(partiality)에 관한 페미니즘의 비판과 문제의식을 공유한다. 이에 관해서는 하딩(2002) 참조.

는 자료의 성격 때문에 특별한 의미를 갖는다. 그것은 사회의 거시적인 변화와 일상의 미시세계가 어떻게 연결 또는 갈등하였는지에 관한 구체적인 증거가 될 뿐 아니라, 그 과정에서 어떠한 새로운 주체가 만들어지고 변화되었는지를 파악할 수 있게 해 준다.

분단과 개발에 관한 미시사를 연구하는 데에 여성의 생애구술을 바탕으로 하는 것은 일상사 연구가 구술생애사 및 여성사와 방법론적 친화성을 가지기 때문이다(윤택림, 2001). 여성의 경험이 주로 가족 등 일상세계 안에서 일어나도록 제한되어 왔다는 사실 때문에 여성의 생애 경험 이야기는 일상세계처럼 기록되거나 귀 기울일 가치가 없는 것으로 여겨져 왔다. 일상세계에 대한 관심과 미시적 분석의 중요성에 대한 인식이 여성의 침묵되었던 경험에 주목하게 하면서, 여성의 구술생애사는 일상의 미시사에 접근하기 위한 전략적인 길을 열어주는 것으로 평가되고 있다. 안병직(2012)이 지적하듯이, 미시 세계에 대한 분석의 의미는 방법론적인 차이에서 오는 것이지 분석 영역상의 차이에서 비롯되는 것이 아니다. 이에 이 연구는 사회구조와 동떨어진 생활세계를 들여다보려는 것이 아니라, 바로 분단과 개발의 사회적 현실을 들여다보는 방법으로서 일상의 세계에 주목하려는 것임을 밝혀둔다.

본 논문에서는, 김동춘(2000)의 주장대로, 한국전쟁을 1950년에 일어난 무력충돌에 국한하여 보기보다 일련의 과정으로 이해하는 것이 필요하다고 본다. 주지하다시피, 분단은 단지 한국전쟁으로 인한 것이 아니라 이미 그 전에 시작된 것이다. 이렇게 본다면 분단도 한국전쟁도 모두 1950년 그 이전부터 진행되어 온 일련의 과정으로서 이해하는 것이 바람직하다. 본 논문에서 다루고 있는 김난영 씨의 구술에서 주로 '육이오'로 언급되는 경험이 그의 삶에서 가지는 의미 역시 일련의 과정으로서의 전쟁과 분단이었다. 이에 이 연구에서는 '분단'과 '한국전쟁'이라는 용어를 구분하는 것이 특별히 요구되지 않는다고 보고 이 두 용어를 상호교환적으로 사용할 것이다.

전후 개발시대를 우리는 어떻게 지내왔으며, 그러한 시대 변화가 우리에게 남긴 것은 무엇인지를 침묵되었던 여성의 일상을 통해 들여다보는 이 연구는 구조변동을 중심으로 한 분석에서는 드러나기 어려웠던 일상에 대한 통찰을 제공함으로써 전쟁과 경제개발에 관한 이해에 두께를 더할 수 있을 것이다.

2) 연구의 방법

구술생애사는 침묵하거나 저평가되었던 존재들의 목소리로 하여금 역사적인 자료가 될 수 있게 함으로써, 고증에 매달리는 실증주의 역사연구의 한계를 넘어서는 대안이 될 수 있다(윤택림, 2010). 이에 구술생애사는 기록되지 않았던 여성들의 경험을 드러내고 의미를 부여하는 방법으로서 유용하다(김귀옥, 2012; 유철인, 1996; 윤택림, 2001; Armitage, 2002; Geier, 1986; Personal Narrartive Group, 1989).

여성의 구술생애사는 일상생활 연구에 특별한 기여를 할 수 있다. 젠더화된 공사이분법으로 인하여 여성은 주로 가족 등 사적 세계 안에서 살도록 요구되었기 때문에, 여성의 생애구술사는 일상세계에 관한 생생한 연구의 길을 열어준다. 또한 구술생애사는 여성 삶의 변화를 이해하는 데에도 매우 효과적인 방법인데, 선행연구들(김연주·이재경, 2013; 김원, 2005a; 이희영, 2008; 유철인, 1996; 윤택림, 2013; 함인희, 2006)을 통해 보듯이, 구술사를 통해서 아내, 어머니, 노동자 등 여성의 삶을 이해하는 데 열쇠말이 되는 주체 위치들의 역사적인 변화를 설명하는 작업이 가능해지기 때문이다.[3]

하지만 여성의 경험에 의미를 부여하고 그 관점에서 세계를 해석한다는 것은 단지 '여성적인' 것 또는 여성의 삶에만 관심을 가진다는 의미가 아니라, 그 관점에서 세계를 인식하는 것이다(하딩, 2002). 더욱이 공사이분법의 신화를 비판해 온 페미니즘의 관점에서 보면, 여성의 생애구술을 통해서 들여다보는 일상세계는 공적인 세계와 분리된 것으로서의 일상세계가 아니다.[4] 이에 여성의 생애구술사에 기초한 전후 개발시대에 관한 연구는 어떻게 여성 개인의 삶이

---

3) 구술생애사 연구는 주체 구성의 미시적 차원을 드러낼 수 있는 잠재력을 풍부하게 가지고 있다. 현재 여성연구만이 아니라 탈북인의 '반공 전사'로의 정치적 주체화(김귀옥, 2004)나 일 중심적 남성성의 구성(신경아, 2011) 등 주체화에 관한 다양한 연구들에서 구술생애사가 성과를 내고 있다.
4) 공사분리에 관한 페미니즘의의 연구는 방대하다. 논지의 개괄적인 이해를 위해서는 프리드먼(2002)과 이영자(2000) 등을 참조.

전쟁과 개발의 과정과 관련되어 왔는지를 보는 것이다. 구술사연구의 이러한 관점을 통해 여성 구술자 개인사는 여성사이자 사회사로 그 의미가 확장될 수 있다.

김난영 씨는 1935년 개성5)에서 태어나 한국전쟁 중에 남으로 피난 내려왔다. "평생 어렵게 살았어요"라는 그의 말이 함축하듯, 그는 자신이 빈곤하고 힘들게 살아왔다고 생각한다. 그의 생애 이야기는 경제 개발을 통해 잘 살게 되었다는 식의 이야기와는 거리가 멀다. 그렇다면 그의 삶에는 분단과 개발시대가 어떠한 모습으로 투영된 것일까. 이 연구는 이러한 질문에 초점을 맞출 것이다.

역사적으로 기록되지 못한 소외된 계층의 삶에 주목할 수 있게 해 주는 구술사 연구는 기존의 연구에 대한 대항 역사를 만들어낼 수 있지만(김귀옥, 2006; 윤택림, 1993; 2001), 본 연구는 한국사회 변동에 관한 거시적 설명을 반박하거나 대체하려는 목적을 가지고 있지는 않다. 또한 이 글은 김씨의 '어려운 삶'을 정의하거나 증명하는 데에 목적을 두지도 않는다. 더욱이 김씨 개인의 생애사가 동세대의 경험을 대표하는 보편성을 가진다고 주장하려는 것도 아니다. 사실상 시대를 증언할 수 있는 보편적 주체 위치란 있을 수 없다. 다만 요구되는 것은 "자격"(윤택림, 1993)이다. 이 연구는 김씨가 이러한 자격을 갖추었다고 보고, 한국경제 발전의 서사를 위반하는 김씨의 "어렵게 살았다"는 생애이야기가 어떠한 삶의 맥락 속에서 만들어진 경험이며 해석인지를 물으려고 한다.

김난영 씨는 개성에서 피난 내려와 분단선 가까운 파주와 금촌, 수색 등지에서 살았다. 그것은 경제적으로 넉넉하지 못한 도시 주변부 서민의 삶이었다. 김씨의 생애구술에 따르면 그의 가난은 한국전쟁에서 비롯되었다. 김씨는 그 전까지는 비교적 풍요로운 생활을 했다고 이야기한다. 그는 초등학교(당시에는 국민학교)를 졸업할 무렵 한국전쟁 중에 아버지가 의용군으로 끌려간 뒤 어머니를 따라 형제들과 남으로 피난 나와 가난한 생활을 시작하였다. 그런데 그의 어려운

---

5) 김씨는 개성에서 평양으로, 평양에서 다시 개성으로 이사했었다. 졸업한 학교가 장단국민학교라는 것으로 보아 개성에서 마지막 살던 지역은 장단군이었던 것으로 짐작된다. 장단지역은 김씨가 살던 당시에는 개성시(나중에 개성부로 개편되었다가 개성시로 승격된 지역)는 아니고 경기북부의 농촌지역으로 현재 북한의 개풍군 개성직할시에 속한 지역으로 짐작된다. 개성 지역에 대한 일반적인 이해는 윤택림(2013) 참조.

생활은 산업노동자로 일하던 남편과의 서울생활을 통해서도 나아지지 못했다. 김씨는 현재 지병으로 거의 누워 지내는 남편의 거동을 수발하며 수도권에 소재한 소도시의 오 천만 원 전셋집에 단둘이 살고 있다. 그들의 생활비와 남편의 약값은 결혼하여 따로 살고 있는 세 자녀가 매달 주는 약간의 돈으로 충당하고 있다. 재산은 고사하고 전세금을 올려 달랄까 봐 걱정하는 빠듯한 생활이다.

가장 좋은 구술사는 면접자가 거의 끼어들지 않는 독백에 가깝게 진술되는 것이어서 면접자는 구술하는 여성들의 이야기를 끊지 않도록 주의해야 한다(윤택림, 2010; Gluck, 2002). 하지만 김난영 씨는 이야기를 잘 하는 이야기꾼은 아니었다. 오히려 그의 생애구술은 짧고 단순하기까지 해서 질문 없이는 이야기가 이어지지 않는 대목도 많았다. 연구자가 구술생애사 면접을 했던 다른 5인 여성들의 생애구술에서는 그들 삶의 이야기가 특정 주제에 맞춰 조직되어 있는 것처럼 들렸는데, 김난영 씨의 이야기는 그렇지 않았다. 이들 70대 노인 여성들의 이야기는 대부분, 자신의 삶은 고된 것이었지만 자신의 노력으로 과거보다는 나은 현재를 이루었다는 고난극복의 서사였다. 이러한 특징은 안태윤(2011)의 연구에 등장하는, 전시와 전후에 경제활동을 활발히 했던 여성들의 구술생애사에서도,[6] 1960년대 산업화 이후의 과정에 경제활동을 했던 기혼여성들의 구술생애사에서도 두드러지게 나타난다(김혜경, 2007). 이에 고난을 극복한 소영웅의 서사는 전쟁과 개발의 시대를 지나온 여성들의 구술생애사의 서사적 특성이라고도 할 수 있을 것이다.

하지만 김난영 씨의 이야기에서는 이렇게 자기도, 자기의 노력과 극복의 이야기도 거의 등장하지 않았다. 그의 생애사는 자신이 주인공이 되어 개척하고 극복해 온 이야기로 펼쳐지지 않았던 것이다. 그는 그저 여기저기 이사한 이야기를 하다가 "나는 이렇게 어렵게 살았어요"라고만 했다. 그것은 그가 과묵한 성격인 탓도 있겠지만, 그의 과묵함 역시 자기 인생에 대한 해석과 관련 있을 것이다. 그의 생애담에서 고생한 이야기는 있는데 더 나아졌다는 이야기는 없었다. 마치 그의 삶은 한 번도 극복되거나 피어보지 못한 듯이 보였다. 고생 뒤에 낙이 온다는

---

[6] 예를 들어, 안태윤(2011)의 논문에서는 다음과 같은 구술들을 볼 수 있다. "우리 어머니는 그랬다고 왜정때. 그 일본 옷 빼입고 불났을 때 물 뿌리러 가는 거 그것도 다니고, 하여튼 참 그 사회를 살기에는 그렇게 유능할 수가 없는 …"〈김명순〉"내가 그래도 참 열심히 살았다, 내가 자부할 정도야."〈신선호〉

고난 극복의 서사는 어쩌면 근대 개발의 이데올로기에 침윤된 우리가 스스로에게 세뇌시킨 이야기일 수 있다. 그런 면에서 보면 김씨의 극복담 없는 고생담은 가공되지 않은 이야기이기도 하다. 이런 면에서, 김난영 씨의 이야기는 전후 경제개발이 우리 삶에 남겨준 것은 무엇인지를 돌아보게 하는 이야기이기도 하다.

김난영 씨의 생애사를 연도별로 보면 다음과 같다.

<표 3-1> 김난영 씨의 연도별 생애사

연도	생애 사건
1935년	개성에서 맏딸로 태어남.
1950년	초등학교 졸업. 한국전쟁 일어나 아버지가 의용군 끌려감. 이 때문에 중학교 진학 못함.
1951-1953년	월남 후 금촌 피난민 수용소, 친척집 등에서 생활. 친척 집에서 가사를 도우며 지내기도 함. 금촌에서 어머니는 과일장사, 나무 해다 팔기, 남의 집 일 등을 했음. 김씨도 어머니를 도와 나무 하는 일을 함.
1954년	선 봐서 결혼. 금촌에서 시숙네와 함께 사는 신혼생활 중 결혼한 지 석 달만에 남편이 군입대. 손윗 동서를 도와 미군부대 직원들 하숙치고, 빨래를 해 주며 생활함.
1955-1958년	첫딸 출산 뒤 친정(수색)에 가서 야매로 골탄을 제조하여 판매하는 어머니를 도우며 생활함. 둘째딸 출산.
1959년	남편 제대 후 시집으로 돌아옴.
1960-1971년	시집으로부터 분가하여 서울로 이주. 남편은 제본소에 취직함. 후에 친척 소개로 인쇄소로 옮김. 아들 출산. 1960년대 초에 김씨는 집에서 책 묶는 일(제본일), 스웨터 꿰매기와 짜기 등의 일을 함.
1972년	남편이 직장에서 사고 당함. 신체장애를 가진 채로 복직하여 직장 다녔으나 후에 회사 문 닫자 제본소 전전하는 생활 시작.
1976년	6개월 동안 김씨가 공사장에서 돌 나르는 일을 함.
1979년	신림동에 최초로 주택 구입. 수도 사정이 나빠 1년 안에 팔고 다시 전세살이 시작
1979년	회사 부도로 남편 실직. 장애로 취업 어려움. 그후 1년 동안 김씨는 보험외판원으로 근무.
1980년	김씨가 식당노동자, 파출부로 일함.
1983년	손자녀 돌보기 시작.
1997년	남편의 뇌졸중 발병. 남편 돌보기 위해 손자녀 돌보기 그만둠.

이 구술면접조사는 2011년 10월에서 2012년 6월 사이에 이루어졌다. 김난영 씨는 김씨의 이웃인 연구자 친지의 소개로 2012년 5월에 4회에 걸쳐 만났고 2회의 구술면접을 하였다. 총 구술 시간은 5시간 분량이었으나 구술면접 시간은 6시간이 조금 넘었다. 1차 구술면접은 5월 중순 오전 9시 30분에서 오후 12시 30분까지, 3시간가량 김난영 씨를 소개해 준 김씨 이웃의 집에서 만났다. 2차 면접은 5월 말 오전 9시 30분에서 오후 1시까지, 3시간 30분가량 동안 김난영 씨의 집에서 이루어졌다. 2차 면접 때에는 구술 이외에도 사진첩을 함께 보며 살아 온 이야기를 더 자세히 듣고 옛날 살았던 집이나 동네 등 생활의 여러 측면들을 살펴볼 수 있었다.

3) 선행연구

지금까지 전쟁이 가족 등 소위 사적 세계에 끼친 영향에 관해서 구술사 연구가 활발히 이루어지고 있다. 이들 연구들은 전쟁미망인(김현선, 2011; 이임하, 2004; 2006), 이산가족 또는 실향민(김귀옥, 2004; 김현선, 2011; 안태윤, 2007; 2011), 좌익 또는 탈북자가족(염미경, 2006; 조은, 2011) 등에 주로 초점을 맞추어 왔다. 최근 전쟁과 여성의 결혼 및 섹슈얼리티(이성숙, 2007; 안태윤, 2007; 2011), 노동 및 노동자 정체성(윤택림, 2013), 시집살이(김귀옥, 2012) 등에 관한 연구들은 전쟁과 여성의 삶의 관계에 관한 이해의 폭을 넓혀주는 데 기여한다.

이들 연구들에 의하면 한국전쟁기에 여성들은 군인들로부터 강간을 당하는 경우가 많았으며 이것을 피하기 위해 서둘러 결혼을 하기도 하였다(김현선, 2011; 안태윤, 2007). 또한 전쟁으로 남편을 잃은 여성들 중에는 생계가 막막하여 첩이 되거나 성매매 여성이 되는 경우도 있었다(이임하, 2004). 서울토박이들의 경우에는 지방에 연고가 없어서 피난하지 못하고 그 와중에 여성들은 장사를 해서 가족을 부양하기도 했다(윤택림, 2011). 전쟁기와 전후에 여성들은 극심한 노동을 견뎌 가며 가족을 부양했다(김귀옥, 2012; 김현선, 2009; 안태윤, 2011; 윤택림, 2013).

그런데 김귀옥(2012) 등 몇몇의 연구를 제외하고는 전쟁에 관한 여성 구술사연구들 대부분이 이북 출신 여성에 관한 것들인데, 이러한 연구들은 고졸 또는 대졸 등 당시로서는 고학력의 출신 여성들에 관한 것이 많다. 이러한 연구들이 전쟁 및 분단에 관한 여성의 경험과 삶의 변화에 관해 의미 있는 분석들을 제공해 왔지만, 더 넓은 층의 여성들의 전쟁 경험이 이야기될 필요가 있다. 특히 교육을 많이 받지 못한 이북 출신 여성들이 월남 후의 힘겨운 생활을 어떻게 헤쳐 왔는지에 대한 이해를 돕는 데에는 기존 연구들의 설명력은 제한적일 수밖에 없다.

개발시기의 사회변화에 관한 구술사연구들은 거의 이루어져 있지 않은 실정이다. 이 시기의 변화에 관한 연구들은 주로 신문이나 잡지의 기사 내용 및 담론분석을 통해 이루어져 왔고(김정화, 2002; 김현주, 2007 등), 구술사 연구 등 미시적 경험 세계를 드러낸 연구들의 수는 미미한 실정이다. 더욱이 개발시기에 관한 구술사 연구의 대부분은 노동자들의 경험에 초점을 맞추어 왔다(이희영, 2008; 김원, 2005a; 2005b; 김영, 2009). 이희영(2008)은 1950년대 방직산업에서 일하던 여성노동자들에게 노동은 가부장제 가족으로부터의 해방의 의미도 가졌다고 지적한다. 이러한 예에서 보듯이 노동자 여성에 관한 연구들도 가족생활 등 사적 세계에 관한 분석을 포함하고 있지만, 서구 가족사의 발달에 견주어본다면, 여성노동자라는 특정한 위치에 한정하지 않고 주로 결혼, 모성 등 가족생활에 초점을 맞춘 여성들의 이야기가 더 많이 발굴될 필요가 있다.

이러한 측면에 초점을 맞춘 연구들이 있으나 그 수는 매우 적다(김연주·이재경, 2013; 김혜경, 2007; 배은경, 2008). 이들 연구들은 근대적 모성의 실천이나 핵가족화, 주부의 형성 등 주로 가정 영역의 근대성과 관련된 연구질문들을 다루기 위해 여성의 생애구술을 사용한다. 구술사를 무엇으로 볼 것인가에는 의견 차이가 있지만(김귀옥, 2006; 유철인; 1990; 윤택림, 1993), 이희영도 기존 구술사 연구들의 한계에 대해 유사하게 지적하였듯이(2005), 생애구술자료를 연구자의 연구질문을 위한 증거로서 수동적으로 사용하는 데에 머물 것이 아니라, 구술생애사가 가지고 있는 풍부한 내용에 더욱 주목할 필요가 있을 것이다. 이러한 관심에서, 본 연구는 김씨 개인의 구술생애사 속에서 드러난 일상의 경험과 그 구술의 서사적 특성 둘 다에 주목함으로써 전쟁과 개발이라는 사회변화와 여성의 삶의 이야기를 교직해 볼 것이다.

2. 전쟁으로 인한 빈곤과 경제개발의 그늘

1) 전쟁으로 인한 부(父/副)의 상실과 빈곤

한국전쟁은 나라를 분열시키고 경제기반을 초토화시킨 거대한 사회적 사건이었지만 그것은 우리가 먹고 자고 사람과 어울려 사는 자질구레한 일상생활에도 영향을 미쳤다. 전쟁 또는 분단 체제가 한국의 국가와 사회 등 이른바 공적 영역에 끼친 변화의 중요성은 아무리 강조해도 지나치지 않다. 하지만 그것은 가족 등 소위 사적인 세계와의 사이에도 곱씹어보아야 할 깊은 관계를 형성해 왔다. 전쟁과 분단 경험에 의해 관념으로서의 가족은 강화되었을지라도(권명아, 2000; 김동춘, 2000), 구체적인 경험 속에서 가족관계는 이리저리 찢기고 생채기를 갖게 되었다. 한국전쟁과 그로 인한 분단은 가족 간의 이데올로기 갈등과 상잔, 이산과 그로 인한 원망과 원한을 장기화시켰다(이효재, 1985). 아버지 부재 등 전쟁 및 분단이 한국가족에 끼친 영향은 전후 문학을 통해 풍부하게 묘사되어 왔다.

하지만 이에 관한 경험적 연구는 미미한데 그 자료가 제한적이기 때문이다. 이러한 측면에서 구술생애사는 유망한 연구방법이다. 개성 출신 실향민 여성의 구술생애사를 분석한 윤택림(2013)은 분단이 이들 실향민 여성들에게 빈곤해지는 계기가 되었음을 지적한다. 그는 여성들이 피난 과정에서 재산뿐 아니라 진학 등 학업의 기회를 잃기도 하였던 이야기를 들려준다.

김난영 씨는 1935년에 개성에서 태어나 평양에서 살다가 11살 때 다시 개성으로 가서 살았다. 김씨의 아버지는 평양의 병리소라는 무기 만드는 공장에서 일했다. 김씨는 아버지를 잃기 전에는 생활이 풍족했다고 기억한다. "(아버지) 집안 형편은 원래가 부잣집이었"고, "(아버지의) 월급 백 원이면 참 큰돈이었어요. 그렇게 사실 그때는 아주 뭐 풍족했지요" 한다. 김씨의 집안 형편과 아버지 교육열은 딸인 그도 교육 기회를 가질 수 있게 했던 것으로 보인다.

김난영 씨는 체구가 작아서 9살에서야 초등학교에 들어갔는데 입학한 학교는 개성의 서정국민학교였고, 후에 평양으로 이사했다가 다시 개성으로 와서 장단국민학교를 다니다 졸업했다. 개성 실향민 구술사를 연구한 윤택림(2013)의 연구를 참조하면, 김난영 씨가 살던 장단군은 개성 시내가 아니라 개성의 전형적인 농촌지역이었던 것으로 파악된다. 김씨는 초등학교에 입학하기 전에 유치원을 1년 다녔고 학원도 다녔다고 한다. 당시 개성에는 딸들도 교육을 많이 시켰다고 들었다고 하자, 자신의 동네에서는 그렇지 못해서 학교 전체에서 자신을 포함해서 여학생은 둘뿐이었다고 했다. 하지만 김씨 자신은 딸이기 때문에 학교에 다닐 필요가 없다는 이야기를 집안에서 듣지 못했으며 오히려 "공부 안 한다고만 (뭐라고) 했다" 할 정도였다고 한다. 그런 교육의 기회를 가질 수 있었던 것을 김씨는 아버지의 교육열 때문이라고 설명했다. 그리곤 곧이어 전쟁이 자신의 진학 기회를 앗아갔다는 이야기로 넘어간다.

> 우리 아버지가 그때 좀 머리가 깬 분이셔서 공부를, 열심히 나를 가르키(치)려고 애를 쓰셨어요. 근데 전쟁이 나니까 아버지도 그렇게 가시고 …

김난영 씨도 한국전쟁을 자신이 빈곤하게 된 원인이라고 이야기한다. 그도 전쟁과 분단으로 아버지를 잃고 피난 내려오느라 상급학교에 진학을 할 수 없었고 집안의 재산을 모두 놔두고 피난 나와야 했던 것이다.

한국전쟁이 발발하던 당시, 김씨가 살던 개성 지역은 산 하나를 사이에 두고 남북으로 갈라져 있었다. 9살에 입학한 김난영 씨가 초등학교(구술에서는 '국민학교')를 "졸업하자마자 한국전쟁이 났다"고 한다. 김씨는 전쟁이 나서 중학교에 진학하지 못했다. 이북 출신 여성들의 경험을 통해 볼 때 한국전쟁 발발 전 이북 지역의 여성 교육 수준은 상대적으로 높았다고 한다. 하지만 김씨는 개성 시내가 아닌 농촌지역에 살고 있었으므로 이러한 면에서 다소 차이가 있었던 것으로 보인다. 하지만 김씨도 딸의 교육을 향한 아버지의 열의는 높았다고 말한다. 이것은 역시 농촌임에도 개성 지역의 높은 교육 열의를 엿보게 하는 대목이다.

그러던 김씨의 아버지는 한국전쟁이 발발하고 나서 의용군으로 끌려가 생사를 모르게 되었다. "의용군 포로들 다 석방시킬 때를 기다렸는데 그래도 안 오시고 그러니까 그냥 인제 돌아가셨나 보다" 했다고 한다. 전쟁이 처음 일어났을 때 피난을 나가다가 도로 집으로 돌아가서 지냈던 김씨네가 남으로 내려온 것은 수복 후에 김씨네가 살던 지역에 판문점이 들어서게 되었고 이에 모두 떠나라는 명령을 받았기 때문이다. 피난은 김난영 씨와 두 동생, 그리고 어머니와 함께였다. 모든 재산을 다 남겨두고 떠난 후 김씨네 가족은 가난한 생활로 접어들었다.

> 피난 나올 때 개성이 바로 여기면 산 이쪽이 이북이고 이쪽이 이남이었어요. 그러면 가끔씩 사람들이 총 쏘고 넘어왔다 또 쫓기고 그랬어요. 육이오(6·25)나던 날도 뭐를 했는지, 하여튼 그래도 산 꼭대기에서 총을 쏘고 그래요. '또 넘어와서 지랄한다.' 그러고 있었는데 새참을 내가야 하는데 내가 … 면에서 면서기가 자전거를 타고 와서 "지금 저기 빨갱이들이 어디까지 왔으니까 피난들 나가라우" 그러니까 내가 막, 맨몸뚱이만 나온 거야. 어떻게 나오다 보니까 인민군인지 국방군인지 피난민이랑 막 뒤섞여서 어떻게 할 수가 없더라구. 아유 이거 못 살겠다, 나가봐야 소용없다고 도루 집으로 가자구 그러더라구. 그래서 집에 들어와서 있는데 그냥 나가는 사람 보고 우리는 그냥 있었는데. 있었는데 그냥 빨갱이 세상이 되어 가지구, 그래 가지구 우리 아버지가 이북으로 끌려가셨지만. 그래 가지고 좀 있다가 다 그냥 인민군들이 와서 젊은이들 다 그냥 데려가잖아요. 그러니까 막 젊은 사람들이 다 숨었죠. 다 방공호에 가고 구들장, 구들장들 다 떼어서 숨어서 불도 못 떼고. 방공호 파서 거기다 갖다 놓고 숨기고. 밥도 껌껌해지면 갖다 주고 이랬어요. 그러다가 수복되어 가지고, 피난을 나올 때 우리 동네는 판문점인가 그게 생겨요. 그래서 "피난 나가라" 그래서 차, 그리고 차(에) 다 싣더라고. 그래서 빨리 나오라 그래서 그때 뭐 돈이 있어요. 그냥 쌀 한 말 보자기 지고서 그냥 차에다가 올라탔지 임진강을 넘겨서 금촌에다가 수용소에 풀어 놓더라구.

그런데, 김난영 씨는 전쟁 동안과 전후에 부유했다던 친가로부터의 도움이나 그 관계가 어떠했는지에 관해서는 거의 이야기하지 않고 다만 피난 과정에서 외삼촌이나 이종사촌과 함께 지냈던 이야기를 했다. 김난영 씨 이야기에서 친가 친족이 언급되는 대목은 매우 짧다. 피난민 수용소에서 사는 등 급격하게 어려워진 가운데, 김씨네 가족은 아버지의 형에게 의지하며 지냈던 기간이 있었으나 곧 독립해야 했던 것으로 보인다.

> 육이오(6·25)나던 그 다음 해 이제 거기서 판문점이 생겼잖아요. 그래서, 민간인을 못 살게 다 칠을 했어요. 이남으로 다 있는 것 모두 다. 그래 가지고 금천 수용소에다 (우리들을) 갔다 놨지. 수용소에 있다가 뭐 그때는 뭐 아부지(아버지)가 안 계시고 그러니까 그냥 큰아버지

의지하고 살다가 살기가 어려우니까 우리 어머니하고 내 여동생 하나 남동생 하나 네 식구서.
그냥 고생하면서 살았죠 뭐.

이로 미루어 김난영 씨네 가족은 친가로부터 별로 도움을 받지 못했거나 차차 관계가 소원해졌던 게 아닌가 한다. 피난살이의 경제적인 어려움으로 모두 고생하고 있는 환경이어서 피차 의지하기 어려웠을 것이다. 전쟁미망인에 관한 연구(이임하, 2006)에 의하면, 남편이 없는 상태에서 피난 나온 여성들은 그 과정에서 시집으로부터 서운한 경험을 하는 경우가 많았다고 하는 것으로 보아, 김난영 씨 어머니도 유사한 경험을 하였던 것이 아닌가 한다.

반면에 김씨의 친족 연대는 외가와의 사이에 이루어져 있었던 것으로 보인다. 김난영 씨네 가족은 피난하는 과정에서 총각이던 외삼촌과 함께 살기도 했고, 김씨가 이종사촌네 집에서 가사를 도우며 더부살이를 하기도 했다. 김현선(2009)도 유사한 지적을 하였듯이, 여성들의 구술에 나타나는 이러한 이야기들로 미루어 아버지 부재가 단지 아버지 개인의 부재만이 아니라 부계 친족과의 관계가 멀어지는 계기가 되었던 것으로 추론된다.

김씨의 구술에서 전쟁 전에는 주로 부계 가족, 아버지와의 관계 속에서 자신의 경험이 이야기되고, 전후의 이야기에서는 어머니가 중요하게 등장한다. 김씨네가 피난 내려와 터를 잡은 금촌지역은 장사가 잘 될 만큼 상권이 형성된 지역도 아니었고 공장 등 여성이 취업할 만한 일터가 있는 지역도 아니었다. 이곳에서 김씨네는 내내 경제적으로 어려웠는데 어머니는 과일장사를 하기도 하고, 나무를 해다 팔기도 했으며 남의 집에 일을 다니기도 했다. 당시로서 이러한 어머니의 일은 전후 여성들이 생계를 위해 했던 전형적인 직업의 형태였던 것으로 보인다. 1950년대 전쟁미망인들은[7] "닥치는 대로" 행상을 하거나 몸을 돌보지 않고 공장노동과 농업노동자로 일하는 등 절박하게 생업에 매달렸던 것이다(김현선, 2009).

김씨는 어머니와 함께 나무 하는 일을 같이 했지만 어머니가 김씨에게 달리 돈을 벌어 오라고는 하지 않았다고 한다. 김씨는 결혼 전에 생활이 어려웠음에도

---

[7] '미망인'이라는 용어가 여성차별적임에도 불구하고 당시에 이렇게 불렸기 때문에 이 용어를 그대로 사용한다.

불구하고 자신이 돈벌이를 두드러지게 하지 못했던 이유를 "일을 할 게 일거리가 없었어. 일거리가 있어야지"라고 말한다. 김현선(2009)에 따르면, 한국전쟁기와 전후 1950년대에는 여성의 경제활동 참여가 두드러지게 높아, 여성 직업인구는 1951년과 1952년에는 60% 안팎이었고 전후에도 35% 안팎이었다고 한다. 이것은 단지 전쟁기의 과도기적 현상이었던 것만은 아니었고 여성들의 직업의식이 높아졌고 여성의 직업을 지지하는 의식변화도 일어났기 때문이라고 한다. 하지만 한국전쟁 직후 몇 년 동안 일자리를 구하는 것은 매우 어려웠다. 한국은행의 주요경제지표에 따르면, 1956년에서 1960년까지 한국사회의 실업률은 18%로서 대다수의 실업자가 존재했다(이지순, 2003: 417 표 1에서 재인용). 1950년대 초에는 여성들도 직업을 갖고자 하는 필요와 의욕은 높았지만 일자리를 구하기가 쉽지 않았던 것이다.

2) 결혼 동기로서의 빈곤

결혼을 한다는 행위는 시기와 상대에 대한 선택을 함축한다. 한국 역사의 맥락에서 볼 때, 한국전쟁은 여성의 결혼 시기와 상대 선택에 영향을 직간접으로 미쳤다. 안태윤(2011)에 따르면, 한국전쟁 후 여성들은 가난에 대한 가족전략의 일환으로 결혼을 서둘러 하는 경우가 많았다. 김난영 씨의 결혼도 마찬가지였다. 김씨 어머니는 경제적인 어려움 때문에 김씨의 결혼을 서둘렀고, 이 뜻을 안 김씨는 어머니의 부담을 덜어주기 위해, 즉 엄마를 "더 편하게" 해 주기 위해서 결혼을 결심했다고 한다.

> 수용소에서 있다가 다 자기 갈 길로 자기가 뭐 또 … 어떻게 좀 살게 마련하기 위해서들 다 떠났어요 그렇게. 수용소에 있는 사람은 있구. 그런데 우리는 또 우리 외삼촌이 고향이 이북이라. 혼자 나오셔 가지고 우리하고 같이 살겠다고 그러셔서 외삼촌 따라서 또 뭐 능곡에도 갔다가 금촌에도 갔다가 … 이렇게 돌아다니면서 살다가 결국에는 외삼촌도 그냥 자기 가정을 꾸려야 하니까 이사를 가고 우리만 남게 되었죠. 그래 가지구 어머니가 그냥 고생하셨죠. 그러다 보니까 내가 나이가 또 이십(20)살이 되었잖아요. 그래서 엄마가 "너 시집이나 가 뼈(버)려라" 그러니까 저는 그때는 한입 먹는 것도 더 어려우니까 나 하나 없으면 엄마가 더 편하겠다 싶어가지고 결혼을 이제 그냥 했어요.

김씨는 이렇듯 자신의 결혼동기를 생존, 가족, 어머니를 위한 (소극적) 도움 등의 의미 속에서 설명한다. 김씨가 결혼을 한 스무 살은 결혼을 할 수도 있는 나이이고 주위의 군인들이 접근해 올 수 있는 위험한 나이이기도 했다. 하지만 가난 때문에 서둘러 이루어진 결혼 이야기는 이성 관계에 관한 관심이나 결혼에 대한 동경과 전혀 연결되지 않았다. "그때는 좋은 것도 모르고 나쁜 것도 모르고, 그냥 가래니까 간 거예요. 그런 선택 할 여지가 없었으니까"라고 한다. 김난영 씨에게 당시에 남녀간 데이트나 교제 등에 대해 물으니 "그런 거 없었어요, 그런 거 못 했어요"라고 한다. 이야기를 더 들어보려고 "집안 망신시킨다고 그러던 시절이라" 그랬던 것인지 물으니 "아니 육이오 땜에 뭐 나와서 고생하는데 그런 저기(가) 있어야지"라고 잘라 말한다. 전쟁으로 인한 생활고는 연애나 데이트에 관심을 가질 수 없게 만들었던 것으로 보인다.

근대에 결혼이 가족간의 결합에서 개인간의 결합으로 변화되면서 개인의 감정이 중시되기 시작했다(알롬, 2004; 조은·이정옥·조주현, 1997). 그렇다면, 어머니의 권유로 선을 봤고 어머니에게 짐을 덜어 주고자 한 김난영 씨의 결혼은 이러한 변화과정 어디쯤에 위치하는 것일까. 김씨의 결혼은 강제혼도, 부모가 일방적으로 결정한 것도 아니지만, 결혼이 가족간의 결합으로부터 개인의 선택에 의한 개인간의 결합으로 변화하는 과도기적인 형태였다고 할 수 있다. 이러한 과도기적 형태는 1960년대 결혼에서는 더욱 두드러졌던 것으로 보인다(김연주·이재경, 2013).

일반적으로 정략결혼은 상층의 결혼행태로 이해되어 왔지만, 김씨의 결혼처럼 빈곤을 피하기 위한 목적으로 하는 결혼도 개인의 감정보다는 집안의 사정을 고려한 도구적인 성격을 가졌다는 점에서 보면, 정략결혼의 또 하나의 판형이라고 할 수 있을 것이다. 이러한 정략적 성격의 결혼은 특히 김씨에게는 여성 젠더로서의 대응이었다. 상층의 정략결혼이 부와 권력을 확대시키기 위한 것이라면 기층의 정략결혼은 '한 입 덜어주기', 즉 친정의 생계를 위한 것이다.[8]

---

8) 사실상 조건을 따진 가족간의 결합으로서의 결혼과 개인의 감정을 중시한 연애결혼이 명확하게 구분되지 않는 경우가 많다. 자본주의 체제 하의 남녀간의 성별분업을 낭만화하는 결혼에서 여성에게는 경제적 고려와 사랑이 분리되지 않는다. 보봐르의 『제2의 성』, 파이어스톤의 『성의 변증법』, 살스비의 『낭만적 사랑과 사회』등 결혼과 낭만적 사랑의 결합에 대한 페미니즘 연구의 대다수는 이 점을 지적해 왔다.

하지만 결혼 직후 남편의 입대로 김씨의 생계는 다시 불안정해졌다. 김난영씨는 "그러면 뭘해! 결혼한 지 석 달 만에 군인 나갔는데." 라고 여러 번 강조했다. 기존의 아버지 부재에 관한 문학 분석들이 강조해 왔던 전시의 납북이나 실종만이 아니라, 전후의 남편의 군입대는 물리적으로 남편의 부재를 가져왔던 것을 알 수 있다. 신혼 초에 친정살이를 하던 풍습이 남아 있어서 남편의 군입대 후 친정살이가 받아들여졌던 것으로 보인다. 1955년 남성의 평균 초혼연령은 24.7세, 여성은 20.5세로 나타나는데(한국통계청, Eun, 2011: 91에서 재인용), 김씨가 결혼한 1954년에 1934년생인 김씨 남편은 21세, 김씨는 20세였다. 연령상으로 김씨 남편은 군대에 갈 시기가 되었던 것이다. '전쟁체제'(김동춘, 2000)는 한편으로 여성들에게 생계전략으로서 결혼을 서두르게 하였으면서도 여성들의 젠더로서의 결혼전략의 한계를 노정시켰던 것이다.

3) 결혼과 전쟁 체제 하의 성적 위험

김씨가 결혼하게 된 사정을 이해하기 위해서는 빈곤 외에도 한 겹의 설명이 더 보태어져야 한다. 그것은 군인들의 존재였다. 이북 출신인 김씨네는 분단 후에 파주와 금촌 등 이북 가까운 지역에 살았다. 김씨는 그 지역을 "군인이 많은 지역"이라고 설명했는데, 그러한 환경은 갓 스물이 된 김씨에게는 안전하지 않은 것으로 여겨졌다. 김씨는 경제적인 이유뿐 아니라, 주변 군인들의 접근을 피하기 위해서 결혼을 해야 했다고 설명한다. 경제적인 안전뿐 아니라 여성으로서의 사회적 안전 또한 결혼을 선택하는 동기가 되었던 것이다.

> 결혼하고 일종의 선이라고 한 번 봤는데. 그냥 좋은 것도 없고 나쁜 것도 없고 그냥 결혼을 해야 한다니까 그냥 한 거예요. 그래서 한 달 동안 선보고 한 달 동안 있다가 했는데 서울 살았었는데 거기 군인들이 많았었거든요 어떻게 외진 데가 많아서. 나를 그렇게 처녀라고 또 자꾸 달라고 쫓아 다니고 그래서 우리 어머니가 우리 사촌오빠가 용산 살았는데 거기 다 있었지. 그러니까 남의 집이 또 하루 이틀 오래 있을 수 있어요? 시집이나 어디 빨리 보내라고 그래서 빨리 그렇게 한 거지.

한국의 경험연구로서는 졸고 박혜경(1993)을 참조.

군인들을 조심해야 했던 이유는 당시에 군인들은 엄연히 처가 있는 경우에도 결혼한 신분을 속이고 접근해 오는 경우들이 많았기 때문이다. 군인과의 결혼은 자칫 속아서 첩이 될 수도 있는 일이었다.

(면담자: 그때 군인들도 총각이었을 텐데. 괜찮은 군인이랑 결혼하면 그러면 안 되나 보죠?)(웃음)) 그때 군인들 믿을 수가 있어요? 못 믿지. (면담자: 왜요?) 거짓말시키는, 결혼하고도 안 했다고 그러구. 그때 군인들은 무슨 어떻게 어디 사는 누군지도 모르는데. (면담자: 전쟁 직후니까, 그런 일이 꽤 있었나 봐요.) 그럼요. (면담자: 옛날에는 남자들이 결혼한 걸 속이고 그렇게) 그럼. (면담자: 그런 일이 꽤 있었군요.) 그럼. 그래 가지고 그때 난 결혼해서 보니까 지네도 다 색시를 두고서도 나가서 군인 하면 색시를 한 쪽에다가 놔 놓고 그렇게 살다 가고 막 그런 걸 봤는데. 그래서 …

또한 전쟁 중에 군인에 의한 성폭행과 성희롱도 자주 일어났는데, 이러한 사정은 전쟁 중에 여성들로 하여금 서둘러 결혼을 하게 만들었다(안태윤, 2007). 미군을 피하기 위해 한국 남성인 국군과 결혼하는 사례도 있었다. 이성숙(2007)의 연구에 등장하는 한 구술자 남성은 한국전쟁 중에 국군으로 징집되어 대구에서 근무하던 중에 결혼했다. 배가 고파 몰래 훔쳐 먹던 사과 밭의 주인 딸이 상대였다. "언제 미군한테 빼앗길지 모르기 때문에 … 그 집 주인이 자기 딸한테 장가들라 해서 장가들었"다는 것이다. 전시에 군인이라는 존재는 국군이든 미군이든 소련군이든 여성들에게 위험한 존재로 인식되었고, 그들의 접근을 피하기 위해 여성들은 결혼을 서둘러야 했던 것이다.

전쟁 중에 젊은 남성의 상당수가 목숨을 잃었을 것이기 때문에 전후 혼인 연령에 이른 남성의 수가 부족한 상황에서 여성들이 군인과 결혼할 가능성은 컸을 것이다. 전후에 남성 중 만 17세에서 30세 사이는 정규군인으로 40세 이하는 비정규군인 제2국민병으로 징병되었고, 제2국민병이었더라도 다시 현역으로 차출되기도 하였으므로, 1950년대에는 남성이 5-6년간 군대생활을 하는 경우가 많았다(김귀옥, 2012). 이렇게 혼인기의 젊은 남성 대다수가 군인인 시대에 군인과의 교제가 첩이나 후처가 될 위험을 내포하였던 상황은 연애와 결혼의 근대적 결합을 방해하였을 것이다. 김씨의 어머니는 김씨가 "늦게만 들어와도

야단"이 나는 등 매우 엄격했다고 하는데 김씨가 살던 지역에 군인이 많았기 때문에 더욱 그랬을 것으로 해석된다.

그보다 앞서 해방 후에 국가 재건을 도모하는 공산주의와 미국문화에 맞서기 위한 수단으로 전통담론이 부상하였는데 그것들은 여성의 성을 통제하는 성격을 가졌다(김은경, 2006). 더욱이 1950년대에는 간통 등 성이 쟁점으로 등장하였다. 요컨대 한국전쟁을 전후한 군사적 대치 상황은 여성들에게 안전한 정실의 지위를 갖기 위해 결혼을 서두르게 하면서 다른 한편으로 연애에 대한 금기를 재생산하는 요인으로 작용했던 것으로 보인다. 이처럼 한국 사회의 자유연애의 역사와 여성에 대한 성과 감정의 통제는 분단 또는 전쟁 체제의 맥락과 깊은 연관을 가졌다.

4) 분단선 인근 지역에서의 여성의 생업

분단은 김난영 씨의 삶을 빈곤으로 떨어지게 했지만 김씨네 가족은 분단이라는 조건을 이용하여 생계 수단을 마련하기도 했다. 그것은 분단이 낳은 아이러니였다. 김씨 남편은 육이오 난리 속에 열병으로 부모를 모두 잃고, 결혼할 당시 금촌의 무허가 하꼬방에서 결혼한 형네 가족과 함께 살고 있었다. 그들이 살던 익송지구에는 미군부대가 있었고 지역 주민의 생업은 미군부대와 밀접하게 연관되어 있었다. 김씨 남편의 직업은 미군부대 '하우스 보이'였다고 한다. 주로 남편의 월급으로 남편 형네 가족의 생활까지 꾸려나갔다는 것으로 보아 남편의 벌이가 주된 수입원이었던 것으로 보인다.

김씨는 남편의 월급으로 큰 형네 가족까지 모두 8명이 먹고 살 정도로 남편의 벌이가 좋았다고 기억한다. 김씨는 그 기준으로 "쌀밥 먹고 살았으니까"라고 한다. 당시의 한국 경제 상황을 고려하면 쌀밥 먹는 생활을 풍요와 연관시킨 것은 무리가 아니다. 1950년대 한국사회는 인구의 70%가 농어촌에 살고 있었고 국민총생산의 50%가 농업을 기반으로 했지만, 영농기술과 장비의 부족으로 농업의 생산성은 극히 낮아 대다수의 국민이 기아의 상태를 면하기 어려웠기 때문이다(이지순, 2003: 417).

하지만 남편의 월급으로 생활하던 시절은 남편의 군입대로 짧게 끝났다. 남편이 입대하자 김난영 씨는 동서를 도와 미군부대 피엑스 다니는 직원 대여섯 명을 대상으로 하숙을 치고 빨래를 해 주며 생활했다. 김씨의 시숙네는 김씨를 맞기 전에는 '양색시' 하숙도 쳤지만 김난영 씨가 결혼한 뒤에는 더 이상 그 일은 하지 않았다고 한다. 하숙치는 일은 김씨와 동서의 일이었고 시아주버니는 거의 하는 일이 없이 지냈다. 김씨네 가족에서는 주로 여성이 생계를 담당하였던 것이다. 김씨는 동서가 시키는 대로 빨래하고 밥 하는 일을 했지만 별도로 보수를 받은 건 없었고 그래서 하숙비도 정확하게 얼마였는지 모른다. 한 보따리(미군들의 배낭)의 빨래를 해 주면 10원 정도 받았다. 당시 10원은 현재 만 원의 가치보다 더 되는 돈이었다고 한다. 빨래를 하면 다림질도 해 주어야 했다. 김난영 씨의 생애 이야기를 통해서 그가 결혼하여 살던 파주 익송지구 분단선 인근 주민들의 생애를 일부 엿볼 수 있는데, 김씨는 당시 익송지구의 주민들 중에는 양색시 하숙치는 일로 사는 사람들은 많았다며 "주위에서 그렇게 돈 벌어 먹고 살았지"라고 했다.

그런데 미군속을 상대로 한 하숙이라는 김씨의 생계수단 자체가 그녀로 하여금 그 생활을 더 이상 유지하지 못하고 친정으로 돌아가게 하는 이유가 되었다. 남편이 군대 간 사이 첫아이를 낳고 얼마 지나지 않아 김씨는 친정으로 가서 남편이 제대할 때까지 사 년 정도의 기간을 지냈다. 하숙하는 남성들이 접근해 오는 것에 대해 두려움을 가졌고, 그러한 일이 자신이 행실을 잘못하여 일어나는 것으로 시집식구가 오해할까 봐 걱정했기 때문이었다. 전쟁은 휴전되었지만 분단과 미군주둔을 만들어낸 전쟁 체제가 여성의 섹슈얼리티를 통제하는 효과를 가졌던 것인데, 결과적으로 이것을 통해서 여성의 노동과 가족생활에까지 영향을 미쳤던 것이다.

당시 김씨의 친정어머니는 수색 무허가 판자집 단칸방에 세 들어 살며 골탄을 제조하여 내다 파는 일로 생계를 이어가고 있었다. 김씨는 이 일을 하는 어머니를 도왔다. 이 골탄 제조일은 수색 지역의 일종의 지하 경제의 일부였다. 수색 기차역에서 역무원들이 몰래 기차 연료인 탄을 빼 내어 인근 주민에게 팔고 그것을 수색 주민들이 사서 불을 때 골탄으로 만들었던 것이다. 연기가 많이 났기 때문에 집안에서는 하지 못하고 한데에 아궁이를 만들어 놓고 탄을 만들었다. 수색 마을 집집마다 거의 다 골탄제조를 하며 살았기 때문에 마을에 연기가 자욱했다고 한다.

이렇게 만들어진 골탄은 새벽에 경찰 눈길을 피해 푸대에 담아 이거나 들고 내다 팔았다. 경찰에게 걸리면 울며 애원하여 보따리를 지켰다고 한다. 팔려 나간 지역은 주로 아현동, 신촌 등지였는데, 집집마다 직접 파는 예는 드물었고 중간 상인들이 나와 있다가 물건을 사 갔다고 한다. 그 중간 상인들이 그것을 다시 개인 집에 파는 식으로 판로가 만들어져 있었다. 김난영 씨에 따르면 골탄을 파는 사람들은 모두 여자였고 중간상인들은 모두 남자였다. 경제적으로 어려운 시절에 공공물자 사취로 시작된 생업의 연쇄고리가 형성되어 있었던 것이다. 골탄야매 제조판매에서 직접 생산은 여성들이 하고, 매매로 이익을 보는 것은 주로 남성들이었던 것으로 보인다.

그렇게 판 돈으로 쌀을 몇 되박 사 가지고 와서 "이틀 먹고 사흘 먹고" 하는 생활이었다. "연명하는 수준이었고 저축은 하지 못했다." 더러 남동생이 막노동으로 돈을 벌어 오기도 했다. 그런 환경에서 단칸방에서 김씨의 첫아이와 둘째 아이, 김씨의 두 동생, 친정어머니가 살았다. 공기가 탁해 아기에게 해로울 것이라 염려했겠다고 질문하자, 김씨는 "먹고 살기 어려워서 그런 건 신경 쓰지도 못했다"고 한다.

20살에 결혼하여 남편이 군대 간 사이에 21살에 첫출산을 하고, 남편을 기다리며 친정에서 4년을 사는 동안 김씨는 둘째를 낳았다. 남편은 군대에서 1년에 세 번 정도 휴가를 나왔었다. 남편이 제대하고 나서야 김씨는 시집으로 돌아갔고 한 두 해 살다가 서울로 분가하였다.

5) 경제개발 시대의 노동의 명암

한국전쟁 휴전 직후인 1954년 한국의 일인당 국민소득은 67달러로 현재 기준으로 환산하면 400달러에 미치지 못하는, 지금의 아프리카 최빈국의 수준이었다고 한다(이지순, 2003: 416). 이러한 상황은 1962년까지도 별로 나아지지 못했지만 경제개발5개년계획 등 경제성장에 집중한 결과 그 후 40년 동안 매년 일인당 소득이 7%씩 성장하는 성장속도를 보였다. 김난영 씨에게도 경제적으로 형편이 나아졌던 때가 있었다. 1959년에서 1960년 무렵 서울로 이사 와서 남편이 도시의 산업노동자로 일하다가 실직한 대략 1979년까지의 일이다.

  김씨 남편은 종로에 있는 제본소에 취직하였다가 인쇄소로 옮겼다. "국정교과서를 했어요. 이제 진짜 돈을 잘 벌었어요. 그냥 뭐 일이 많으니까" 하지만 이야기는 곧 "아 그러다가 오십, 육십, 육십 일 년도, 육십 이 년도에9) 우리 남편이 사고가 난거예요."로 이어진다. 김씨 남편은 공장에서 미끄러져 기계에 다리를 잃는 사고를 당했다. 기계에 빨려 들어가 잘린 다리를 "그냥 그때는 기술이 없으니깐 절단된 걸 그냥 그대로 다 잘라버렸잖아요." 한다. 다행히 김씨 남편의 회사는 치료를 해 주었고 의족을 한 채로 그 회사에 계속 다닐 수 있게 해 주었다. 하지만 칠십 오륙 년 무렵 남편의 회사는 부도를 맞고 말았다. 그 일로 남편은 직업을 바꿔야 했는데 신체장애라는 조건이 알려져 더 이상 같은 업종에는 취업할 수가 없었다고 한다. 남편의 사고는 큰 사고였기에 소문이 났고 "그러니 누가 불구자를 쓰겠어요."한다.

  그래서 김난영 씨 남편은 신체장애 사실을 감추고 제본소에 취직을 했다. 서울에 처음 왔을 때 친척을 따라다니며 제본소 일을 했었기에 기술이 있었다. 하지만 김씨 남편은 제본소를 서너 군데 옮겨 다녀야 했는데 옮긴 곳이 얼마 안 가 다시 부도가 나곤 했기 때문이었다. 그러다가 1980년도가 되기 얼마 전에 회사가 부도를 당한 뒤 남편은 다시 취직을 하지 못하고 "집에 들어앉게 되었다"고 한다. 김씨는 당시에 경기가 좋지 않았다고 한다. 한국사회 경제는 1979년 제2 석유파동으로 심각한 경기불황에 시달렸다. 경제개발시기 동안 높은 성장률이 지속되었지만 몇 번의 마이너스 성장률을 보인 때가 있었는데 1979년에서 1980년 사이가 그 중 하나로 1979년 국민총소득 성장률이 7.6%였던 것이 1980년에는 마이너스 4.2%, 같은 시기 국내총생산 성장률은 8.8%에서 마이너스 1.5%로 낮아졌다(통계청, 2008: 8). 이러한 경기변동 상황에서 회사부도 후 신체장애를 가진 김씨 남편이 재취업하기는 더욱 어려웠을 것이다.

  김씨 남편이 재해를 당했던 1970년대 초는 경제개발이라는 목표를 위해 기술수

---

9) 서울로 올라온 시기가 1960년 무렵이라는 것으로 보아, 1962년에 남편이 부상을 당한 것으로 말한 것은 김씨가 연도를 착오로 잘못 말한 것으로 보인다. 부상 뒤에도 인쇄소를 그대로 다니다가 그 인쇄소가 망한 뒤에 서너 군데의 제본소를 전전하다 1979년에 완전히 퇴직하게 되었다는 것으로 보아, 남편이 다친 시기가 1972년이었을 것으로 보고 본문에서는 1972년으로 분석하였다.

요가 증대하였고, 특히 1970-80년대에 "기술은 사회변동의 일개 변인이 아닌 주도적 요소로 인정받게 되었다"(김문조, 2009). 이러한 사회적 맥락에서 보면, 직장에서 기계에 몸을 다쳐 가지게 된 김씨 남편의 장애는 일종의 기술재해로 볼 수 있다. 김씨 남편의 장애와 그로 인한 취업의 어려움은 기술사회의 위험인 셈이다.10) 이렇게 보면, 실업연금 등 이러한 위험에 대한 대비책을 갖추지 못했던 당시 한국의 경제개발주의가 김씨의 빈곤으로 이어졌다고 할 수 있을 것이다.11)

요컨대, 김씨의 빈곤은 1979년의 제2차 석유파동과 그로 인한 경기불황에서 회사의 부도, 산재 노동자로서 경기불황시기에 재취업의 실패로 인한 영구적 실직, 복지체계 미비로 임금 없는 상황에서의 빈곤화 등으로 설명된다. 이렇듯, 경제개발 시기는 김씨 남편에게 돈을 벌고 모을 수 있는 기회를 주었지만 동시에, 신체장애와 경기변동으로 인한 실직이라는 위험을 내포한 것이기도 했던 것이다. 이러한 점에서 김씨의 빈곤은 우연히 일어난 특수한 경험이 아니라 한국 경제개발의 그늘진 일부라고 할 수 있을 것이다.

남편 실직 후 김난영 씨는 보험 외판원으로 1년 가까이 일했다. 보험이 일반화되지 않았던 시절이라 친척들에게 보험 가입을 부탁하러 다녀야 했으나 그러기가 쉽지 않았다고 한다. 시집은 경제적으로 어려웠고 친정 친척들이 형편이 나은 경우들이 있었지만 부탁하기 어려워서 하지 못했다고 한다. 보험회사 지점장은 계속 가입자를 늘리도록 김씨에게 압력을 가했으나 일을 더 벌일 수 없어서 그만두었다고 한다. 벌이도 별로 되지 않았다. 그것은 1970년대 말에서 1980년대 초의 시기로, 기혼여성의 경제활동이 증가하기 시작한 것이 대략 1970년대 후반에 시작된 것이므로(강이수, 2009),12) 김난영 씨의 취업 경험은 이러한 변화의 초기에 해당된다.

김난영 씨가 공식 노동자로 일한 기간은 짧지만 김씨의 비공식 경험은 집안 살림만 하는 전업주부의 위치라는 것이 당시로서는 허구적이었음을 말해 준다.

---

10) 기술재해, 기술위험 등의 용어는 김문조(2009)에서 인용하였고 그 개념도 참조하였음.
11) 한국에서는 1973년에 국민복지연금법이 제정되었으나 1차 석유파동으로 무기한 연기되었다가 1986년에 국민연금법으로 개정되어 1988년부터 시행되었으며, 고용보험제도는 1995년 7월부터 시행되었다.
12) 특히, 1970년대 후반부터 제조업 생산직에서 기혼여성노동자가 증가하기 시작하여 미혼여성의 수를 능가하게 된다. 1985년에 제조업 생산직의 여성노동자는 미혼이 35.5%, 유배우 54.9%, 사별 및 이혼이 9.6%였다(강이수, 2009: 64-65).

산업화가 주도한 경제개발 시기 동안 비공식부문의 여성노동 또는 근대 모성 및 여성의 삶에 관한 대부분의 연구들이 이미 1980년대에서부터 지적해 왔듯이(김연주·이재경, 2013; 배은경, 2008; 안태윤, 2011; 윤택림, 2013; 이효재·지은희, 1989; 한국기독교사회문제연구소 편, 1983), 경제적으로 어려웠던 '주부'의 삶은 결혼생활 중에도 돈벌이와 완전히 분리되기 어려웠다. 김난영 씨가 노동을 했던 것도 단지 전후의 어려운 시대 상황에만 국한된 것은 아니었다. 그녀는 경제개발의 시기에도 여러 돈벌이를 했다. 전업주부가 보편적인 여성의 위치라는 믿음이 여성들 간의 계급 차이를 간과한 이데올로기이지만, 남성 혼자 벌이로도 가계가 꾸려지는 사례가 늘어난 것은 1970년대보다 훨씬 후의 일이었을 것으로 짐작된다.[13]

1980년 무렵 김씨는 보험회사를 그만둔 뒤에도 식당일과 파출부 일을 몇 달 했다. 하지만 남편이 밖에 나가는 일을 하지 못하게 해서 더 하기는 어려웠다고 한다. 김씨의 돈벌이 노동은 남편이 취업을 했던 서울생활에서도 이어졌었다. 1960년대 초 서울로 온 뒤에 김씨는 남편이 제본소에 취직하자 책을 묶는 일을 가져다 집에서 했다. 또 스웨터를 꿰매거나 짜는 일을 집으로 가져다 하기도 했다. 그 벌이로는 "내 용돈 썼지"라고 말했는데, 내용적으로는 그 돈으로 자녀들 옷이나 자신의 기성복을 샀고, 남편에게 양복을 해 준(맞춰주었다는 의미: 필자 주) 적도 있었다. 하지만 이런 일들이 늘 있는 것이 아니어서 공사장에서 돌을 나르는 일 같이 때로는 힘에 부치는 일을 했던 경우도 있었다.

> 이 혈압이 온 것도 76년도에 5월, 7월, 25일날 그랬는데 그전에 청와대 뒷산에. 삼청동이니까 청와대 가깝잖아요. 그 뒷산에서 사방공사를 했어요. 막 이렇게 돌을 나르고 그랬어. 딴시람들 다 가니까 나도 해 본다고 갔어요. 근데 그 감독하는 사람이 아주머니는 하나도 못하고 쓰러진다고 그러더라구. 그래서 내가 "아이, 시켜만 줘 봐요 할 수 있어요" 그러니까 하라고 그러더라구. 그래서 했는데 돌이 이만한 거를 나르는데, 그걸 비틀비틀하고 넘어지고 그러잖아. 그래도 이십 일(21) 일 동안 했어요 그거를. 하고 났는데 그거 하고 나서 칠(7)월 이십오(25)일날 내가 혈압이 오고 그랬어. 이쪽이 힘이 싹 빠지고 아무것도, 그래서 더군다나

---

[13] 이 점에 대해서는 1950년대-1960년대 출생한 세대에 관한 연구를 통해 명확하게 밝혀질 수 있을 것으로 기대된다.

아무것도 못 하고 그러고 있다가 또 일을 못 했어요.

김씨는 1983년 무렵부터 다시 일을 하기 시작했는데 큰 딸의 자녀를 돌보는 일을 1990년 무렵까지 했던 것이다. 그 사이에 둘째 딸의 자녀도 돌보아 주었다. 손주 돌보아 주는 일로 딸들이 약간의 생활비를 주어 그 돈으로 김씨네 부부가 생활을 했으니 김씨는 사실상 주된 생계책임자였다. 그 후로 아들네 손주를 돌보아주기도 했다. 1년 여를 아들네 집에 함께 살다가 현재 살고 있는 소도시로 이사 온 것도 아들네가 살고 있는 지역과 가까이 살기 위해서였다. 이 집에서 아들네 손자를 주중에 봐 주었다. 김씨는 남편이 1997년에 뇌경색으로 쓰러진 뒤 환자 수발을 들어야 하는 상황이 되면서 손자녀 돌보는 일을 더 이상 할 수 없게 되었다.

김혜경(2007)은 한국의 가족형태가 확대가족에서 핵가족화로 변화되었다는 기존의 주장을 비판하면서, 1960년대에 집밖에서 노동을 해야 했던 여성들이 친족 관계를 활용하기 위해 시집 또는 친정과 함께 사는 경우가 많았다고 지적한다. 김난영 씨의 사례는 김씨의 자녀들이 이러한 전략을 사용하면서 김씨와 함께 살거나 가까운 거리에서 살았던 경험을 보여준다. 김씨의 자녀들에게 이것은 양육노동을 해결하는 친족전략이었다면 김씨에게는 생계를 위한 친족전략이었다. 1935년에 출생한 김씨가 결혼하여 하숙을 치던 1954년부터 1990년대 후반에 이르기까지 김씨의 노동경험은 보험외판을 제외하고는, 하숙, 골탄제조 등 비공식 부문의 노동자의 지위로부터 손자녀 양육이라는 친밀성과 노동이 결합된 형태의 노동으로 변화되어 가면서, 점점 더 비공식화되고 비가시화되어 왔다.

6) 가난한 부모가 된 산업화 세대

김난영 씨 부부는 부모로부터 작은 땅 하나도 물려받지 못했다. 결혼부터 가난한 출발이었다. 결혼할 때 이부자리 혼수조차 해 가지 못한 김난영 씨의 형편은 물론이고, 김씨 남편도 전쟁 중에 부모를 여의고 특별한 벌이가 없는 형네 가족까지 부양하면서 살고 있었다.

김씨 남편은 산업화 과정에서 20여 년 동안 직장을 다녔고 김씨 역시 단기적인 노동을 지속하며 가계 경제에 보탬이 되었으나 김난영 씨 살림은 크게 나아지지 못했다. 김난영 씨는 돈을 모아 해마다 전세돈 올려주는 데에 썼다고 한다. 1980년대 전에는 서민들은 은행에 가는 일이 일반적이지 않았다. 대개 사람들이 돈을 모으는 방법은 장판 밑에 깔아두는 등 집안에 숨겨두는 것이었다. 김씨는 쌀항아리에 돈을 모았다. 만 원짜리 작은 돈계를 하기도 하고, 장예쌀을 모으기도 했다. 장예쌀이란 일종의 쌀 저축으로 쌀 한 가마니를 맡기면 후에 한 가마니 반으로 돌려받는 것이었다. 하지만 형네 집에 맡긴 쌀은 이자를 붙여서 받지 못하고 몇 년 뒤에 원금의 쌀만큼만을 돌려받았다고 한다. 그 외에도 돈을 모아 다른 사람을 꾸어주었는데 돈을 떼이고 말았다. 웬만해선 은행에서 대출을 받기 어려웠던 시절에 서민들끼리 굴리던 지하경제는 서민들의 경제에 도움이 되었지만 위험한 것이기도 했다.

김난영 씨 부부가 결혼한 뒤 형네 가족과 함께 처음 살던 집은 금촌의 무허가 하꼬방이었고 서울 삼청동에 와서 시집 친척 집에 3년 얹혀살다가 처음 얻어 나온 집도 삼청동의 판잣집, 하꼬방이었다. 당시에 삼청동도 "부자 동네라고는 했어도 어려운 사람들도 많았다"고 한다. 김씨네 가족이 살던 하꼬방은 "기냥(그냥). 방 하나에다가 부엌 하나 기다랗게 해서 주고. 세 주기 위해서 방 하나 세를 주고 그렇게 했"던 집이었다.

김난영 씨도 평생 단 한 번의 집을 1년가량 소유했던 적이 있다. 칠십 칠팔년 무렵이었다. 평창동에서 세를 살고 있었는데 자꾸 세를 올려 달래서 그 돈으로 집을 샀다. 신림동에 방 두 개에 부엌이 있는 집이었다.

> 대문 열고 들어가면 마당이 이 쪽에 쬐그맣게 있고, 이 쪽(아쪽)으로 방이 있고 이 쪽(아쪽)으로 방이 붙었지유. 큰 방 하고 짜끄만한 방하고. 부엌 있고. 그런 집이지.

김씨는 그 집 가격을 이 삼 백만 원 정도로 기억하는데 그 집은 전세보다 더 가격이 비싼 집은 아니었다. 김씨에게 그 집을 샀을 때의 기쁨을 묻자, 살기 불편해서 "하나도 좋지 않았다"고만 하였다. 집이 지대가 높은 곳에 있어 수돗물이 잘 나오지 않아 밤에 다음 날 쓸 물을 미리 받아 놓곤 해야 하는 생활이었다. 이런 불편함 때문에 김씨네는 1년도 채 안 되어 그 집을 팔고 전세를 들어간다.

이사 간 곳은 합정동에 있는 연립주택이었는데 집안에 화장실도 달려 있는 신식 주택이었다. 하지만 그 후로 김씨 남편은 아주 실직해 버렸고 김씨네는 전세살이를 면할 수 없었다. 그 후 남편은 마땅한 벌이를 찾지 못한 채 동네에서 소일거리로 벌어들이는 작고 불규칙한 수입이 있었을 뿐이었다.

김씨는 남편이 직장에 다니던 시기에 남편의 수입이 좋았다고 하였는데 그렇지만 그것도 1979년 무렵 서울 변두리의 연립주택에 전세를 들어갈 수 있는 정도였을 뿐이다. 그것이 김씨 남편과 김씨가 산업역군으로, 부업 노동자로 20년 간 일하면서 저축하여 40대 중반의 나이에 오를 수 있었던 경제적 최고점이었다는 사실이 중요하다. 김씨네는 이렇다 할 경제적 고점 없이 내내 빠듯하게 살아왔다. 김씨는 개성에서 살던 때를 제외하고는 한 번도 옛날에는 경제적으로 이보다 나았다든지 한 때는 웬만큼 살았다는 식의 이야기를 하지 않았다. 여기저기 이사 다니며 살던 이야기를 하다가 문득 "나는 이렇게 평생 어렵게 살았어요"라고만 했던 것이다.

그런 생활의 와중에도 김씨네 자녀들은 자신들의 생활을 잘 개척했다. 김씨의 자녀들은 모두 강남이나 경기 남부 신도시들의 40-50평형대 아파트에 사는 등 중간층의 생활을 하고 있다. 김씨 자녀가 이러한 생활을 누릴 수 있게 된 것은 주로 교육과 직업의 영향일 것이다. 두 딸 중 첫딸은 고졸이고 둘째딸은 직장 다니면서 자비로 야간 전문대를 마쳤다. 두 딸은 결혼 전에 은행원과 공무원이라는 비교적 안정된 직장을 얻었다. 아들은 박사 학위자로서 전문직을 가지고 있다.

하지만 김씨는 자녀들이 중간층의 생활을 하고 있는 것을 자신의 공으로 돌리는 건 고사하고 대리만족도 자랑도 표현하지 않았다. 그것은 김씨 부부가 자녀들의 교육을 고등학교과정까지만 지원했기 때문인 것으로 보인다. 김씨 남편이 실직하였던 1980년 무렵은 김씨 부부가 40대 중반의 연령이었을 때이며, 딸 둘은 고등학교를 졸업하고 직장에 다니고 있었지만 막내아들은 아직 고등학생일 때였다. 경제적인 어려움 때문에 김씨네는 딸들을 전액 장학금을 주는 대학에 보내려다 실패하자 대학교육을 시키지 않았고, 아들 교육도 이렇다 하게 지원할 수 없었다. 김씨 아들의 고등학교 교육을 위해 딸들이 경제적으로 뒷바라지하였고, 대학과 그 이후 과정은 아들이 내내 장학금을 받으며 스스로의 힘으로 학비를 조달했던 것이다.14) 구술생애사는 구술되는 시점에서의 연행이기도 하기 때문에, 그런 점에서 구술자와 면접자 사이의 상호작용의 산물이다(유철인, 1990; 1996). 부모의 지원으로 고학력을 갖춘 연구자 앞에서 김씨는 자식을 잘 가르친 공을 자부하기 어려웠을 것이다.

3. 결론

한국 사회는 전쟁이 남긴 폐허 위에서도 산업화와 경제개발을 통해 급속한 경제성장을 이루어냈다. 하지만 김난영 씨는 내내 어려운 생활을 벗어나지 못했다. 남편이 일을 하지 않은 것도, 사업을 벌이다 망한 것도, 노름이나 춤바람으로 가산을 탕진한 것도, 병원비로 큰돈을 써야 했던 것도 아니었고, 심지어 김씨 스스로도 여러 노동을 통해 돈을 벌어 가계에 보탬이 되었음에도 그러하다.

김씨는 아주 짧게 달동네에 집을 샀다가 살기 불편해서 곧 팔았던 경험을 제외하고는 평생 집 한간을 마련하지 못한 채 살아오다 현재 수도권의 작은 도시에서 낡은 15평 아파트에 오천 만원에 전세 들어 살고 있다. 김씨의 현재 빈곤은 전쟁으로 잿더미가 된 땅에서 경제개발을 통해 한강의 기적을 이루어냈다는 영웅적인 서사로 현대사의 급박한 변화가 축약되는 한국 사회에서, 평생 노동하며 자녀를 길러온 범부의 생애 과정의 결과이다.

김난영 씨의 구술생애사에서 한국전쟁과 분단은 김씨를 빈곤하게 만들었던 것으로, 개발시대는 가난을 벗어날 수 있는 기회를 주었지만 그 그늘도 함께

---

14) 김씨 자녀의 중산층으로의 계층이동은 김씨의 삶을 단순히 빈곤의 재생산이라고 규정하기 어렵게 한다. 그보다는 계층이동 분석에서 세대 간의 변동을 고려해야 할 필요성을 보여준다. 또한 김씨 사례는 부모자녀 간뿐만 아니라 형제간의 계급 차이에 관한 흥미로운 사례이다. 더욱이 김씨 아들의 대학 진학 등 학업을 위해 김씨 딸들의 기여가 컸는데, 이러한 상황이 이들 가족관계에 어떠한 영향을 끼쳤을지에 관한 분석도 빈곤과 가족관계의 변화에 관한 흥미로운 연구가 될 수 있을 것이다. 또한 김씨 자녀 세대의 계급 정체성을 연구한다면 세대간 계급이동을 단지 통계가 보여주는 양적 지표로서가 아니라 질적으로 이해하는 데 기여할 것이다. 이러한 연구들을 통해서, 한국사회의 가난 극복이라는 문제를 어떻게 볼 것인지에 관한 토론도 새롭게 제기해 볼 수 있을 것이다. 본 연구는 이러한 문제들은 다루지 못하였고 다만 그러한 연구들의 필요를 제기하는 것에 의미를 두고자 한다. 나아가 이러한 연구들은 차후의 과제로 남겨둔다.

드리웠던 것으로 나타난다. 김난영 씨는 산업화의 과정에서 월급 받는 노동자로 돈을 벌어 생활이 나아질 수 있는 기회를 가졌지만, 동시에 산업재해나 석유파동과 경기변동으로 인한 부도로 실직을 당했기 때문이다. 산업 노동자로 살아간다는 것은 이러한 변동에 삶이 위협당할 수도 있는 것이었다. 김씨네는 이러한 위험을 흡수할 복지 제도의 지원이 없던 상황에서 경기변동의 충격을 고스란히 받았던 것이다. 전쟁으로 아버지와 가산을 잃어 배움의 기회를 놓쳤던 김씨는 직업을 가졌지만 돈벌이가 잘 되는 정규직을 갖기는 어려웠다. 김씨의 경제적 어려움에는 전쟁과 경제개발이 모두 그림자를 드리우고 있는 것이다.

김씨의 사례를 통해서, 1930년대 중반에 태어나 전쟁으로 재산을 잃고 교육의 기회도 잃어 좋은 직장을 가질 수도 없었던 여성이, 가계 부담을 덜어주기 위해 빈곤한 남성과 서둘러 결혼하고, 친정과 시집 양쪽 부모로부터 아무런 재산도 물려받지 못한 채, 남편의 월급을 저축하고 비정규적인 노동으로 생활비에 보탬이 되는 것만으로는 한국 개발 시기의 경제적 파고를 견디면서 절대적 빈곤에서 벗어나는 것 이상의 경제적 지위에 오르기는 어려웠던 것이라고 헤아려진다. 김씨 사례에서 석유파동으로 인한 직장 부도와 남편의 산업재해로 인한 장애가 그의 빈곤과 깊이 연관되어 있는데, 이것은 김씨 개인의 특수한 경험이기보다 한국 경제개발 과정의 그늘진 일부로서 이해하는 것이 적절할 것으로 보인다. 더욱이 김씨는 토지 개발로 보상을 받았거나 부동산 투자를 하는 등 개발을 이용한 활로를 모색했던 적이 없는 평범한 일상인이었다. 자녀들이 중산층의 삶을 살고 있음에도 자녀들을 자랑하거나 자녀의 현재의 삶을 자신의 공으로 돌리는 이야기를 하지 않는 등, 김씨의 구술생애사는 개발주의의 영웅적 서사의 형태를 띠지 않는다. 이러한 김씨의 생애구술의 서사적 특성은 한국전쟁과 개발시대를 통해서 내내 그를 따라다니는 빈곤이 그의 정체성과 생애 해석에 남긴 자국이라고 할 수 있을 것이다.

■ 참고문헌

강이수. 2009. "노동시장의 변화와 일-가족 관계", 강이수 엮음, 『일, 가족, 젠더: 한국의 산업화와 일-가족 딜레마』, 서울: 한울아카데미.
권명아. 2000. 『가족이야기는 어떻게 만들어지는가』, 서울: 책세상.
김귀옥. 2012. "한국전쟁기 남성부재와 시집살이 여성", 『역사비평』 101집: 402-433.
_____. 2006. "한국 구술사 연구 현황, 쟁점과 과제", 『사회와 역사』 71집: 313-348.
_____. 2004. 『이산가족, 반공전사도 빨갱이도 아닌: 이산가족 문제를 보는 새로운 시각』, 서울: 역사비평사.
김동춘. 2000. 『전쟁과 사회: 우리에게 한국전쟁은 무엇이었나』, 서울: 돌베개.
김문조. 2009. "기술사회의 도래와 위험", 『대한민국 60년의 사회변동: 성찰과 성과, 그리고 과제』: 97-135.
김순영. 2009. "1950년대 한국에서 여성과 국가: 전쟁사별여성에 대한 국가관리를 중심으로", 이종구 외, 『1950년대 한국노동자의 생활세계』, 서울: 한울아카데미.
김연주·이재경. 2013. "근대 '가정주부' 되기 과정과 도시 중산층 가족의 형성: 구술생애사 사례 분석", 『가족과 문화』 vol.25, no.2: 29-61.
김원. 2005a. "산업화시기 여성노동자들의 일상: 적응, 타협 그리고 저항", 『정치비평』 2005년 상반기호: 127-171.
_____. 2005b. 『여공 1970, 그녀들의 반역사』, 이매진.
김은경. 2006. "한국전쟁 후 재건윤리로서의 '전통론'과 여성, 『아시아여성연구』 45집 2호: 7-48.
김현선. 2011. "마당 위의 사팔선: 세 미망인 이야기", 『구술사로 읽는 한국전쟁』, 서울: 휴머니스트.
_____. 2009. "1950년대 '직업여성'에 대한 사회담론과 실제", 이종구 외, 『1950년대 한국 노동자의 생활세계』, 서울: 한울 아카데미.
김현주. 2007. "1950년대 여성잡지 '여원'과 '제도로서의 주부'의 탄생", 『대중서사연구』 18권: 387-416.
김혜경. 2007. "일-가족 접합의 역사와 친족관계의 변화", (사)한국여성연구소 편, 『페미니즘 연구』 7권 2호: 37-82.
대한민국 통계청. 2008. 『통계로 본 대한민국 60년의 경제·사회상의 변화』.
뒤비, 조르주·아리에스, 필립·샤르티에, 로제 엮음. 2002. 『사생활의 역사 3 - 르네상스부터 계몽주의까지』, 이영림 옮김, 서울: 새물결.
박혜경. 1993. "여성의 경험을 통해 본 결혼과 사랑의 관계에 관한 연구", 이화여자대학교 석사학위 청구논문, 미간행.
배은경. 2008. "구술생애사를 통해 본 산업화 시기 한국 어머니의 모성 경험―경제적 기여와 돌봄노동, 친족관계 관리의 결합", (사)한국여성연구소 편, 『페미니즘연구』 8권1호: 69-123.
신경아. 2011. "산업화 세대의 일 중심적 삶: 남성노동자의 구술생애사 연구", 한국산업노동학회, 『산업노동연구』 17권 2호: 239-276.
안병직. 2012. "한국 생활사 연구의 성과와 과제", 『歷史學報』 213집: 409-423.
안태윤. 2011. "후방의 '생계전사'가 된 여성들: 한국전쟁과 여성의 경제활동", 『중앙사론』 33집: 257-295.

_____. 2007. "딸들의 전쟁: 결혼과 섹슈얼리티를 중심으로 본 미혼여성의 한국전쟁", 『여성과 역사』 7집: 49-85.

얄롬, 매릴린. 2003. 『아내: 순종과 반항의 역사』, 이호영 옮김, 서울: 시공사.

염미경. 2006. "여성의 전쟁경험과 기억: 좌익관련 여성유족의 구술생애사", 『한국정신문화연구』 제 28집 4호: 137-163.

_____. 2001. "전쟁연구와 구술사: 아래로부터의 한국전쟁 연구를 위한 새로운 방법론", 『동향과 전망』 51집: 210-237.

유철인. 1996. "어쩔 수 없이 미군과 결혼하게 되었다", 『한국문화인류학』 29권 2호: 397-415.

유철인. 1990. "생애사와 신세타령: 자료와 텍스트의 문제", 『한국문화인류학』 22권: 301-308.

윤택림. 2013. "분단과 여성의 다중적·근대적 정체성", 『한국여성학』 29권 1호: 127-162.

_____. 2011. "강을 건너지 못한 사람들", 『구술사로 읽는 한국전쟁』, 서울: 휴머니스트

_____. 2010. 『구술사, 기억으로 쓰는 역사』, 서울: 아르케.

_____. 2001. "역사인류학자의 시각에서 본 역사학", 『역사문제연구』 6호: 213-234.

_____. 1993, "기억에서 역사로 - 구술사 이론적 방법론적 쟁점들에 대한 고찰", 『한국문화인류학』 25집: 273-294.

이성숙. 2007. "한국전쟁에 대한 젠더별 기억과 망각", 『여성과 역사』 7집: 123-164.

이영자. 2000. "대안적 패러다임으로서의 페미니즘: 가능성과 딜레마", 『한국여성학』 제16권 1호: 5-36.

이임하. 2006. "'전쟁미망인'의 전쟁경험과 생계활동 - '군경미망인'을 중심으로", 『경제와 사회』 2006년 가을호 통권 71호: 11-39.

_____. 2004. 『여성, 전쟁을 넘어 일어서다: 한국전쟁과 젠더』, 서울: 서해문집.

이지순. 2003. "한국의 경제성장: 질적 평가와 전망", 『경제학연구』, 한국경제학회 50주년 기념호: 411-457.

이효재. 1985. 『분단시대의 사회학』, 서울: 한길사.

이효재·지은희. 1989. "한국의 노동자계급 가족의 생활실태: 노동력 재생산과정을 중심으로", 『한국사회학』 22집 겨울호. 69-97.

이희영. 2010. "구술사 연구방법에 대한 몇 가지 제언", 한국산업노동학회. 『산업노동연구』 14권 1호: 165-207.

_____. 2008. "1950년대 여성노동자와 '공장노동'의 사회적 의미 - 광주 전남방직 구술 사례를 중심으로", 한국산업노동학회, 『산업노동연구』 14권 1호: 165-207.

_____. 2005. "사회학 방법론으로서의 생애사 재구성: 행위이론의 관점에서 본 이론적 의의와 방법론적 원칙", 『한국사회학』 39권 3호: 120-148.

조은·이정옥·조주현. 1997. 『근대가족의 변모와 여성문제』, 서울: 서울대학교출판부.

조형. 1985. "어머니는 왜 자신 없어 하는가: 취학 전 아동양육을 중심으로", 또 하나의 문학동인(편), 『평등한 부모 자유로운 아이』, 또 하나의 문화 제1호, 서울: 평민사.

프리드먼, 제인. 2002. 『페미니즘』, (이)박혜경 옮김, 서울: 이후.

하딩, 샌드라. 2002. 『페미니즘과 과학』, 이재경, 박혜경 공역, 서울: 이화여자대학교출판부.

한국구술사학회 편 2011. 『구술사로 읽는 한국전쟁: 서울 토박이와 민통선 사람들, 전쟁미망인과 월북가족,

그들이 말하는 아래로부터의 한국전쟁』. 서울: 휴머니스트.
한국기독교사회문제연구소. 1983. 『한국의 가난한 여성에 관한 연구』, 서울: 민중사.
함인희. 2006. "한국전쟁, 가족 그리고 여성의 다중적 정체성", 『사회와 이론』 제9집: 159-186.

Armitage, Susan H., Patricia Hart and Karen Weathermon. eds. 2002. *Women's Oral History*. Frontiers Publishing, Inc.

Eun, Ki-Soo. 2011. "Changes in Population and Family in Korea". Korean Family Studies Association ed. *Korean Families: Continuity and Change*. Seoul: Seoul National University Press. pp.87-127.

Geier, Susan. 1986. "Women's Life Histories: Method and Content", Signs. Winter.

Gluck, Sherna Berger. 2002. "What's so special about women? women's oral history." Armitage et. al. eds. 2002. *Women's Oral History*. Frontiers Publishing, Inc. pp.1-20.

Personal Narratives Group. ed. 1989. *Interpreting Women's Lives: Feminist Theory and Personal Narratives*. Bloomington and Indianapolis: Indiana University Press.

제4장 1920년대 출생 여성의 생애를 통해 본 재혼과 모성 *

나성은

1. 서론

이 글은 한국전쟁 당시 남편과 헤어진 후 홀로 세 자녀를 키우다가 재혼한 여성 노인의 생애 이야기에 대한 분석이다. 현재 80대 이상 연령대의 여성들은 일제 식민지시기에 태어나 해방을 경험하고, 한국전쟁과 산업화시기에 아내 또는 어머니로 살았던 세대에 속한다. 이들 중 적지 않은 수가 전쟁으로 남편을 잃고, '미망인'1)이 되어 경제적·정서적 어려움 속에서 홀로 가족을 부양하고 자녀를 키워냈다(함인희, 2006; 김현선, 2008).2) 전쟁 이후 많은 직종들이 생겨났음에도 불구하고 여성들이 선택할 수 있는 일은 제한적이었다(윤정란, 2007). 전후 시기 '미망인'에 대한 구호대책이 전무한 상황에서 홀로된 여성들은 경제적 어려움에 직면하여 행상·노점상·식모·성매매 등에 종사하면서 가족들을 부양해야 했다(이임하, 2003; 전경옥 외, 2005).

당시 '전쟁미망인'이 된 여성들에게 주어진 삶의 선택지는 '강인한 어머니'가 되는 것이었다. 이는 근대 계몽기에 여성에게 강조되었던 정절 이데올로기(전미경,

---

* 이 글은 『한국여성학』 제31권 1호(한국여성학회, 2015)에 실린 글이다. 구술자 정경순씨께 진심으로 감사드린다.
1) '미망인(未亡人)'이란 말은 죽지 못하고 살아남았다는 부정적인 뜻을 내포하며, 여성에 대한 정절 이데올로기를 중시했던 당시의 시대적 상황을 반영해준다(김귀옥, 2004; 이임하, 2004).
2) 김혜수(2000: 438)의 연구에 따르면, 1952년 당시 전체 전쟁미망인 중 60세 미만인 경우가 90%를 넘었으며, 미망인 한 명당 평균 2.6명의 어린 자녀를 부양해야 했던 것으로 나타난다.

2004; 김경일, 2012)와 맞닿아 있다. 한국전쟁 이후 급증한 '전쟁미망인'에 대한 사회적 시선은 '보호'와 '규제'가 주를 이루었으며, 이들은 문제적 집단으로 다루어지는 경우가 많았다. 이에 '미망인'을 구제하는 유일한 길로서 모성애가 강조되었으며(허윤, 2009), 여성의 재혼에 대해 부정적이고 비판적인 시각이 확산되면서 '미망인'들에 대한 성적 통제가 이루어졌다.

하지만 한국전쟁 직후의 사회적 분위기가 여성의 재혼을 백안시했음에도 불구하고(이임하, 2003; 김현선, 2008), 여성들은 여러 이유로 재혼을 선택하였다. 전후 시기 미망인에 대한 구호대책이 전무한 상황3)에서 경제적 요인은 재혼을 선택하는 가장 주된 이유가 되었으리라 짐작된다. 뿐만 아니라 자녀의 진학과 결혼문제, 관청출입 문제 등에서 홀로된 여성들은 어려움을 겪었던 것으로 보이며(이임하, 2004), 이에 '전쟁미망인'들은 재혼한 여성에 대한 윤리적·사회적 비난과 통제에도 불구하고 경제적 안정을 위해, 외로움에서 벗어나기 위해, 돌봐줄 사람이 필요해서 재혼을 감행하였다.4)

홀로된 여성의 재혼은 다양한 요인들이 복합적으로 결합되면서 이루어졌지만 무엇보다도 '모성'과 연결될 때 사회적으로 용인될 수 있었다. 즉 '자녀를 성공적으로 키워 낸 어머니'와 결부될 때 여성의 재혼 선택은 윤리적·사회적 비난에서 비켜갈 수 있었다. 그렇지만 재혼의 결과가 반드시 자녀의 성공이라는 미담과 연결되는 것은 아니었으며, 여성들의 재혼이 단지 '어머니'로서 자녀를 위해 선택된 것만은 아니라는 점에 주목할 필요가 있다. 앞서 지적했듯이 여성들은 다양한 이유로 재혼하게 되지만, 그 결과가 '자녀를 성공시킨 어머니'라는 성과로

---

3) 당시의 신문기사를 살펴보면 이와 관련된 기사들이 반복적으로 등장한다. "망각된 전쟁미망인 구호. 통계 숫자도 없고, 9백만환 구호비마저 안나와", 『조선일보』, 1953.08.26., 2면; "시급한 전쟁 미망인의 원호와 보도", 『조선일보』, 1953.08.27., 1면; "구호대책이 전무. 30만이나 되는 전쟁 미망인", 『조선일보』, 1955.11.13., 3면; "전쟁 미망인 구호책 전무", 『조선일보』, 1955.09.27., 3면; "전쟁 미망인 13만명인데 당국자들 하품만", 『조선일보』, 1955.07.12., 3면; "전쟁미망인. 또 없다고만 할텐가?", 『조선일보』, 1956.01.05., 3면; "속수무책인 채 "송년" 10만을 넘는 전쟁미망인 원호", 『조선일보』, 1956.12.17., 3면; "전쟁미망인은 굶고만 있어야 하는가", 『조선일보』, 1957.05.10., 1면.(검색일: 2014년 10월 27일).

4) 일반적으로 재혼을 결정하는 실질적 이유로는 재정적 안정, 자녀 양육에 대한 지원, 사회적 압력에 대한 대응, 자녀들 양육권의 보장, 외로움으로부터의 해방, 규칙적인 성적 파트너의 필요성, 임신, 돌봐줄 수 있는 사람의 필요성, 보호받고 싶은 필요성과 편안함 등을 들 수 있다(Ganong and Coleman, 2003).

이어지지 못할 경우 여성의 생애 자체를 부정적으로 평가하게 될 가능성을 높인다. 이 글에서는 소위 '성공적인 결과'로 이어지지 못한 여성의 재혼 경험에 주목하고자 한다. 세 자녀가 있는 상태에서 한국전쟁으로 남편을 잃고 난 후, 재혼하여 다시 세 명의 자녀를 더 낳아 총 여섯 명의 자녀를 홀로 키운 여성 노인의 생애 이야기를 분석할 것이다. 전후 시기 '전쟁미망인'에게 보다 강인한 어머니로서의 삶이 강제되는 동시에 홀로된 여성에 대한 사회적 편견 역시 고스란히 짊어져야 했던 상태에서, 여성의 '재혼' 선택이 '아내' 및 '어머니' 지위의 획득과 매끄럽게 연결되지 못하게 됨으로써 구성해 낸 삶의 궤적을 탐색하고자 한다. 여성 노인의 생애에서 아내, 어머니, 생계부양자로서의 삶이 교차하면서 만들어내는 서사에 주목하고, 각각의 생애 경험들이 어떻게 중첩되며 의미부여 되는지 분석할 것이다. 이를 바탕으로 재혼한 여성을 둘러싼 가부장적 시선에도 불구하고 여성들이 구성해내는 적극적 대응과 협상 과정, 그리고 좌절의 경험을 드러내고자 한다.

2. 기존논의 검토

한국전쟁 직후 우리 사회는 남성의 부재로 인해 여성을 중심으로 하는 가족이 증가하고, 그 어느 때보다 모성이 강조되던 시기였다(김은경, 2011). '강인한 모성'에 대한 강조는 '전쟁미망인'에 대한 섹슈얼리티 통제와 자녀 부양의 책임을 여성에게 전가하려는 목적을 가지며, 이데올로기로서의 모성 담론을 적나라하게 드러낸다. 즉 홀로된 여성과 남겨진 가족들에 대한 사회적 지원체제가 전무한 상태에서 여성의 재혼은 모성에 반하는 것으로 전제되며 사회적 비난의 대상이 되었다. 이러한 사회적 분위기는 1950년대 당시 자녀를 버리고 재혼하려다 남성에게 사기를 당하거나 철창신세를 지는 사건들이 종종 등장했던 신문기사들을 통해 짐작할 수 있다.[5] 전쟁미망인의 재혼은 자녀가 없는 경우 '정상적'인 가족

---

[5] "再婚에 속아 自殺企圖 젊은 戰爭未亡人의 哀歡", 『동아일보』, 1955.06.07., 3면; "제 乳兒 버리고 再婚하련 女子", 『동아일보』, 1956.02.22., 3면.

구성을 통해 "우수한 자녀를 생산해야" 한다는 측면에서 적극 옹호되었지만(이상록, 2001), 자녀가 있는 경우에는 홀로된 여성 자신의 문제, 즉 경제적 어려움이나 감정적 외로움을 해결하기 위해 모성을 거슬러 재혼을 선택하기 보다는 자녀를 잘 키우는 '강인한 어머니'가 될 것이 강조되었다.

'강인한 어머니'를 강조하는 경향은 1920-30년대에 등장했던 '헌신하는 모성' 담론의 영향을 받은 것이다. 1930년대 여성잡지에서 드러나는 이상적인 모성상은 남편이 없는 동안 집안의 경제적 부양을 책임지고, 아이들을 잘 키워야 하며, 외간 남자의 유혹에도 이겨낼 줄 알아야 하는 어머니로 규정되었다(김욱영, 2003). 당시 '과부'의 재가 문제는 한편으로 여성을 전통적 인습의 피해자로 상정하는 구조적 관점을 넘어서 찬성론에 힘이 실리기도 했지만, 그보다는 "재혼이 죄악은 아니"라면서도 "정조를 파괴한 여성의" 재혼을 문제시하는 비난이 주를 이루었다(김경일, 2012: 93-94).

그런데 1950년대에 들어오면서 모성 담론은 특히 어머니의 경제적 부양 능력이 강조되면서 이전 시기와 차별화된다(김혜수, 2000: 440-441). 기존의 '현모양처론'이 "어지러운 사회에서 유일한 안식처는 가정이며, 가정과 사회에서 요구하는 어머니 및 아내로서의 의무에 충실한 현모양처야말로 여성의 천분"임을 강조했던 것에 덧붙여, 전후 시기의 어머니들에게는 경제적 기반을 다질 수 있는 능력도 강력하게 요구되었던 것이다. 새로운 현모양처론 하에서 여성들은 집안에서는 완벽한 아내이자 어머니이며, 사회에서는 완전한 일꾼으로서 1인 3역의 부담을 감내할 수 있는 '강한 어머니'가 되어야 했다.

여성 노인의 전쟁 경험과 관련하여 김현선(2011)의 연구는 한국전쟁 당시 십대 후반에서 이십대 초반이었던 미혼 및 신혼 여성 세 명의 구술을 통해 전쟁이 여성 개인의 삶을 어떻게 변형시키는지를 보여준다. 이 연구에 참여한 구술자들은 모두 재혼하지 않고 평생을 '미망인'으로 살아왔다는 공통점을 가지는데, 남편이 전쟁터로 모집되어 가던 시점에서부터 현재에 이르기까지의 기억이 중단되어 있고, 징집 후에 남편에 대한 소식이나 행방을 찾으려 하지 않았던 것으로 나타난다. 이와 같이 현재 노인이 된 여성들이 당시에 재혼을 선택하지 않았던 것은 살아남기 위한 목적 자체가 급박하고 절실했던 전후 시기의 상황에 기인하는 것으로 분석된다. 1950년대 여성의 삶을 분석한 김귀옥(2004)의 연구에서 드러나는 당시 여성들의 상황을 보면, 대다수 여성들의 교육 수준이 낮고 경제적으로 하층에 머물러 있었음을 알 수 있다. 또한 기혼 여성의 정규직 진출이 거의 폐쇄된 상태에서 홀로된 여성들은 소규모 영세 사업장이나 소규모의 상업, 식모, 판매직에 종사하거나 일용노동자가 되는 등 매우 불안정하게 한정된 범위 안에서 경제활동을 했던 것으로 나타난다(이임하, 2004).

그런데 1950년대 전후 시기 홀로된 여성들의 경제활동 참여는 생존을 위한 불가피한 생계활동이었음에도 불구하고, 이와 동시에 모순적이게도 여성들의 사회진출에 대한 남성들의 위기의식이 확대되면서 전통적 여성상이 강조되는 결과를 낳기도 하였다(김은경, 2006). 홀로된 여성들은 전근대적 가부장제와 혈연중심의 사고가 팽배했던 사회 분위기 속에서 '과부'라는 이유로 차별을 받는 경우가 빈번했다. 사별로 인해 가장이 된 여성들의 생애 경험을 분석한 이효선(2006)의 연구를 살펴보면, 여성들은 혼자서 자녀를 키우면서도 가족으로 제대로 인정받지 못했기에 더욱 더 억척스럽게 일하고 자녀의 교육에 온갖 열정을 쏟아야 했던 것을 알 수 있다. 여성들의 경제활동으로 인해 가족제도와 가정윤리가 파괴되어서는 안 된다는 사회적 압력이 여성들을 강력하게 통제하면서, 홀로된 여성들은 재혼 여부와 관계없이 신성시되는 모성 이데올로기(이연정, 1999) 속에서 다층적 역할들을 수행할 수밖에 없었다.

전후 시기 여성의 재혼이 어려웠던 이유와 관련하여 이임하(2004: 218-220)는 첫째, 오랫동안 정절을 지키는 행위가 미덕으로 여겨져 온 사회적 편견이 미망인들에게 심리적 부담으로 작용했다는 점, 둘째, 전후 시기에는 현실적으로 결혼적령기의 미혼 여성도 결혼 상대자를 쉽게 구할 수 없었다는 점, 셋째, 많은 부양가족 특히 어린 자녀들의 존재가 미망인들의 재혼을 가로막고 있었고, 사회도 부양가족이 있는 미망인의 재혼에 부정적이었다는 점, 넷째, 군경유족연금법에 연금을 받을 권리가 혼인 시 소멸하는 것으로 규정되어 있었다는 점을 든다. 이러한 요인들로 인해 다수의 여성들은 재혼하지 않은 채 혼자서 남은 가족들을 부양하고 자녀들을 키워냈던 것으로 보인다.

오늘날 여성들의 재혼 선택은 불만족한 결혼 관계를 떠나 새로운 관계를 모색하는 주체적 행위로 해석된다(장현정, 2010). 이러한 관점에 비춰본다면, 전후 시기 여성들의 재혼 선택은 전쟁이라는 공동체적 경험 하에서 여성에게 가해졌던 이중적인 사회적 통제에 대한 도전으로 이해 가능하다. 당시 '전쟁미망인' 들은 남편 없이 혼자 생계활동을 유지하며 자녀들을 건사하더라도 주변화되고 재혼을 선택해도 비난받게 되는 모순적 상황에 처해 있었다. 이러한 가운데에서도 여성들이 기꺼이 재혼을 감행한 것은, 재혼에 뒤따르는 사회적 낙인에도 불구하고 더 나은 삶을 추구하려 했던 적극적인 행위로 의미부여 할 수 있다.

한편, 여성 노인의 생애에서 재혼의 문제는 주로 현재적 시점을 중심으로 '재혼'에 초점을 두고 다루어진다. 이에 (여성) 노인을 대상으로 하는 연구들은 재혼 실태 및 결정 요인(배나래·박충선, 2002; 배진희, 2004; 김주연, 2008),[6] 재혼에 대한 태도(김태현·한혜신, 1996; 서병숙·김은진, 1996; 김은진, 1997), 재혼으로 인한 노인의 생활 만족도(임춘희·박경란, 1996; 이정덕·최영아, 1997; 박충선·배나래, 2005) 등에 주목하여 노인의 현재적 삶을 분석해 왔다. 이러한 연구들을 통해, 노인의 재혼 결정은 주로 배우자의 죽음을 경험한 후 외로움을 극복하기 위한 선택에 기반을 두며(서병숙·김은진, 1996; 김주연, 2008), 여성 노인의 재혼에 대한 태도와 만족도는 긍정적이라는 점(김태현·한혜신, 1996)을 알 수 있다. 또한 박충선·배나래(2005)의 연구에서는 남성 노인에 비해 여성 노인이 가족 관계에서 갈등을 덜 경험하는 것으로 나타나는데, 이는 여성들의 경우 자녀들의 동의 하에 재혼하는 경우가 대부분인 것에 기인한다고 분석된다.

다른 한편으로 여성 노인의 생애 전반에 주목하는 연구들은 여성 노인들이 시대적 흐름에 순응하면서도 적극적으로 자신의 삶을 해석하는 능동적이고도 다중적인 주체임을 강조한다(박기남, 2004; 함인희, 2006; 오마리아·김하나, 2009; 함한희, 2010). 여성독거노인의 생애사를 분석한 안기덕(2012)에 따르면 여성 노인들은 남편과 사별 또는 결별한 이후 실존적 삶을 지향하기도 하며, 최희경 (2005)의 연구에서는 불행한 결혼을 종결함으로써 경제적 자립과 안정된 생활을 시작하는 계기를 만드는 모습이 드러난다.

---

[6] 이수정·전영주(2009)가 1996년-2007년의 국내 재혼 관련 학술논문을 분석한 결과에 따르면 노인 재혼에 관한 주제는 전체의 44%로 높은 비중을 차지하며, 그 중 대다수는 노년기 재혼에 영향을 미치는 요인에 관한 것으로 나타난다.

재혼한 여성 노인의 정체성 상실과 재구성 과정에 주목한 석희정(2013)은 재혼 가정을 지키기 위해 헌신적인 현모양처로 살아온 여성 노인의 생애 경험을 분석하였다. 이 연구에서 재혼은 가부장적 사회로부터 타자화된 이혼 여성이 찾는 가장 확실한 제도적 안전망이자, 여성에게 요구되는 모성의 자리와 역할을 획득하는 수단으로서 의미를 가진다. 이러한 이유로 인해 재혼한 여성 노인은 희생적인 현모양처 이미지를 기꺼이 수용하게 되며, 모성 관계가 상실된 이후에서야 자기 존재를 되찾고 치유할 수 있게 된다고 분석된다.

또한 김은정(2008)의 연구를 살펴보면, 여성 노인들의 노년기 자아정체성은 크게 '현모양처/주부 정체성', '어머니/모성의 구현자로서의 정체성', '일 정체성' 등 세 가지로 구분되는데, 특히 자녀들과 연관 지어 자신의 삶을 풀어내면서 정체성을 형성하는 것으로 나타난다. 강유진·한경혜(2002)의 연구에서도 여성 노인들의 삶에서 중요한 동기부여 역할을 하는 대상은 자녀들인 것으로 나타난다. 즉 남편이 있다 하더라도 '남편 구실'을 하지 못했던 여성 노인에게 자식들의 존재는 '생의 좌표'가 되며, 현재에 이르기까지 삶의 중요한 맥락을 구성하는 것을 알 수 있다.

이상에서 살펴본 바와 같이 여성 노인의 생애를 다룬 기존 연구들은 주로 어머니로서의 삶과 정체성에 주목하고 있으며, 특히 여성 노인의 재혼 문제는 노년기의 경험이 주를 이루고 있다. 이와 달리 본 연구는 '여성 노인'과 '재혼'의 문제를 현재적 시점에서 분석하는 것이 아니라, 전후 시기 여성의 재혼을 죄악시했던 시대적 배경 속에서 여성들이 어떻게 대응해 왔는지에 관한 이해를 넓히려는 목적을 가진다. 즉 전후 시기 홀로 된 여성의 재혼 경험과 자기서사에 주목한 연구가 거의 없다는 점을 염두에 두면서 1950년대 당시 20대의 나이에 재혼한 여성의 생애 경로를 바탕으로, 새롭게 맺게 되는 가족 관계 및 노동 경험 속에서 자신의 삶에 어떻게 의미부여하는지 파악하고 여성 노인의 생애 인식의 형성 과정에 주목할 것이다.

3. 연구방법 및 연구 참여자

이 연구에서 분석할 자료는 1950년대에 재혼을 선택했던 여성 노인의 생애 이야기(life history)이다. 생애 이야기는 구술자의 주관적인 경험과 느낌을 표현하는데 치중하게 되는데(김성례, 2002), 가부장제 사회에서 소통의 공식적인 통로가 막혀 있는 상황에서 여성들이 개인적이고 내밀한 자기 진술 형식을 전략적으로 채택하는 방식을 드러내준다. 또한 구술자는 자신의 생애 이야기를 드러내고 침묵해 온 사연을 발화하는 가운데 자존감을 회복하거나 공포와 억울함, 고독감에서 일정 정도 탈피할 수 있다(김귀옥, 2014). 따라서 여성의 재혼에 대한 사회적 비난에서 자유로울 수 없었던 전후 시기의 재혼 선택과, 이후 가족이 재구성되는 과정에서 아내이자 어머니로서 겪었던 갈등의 양상들은 생애 전반에 대한 이해를 통해 파악하는 것이 적절하다고 판단되었다.

특히 생애사에서 나타나는 여성 경험의 주관성은 여성의 자아를 탐구하는 데 필수적인 자료가 된다(윤형숙, 1994). 개인의 삶에서 일어난 특정한 사실과 사건들은 선택적으로 기록 또는 기억될 수밖에 없으며, 지나간 삶에 대한 회고는 기억의 불확실성과 개인의 상상 및 해석이 개입할 수 있는 여지를 남기게 된다. 기억은 현재 구성되는 것이기에 생애 서사는 우리가 강조하는 기억들로 구성되며 (Daniel and Thompson, 1996), 구술자는 자신이 체험한 '객관적' 사실을 단순히 재현하는 것이 아니라 구술이 이루어지는 시점에서 사후적 의미부여를 통해 생애 체험을 재구성[7]하게 된다. 즉 의미라는 것은 사건을 경험하는 순간에 주어지기보다는, 그 사건에 대해 돌이켜보거나 이야기할 때 생겨나게 된다(유철인, 1990). 이렇게 재구성된 생애 이야기는 객관적인 사실이기보다는 구술자의 시각으로 재구성된 개인의 삶의 원칙이며, 주관적인 세계상과 자아상의 행동지향이자, 구술자 행동의 전제가 된다(박성희, 2002). 삶의 주관적 인식과 평가는 지나온 삶의 경험과 유리되어 진행되는 것이 아니라 과거의 축적된 생애사적 경험을 토대로 하며, 이와 같은 인식과 평가는 또한 현재와 미래를 위하여 자신이 행위의

---

[7] 생애사 연구에서는 개인이 자신의 삶을 만들어나가는 구성주의 시각을 강조한다(박성희, 2002). 즉 구체적 삶의 세계 속에서 사는 사람들이 자신의 삶에 어떤 의미를 부여하는지 밝혀내는 것이 사회과학의 본질이라고 보며, 상호주의 객관성에 의해 사회과학적 인식이 가능하다는 입장을 취한다.

전략을 주도적·자발적으로 도출하는 바탕이 된다(곽삼근 외, 2008).

또한 생애사 연구는 개인의 생애가 개인과 사회의 상호작용에 의한 구성물이라는 전제에서 출발한다(이희영, 2005). 즉 특정 개인의 변화하는 사회적 경험, 역할, 지위, 신분 등은 개인화의 표현이자 동시에 사회구조적인 사회화 내용을 보여주며, 개인의 사적·생애적·주관적 관점은 구조적·공적·사회적 의미와 개념, 실천들과 연관되어 있다고 본다(Schwandt, 2007). 따라서 생애사 연구에서는 개인의 삶이 사회적 과정이나 구조에 의해 구성되고, 다시 그 구조를 만든다는 것을 인식하는 것이 중요하며(윤택림·함한희, 2006; 윤택림, 2012), 특히 여성의 사적 서사는 젠더 구성에서 개인과 사회 간의 상호작용을 검토하는 중요한 지점을 제공한다는 점에서 유의하다(Personal Narratives Group, 1989). 일례로 여성들은 재혼을 통해 가족 내 갈등을 생산하는 동시에 가부장적 규범과의 협상 속에서 새롭게 가족관계를 구성해가고 변화시킬 수 있는 행위자로 해석될 수 있다(장현정, 2010).

이와 같은 생애사 연구의 특성을 염두에 두면서 본 연구에서는 생애사 재구성 방법론을 참조하여 분석을 진행하였다. 생애사 재구성 방법론은 여성의 젠더 경험에 목소리를 부여하고 이를 통해 드러나는 복합적 권력 관계를 성찰적으로 해석한다는 점에서 유용하다(이희영, 2005; 2007). 이희영(2005)에 따르면 생애사 재구성 방법은 연대기적 생애사, 이야기된 생애사의 재구성, 체험된 생애사의 재구성으로 구성되며, 생애사의 재구성은 다음의 특성을 가진다(이희영, 2005: 138-143). 우선 이야기된 생애사의 텍스트는 생애사적으로 구성된 총체적 관점에 부응하면서 서사적 순차성에 따라 조직되는 구조를 가지는데, 생애사 텍스트의 특정한 언술 및 행위의 원인과 동기를 추론하고, 그 결과를 전망하는 방식으로 가설을 세우고 검증하는 과정을 거친다. 그 다음으로 체험된 생애사의 재구성은 구술자의 전체적인 생애사적 사실과 정보, 그리고 이야기된 생애사를 기초로 진행되는데, 특정한 과거 사건을 구술자가 어떻게 체험하였는지 재구성하는 것을 목적으로 한다. 즉 과거 사실에 대한 사실성에 기초하여 구술자의 주관적인 체험의 내용을 재구성하며, 이렇게 재구성된 구술자의 생애는 우리 사회의 '구체적 일반성'을 시사해준다. 또한 이희영(2007: 108-109)은 생애사 재구성 방법론이 갖는 실천적 함의로서 첫째, 가설추론적 연구원리를 통해 비목적론적 '이해'와 상호 성찰의 가능성을 제공하며, 둘째, '서사적 힘'에 근거하여 구술자료의 특성과 생애사적 체험 사이의 복합적 연관성에 대한 분석 및 재구성의 가능성을 제공하고, 셋째, 음성화된 텍스트에 포괄되지 않는 육체성에 대한 접근과 이해의 가능성을 추구한다는 점을 강조한다. 이에 본 연구에서는 구술자의 생애 전반을 서사적 순차성에 따라 이해하고, 이러한 이해를 바탕으로 구술자의 생애 이야기에서 강조되는 생애 사건 및 삶에 대한 회고에 담긴 함의를 파악하고자 하였다. 본 연구 참여자인 여성 노인의 생애에서 드러나는 재혼 경험과 모성 실천은 전후 시기 홀로된 여성에 대한 우리 사회의 모순적 태도에도 불구하고 가족 구성, 친밀성, 노동 경험 간의 상호작용 속에서 어떻게 여성들이 자신의 경험을 해석하고 대응해왔는지 보여줄 것이다.

구술자 정경순(가명)과의 면담은 2014년 4월과 6월에 이루어졌으며, 면담 시간은 각각 3시간가량 소요되었다. 첫 번째 면담은 구술자가 장녀의 집에 머무르는 동안에, 그리고 두 번째 면담은 구술자가 막내딸 집에서 머무르다 자택에 돌아온 직후에 이루어졌다. 첫 번째 면담에 앞서 구술자에게 미리 양해를 구한 후[8] 인터뷰를 녹음하였고, 녹음한 자료를 반복적으로 청취하면서 녹취록을 작성하였다. 녹취록을 반복해서 읽으면서 구술자의 생애 전반에 대한 이해를 높인 후, 구술자의 생애에서 강조된 유의미한 사건들을 중심으로 두 번째 면담을 진행하였다.

구술자는 첫 번째 면담에서 재혼 사실을 전혀 밝히지 않았으며, 따라서 생애 이야기는 "혼자 자녀 세 명을 힘겹게 키우며 살아왔으며 말년에 잠시 즐겁게 지내다가 고향으로 오게 되어 외로운 현재"로 요약되었다. 두 번째 면담 과정에서 구술자는 자신의 재혼 경험 및 현재 심정적으로 가장 의지하는 막내딸의 존재, 초혼 및 재혼 관계에서 출생한 자녀들과의 관계에 대해 언급하였다. 이에 두 번째 면담을 마친 후에야 구술자가 첫 번째 면담 과정에서 얼버무렸던 가족 관계, 갑작스럽게 화제를 전환하여 파악하기 어려웠던 남편의 존재 등에 대해

---

[8] 또한 면담에 앞서, 본 자료는 연구수행을 목적으로만 사용되며 익명으로 표기될 것임을 구술자에게 고지하고 동의를 받아 진행하였다.

이해할 수 있었다. 구술자는 연구자에게 알리고 싶지 않은 것에 대해 생략할 수 있으며, 이에 대해 연구자는 분석 과정에서 구술 상황의 특성을 인지하고 구술 상황에서 만들어진 역동성에 주목하여 분석할 필요가 있다(Miller, 2000). 이에 두 번째 면담에서는 구술자가 첫 번째 면담에서 이야기한 생애 경험의 진실 여부를 판단하려기보다, '왜' 재혼 경험을 은폐할 수밖에 없었는지를 염두에 두면서 생애 흐름을 이해하고자 하였다. 두 번째 면담을 통해 파악된 구술자의 생애는 "성(姓)이 다른 자녀들을 위해 모아둔 재산을 처분하여 분배한 후 이곳저곳 옮겨 다니다가 정착했으나, 다시 불안정한 생활로 돌아오게 된 고달픔의 연속"으로 요약되었다.

4. 자기연민의 생애 이야기

본 연구 사례인 구술자 정경순(가명)은 1926년 충청남도 ○○군에서 맏딸로 태어나 일곱 살 되던 해에 경기도 △△군의 기생집으로 보내졌고, 다시 인근 □□군의 정씨 집안 수양딸로 입양되어 막내딸로 자랐다. 18세 되던 해에 8년 연상의 남편(이씨)을 만나 결혼하여 아들과 딸을 출산하였으며, 공무원이던 남편이 한국전쟁이 발발하면서 북으로 잡혀 간 이후 혼자서 차남을 출산하였다. 남편이 실종되고 구술자는 행상을 하면서 혼자 2남 1녀를 키웠으며, 집 한 켠에 가게를 마련하여 장사하던 중 알게 된 남성(김씨)과 27세에 재혼하였다. 구술자는 재혼한 이후 2남 1녀를 더 출산하였으며, 생활력이 없고 가족을 돌보지 않는 남편 몫까지 감당하면서 혼자서 총 여섯 명의 자녀를 키워냈다. 51세가 되던 해(1976년)에 가게를 처분하고 서울로 올라와 다시 온갖 궂은일을 하면서 지내다가 경기도 ×× 신도시 아파트에 정착하게 되었고, 그 곳에서 20년 가까이 살았다. 그러나 다시 아파트를 처분하여 아들들에게 재산을 분배하였고, 현재에는 가장 많은 몫을 배분해 준 차남 가족과 함께 고향인 경기도 □□시[9]에서 살고 있다. 구술자의 주요한 생애 사건들을 정리해 보면 다음과 같다.

---

[9] 2001년에 군에서 시로 승격되었다.

<표 4-1> 구술자 생애연보

연도(나이)	생애 사건
1926년	· 충청남도 ○○군에서 장녀로 출생
1932년(7세)	· 경기도 △△군 기생집으로 보내짐. · 경기도 □□군의 정씨 집안으로 입양됨.
1943년(18세)	· 소방서 감찰계장이던 남성(이씨)과 결혼
1944년(19세)	· 장남 출산
1947년(22세)	· 장녀 출산
1950년(25세)	· 한국전쟁으로 남편 납북 및 실종, 혼자서 차남 출산
1951년(26세)	· 행상으로 생계활동 시작
1952년(27세) ~1957년(32세)	· 장사하면서 알게 된 남성(김씨, 기자?)과 재혼 · 재혼한 남편과의 사이에서 아들 2명, 딸 1명 출산
1957년(32세) ~1976년(51세)	· 남편 도움 없이 계속 혼자서 가게 운영 · 1968년(43세): 장남(이씨, 순경) 결혼 · 1969년(44세): 장녀(이씨, 목재회사 근무)가 은행원과 결혼 · 1970년대 중반: 장남이 심장마비로 사망
1976년(51세) ~1988년(63세)	· 1976년(51세): 차남(이씨, 양복점 근무) 결혼 · 가게 정리 후 서울로 이사. 남편과 따로 살게 됨.
1988년(63세) ~1994년(69세)	· 서울 ○○동 대단지 아파트를 분양받아 입주 · 파출부, 산모 뒷바라지 등을 하면 지냄.
1994년(69세) ~2014년(88세)	· 서울 아파트를 팔아 경기도 ××신도시 아파트로 이주 · 아파트 노인정 회장직을 맡음.
2013년(88세)	· 아파트를 팔아 아들들에게 배분하고 고향으로 내려옴.
2014년(89세)	· 현재 차남과 함께 살며, 가끔 장녀와 막내딸 집에 번갈아 머물며 지냄.

　구술자의 생애 이야기에서 가장 빈번하게 등장하는 표현은 "고단한 삶"으로, 구술자의 생애 서사 구조는 고생담이 주를 이룬다. 그 근거로는 다음의 네 가지 생애 사건을 들 수 있다.

　첫 번째는 일곱 살에 입양되었던 경험이다. 구술자는 가난으로 인해 기생집에 보내졌으나 "얼굴이 이쁘장하게" 생겼음에도 불구하고 노래를 못해서 그 곳에 머물지 못했다. 다행히 수양딸을 구하던 정씨 집안에 입양되어 자녀를 낳지 못했던 둘째 부인의 딸로 성장했다고 한다. 입양된 이후 수양어머니로부터 많은 사랑을 받았지만, 친어머니와 수양어머니 사이에서 어디에 마음을 두어야 할지 갈등했던 기억은 "더러운 팔자"와 연결되면서 고단한 생애의 한 축을 이루고 있었다.

두 번째는 구술자 정경순의 생애에서 가장 중요한 생애전환적 사건으로서, '한국전쟁으로 인한 남편의 실종과 재혼'이다. '재혼'은 구술자의 생애 전반에 걸친 노동활동 및 가족 관계를 변화시킨 주된 원인이 되며, 이후의 삶에 대한 구술자의 태도가 비관적이게 되는 바탕을 이루고 있다. 공무원이던 남편이 한국전쟁으로 인해 북으로 잡혀가면서 안정적인 가족생활은 중단되었고, 구술자는 혼자 가족 전체의 생계를 책임지게 되었다. 별다른 밑천이 없는 상태에서 행상을 통해 생계를 이어갔고, 가게를 마련하여 장사하던 중에 새로운 남성을 만나 재혼하였다. 구술자는 자녀 세 명을 모두 데리고 재혼하였으나 이들을 재혼한 남편의 호적에 입적시키지 않았다.10) 재혼 이후 출산한 세 명의 자녀를 포함해 총 여섯 명의 어머니로서 살게 된 구술자는 재혼한 남편과의 사이가 좋지 않은 가운데 각기 성(姓)이 다른 자녀들 간의 갈등을 온전히 홀로 감수하면서 살아왔다고 한다.

세 번째는 구술자가 오랫동안 운영하던 가게를 정리하고 서울로 올라와 갖은 허드렛일을 해야 했던 경험이다. 구술자가 51세에 가게를 처분하게 된 것은 법적 자녀로 등록되어 있지 않은 차남을 포함한 세 아들들에게 재산을 나누어주기 위해서였다. 서울로 올라온 구술자는 재혼 관계에서 낳은 김씨 자녀들의 뒷바라지를 해주다가 불안정하게 여러 곳을 이사 다니면서 파출부, 산후 뒷바라지 등을 하며 "온갖 고생은 다하며" 지냈다고 회고했다.

구술자의 고생담을 이루는 마지막 사건은, 최근에 경기도 ×× 신도시 아파트를 부득이하게 처분하고 고향인 경기도로 다시 내려오게 된 일이다. 구술자는 앞서 가게를 정리할 당시 딸들의 권유로 청약예금에 가입하였으며, 이는 훗날 경기도 ×× 신도시 아파트에 정착할 수 있게 해 준 기반이 되었다. 경기도 ×× 신도시 아파트에서 보낸 20여 년 동안 인생에서 가장 즐겁고 활기찼던 시간을 보냈음에도

---

10) 당시 민법(1958.2.22. 제정) 제781조(자의 입적, 성과 본) 1항을 보면 "자는 부의 성과 본을 따르고 부가에 입적한다."고 규정되어 있다(출처: 법제처 국가법령정보센터 DB, http://law.go.kr). 구술자의 경우 전 남편과의 사이에서 출생한 자녀들이 이미 이씨 성을 부여받은 상태였기 때문에 재혼한 남편 김씨의 성을 따르도록 할 수도 없었을 뿐만 아니라 입적시키기가 어려웠던 것으로 보인다.

불구하고, 구술자는 다시 차남에게 경제적인 지원을 해주기 위해 결국 아파트를 팔게 되었다. 현재 구술자는 차남 소유의 다세대 빌라에서 함께 살고 있으며, 과거에 비해 열악한 거주 환경에 대해 불만이 많은 상태였다.

이상에서 살펴 본 네 번의 생애 사건은 구술자의 생애 속에서 누적되면서 "고단한 삶"이라는 자기 인식을 강화하는 데 기여하고 있었다. 구술자가 보여주는 자기 연민의 서사는 여성 노인의 생애 회고에서 빈번하게 등장하는 것으로서(강해경, 1999; 석희정, 2013), 한국전쟁 이후 홀로된 여성들이 경험하는 불안정한 가족 관계가 여성 정체성 및 자기 인식을 구성하는 데 얼마나 큰 영향을 미치는지를 잘 보여준다. 다음 장에서는 구술자의 생애 정보와 이야기된 생애사를 바탕으로 "고단한 삶"을 향하게 되는 맥락을 구체적으로 분석할 것이다.

5. 체험된 생애사의 재구성: 자기 연민과 자녀를 향한 부채감(負債感)의 공존

구술자의 생애 인식은 재혼 이후의 가족 관계, 즉 재혼한 남편 및 여섯 자녀와의 관계에 대한 불만족이 주축을 이룬다. 이러한 인식은 세 자녀가 있는 상태에서 재혼을 선택했음에도 불구하고 '아내'로서 살지 못했던 스스로에 대한 연민과, 재혼한 어머니로서 성(姓)이 다른 자녀들을 홀로 키워내면서도 어머니로서의 역할을 충분히 해내지 못했다는 부채감(負債感)이 상호 공존하며 경합하는 서사로 분석된다. 또한 이러한 생애 이야기 속에서 구술자의 노동 경험은 그 의미가 축소된 채 재현되면서도 실질적으로 구술자의 모성 실천을 가능케 하는 자원으로 작동하면서 자녀들과의 관계에 영향을 미치고 있었다.

1) 전후 시기 남성 부재 현실에 대한 적극적 대응
(1) 하루아침에 부여된 홀어머니 지위와 부양자 역할

앞서 언급한 바와 같이 구술자의 생애는 한국전쟁을 경계로 급격하게 변화했다. 한국전쟁 이전까지 구술자의 생애는 비교적 평범하게 묘사되었다. 비록 입양으로 인해 원가족과는 분리되었지만 양반이었던 양아버지의 막내딸로서 많은 사랑을 받고 자랐으며, 18세에 소방직 공무원과 결혼하였다. 구술자는 농촌지역에 살았어도 농사를 지어본 경험이 없으며, "시골에 살았지만 농사를 지을 줄 모른다."는 점에 대해서 자부심을 드러냈다. 결혼 후 장남과 장녀를 출산할 때까지 구술자는 생계에 대한 걱정 없이 공무원의 아내이자 두 자녀의 어머니로서 살았다. 그러나 한국전쟁 직후 남편이 북으로 끌려가게 되고, 구술자는 하루아침에 가족 전체를 돌봐야 하는 상황에 처하게 되었다.

구술자: 소방서에 대장, 소방서 대장이니까. 그냥 대장이라는 거 땜에 잡아갔어. 거기서 죽어 돌아가셨어.
연구자: 아, 그러면 … 국립묘지에 계신 거예요?
구술자: 아니요. (묘지가) 없지. 빨갱이들이니까. 죽여서 어떻게 처리를 했는지도 모르지. 잡아갔으니까.
연구자: 돌아가셨다는 소식만 나중에 들으신 거예요?
구술자: 어느 날 죽은 것도 몰라. 잡혀 갔으니께. 끌려 갔으니께. 붙잡혀 갔으니까.
연구자: 돌아가셨다는 걸 직접 들은 건 아니세요?
구술자: 아니죠. 그러니께 총살나서 죽였다는 소리만 들었지. 어떻게 죽었는진 몰르겄어.

그 당시 구술자는 차남을 임신하고 있었으며, 어린 두 자녀를 데리고 인근 지역으로 피난을 다녀온 직후부터 가족의 생계를 책임져야 했다. 구술자는 경제적·정서적으로 안정된 생활을 누렸던 7년여 간 이후 60대 후반에 이를 때까지 생계활동을 중단한 적이 없었다. 전쟁 때문에 남편의 행방을 알 수 없는 상태에서 갑자기 홀어머니가 된 구술자는 이전에 해보지 않았던 일을 시작하면서 많은 부침을 겪었던 것으로 보인다. 피난을 다녀온 직후 구술자가 처음 시작한 일은 행상이었다. 당시 전문적 기술이 없고 교육도 받지 못했던 여성들의 다수가 생계를 유지하기 위해 행상이나 노점상에 종사하게 되었던 것과 마찬가지로(이임하, 2004; 윤정란, 2007), 구술자 역시 밑천이 전혀 없는 상태에서 생선이나 곡식을 이곳저곳에 팔러 다니느라 고생했던 경험을 풀어내주었다.

구술자의 초기 노동 경험은 고생으로 표현되었다. 하지만 행상을 시작한 지

불과 1여 년 만에 가게 터를 마련할 정도의 재산을 축적했다는 사실로 미루어볼 때, 구술자의 경제적 상황은 그다지 나쁘지 않았던 것으로 짐작 가능하다. 구술자가 전쟁 후 고향 마을을 떠나지 않고 정착한 것도 짧은 시일 내에 안정적 생활이 가능해지도록 하는 데 기여한 것으로 보인다. 그러나 당시 젊은 여성이 혼자 어린 자녀를 키우며 가게를 운영하는 것은 결코 쉬운 일이 아니었을 것이다. '전쟁미망인'으로서의 삶은 가부장적 사회 구조 하에서 결핍으로 의미화되며, 가족을 지켜내기 위한 적극적인 사회 활동에도 불구하고 여전히 보호받는 존재로 인식되었기 때문이다(김종욱, 2004). 이러던 중에 구술자는 새로운 남성을 만나게 되는데, 이 때 구술자의 나이는 27세였다.

(2) 다시 '아내'가 되기 위한 선택으로서의 재혼

구술자는 홀로 세 자녀를 키우며 가게를 운영하던 중에 자신을 기자라고 밝힌 남성과 교제하게 되었다. 구술자에 따르면 당시 그 남성이 자주 가게에 들르면서 가까워졌고, 인물도 "괜찮아" 보였기에 결혼을 결심하게 되었다고 한다.

> 구술자: 그 신랑은, 여기 아부지(첫 남편)는 참 효자, 효자 아들이라고. 대대로 효자였는데 지금 김서방네는 아주, 신랑이 말하자면 깡패, 술 먹고 깡패 짓하고 그랬어.
> 연구자: 근데 또 처음 봤을 때는 그냥 또 좋았던 마음이 있으셨던 거잖아요?
> 구술자: 그럼. 그런 게 그때는 마음에, 뭐 혼자 살고 그냥 자꾸 가게 와가지고 뭣도 잘 사고 가게 갈 때 올 때 잘 사고. 좀 잘 보였든가보지, 내가.
> 연구자: 이쁘셨으니까.
> 구술자: (웃으면서) 스물일곱이니까. 그 사람도 잘 보였고 나도 괜찮고 인물로도 괜찮아. 허여멀건 게. 그래서 아휴, 참 팔자도 드럽지.

전후 시기 '전쟁미망인'들은 사회적 보호와 규제의 대상으로 인식되었으며, 재혼한 여성은 소수에 머물렀다.[11] 1950년대 당시 인구 구조를 살펴보면 남편과 사별한 여성이 108만 여명에 이르고 있는데,[12] 이러한 상황 속에서 구술자의

---

[11] 일례로 군경미망인의 경우 재혼자는 1956년 59,914명 중 1,006명(1.9%), 1959년 58,719명 중 30명(0.1%)에 불과했으며, 일반적으로 2%를 넘지 못했다고 한다(이임하, 2006).

재혼은 한 남성의 '아내'로 살고 싶은 바람을 실천하려는 적극적인 의지가 있었기에 가능했다고 볼 수 있다. 당시의 '전쟁미망인'들은 재혼에 대한 사회적 편견, 미혼여성도 결혼상대자를 쉽게 구할 수 없는 전후의 실정, 부양가족이 있는 미망인의 재혼에 대한 부정적 사회 인식, 재혼 시 유족권리 소멸 등과 같은 요인으로 인해 재혼에 어려움을 겪었다(이임하, 2004: 218).

구술자는 자신의 외모에 자신감을 가지고 있었으며, 면담 과정에서 자신이 좋아하는 남성으로부터 '사랑받는 삶'이 얼마나 중요한지를 여러 번 강조했다.[13] 첫 번째 결혼에서 정식으로 매파를 통해 집안으로 중매가 들어오기 이전에 남편의 존재를 이미 알고 있었으며, 마침 호감을 가지고 있던 남성과 결혼하게 된 것을 다행으로 여기고 있었다. 남성에 대한 선호 여부를 분명하게 의사표시하고 이와 동시에 '사랑받는 삶'을 중요하게 생각하는 구술자의 성격에 비춰보았을 때, 남편과 이별한 후 새로운 남성과 친분을 쌓고 재혼을 결심하게 되는 과정은 자연스럽게 이루어졌던 것으로 보인다.

하지만 정작 재혼한 남편은 '구술자의 팔자를 더럽게 만든 장본인'으로 묘사되고 있었다. 이는 첫 번째 남편이 효자이자 성실했던 사람으로 기억되는 것과 대조를 이룬다. 이러한 차이는 남편을 회고하는 과정에서 구술자의 표정과 억양을 통해 분명하게 드러났다. 구술자가 첫 번째 남편과의 첫 만남을 묘사하는 과정에서 온화한 표정을 보였던 것과는 달리, 재혼한 남편을 언급할 때에는 목소리를 높이며 분노를 표출했기 때문이다. 구술자에 따르면 재혼한 남편은 경제적으로 무능했으며, 항상 술을 마시고 가족들에게 주사를 부리는 일을 반복하는, 즉

---

12) 경제기획원 통계국이 1955년 9월 1일 시행한 〈제1회 간이총인구 조사〉에서 나타난 "연령 및 남녀별 배우관계"를 살펴보면, 배우자와 사별한 여성의 수가 남성에 비해 월등히 높다.

1955년	전체	남성		여성	
계	13,189,395	6,434,549	(100.0)	6,754,846	(100.0)
미혼	3,689,505	2,228,306	(34.6)	1,461,199	(21.6)
유배우	8,013,405	3,904,143	(60.7)	4,109,262	(60.8)
이혼	156,557	59,888	(0.9)	96,669	(1.4)
사별	1,329,928	242,212	(3.8)	1,087,716	(16.1)

출처: 통계청 국가통계포털 DB(검색일: 2014년 9월 19일).

13) 구술자는 면담 중에 여러 번에 걸쳐 "좋은 사람 만나서 결혼해야 돼. 어떤 사람이 달라 붙으면은, 적당하면 달라붙는 데로 가야 대우를 받아."라고 언급하면서, 특히 남자 쪽에서 주도하는 결혼이 되어야 한다는 점을 강조하였다.

"술 먹고 깡패 짓"하는 몹쓸 남자였다.

　이상에서 살펴 본 구술자의 재혼 과정은 당시 '전쟁미망인'의 재혼에 대한 고정관념, 즉 모성을 아예 포기하거나 모성을 더욱 적극적으로 실천하기 위한 선택이라는 두 선택지로 설명하기 어렵다. 구술자는 재혼할 당시 첫 번째 결혼에서 낳은 자녀들을 소위 '버리지' 않았지만, 그렇다고 해서 이들을 재혼한 가족 내에 온전히 포함시키지도 않았다. 1950년대에 '전쟁미망인'의 재혼에 대한 비난의 주된 내용은 '모성을 포기한 여성'이라는 낙인이었다. 그러나 구술자는 9세, 6세, 3세였던 어린 자녀들을 데리고 재혼을 감행했으며, 이들을 비록 재혼한 남편의 호적에 올리지는 않았지만 계속 돌보며 함께 살았다. 구술자는 재혼한 남편과의 사이에서 세 명의 자녀를 더 출산하여 총 여섯 명의 어머니로서 살게 되는데, 이러한 선택은 구술자가 이후 가족 관계 속에서 겪게 되는 갈등의 바탕을 이루게 되었다.

2) 재혼으로 인한 갈등적 가족 관계의 구성과 유지

(1) 무능한 남편에 대한 원망과 거리두기

1950-60년대 한국 사회에서 '전쟁미망인'에 대한 사회적 편견이 팽배했던 가운데, 어린 자녀를 둔 젊은 여성이 혼자 가게를 운영하면서 맞닥뜨리는 현실이 어떠했을지 상상하기란 어렵지 않다. 여성으로서 홀로 낯선 이들을 상대하여 물건을 들이고 파는 과정이 결코 순탄하지 않았을 것이라 짐작됨에도 불구하고, 구술자는 장사 수완을 잘 발휘했던 것으로 보인다. 구술자는 합법적으로 세금을 꼬박꼬박 내면서 가게를 운영하는 동시에, 음성적으로 휘발유, 양담배 등을 판매하면서 큰 수익을 낼 수 있었다고 한다.

> **구술자:** 힘든, 힘든 줄도 몰라. 장사는. 재미나면 휘발유, 통이 그전엔 이만해. 이런 빠께스만한 통이 이만한.
> **연구자:** 한 요만해요?
> **구술자:** 응. 그만해. 그만하지. 거기다 자바라라고 끼른 게 있어. 그게 끼워가지고 차에다 부어. 그것도 두 통씩 들고 갔다 끼워 줘. 두 통씩. 양 쪽으로 들고 가서 차에다.

연구자: 이만한 석유면 꽤 무거울 텐데.
구술자: 그럼요. 그렇지. 무거워요.
연구자: 근데 그거 누구한테 도둑맞거나 그러진 않으셨어요?
연구자: 그거는 안 도둑맞는데 근데 그거 야매로 산 거라 헌병이 와서 그냥 알고 와서 그냥 실어 가는 거야. 두말도 못 해. 왜 가져가느냔 말도 못 해. 그 ⋯ 제대로 허가 안 맡은 물건을 사다 파는 거니까. 허가 안 맡은 물건을 사야 이(利)가 많이 남지. 허가 맡으면은 다 이리 먹고 저리 먹고.
연구자: 세금을 다 떼고 이러니까.
구술자: 그럼. 그러니까 그런 거 사다 파는 거여.
연구자: 그러면 그 휘발유 말고는 나라에서 뭐, 막 뭘 내라거나 이렇게 간섭하거나 이런 건 없었어요?
구술자: 그런 거 없지. 가게 보니까 세금을 내지. ⋯ 지금으로 따지면 야매로 사다가 팔은 거라고. 몰래. 저 누가 저 빼서 파는 거, 허가 맡은 가게 가서 사는 게 아니고 누가 말을 들어, 예를 들어서 누가 훔쳐다 팔든지 그런 거 갖다가 파는 거라 뺏어 가면 고만이야. 망했지 뭐. 한참 뺏기고.
연구자: 그러게요. 손해가 되게 크셨을 것 같은데.
구술자: 그럼. 컸죠. 그래 가게를 그럭저럭 그러다 보니께 못 해겠어서 서울로 올라간 거여.

하지만 인용에서 드러나듯이 불법으로 판매하던 품목들은 수시로 단속에 걸려 압수당했으며, 구술자는 대책 없이 손해를 보았다. 구술자가 직접 표현하지는 않았지만, 헌병들이 들이닥치고 속수무책으로 물건을 압수당하는 상황에 적극 대응하기 위해서 남편의 존재가 필요했던 것으로 짐작된다. 그러나 구술자의 남편은 정서적으로나 경제적으로 구술자가 의존할 대상이 되어주지 못했으며, 오히려 잦은 음주와 폭력으로 인해 가족 내에서 분란을 일으키는 존재였다. 구술자는 '아내'로서의 삶을 기대하면서 재혼했지만, 여전히 홀로 생계부양자로서, 그리고 여섯 명의 어머니로서 가족생활을 책임져야 하는 상황을 벗어나지 못했다.

구술자: (부부) 사이가 안 좋지. 술 먹고 맨날 주정하고 아휴~ 말도 못 해, 그냥. 그리고 의붓아버지니 오죽해, 애들도 서러움 받고. 벌어서 그 사람이 맥이진(먹이진) 않고 내가 벌어서 다 애들 육남매를 가르킨거여.

구술자가 재혼을 통해 기대했던 삶, 즉 '아내'로서 살고자 했던 바람을 실현하기 어렵게 되면서 남편을 향한 원망은 축적되었고, 이는 오늘날에까지 이르고 있었다. 재혼한 남편과의 관계는 구술자가 가게를 처분하고 서울로 올라온 시점에 아들에게 남편의 부양을 맡기고 더 이상 연락을 취하지 않는 것으로 끝맺게 되었다. 구술자는 그 이후로 재혼한 남편의 안부를 알려고 하지 않았으며, 심지어 남편이 사망했을 당시에 장례식에도 참석하지 않았다고 한다.

재혼한 남편에 대한 원망은 그가 남편으로서의 역할도 충실히 하지 않았을 뿐만 아니라, 자녀들에게 적절한 아버지노릇을 해주지도 않았다는 점도 포함된다. 물론 전후 시기 가족의 생계를 책임졌던 여성들의 남편은 사실상 의지할 대상이 되지 못하는 경우가 많았으며, 이에 여성들은 실질적인 가족생활의 주관자로서 살아야 했다(윤택림, 2001). 구술자 역시 남편이 있었음에도 불구하고 남편에게 의지할 수 없는 상황에 처하게 됨으로써 홀로 고군분투했던 것으로 보인다. 재혼 후 이룬 가족 내에서 남편과 전혼 자녀들 간의 빈번한 갈등을 해결하고 성(姓)이 다른 자녀들 간의 관계를 유지시키기 위해 노력하는 역할은 온전히 구술자의 몫이었다.

(2) 확장된 가족 내 불안정한 중재자로서의 어머니노릇

구술자가 재혼 이후 구성하게 된 가족은 복합적인 특성을 지닌다. 구술자는 여섯 명 자녀의 어머니로서 이들 모두를 키웠지만, 그 중 세 명은 법적으로 구술자가 속한 가족 구성원이 아니기 때문이다. 초혼 관계에서 출생한 자녀 세 명은 법적 자녀로 인정받지 못한 상태에서, 구술자는 재혼한 남편, 구술자가 재혼 후에 낳은 세 자녀들과 이들을 연결하는 매개자인 동시에 이들 사이에 낀 존재였다고 할 수 있다. 따라서 이러한 가족 관계를 유지하는 데 구술자의 역할이 중요하게 되며, 구술자는 생계부양자 지위를 바탕으로 자녀들을 모두 키워내는 데 주도권을 가질 수 있었던 것으로 보인다.

구술자는 6남매의 어머니로서 살았지만, 자녀들에 대한 구술자의 태도는 상이하다. 즉 자녀의 성(姓)과 성별에 따라 구술자가 기대하는 관계의 내용과 좌절감의 정도에 차이가 있었다. 구술자가 더 많은 애착을 보이는 대상은 첫 번째 결혼을 통해 출생한 아들들과 딸이다. 자녀들의 어린 시절을 회고하면서 구술자는 장남과 장녀를 매우 자랑스러워했다. 양아버지와의 갈등 속에서도 장남은 잘 자라서 순경이 되었고, 장녀는 인근 도시에 위치한 명문 여고에 진학했다는 점에 대해 구술자는 반복적으로 강조했다. 하지만 구술자의 자랑거리였던 장남이 비교적 젊은 나이에 사망하게 됨으로써 구술자는 차남이 그 자리를 대신하기를 바랐던 것으로 보인다. 그러나 차남은 구술자가 기대했던 만큼 사회적으로 성공하지 못했으며, 법적으로 구술자와 가족 관계가 아니기에 자식으로서의 권리를 보장받지 못했던 만큼 부모에 대한 책임까지 기꺼이 감당하지 않으려 했다. 구술자는 차남과의 관계가 원만하지 못한 점을 아쉬워하고 있었다. 또한 구술자는 재혼한 남편과의 사이에서 출생한 아들 둘이 "사람 구실 제대로 하지 못해서" 실망스럽다는 감정을 감추지 않았다.

구술자가 가게를 정리하고 서울로 올라왔던 무렵, 이씨와 김씨 각각의 성(姓)을 가진 자녀들의 어머니로 살면서 가장 심하게 감정적·경제적으로 갈등을 겪었던 것으로 보인다. 오랫동안 운영하던 가게를 비교적 젊은 나이인 51세에 정리하게 된 것도, 법적으로 자신의 재산을 분배해 줄 수 없는 차남에게 경제적으로 도움을 주려는 의도에서 비롯된 것이었다. 또한 가게를 처분한 이후 장녀와 함께 지내다가 갑작스레 서울로 올라오게 된 것은 재혼 후 낳은 자녀들의 살림 뒷바라지를 해주기 위해서였다.

구술자: 그래가지고 이 아들이 호적이 없잖아. 얘들을 혼인신고를 해야 되니까 김서방네 애들을 해야 되니까 애들은 인자 어떻게 빠졌지, 빠졌는데 이 아들이 아주 욕심이 많어. 팔어서 자기 돈을 좀 달라 이거여. 그래가지고 팔아가지고는 오남매를 다 싹~ 노놔주고, 나는 삼천만원 가지고 그냥 여기서 이렇게 이 집을 얻어가지고 사는 거여. 내 방도 여기다 안 짓고 그냥 이렇게 지었드라고. 그래서 내가 이 아들보고 저희는 저는 자기가 엄마가 호적에도 없고 엄마 모시는 것만 해도 고맙지, 방까지 들여 달라느냐고. 이걸 집을 세를 놓을라고 지은 거여. 그래서 내가 그냥 막 울면서 여기 오라 그래 놓고 이렇게 하면 되냐? 아들 손주 다 모아놓고 너무 섭섭하다고 내가 막~울었어. 그랬더니 그래서 내가 일억을, 삼천만원을 줬어. 돈을 또 …
연구자: 일억을 따로 주셨어요?
구술자: 일억이 아니라 삼천만원씩 줬어. 주고서는 오천만원을 또 줬어. 그래서 내가 여기서

세 사는 것 마냥 살아, 그랬더니 우리 큰 딸하고 막내딸하고 참 잘해. 이렇게 따로 떨어져 있으니까 내가 부부로 살아도, 선상님은 결혼 안 해봐서 모르지만 며느리 아들하고 이렇게 얘기하는데 거기 앉아있으면 쑥스러워요. 내 방으로 오지. 그러고 그냥 정이 없으니까. 아들이래도 정이 없으니까. 그래도 인자 이 아들이 말하지면 '저허고 살래느냐? 김서방네 아들하고 살래느냐?' 그래도 그냥 여기는 싫지만은 막내딸하고 큰 딸하고만 좋아, 그런데 이 집을 어떻게 해? 그래도 이씨 큰 아들은 죽고 그랬으니까 그냥 내가 여기와 살겠다고 해서 여기와 사는데 아주 속상할 때가 많어. (흐느끼면서) 내가 많이 울어요.

구술자는 매우 상세하게 자신의 재산을 아들들에게 분배해 준 과정을 설명해주었다. 재혼 후 낳은 두 아들에게 의지할 수 없는 상태14)에서, 차남에게 어머니로서의 권리를 주장하기도 어려웠던 구술자는 결국 남은 재산의 대부분을 차남에게 넘겨주는 결정을 하게 되었다. 당시 차남은 빌라 신축으로 인해 자금이 필요한 상태였고, 어머니에게 재산 대부분을 물려받은 대신 작은 원룸 형태의 집에서 어머니가 지낼 수 있게 해주었다.

정작 구술자가 서울로 올라와 독립적인 생활을 할 수 있게 해 준 것은 두 딸이었지만,15) 구술자는 딸들에게 재산을 거의 나눠주지 않았다. "오남매를 다 싹 노녀(나눠)줬다"는 위의 인용과 달리, 구술자는 재산 분배 과정을 보다 자세하게 설명하는 과정에서 세 아들들에게 1/3씩 나눠주었음을 강조했기 때문이다. 재산 분배와 관계없이 구술자는 딸들과 가깝게 지내고 있었으며, 두 딸 간의 사이도 좋아 보였다. 구술자는 딸들을 자신이 의지할 대상으로 여기지 않았으며, 그보다는 아들로부터 충분한 보살핌을 받지 못하는 것을 마음에 담고 있었다.

이상에서 살펴본 바와 같이 구술자는 재혼하게 됨으로써 전혼 자녀들과의 법적 관계가 단절되었지만, 구술자가 여섯 자녀의 어머니로 살아온 것은 분명하다. 가족관계를 규정하는 법적 테두리를 넘어 구술자는 여섯 자녀들을 키우고 공부시키고 결혼시키는 데 헌신해왔기 때문이다. 대신 구술자는 재혼한 남편의 호적에

---

14) 재혼 관계에서 출생한 아들 중 한 명은 외국에 노동자로 나가있으며, 다른 한 명은 이혼하고 홀로 지내고 있다고 하였다.
15) 특히 막내딸의 경우 구술자에게 아파트 청약을 할 수 있도록 정보를 제공하고, 구술자가 생애 전체에서 가장 만족스러워했던 시기인 경기도 ××신도시에서의 생활이 가능하도록 적극 도와주었다.

올리지 못했던 자녀들, 즉 이씨 성을 가진 자녀들에 대한 일종의 부채 의식을 가지고 있으며, 이는 구술자의 모성 정체성에서 중요한 부분을 차지하고 있었다. 구술자는 이러한 부채감(負債感)을 덜어내기 위해 차남에게 재산의 상당 부분을 물려주려 애써왔던 것으로 보인다. 그렇지만 서로 다른 성(姓)을 가진 아들들 모두의 어머니로 인정받기 위해 노력했음에도 불구하고 어머니로서 충분히 존중 받지 못하고 있다는 상실감으로 인해, 결과적으로 구술자가 자신의 생애를 "고단한 삶"으로 인식하게 되었다고 볼 수 있다.

3) 의도하지 않았던 희생적 삶에 대한 회한

(1) '어머니'로 살게 해 준 생계노동에 대한 양가감정

구술자에게 가족 관계는 갈등과 아쉬움으로 기억되는 반면, 구술자가 정작 "고단한 삶"이라고 표현했던 생계노동의 과정은 그 자체로 고된 것만은 아니었다. 구술자의 노동활동과 관련한 고생담은 가게를 내기 전에 행상을 하면서 보냈던 1년 여의 기간과, 가게를 정리한 후 서울로 올라와 파출부 등의 일을 하면서 보냈던 기간이 해당된다. 그 중간 시기, 즉 장사 수완을 발휘하면서 가게를 운영했던 경험은 구술자가 살아가는 원동력이 되었고, 구술자는 "장사하는 재미에 빠져" 지냈다.

  가게를 운영하던 당시에 구술자는 여섯 명의 자녀를 키우는 데 집중하기보다 장사에 더 매진하던 것으로 보인다. 구술자는 전쟁고아를 거두어 자신의 어린 자녀들을 돌보게 하고 정작 자신은 가게 운영에 정신이 없어 "애들이 알아서 잘 컸다"고 말해주었다. 앞서 언급했듯이 구술자는 스스로 장사 수완이 좋았다고 평하는데, 가게를 운영했던 경험은 고생스러웠지만 뿌듯했던 추억으로 남아있었다. 장사 수완과 관련해서, 구술자는 손님들에게 화장실을 제공하고 물을 권하면서 가게 물건을 사도록 부추겼던 경험에 관해 생생하게 묘사해 주었다.

> **구술자**: 장사하고 살았어. 그러고 그냥 차고 옆에서 차패(차표)도 팔고 그러니까 우물에서 물 떠다가 이렇게 놔 놓고. 내가 지나가는 사람 잡아서, 시골 사람들, "아주머니 어디 가세요?" 그럼, "나 딸네 집에 가.", "들어오세요." 물 잡숫고 사탕 하나 입에 넣어 주고 그러면 갈 때 (물건을) 사 가지고 가고. 올 때 또 들러서 사 가져가고.

화장실이 저 가까우니까 화장실 갔다 가고. 신문도 이렇게 얻어 놔. 잘라서. 이렇게 잘라다 신문도 한 장 주면서 화장실.

연구자: 용변 보라고요?

구술자: 보따리 두고. 그럼 갈 때 사 가져가고 올 때 사 가져가고. 나는 장사 잘 했어요. … 냉수도 떠다 놨다가. 지금, 지금이야 무슨 뭐 냉장고가 있으니, 찬물이 있어? 우물물, 우물 있으니까 우물 두레박질해서 떠다 놓고 지나가는 사람 이런 것도 없지, 뭐 있나. 그릇에다 이렇게 "물 잡숫고 가" 그러고, 갈 때 차 탈 때 집 갈 때, 갈 때까정 왕시탕을 하나 물려주고 그럼 좋아하고. 애들 손님은 "아이고, 우리 되련님 왔네, 오셨네." 그러면 "할머니 안녕하세요, 아주머니 안녕하세요." 그래. 그래서 사 가져 가 애들도. 갈 때도 "잘들 가.", "네." 이러고.

구술자가 운영했던 가게는 오늘날의 동네 슈퍼마켓에 해당된다. 구술자는 가게에서 버스표와 과일, 술, 음료, 과자 등의 생필품을 팔았으며, 뿐만 아니라 불법인 줄 알면서도 휘발유, 양담배, 미제 껌 등을 떼어다가 파는 일을 병행하였다. 이 시기에 가게가 번창하게 되어 구술자는 나름의 재산을 축적할 수 있었던 것으로 보인다. 앞서 언급했듯이 구술자의 경제적 상황은 전후 일반적인 '전쟁미망인'과 비교했을 때 결코 나쁘지 않았다고 할 수 있다. 행상을 해야 했던 당시의 경험은 비록 고된 기억으로 남았지만, 구술자는 짧은 기간 동안 밑천을 마련하여 집을 구매했으며, 이후에도 음성적인 경로를 통해 장사 이윤을 많이 남길 수 있었다.

그런데 구술자가 가게 운영을 통해 마련한 금전적 재산이야말로 가족 갈등에도 불구하고 어머니 역할을 할 수 있도록 해 준 중요한 도구가 된다. 남편의 도움 없이 홀로 자녀들을 공부시키는데 헌신하고, 이후 차남에게 자신을 부양하도록 하기 위해 협상 조건을 내걸 수 있었던 것도 모두 구술자가 경제적으로 자립했었기에 가능했던 것이다. 그럼에도 불구하고 구술자는 자신의 노동 경험을 과소평가하면서 자신의 삶을 "고단한 삶"이라고 인식하는 모순적인 태도를 보여주었다. 이러한 구술자의 인식 근거는 장녀에 대한 태도를 통해 이해할 수 있다.

구술자가 바라는 이상적인 삶을 살고 있는 인물은 바로 구술자의 장녀이다.[16]

---

[16] 구술자가 묘사하는 장녀의 삶을 요약하자면, 어린 시절 아버지를 여의고, 혼자 장사하느라 자식들을 잘 돌보지 못하는 어머니 밑에서도 알아서 공부 잘해서 장학금을 받으며 명문 고등학교에 진학했고,

구술자의 장녀는 "남편을 잘 만나가지고 남편이 대학 과정도 마쳐주고, 돈 한 푼 안 벌어 봤으며, 지금까지 알뜰하게 살아왔다." 이러한 장녀의 생애는 구술자의 "고단한 삶"과 대조를 이룬다. 사랑받는 아내이자 사랑받는 어머니가 되고자 했던 구술자의 바람은 재혼 실패로 좌절되었고, 이 모든 것을 이루어 온 장녀야말로 부러움의 대상이 되고 있었다. 이렇듯 구술자가 가족 내에서 기대했던 가족 내 위치와 실제 구술자가 구성해 온 가족 내 위치 간의 격차로 인해 구술자는 정작 어머니노릇이 가능하게 해 준 노동 경험의 의미를 사소화하게 되는 것이다.

(2) 인정을 향한 애착과 상실감

구술자가 재혼하게 된 주된 동기는 '아내' 지위에 대한 기대에서 비롯되었다. 하지만 생애 전환점으로서의 재혼 경험이 아내이자 어머니로서 '사랑받는 삶'을 향한 구술자의 기대를 충족시키지는 못했다. 구술자는 노년기에 이르러서야 가족을 넘어선 새로운 관계 속에서 성취감을 느낄 수 있었는데, 이는 구술자가 경기도 ××신도시에서 주위 사람들로부터 인정받으며 지냈던 20여 년 동안 얼마나 좋았는지를 반복적으로 상술했던 것으로 유추 가능하다. 구술자는 경기도 ××신도시 아파트의 노인정에서 노인들에게 밥을 해주면서 지냈던 시절에 대해 회상할 때 가장 뿌듯하고 즐거워했다. 좋은 재료로 반찬을 만들기 위해 수고로움을 감수하면서 돈을 아끼고, 그로 인해 노인들로부터 칭찬을 받았던 경험을 매우 자랑스러워했다.

> **구술자**: 그때는 20년을 살아도 내가 세월 가는 거를 모르고 살았어. 밀고 짊어지고 아파트 저기 저 백화점 세일 하는 데 이런 대형 슈퍼 세일 하는데 가서 줄 서서 그냥 반찬이고 수박이고 다 세일할 때 지고 대니면서 걸어 댕기고 그냥 갈 때는 걸어가고 올 때는 버스 타고. 그걸 버스 돈 얼마 안 되는 것도 그렇게 아꼈다고 내가. … ××노인정에서는 내가 배웠으면은 한자리 할 거래. … 이제 저 노인회장 하면서도 잘 허고 한다고 손님들한테 회원들한테도 잘 허고 동네 주민들한테도 잘 허고 그러니까.

이후에 목재회사에서 일하다가 자신을 좋아해 쫓아다닌 남성과 결혼하여 경제적으로 여유 있게 전업주부로 살고 있다고 한다.

구술자가 경기도 ×× 신도시에서의 생활을 행복하게 기억할 수 있는 것은, 그 시기가 되어서야 비로소 생계활동을 하지 않아도 되었던 점이 일정 정도 기여한다. 경기도 ×× 신도시에 살면서 구술자는 안 쓰는 방에 세를 놓아 생활비를 충당했고, 이에 더 이상 허드렛일을 하지 않아도 되었다. 대신 구술자는 자신이 아끼는 주변 사람들을 위해 노력을 쏟았고, 그만큼 인정을 받게 되면서 성취감을 느낄 수 있었던 것으로 보인다.

문제는 구술자에게 가장 큰 행복감을 가져다주었던 그 시절이 다시 어머니노릇으로 인한 갈등을 해결하기 위해 부득이하게 중단되었다는 점이다. 앞서 상술한 바와 같이 구술자가 차남과 합가하기 위해 어쩔 수 없이 고향으로 내려오게 되면서 일상생활에서 느끼는 불만족이 커지게 되었다.

구술자: 거기 살 때는 좋았어, 내가. 여기로 와 가지고 그냥 여기서 자유가 없으니까 … (거기서는) 그냥 내가 세일 하는 거 사다가 큰딸, 작은딸, 아들 다 이렇게 주니까 좋지. 지금은 여기서, 그냥 지금은, 오이지를 절여가지고 맛있게 먹는데 오이지 하나도 못 주잖아. … 난 평생 아파트만 살았다고. 난 ○○동에서도 아파트지, ××서도 아파트지, 여기 이사 와서도 아파트. 아파트를 세 군데서 살은 거야. 다! 계단이 아니고. … 에레베타 누르면 되잖아.

거주 공간의 변화로 인한 물리적 불편함뿐만 아니라, 주변에 아는 사람 하나 없다는 사실은 구술자를 심리적으로 위축시키고 있었다. 구술자는 경기도 ×× 신도시에서 지냈을 당시에는 노인정에서 주도적인 역할을 담당하면서 인정을 받았던 반면, 지금은 인근 아파트의 노인정에서 불청객처럼 여겨지는 경우가 종종 있어 "눈치가 보이게" 되는 것을 서운해 했다.

구술자: 아파트 노인정에 가니까 내 노인정이 아니라 남의 노인정에 가니까 자꾸 돈을 써야 좋아하지 돈 안 쓰면은 내색이 달려요. 노인정에도. 나이 많은 늙은이 누가 좋아해? 그러니까 내가 항상 깨끗하게 입고 나가지. 항상 화장허고 양말도 하얀 양말도 맨날 빨아서, 내가 빨아, 이거 다~ 양말, 빤스 다 내가 빨어. 세탁기에다가 잘 안 넣어. 며느리 신세지기 싫으니까 저기다 다 빨어서 저기 가서 빨래하는 거여.

신체적, 경제적, 심리적으로 독립적인 생활을 하지 못하는 현 상황으로 인해 구술자는 무기력함을 호소하고 있었다. 쇠약해지는 몸 상태는 자연스러운 노화의 과정이 아니라, 좁고 불편한 거주 공간에 따른 것으로 인식되었다. 주체적으로 삶을 주도했던 긍정적 경험을 대체할 대상이 다시 등장하지 않는 한 구술자가 좌절감에서 벗어나기는 쉽지 않아 보였다.

이상에서 살펴본 바와 같이 구술자의 생애는, 어린 시절부터 오늘날에 이르기까지 애착의 대상과 공간을 지향하고 그로부터 분리되어 온 일련의 과정으로 설명된다. 자신의 의지와 상관없이 원가족으로부터 분리되었던 경험, 전쟁으로 인해 어쩔 수 없이 남편과 이별하게 된 경험, 재혼을 통해 회복하려던 아내 지위를 보장받지 못한 경험, 성(姓)이 다른 자녀들의 어머니노릇을 위해 자기주도적 삶을 포기했던 경험 등이 누적적으로 생애 전반에 대한 비관적 태도를 강화하는 데 기여했다고 볼 수 있다.

6. 논의 및 결론

이 글에서는 한국전쟁으로 인해 남편과 이별하고 생계활동에 뛰어든 여성이 재혼을 통해 삶의 전환을 모색하는 데 실패하고, 이로 인해 어머니로서의 삶을 갈등적으로 구성하게 된 생애 경로를 탐색하였다. 전후 시기 홀로된 여성들에게 '아내'보다는 '어머니'로 살 것이 강요되던 시대적 배경 하에서, 구술자의 생애 이야기는 '재혼한 어머니'로서 성(姓)이 다른 자녀들을 모두 포함한 복합적인 가족 관계를 유지하기 위해 노력했던 적극적 모성 실천으로 해석될 수 있다. 구술자의 생애를 재구성한 결과를 바탕으로 논의할 점은 다음과 같다.

첫째, 구술자의 생애 이야기를 통해 드러난 바와 같이, 한국전쟁 이후 홀로된 여성들의 '재혼' 경험은 재혼한 여성에 대한 낙인이 강력하게 작동했던 당시의 사회적 맥락 속에서 해석 가능하다. 한국전쟁 당시 남편과 사별한 대다수의 여성들은 홀로 어린 자녀들을 키우고 시부모를 부양하였으며, 여성들에게 강조되는 정절 이데올로기는 재혼에 대한 비난으로 이어지는 경우가 많았다(윤택림, 2001; 이임하, 2004). 구술자가 첫 번째 면담에서 재혼 경험을 전혀 언급하지 않았던 것 역시, 그 당시 사회적 시선에서 자유로울 수 없었던 기억이 현재까지 이어지고 있음을 보여준다. 때문에 홀로된 여성을 '주인' 없는 여성이라 비하하면서도 이와 동시에 재혼한 여성들의 모성을 의심하는 이중적인 시선 속에서 구술자가 과감하게 재혼을 결심하게 된 것은, 그만큼 '여성'이자 '아내'로서 살고자 했던 욕구가 강했음을 설명해준다. 구술자에게 첫 번째 결혼은 삶의 자연스러운 과정으로 수용되었던 반면, 전쟁으로 인해 남편의 부재를 경험하고 경제적·심리적으로 홀로 설 수밖에 없게 된 상황에서 이루어진 새로운 남성과의 만남은 다시 '정상적인 아내로서의 삶'으로 돌아가기 위한 적극적 행위로 분석된다.

둘째, 구술자가 재혼 이후에 구성한 가족 관계는 부계중심적 가족 제도의 틀로 해석하기 어려우며, 이러한 어긋남으로 인해 '재혼한 어머니'로서의 모성 실천은 불안정하게 재현된다. 우리 사회에서 가족 관계를 규정하는 법적 기반은 부계구성의 논리를 따르며, 당시의 가족법과 가족생활에 내재한 부계계통주의 하에서 재혼한 여성의 모성은 온전히 인정받을 수 없었다. 가족법 내에서 모성이 직면하는 문제는 어머니가 계통을 구성할 수 있는 자원, 특히 성/본과 같은 상징적인 자원을 가지지 못한다는 데 있으며, 이러한 친생자 논리는 어머니가 갖는 중심성을 배제하게 된다(양현아, 1999). 따라서 구술자의 사례에서와 같이 재혼을 통해 전혼 관계에서의 자녀들이 국가가 인정하는 문서상의 지위를 획득하기 어렵게 될 경우, 전혼 자녀에 대한 여성의 모성 실천이 부채감에 기반을 두게 되는 것은 불가피해 보인다. 더구나 부계중심적 가족 구성 원리에 대응하는 개인적 차원에서의 노력은 재혼한 어머니의 불완전성을 보완하는 데 역부족이며, 재산 분배를 둘러싸고 성(姓)이 다른 자녀들 간에 갈등이 확대됨으로써 모성 실천 과정에서 상실감이 강화된다.

셋째, 구술자가 보여주는 자녀에 대한 성별화된 기대는 구술자가 지향하는 '사랑받는 삶'이 지속적으로 좌절된 생애 경로 속에서 이해되어야 할 것이다. 구술자가 추구하는 '사랑받는 삶'의 지향은 '남편'에서 '아들'로 전이되는 모습을 보여준다. 만족스러웠던 전혼 관계가 전쟁으로 인해 해체된 이후 구술자는 재혼한 남편으로부터 기대했던 바를 충족시키지 못했다. 재혼한 남편과의 사이가 악화되면서 구술자가 의지하게 되는 대상은 전남편과의 사이에서 출생한 장남이 되었지만, 장남의 갑작스러운 사망으로 인해 그 방향은 어쩔 수 없이 차남을 향하게 되었다. 또한 구술자는 현재에 이르기까지 딸들로부터 경제적·정서적 지지를 받고 있음에도 불구하고 딸들에 대해 양가감정을 가지고 있다. 즉 딸들이 남편으로부터 사랑받으며 안정적인 생활을 하는 것에 만족스러워하면서도, 동시에 자신의 고단한 삶과 비교하여 상실감을 감추지 않는 것이다. 이러한 태도에 비춰보았을 때, 구술자는 가족 내에서 아내로서의 삶이 좌절된 이후, '딸'의 어머니가 아닌 '아들'의 어머니라는 지위에 강한 애착을 보이고 있음이 드러난다. 하지만 아들로부터 충분히 보살핌을 받지 못하게 된 현재의 상황으로 인해, 결과적으로는 완전한 아내로도, 어머니로도 살지 못했다는 자기연민과 희생의 서사로 생애를 회고하게 되었다고 볼 수 있다.

연구 대상이 된 구술자 개인의 생애 이야기를 통해 당시 여성들이 직면했던 현실적 삶의 무게를 보편적으로 진단하기는 어렵다. 그러나 이 글에서 다룬 구술자의 생애는 한국전쟁 이후 홀로된 여성들의 다양한 삶의 궤적 중에서 '재혼' 선택이 만들어낸 모성 실천의 한 측면을 구체적으로 이해할 수 있게 해준다. 여성 노인의 전후 시기 재혼 경험은 우리 사회의 폐쇄적이고 부계중심적인 가족을 넘어서는 확장된 가족 구성의 일환으로 해석 가능하며, 이와 동시에 이러한 노력이 개인적 차원에서 이루어질 때 직면하는 한계, 즉 여성 노인의 생애에 대한 자기 인식이 부정적으로 구성되는 한계를 선명하게 드러내준다.

■ 참고문헌

가농, 로렌스 H. & 마릴린 콜먼. 2003. 『재혼 가족 관계』, 김종숙 역, 서울: 한국문화사(Ganong, Lawrence H. and Marilyn Coleman, Remarried Family Relationships, Thousand Oaks, CA: SAGE Publications, Inc., 1994).
강유진·한경혜. 2002. "한국여성노인의 생애사 분석을 통한 노년기 삶의 이해-인생전환점·삶의 맥락·적응전략을 중심으로", 『한국가족관계학회지』 7권 3호: 99-126.
강해경. 1999. "옛날 재혼여성은 이렇게 속썩이며 살았다", 『실천민속학 새책 1』: 101-121.
곽삼근·박성희·김은경. 2008. "여성노인의 젠더 불평등 경험과 인식 전환에 대한 연구", 『한국여성학』 제24권 4호: 141-173.
김경일. 2012. 『근대의 가족, 근대의 결혼』, 서울: 푸른역사.
김귀옥. 2004. "분단, 한국전쟁과 여성: 1950년대 한국 여성의 삶", 『한국현대여성사』, 파주: 한울.
_____. 2014. 『구술사 연구: 방법과 실천』, 파주: 도서출판 한울.
김성례. 2002. "여성주의 구술사의 방법론적 성찰", 『한국문화인류학』 35권 2호: 31-64.
김욱영. 2003. "1920-30년대 한국 여성잡지의 모성담론에 관한 연구: "신여성", "신가장", "여성"을 중심으로", 『스피치와 커뮤니케이션』 2권: 175-202.
김은경. 2006. "한국전쟁 후 재건윤리로서의 '전통론'과 여성", 『아시아여성연구』 제45권 2호: 7-48.
_____. 2011. "1950년대 모성 담론과 현실", 『여성학연구』 제21권 제1호: 123-159.
김은정. 2008. "여성 노인의 생애구술을 중심으로 본 노년기 자아정체성의 형성과 지속성에 관한 연구", 『가족과 문화』 제20집 1호: 27-67.
김은진. 1997. "홀로 된 노인의 재혼관 연구", 『한국가정관리학회지』 통권 제33호: 1-11.
김주연. 2008. "사별 노인의 재혼 실태에 관한 연구 - 충남 천안을 중심으로", 『교정복지연구』 제11호: 1-17.
김종욱. 2004. "한국전쟁과 여성의 존재 양상", 『한국근대문학연구』 제5권 제1호: 229-252.
김태현·한혜신. 1996. "사별노인의 재혼에 관한 연구: 서울시 재혼노인의 성공사례를 중심으로", 『한국노년학』 제16권 1호: 18-38.
김현선. 2008. "전쟁미망인의 경제활동과 의식", 『한국사회학회 2008 전기 사회학대회』 자료집: 597-605.
_____. 2011. "전쟁미망인의 빼앗긴 남편과 사랑, 결혼 이야기", 『구술사연구』 제2권 1호: 97-115.
김혜수. 2000. "1950년대 한국 여성의 지위와 현모양처론", 『외대사학』 제12집: 435-451.
박기남. 2004. "생애구술을 통해 본 독거 여성노인의 삶", 『페미니즘 연구』 제4권 제1호: 149-193.
박성희. 2002. "여성학 연구를 위한 생애사 연구법", 『여성연구논총』 17권: 243-264.
박충선·배나래. 2005. "노년기 재혼에 관한 질적 연구", 『한국가족관계학회지』 10권 2호: 115-132.
배나래·박충선. 2002. "홀로 된 노인의 성과 이성교제가 노년기 재혼에 미치는 영향", 『한국가족관계학회지』 7권 2호: 111-132.

배진희. 2004. "노년기 재혼에 영향을 미치는 요인", 『노인복지연구』 25권: 211-232.
서병숙·김은진. 1996. "홀로된 여성노인의 재혼 태도 연구", 『한국노년학』 16권 2호: 53-66.
석희정. 2013. "재혼여성노인의 정체성 상실과 재구성: 서사적 생애사 재구성 작업을 통해 본 정체성의 이중구조 탐색", 『사회복지정책』 40권 4호: 189-217.
안기덕. 2012. "국민기초생활수급 여성독거노인의 생애사 연구: 사회적 배제와 행위주체성을 중심으로", 『한국노년학』 32권 2호: 447-265.
양현아. 1999. "한국가족법에서 어머니는 어디에 있(었)나", 심영희·정진성·윤정로 공편, 『모성의 담론과 현실: 어머니의 성·삶·정체성』, 서울: 나남출판.
오마리아·김하나. 2009. "농촌 여성노인 K의 생애구술에 드러난 젠더 불평등 경험과 극복을 위한 노력", 『미디어, 젠더 & 문화』 제12호: 129-163.
유철인. 1990. "생애사와 신세타령: 자료와 텍스트의 문제", 『한국문화인류학』 22권: 301-308.
윤정란. 2007. "한국전쟁과 장사에 나선 여성들의 삶: 서울에 정착한 타지역 출신들을 중심으로", 한국여성사학회, 『여성과 역사』 제7집: 87-122.
윤택림. 2001. 『한국의 모성』, 양평: 미래인력연구원.
_____. 2012 "여성 구술생애사 연구의 현황과 쟁점', 이재경·윤택림·이나영 외, 『여성주의 역사쓰기: 구술사 연구방법』, 홍천: 아르케.
윤택림·함한희. 2006. 『새로운 역사쓰기를 위한 구술사 연구방법론』, 서울: 아르케.
윤형숙. 1994. "생애사연구의 발달과 방법론적 쟁점들", 『배종무총장 퇴임기념 사학논총』, 목포대학교.
이상록. 2001. "위험한 여성, '전쟁미망인'의 타락을 막아라", 『20세기 여성사건사』, 서울: 여성신문사.
이수정·전영주. 2009. "재혼연구 동향분석: 1996~2007년 발간된 국내 논문을 중심으로", 『한국가족관계학회지』 13권 4호: 173-195.
이연정. 1999. "여성의 시각에서 본 '모성론'", 심영희·정진성·윤정로 공편, 『모성의 담론과 현실: 어머니의 성·삶·정체성』, 서울: 나남출판.
이임하. 2003. "한국전쟁과 여성노동의 확대", 『한국사학보』 제14호: 251-278.
_____. 2004. 『여성, 전쟁을 넘어 일어서다』, 서울: 서해문집.
_____. 2006. "'전쟁미망인'의 전쟁 경험과 생계활동: 군경(軍警) 미망인'을 중심으로", 『경제와 사회』 통권 제71호: 11-39.
이정덕·최영아. 1997. "사별 및 이혼한 노인의 재혼에 관한 연구: 전주시 거주 재혼한 노인의 성공 사례를 중심으로", 『대한가정학회지』 제35권 2호: 255-272.
이효선. 2006. "질적 연구에 의한 한국 노인들의 삶의 이해", 『노인복지연구』 31권 봄호: 73-99.
이희영. 2005. "사회학 방법론으로서의 생애사 재구성", 『한국사회학』 제39집 3호: 120-148.
_____. 2007. "여성주의 연구에서의 구술자료 재구성", 『한국사회학』 제41집 5호: 98-133.
임춘희·박경란. 1997. "노년기 재혼가족생활 스트레스에 대한 경험적 연구 - 재혼노인 및 그 배우자를 중심으로", 『한국가정관리학회지』 15권 4호: 183-200.
장현정. 2010. "여성의 경험을 통해 본 재혼관계의 구성 과정", 『가족과 문화』 제22집 2호: 55-93.
전경옥·변신원·김은정·이명실. 2005. 『한국여성문화사2』, 서울: 숙명여자대학교 출판국.

전미경. 2004. 『근대계몽기 가족론과 국민 생산 프로젝트』, 서울: 소명출판.
최희경. 2005. "빈곤 여성 노인의 생애와 빈곤 형성 분석", 『노인복지연구』 27권: 147-174.
함인희. 2006. "한국전쟁, 가족 그리고 여성의 다중적 근대성", 『사회와 이론』 통권 제9집: 159-189.
함한희. 2010. "구술사 연구의 새로운 패러다임 모색". 『구술사연구』 창간호: 7-27.
허윤. 2009. "한국전쟁과 히스테리의 전유 -전쟁미망인의 섹슈얼리티와 전후 가족질서를 중심으로-", 『여성문학연구』 21권: 93-124.

Daniel, Gwyn, and Paul Thompson(1996), "Stepchildren's Memories of Love and Loss", in Selma Leydesdorff, Luisa Passerini, and Paul Thompson(eds.). *Gender and Memory: International Yearbook of Oral History and Life Stories*, vol. IV. Oxford; New York: Oxford University Press.
Miller, Robert L.(2000), *Researching Life Stories and Family Histories*, London: SAGE.
Personal Narratives Group(ed.)(1989), *Interpreting Women's Lives*, Bloomington: Indiana University Press.
Schwandt, Thomas A.(2007), *The SAGE Dictionary of Qualitative Inquiry*, 3rd ed., Los Angeles, Calif.: Sage Publications.

『동아일보』 DB. http://www.donga.com/news/dongadb/ (2014.10.23. 검색)
『조선일보』 DB. http://srchdb1.chosun.com/pdf/i_archive/ (2014.10.27. 검색)
법제처 국가법령정보센터 DB, http://law.go.kr (2014.12.31. 검색)
통계청 국가통계포털 DB http://kosis.kr (2014.9.19. 검색)

제Ⅱ부 경제개발 주체로서의 여성

제5장 생산성, 투쟁성 그리고 여성성 *
─ 한국 여공의 다층적 이미지

김승경

1. 서론

이 논문은 20세기 후반 한국의 다양한 담론에 내재되어있는 여성 노동자들의 젠더 정체성 이미지와 여성성의 모순을 살펴본다. 여성의 역할 및 여성성에 부착된 문화적 의미들은 지난 30여 년간 산업화를 겪으면서 변화했다. 여성 유급 노동자가 증가하면서 이들은 새로운 공적 역할을 부여받았고, 정치적 투쟁에 참여하기도 했다. 그러나 여성들은 주변화된 저임금 노동에 국한되어 고용되었기 때문에 특수하고 어려운 위치에서 경제 발전을 경험해왔다.

특히 초기에 한국의 수출 주도형 경제 정책은 공장의 젊은 여성들의 값싸고 생산성 높은 노동력에 의존했다. 이 정책을 장려한 정부는 여공들을 "산업전사1)", 즉 전투, 군사 훈련, 전사자와 연관시키는 국가적 의제 안으로 노동자들을 통합시켰다. 이를 통해 취약하고, 연약하며, 여성적이라는 젊은 여성들에 대한 기존 관념을 뒤바꿔 이들을 칭송하였다. 정부는 국가를 위하여 자발적으로 희생하는 충실한 딸이라는 전통적인 이미지를 이용하여 노동자들의 최고 덕목으로 충성과 순종을 강조하였다.

---

* 이 글은 *Asian Journal of Women's Studies* 3(3)(ACSW, 1997)에 수록된 것을 번역, 수정한 것이다.
1) 산업 전사의 상징적인 의미는 한국의 구체적인 문화적·역사적 맥락에서 이해되어야 한다. 김은실이 언급한 것처럼 "산업화 프로젝트는 가난으로 점철된 구 한국과의 전쟁으로 은유되었다"(김은실, 1993: 182).

정부 외에 사회의 다른 세력들 또한 공장에서 일하는 젊은 여성들에게서 상징적인 중요성을 찾았다. 노동자 착취를 문제 삼는 노동 운동가들은 그들의 상황을 악화시키는 원인으로 여성 노동자들의 이미지를 지목했다. 민중 문학2)에서 "한반도의 딸"들은 자본주의 경제 제도와 남한의 억압적인 정치제도에 의해 이중으로 희생된 연약한 존재로 그려졌다. 고통과 희생의 체현으로서 젊은 여성 노동자들은 순교자라는 상징적 아우라를 입었다. 노동 투쟁에 참여한 여성들은 심지어 그들이 남성 못지않게 전투적이었음에도 불구하고 여성의 취약한 이미지가 소환되었다.

여공에게 투사된 모든 이미지가 긍정적인 것은 아니었다. 사실 부정적인 고정관념이며 경멸적인 호칭인 "공순이"는 산업전사 내지 노동 순교자의 이미지보다 훨씬 직접적인 일상에서 사용되었다. 덕목과 지위가 밀접하게 연관된 문화적 환경에서 지위가 낮은 여공들은 수많은 사람들에게 멸시를 받는다. 노동자들은 빈곤뿐만 아니라 음탕하고, 우둔하며, 성적으로 문란하다는 일반적인 고정관념과 싸워야 했다.

한국 공장에서 일하는 보통 여성들은 아마도 공장 노동자라는 자신들의 역할에 별다른 의미를 부여하지 않았을 것이다. 다른 선택권이 거의 없는 상태에서 경제적 필요로 인해 어쩔 수 없이 일하게 된 그녀들은 공장 일을 주부 또는 어머니라는 중요한 역할을 하기 전의 이행 단계로 여긴다. 그녀들은 공장을 떠날 때를 상상하면서 결혼 초에 가정을 꾸릴 때 보탬이 될 혼수를 마련하기 위해 얼마 되지 않는 수입의 일부를 저축한다. 일반적인 여공들은 남편이 생계를 부양하고 자신은 전업주부인, 자신이 "중산층"이라고 생각하는 삶을 기대한다.

기업들 또한 여성을 생산직에 단기 고용함으로써 사회문화적으로 규정된 생애주기별 과업을 자본화한다. 공장은 노동자의 지속적인 순환으로 저임금 비숙련 노동력의 안정적인 공급을 통해 수출품의 가격 경쟁력을 지녔다. 공장 내에서

---

2) 민중(대중)이라는 용어는 1970년대 반정부 집단에서 출현했다. 민중은 한민족의 역사적 고통에 의해 통합된 "비민주적이고 권위주의적인 국가에 반대하는 노동자, 농부, 중산층 일부"를 포함하는 "소외된 계층"을 지칭한다(구해근, 1993: 143). "민중은 고정되거나 한정된 사회정치적 독립체가 아니라 억압의 역사에서 부상한 역동적이고 자유로운 주체성을 체현한다"(최장집, 1993: 17). 1980년대 민중 운동에 대한 확장된 논의에 관해서는 Abelmann(1990) 참조.

노동자들은 젠더화된 위계를 통해 통제되었다. 젊은 여성은 부차적이고 일시적인 일을 한 반면 남성들은 안정적인 관리자, 감독자로 일했다. 여공들은 산업 전사, 노동 순교자처럼 젠더에 관한 문화적 기대와 교차하여 새로운 조합을 만들어내는 중립적 이미지뿐 아니라 충실한 딸, 독립적인 젊은 여성, 섹시한 아가씨, 공순이처럼 다양한 젠더화된 이미지로 인식되었다.

이 논문은 인류학 현장연구, 사료, 여성 노동자들의 자서전을 통해 국가, 기업, 노동조합 조직가, 여성 노동자 등의 다양한 행위자들이 여공의 "여성성" 의미를 조작하고 변화시키는 방식을 분석하고, 이를 남한의 정치경제적 상황 안에서 이들의 위치와 연결시키고자 하였다. 인류학적 현장 연구는 1986년 12월부터 1988년 3월까지 한국 마산에서 수행되었으며 1991년 여름과 1994년 겨울에 후속 방문을 했다. 현장 연구의 초기에 연구자는 일본인 소유 전자 공장에서 신분을 감춘 노동자로 3개월간 일하였다. 공장에서 일한 경험과 한국의 같은 지역 출신 노동자들과 함께 살았던 경험은 연구자가 노동자의 주관적 경험을 이해하는 데 도움이 되었다.3)

2. 산업 전사와 충실한 딸들

한국이 산업화되면서 여성을 위한 공장 일자리는 급속도로 늘어났다. 1960년에 수출 주도형 산업화가 추동되기 전에 여성들은 제조인력에서 소수에 불과해 2차 산업 부문에서 고작 6.4%를 차지했으나 1990년까지 28%로 증가했다(문승숙, 1994: 267). 달리 말하면, 제조 분야에서의 여공의 수는 1960년 불과 16만 명에서 1990년 200만 명 이상이 되었다(경제 계획 위원회, 김명혜 재인용, 1992: 158).4)

여공은 박정희 대통령 시기인 1960년대와 1970년대 전반기 한국 경제 발전을

---

3) 연구자이면서 신분을 숨긴 노동자인 자신과 여성 노동자들의 복잡한 관계에 대해 저자의 논문 "Field, Subject, Author: Fieldwork with a 'Disguised' Worker in a South Korean Export Processing Zone"(김승경, 1995)에서 고찰하였다.
4) 여성들은 초기 식민 지배 시대 이래로 공장에 고용되어 왔으나 국가가 개발되지 않은 상태였기 때문에 1960년대에 이르기까지 전체 여성 노동자는 소수에 불과했다. 식민 지배 시대의 한국 공장의 여성 노동자에 대한 논의는 Eckert(1991: 192ff) 참조.

지탱했던 노동집약적 경공업에서 핵심적인 이들이었다. 박 대통령은 메이지 시대의 일본 근대화 예찬론자였으며 이를 한국 근대화의 모델로 삼았다. 여공들을 저임금 공장 노동자로서 근대화를 위한 국가적 노력에 통합시킨 것은 박정희 정권과 일본 메이지 시대의 수많은 공통분모 중 하나에 불과하다.5) 1970년대 말까지 경공업이 한국 수출의 대부분을 차지했으며 여공들은 전자 55.2%, 직물 72.4%, 고무 신발 52.4% 등 경공업 노동력의 절반 이상을 차지했다(최장집, 1993: 83-84). 여공의 대다수가 학교를 졸업하고 결혼하기 전까지의 젊은 독신 여성들이었다.6) 기업들은 이 여성들을 매우 적은 임금으로 고용해 막대한 이익을 취했고, 세계시장에서 가격 경쟁력을 지닐 수 있었다. 여성들에게 지급되는 임금은 평균적으로 남성 노동자의 절반에도 미치지 못하였다(김금수, 1986: 73; 한국 여성 노동자 연합, 1987: 32).7)

국가가 산업화에 돌입하면서 "공장은 한국 근대화와 산업화의 상징이었으며 미래의 풍요라는 꿈의 압축이었다"(김은실, 1993: 182). 박정희 대통령은 굶는 사람들이 없는 국가를 건설하기 위하여 국민들에게 희생하고 인내하라고 주문했다. "수출입국" 및 "하면 된다"와 같은 국가주의적 슬로건은 새로운 수출 지향 경제에서의 발전과 근대화 정신을 증진시키기 위해서 전국 공장에서 강조되었다 (김은실, 1993: 184).

공장 노동자들은 희생을 요구 받은 동시에 다음 10년 안에 노력에 대한 보상을 약속 받았다. 1970년 2월에 박정희 대통령은 노동자들에게 다음과 같은 연설을 하였다.

> 다사다난했던 60년대를 온 겨레가 힘을 모아 정치·경제·사회·국방의 모든 분야에서 눈부신 성과를 거두고 넘어선 이때, 조국 근대화의 역군으로서, 공업 입국의 기수로서,

---

5) 일본 메이지 시대의 여성 공장 노동자에 대한 논의는 Tsurumi(1990) 참조.
6) 문승숙이 언급한 것처럼 "젊은 독신 여성 노동자들은 지난 30년간 산업 노동력의 다수를 대표했다. 인력 개발 연구 센터 조사에 따르면 1970년대에 541,200명의 여성 노동자 중 77.5%가 독신이었다. 전체 여성 노동자의 평균 나이는 23.5세였으며 여성 인력의 다수를 고용한 제조업에서는 이보다도 낮아 22.5세였다. 1983년에 제조업 분야에서 일하는 여성의 72%가 18세에서 24세였다. 섬유, 의류, 전자처럼 여성화 된 산업의 경우는 여성 노동자의 74%에서 77%가 18세에서 24세였다"(문승숙, 1994: 271)
7) 한국의 남녀 임금 격차는 세계 어디보다도 크다(Amsden, 1989: 204).

경제 건설의 전사로서 맡은 바 소임을 다함으로써, 국가 발전에 크게 기여해 온 귀하의 그간의 노고를 높이 치하하며, 심심한 사의를 표하는 바입니다 …
우리가 이룩해야 할 자주 국방이나 통일 기반의 조성에 있어 가장 기본이 되는 것은 완전 자립 경제의 넘치는 힘인 것이며, 이 자립 경제의 완성을 주도하는 요소는 바로 수출 확대인 것입니다 …
… 수출을 많이 하기 위해서는 다른 나라 상품에 비해서 품질 좋고 값싼 물건을 생산해 내야 하는데, 이것은 노임이 비싸면 절대로 불가능한 일이기 때문입니다. 노임이 비싸서 상품 가격이 올라 수출이 적어지면 어떤 결과가 일어나겠읍니까?
국가가 발전해야 기업도 성장하고 근로자의 생활도 향상된다는 것을 깊이 인식하고 조국 건설의 긍지와 사명감을 가지고 가일층 분발해 줄 것을 기대해 마지 않습니다.
수출 증진으로 지속될 경제의 고도 성장은 반드시 300만 근로자들에게 복된 앞날을 기약해 줄 것으로 나는 확신합니다(박정희, 1970: 77-79, 저자강조).

이러한 희생정신을 증진하기 위해 정부가 발전시킨 상은 "산업 전사"로서의 노동자였다. 여공의 이상적인 상은 1970년 노동청 포스터(그림)에 잘 나타나있다. 여기에는 유니폼과 헬멧 차림으로 웃고 있는 마르고 연약해 보이는 젊은 여성이 등장한다. 포스터에는 "우리 공장으로 와 보세요. 노동의 진가를 알게 될 것입니다" 라고 쓰여 있다. 굴뚝에서 연기가 나는 공장이 뒷배경에 자리잡고 있다. 부지런할 뿐만 아니라 깨끗하고 행복한 포스터의 이미지는 현실 공장의 가혹한 상황과 날카로운 대조를 이룬다. 여성의 헬멧은 군인의 철모처럼 보이지만 물론 이는 경공업에서 일하는 여공들이 실제로 착용하는 것은 아니다. 그러므로 포스터는 현실을 과장하는 방식으로 젠더화된 여성 노동자에게 남성의 역할을 지우고 있다.

경제 발전을 위해 노동자에게 희

생을 강조하는 정부가 선전한 또 다른 테마는 충실한 딸들이라는 이상이다. 이는 부모와 자식 간의 유교적 관계에서 기대되는 자녀의 효심에 기반한다. 유교의 가르침은 조선 왕조(1392-1910)에서 국가 이데올로기로 발전했으며 현재의 한국에서도 계속해서 문화적 영향력을 행사하고 있다[8]. 그러나 효심이 아들들에게 최고의 덕목인 반면에 그것이 딸들에게 적용될 때는 희석된다. 여성은 결혼하면 친정 식구들과의 인연을 끊고 시집에 충실해야 하기 때문이다. 따라서 한국에서 딸의 효심이란 성인 여성이 자신의 삶에서 일시적으로 지니는 덕목이었다.

최근 사회의 변화, 특히 도시화 및 결혼 연령의 상승으로 인하여 여성들이 효심을 보일 기회가 증가했다. 수많은 젊은 여성들이 부모와 형제자매에게 경제적으로 보탬이 되고자 공장 일자리를 찾았다.[9] 정부는 젊은 여공들에게 효심을 표현하라고 장려했으며, 또한 부모와 마찬가지로 고용주에게도 순종적 태도를 지니라고 장려했다.

효심과 의무에 대한 헌신은 정부가 발행하는 잡지인 『노동』에 실린 자전적 에세이의 주된 주제였다. 제5회 여공들의 자전적 수기 공모에서 수상한 원용욱의 작품도 마찬가지였다. "나는 직물공"이라는 수상작은 13년 동안 공장 노동자로 일한 경험에 대해 쓰고 있다. 그녀가 1975년에 글을 썼을 때 그녀는 30세였고 여전히 독신이었으며 직물공으로 일하고 있었다. 그녀는 부모와 네 명의 동생들을 부양하는 주된 생계 부양자였다. 원용욱은 공장 노동자로서의 삶에 대해 다음과 같이 말한다.

> 나는 가족과 네 명의 동생들에 대한 책임이 있고 맏이로서 의무를 수행해야 한다고 다짐했습니다. 나는 일곱 식구를 돕고 있는 자신이 매우 자랑스럽습니다. 그래서 나는 일을 즐기게 되었습니다(원용욱, 1975: 86).

그녀는 모범 노동자로 인정받아 일본에서 연수를 받게 되었다. 그녀는 자신에 대한 인정과

---

[8] 딸의 효심에 대한 이상화된 이미지는 널리 알려진 [심청이]에서 발생했다. [심청이]는 사춘기 소녀가 아버지의 눈을 뜨게 하기 위해서 기꺼이 죽는다는 내용을 담고 있다. [심청이]의 꾸준한 인기는 유교 가치의 유산을 보여준다.

[9] 연구자가 1987년 마산에서 조사한 여성의 거의 50%가 일을 시작하게 된 주원인이 가족 생계를 완전히 혹은 부분적으로 책임지거나 형제자매의 교육비를 지불하는데 도움이 되기 위해서라고 대답했다.

충실한 딸로서 가족을 부양하는 자신의 능력에서 만족을 얻었다. 이러한 역할은 그녀의 나이에는 결혼해야 한다는 여성에 대한 보다 보편적인 기대를 떨쳐내는 것처럼 보인다. 그녀는 "요즘 주위 사람들은 나더러 결혼해야 한다고 말하고 '일하는 거 힘들지도 않아?'라고 묻는다"라고 썼다. 그러나 그녀는 "일이 힘든 것이 결혼하기 위한 좋은 핑계인가요?"라고 되물음으로써 이웃들의 간섭을 일축해버렸다(원용욱, 1975: 89).

정부는 원용욱의 수기를 발표하면서 여공들 중에서 그 환경이 전형적이지 않은 사람을 보여주려고 했다. 그녀의 자기 희생, 가족과 회사에 대한 전적인 헌신이 정부가 장려하고자 하는 특성을 반영하고 있음에도 불구하고 정부가 미래 전망이 매우 제한적이고 심지어 우울하기까지 한 여성을 내세운 것은 아이러니하다. 사실 그녀는 장기간의 헌신에 대한 보상이라는 남성 노동자에게 더 적절한 기준에 따라 선정된 것처럼 보인다. 30세의 여성 직물공으로서 그녀는 관리직으로 승진할 희망도 없고 바람직한 신붓감이라기엔 너무 나이가 많으며 심지어 중학교 중퇴인지라 교육을 잘 받지도 못했다. 이러한 요소들이 고려되었을 때 그녀의 이야기는 감탄보다는 동정을 살 가능성이 높다.

3. 작업장에서의 젠더 위계

여성 노동자에 대한 정부의 이미지가 종종 젠더를 무시하는 것처럼 보이지만, 젠더 정체성은 작업장에서 일하는 여성의 경험에 만연해 있었다. 여성들이 일하는 공장은 작업 규율을 유지하기 위해 젠더 위계를 이용했다. 작업 환경은 구조화되어 있어서 여성들은 남성들이 결코 하지 않는 저숙련 반복 업무를 하는 반면에 관리감독직은 보통 남성들이 맡았다(유일한 예외는 여성이 가장 낮은 지위의 감독직을 맡는 경우였다). 작업장에서의 이러한 여성의 종속은 작업장 밖의 사회에 스며들어 있는 젠더 간의 전통적인 위계에 기반하기 때문에 자연스럽거나 상식으로 여겨져 노동자들이 이에 불복하기 어려웠다(Ong, 1987).

연구자가 연구를 수행했던 마산의 전자 공장에서[10] 모든 생산 노동자는 여성인

---

10) 연구자의 노동자로서의 경험에 대한 더 상세한 논의는 김승경(1990; 1995) 참조.

반면에 관리 감독직은 남성들이 차지했다. 공장은 엄격한 위계에 따라서 구조화되었다. 각 구역엔 과장, 계장 그리고 3명의 반장이 있었는데 모두 남자였다. 반장은 여공들을 직접 감독하였으며 대부분 고졸이어서 자신들이 감독하는 여성들과 학력이 비슷했다. 그러나 여성들과 달리 반장들은 관리직으로 승진할 수 있는 시험을 볼 기회가 주어졌다. 여성을 위한 관리직의 기회는 열리지 않아서 여공들은 시험을 볼 수조차 없었다.11) 과장과 계장들은 여성 노동자들에게 비서 보조 업무를 맡겼고, 3명의 반장들은 보조를 두었다. 이러한 비서 보조와 반장 보조는 생산직 노동자들 중에서 뽑았고 많은 여공들이 되고 싶어 했다.12)

감시에 용이하도록 정교하게 구조화된 배치는 한국 공장의 또 다른 중요한 작업 규율이다(정미숙, 1993: 64; Janelli, 1993: 163; 석종남, 1984: 14 참조). 연구자가 일했던 작업장은 두 부분으로 나뉘어져 있었다. 좀 더 넓은 구역에서는 대략 130명의 직공들이 컨베이어 벨트 앞에서 부품을 조립했다. 연구자가 일했던 구역은 기본 부품을 조립하는 곳으로 120명의 직공들이 세 반으로 나뉘어 작업했다.13) 그 층의 한쪽 귀퉁이에는 과장을 위한 사무실이 있었다. 계장의 책상은 관리자 사무실 앞에 놓여 있어서 작업장을 마주보고 있었다. 계장 자리 앞에 반장 자리가 있었다.

노동자들은 반장의 책상 앞에 정열해 있었다. 반장과 계장은 그들의 책상에서 일의 진척 과정을 쉽게 살펴볼 수 있었지만 반장은 책상에 앉아 있는 경우가 드물었다. 그들은 끊임없이 자신들의 작업장을 돌아다니며 노동자들을 주시했고 너무 많이 떠들거나 속도가 느린 직공을 꾸짖곤 하였다. 여공들의 상대적으로 어린 나이도 그들의 종속적인 지위를 강화하는데 한몫 했다. 남성 상사들은 그들의 나이와 공장에서 일한 근속 연수로 우월한 지위를 차지하고 있었다.

---

11) 남성이 고등학교 학력만으로도 관리자에 오를 수 있는 반면에 여성은 대학 학위 없이는 그 이상 승진할 수 없다. 총괄 관리자의 지위는 보통 대학 학력을 요구한다.
12) 반장의 조력자는 분리된 사무 공간이 아닌 공장 안에서 일하지만 자신들을 여전히 사무직 노동자로 규정하지 생산직 노동자로 보지 않는다. 이러한 직업의 특권이 점차 증가하면서 여성 노동자들은 그 자리에 관심이 많았다.
13) 연구자는 세 명의 여성이 테이프 녹음기의 기어를 제조하는 라인에서 일했다. 연구자가 기어의 구멍에 기름칠을 하고, 다음 여성이 기어에 두 개의 스프링을 부착하면, 세번째 여성이 기계를 사용해 스프링을 누르고 나서 기어를 상자에 담았다. 이 극도의 단순하고 지루한 작업은 전자 조립 작업의 특징인 "생산 과정의 단순화와 파편화"라는 극도의 테일러주의를 명확히 보여준다(Ong, 1987: 161).

과장과 계장은 보통 현재 지위로 승진하기 전에 수년 간 행정 업무를 했고, 대다수의 여공들보다 적어도 10살은 더 나이가 많았다. 심지어 반장들도 여성 생산직 노동자들보다 나이가 많았는데 그들은 고등학교를 졸업하고 3년 간의 의무 병역을 마친 뒤에 일을 시작했기 때문이다. 연구자가 일했던 구역의 과장은 40대 초반이었으며, 계장은 30대 중반, 반장은 30대 초반이었다. 연구자가 일한 구역의 노동자들은 19살에서 26살이었다.

과장들과 반장들은 자신들이 맡은 구역의 생산 직공들을 "우리집 애들"이라고 불렀다. 여성들을 '애들'로 호칭함으로써, 관리자들은 여공들이 아직 미성숙한 소녀라는 의미를 담았다. 심지어 나이차가 많지 않을 때조차도 남성들은 별로 개의치 않고 여공들을 자신들의 딸이나 여동생 마냥 이름을 불렀다. 이러한 호칭들은 애칭이었든지 아니면 화를 내면서 사용한 것인지에 상관없이 항상 여성의 종속적 위치를 강조했다. 특히 나이가 많은 여성들은 이런 식으로 불리는 것을 불편해했다. 그들은 종종 불만을 표시했으며, 성 앞에 "미스"라는 호칭을 붙여 "미스 김" 등으로 불리는 사무직 여성들을 부러워했다.14)

4. "나는 정말 나가고 싶다": 공순이 호칭과 결혼 준비

공순이라는 경멸적인 호칭은 여공들의 삶에 항상 등장한다. 이 단어는 공장과 흔한 여자 이름의 조합이며 남성 호칭인 공돌이에 대응한다. 두 호칭 모두 모욕적이지만 공순이는 아마도 보다 모욕적으로 들렸는데 그것은 젊은 여성의 적절한 행동, 지위와 여공으로서의 삶이 대비되어 강조되기 때문이다. 공장 노동자들은 그들이 길을 걷고 있을 때 고등학교 남학생들이 "공순아"라고 무례하게 부를 때마다 사회가 그들을 경멸한다는 사실을 느끼곤 했다.

장남수는 자전적 기록에서 여공들이 일의 성격으로 인해 자신의 여성성을 거의 박탈당하는 듯한 방식에 대해서 언급한다.

---

14) 모순적이게도 공장 노동자들은 지금까지도 사무직 여성 노동자들에 뒤쳐져 있다. 사무직 여성 노동자은 성 앞에 "미스"라고 붙여 불리길 원치 않고, 남성과 마찬가지로 전체 이름 뒤에 "씨"를 붙여 예를 들면 "김미선 씨"라고 불리길 원한다(Janelli, 1993).

사람들은 말한다. 여자 목소리가 담을 넘어가도 아니 되고 여자는 얌전하고 교양있게 얘기를 해야 하며 행동도 조용해야 한다고 … 그러면 우리는 무언가? 자로 잰다면 우리는 여자로선 제로 아닌가. 큰 소리로 하지 않으면 말이 전달이 안 되고 작업복을 입고 분주하게 기계 사이를 오가며 일해야 하니 자연히 행동이 덤성덤성하다. 이 나라의 산업발전과 경제성장을 위해 밤잠도 못 자고 땀 흘리는 우리에게 돌아오는 댓가가 공순이라는 천시하는 명칭과 세상에서 말하는 여자다움이 박탈되는 거라면 우린 뭔가? 누구를 위해 일하며 무엇을 위해 사는 것인가(장남수, 1984: 42-43).

마산의 노동자들도 유사한 경험을 했다. 신발 공장에서 일하는 한 여성은 선풍기나 에어컨 없이 여름 더위 속에서 일하는 노동자들이 "돼지처럼 땀을 흘린다"고 묘사했으며 "공장 내 사람들이 종종 서로에게 욕을 퍼붓고 화를 참지 못했다"고 말했다.

공장에서 일하는 여성들 대다수는 사무실에서의 비서 역할 등 보다 높은 지위의 일자리를 선호했다. 공장 노동자와 회사원 사이의 지위 차이는 매우 커서 수많은 여성들이 사무직 회사원이라면 임금이 더 적어도 좋다고 말할 정도였다. 한 노동자는 다음처럼 말했다.

> 내가 회사원이면 좋겠다. 누군가에게 그 자리를 마련해달라고 뇌물을 줄 수 있다면 그렇게라도 할 것 같다. 여기서는 초과 근무를 하면 더 많은 돈을 벌 수 있고 회사원은 초과 근무 임금이 없다는 것을 안다. 하지만 돈이 전부는 아니다. 나는 사람들이 우리를 공순이라고 부르는 것이 싫다. 회사원들에겐 그렇게 하지 않는다. 공장 일이 존중을 받지만 여전히 그 지위는 낮다. 나는 공장 노동자처럼 보이지 않으려고 무척 애를 쓴다. 회사원처럼 입고 다니려고 노력하지만 사람들은 내가 공순이라는 걸 어느 정도 아는 것 같다.

수많은 여성들이 공장 노동자들이 받는 취급에 대해서 씁쓸해하면서도 그들 또한 공장 노동자에 대한 부정적인 태도를 내재화하고 있다. 종종 그들은 분노에 차서 "우리에게서 뭘 기대하는 거지요? 결국 우리는 공순이에 불과한데"라고 말한다.15)

---

15) 공장 노동자들이 지닌 거칠고 세련되지 못한 이미지를 불식시키기 위하여 많은 여성들이 소중한 여가 시간에 꽃꽂이, 다도, 혹은 서예와 같은 "문화적인 과목"을 배우는 데 매진한다. 문화적 과목교육과

젊은 여성들이 공장 노동자의 낮은 지위와 고된 작업 환경을 견딜 수 있었던 것은 향후 전업주부라는 다음 단계의 삶을 계획하며 공장 시절을 일시적인 것으로 생각했기 때문이다. 대부분의 노동자들은 독신으로 남을 가능성에 대해 심각하게 생각하지 않았으며 실제로 1990년 인구조사에 따르면 한국 여성들의 95%가 30세까지 결혼하였다(KWDI, 1994: 43). 연구자가 마산의 젊은 노동자들에게 결혼에 대한 질문을 던졌을 때, 그들은 "어떻게 우리가 평생 결혼하지 않을 거라고 생각할 수 있니? 그것은 너무 이상하고 누구나 우리를 불쌍하게 여길 텐데"라고 말했다.16) 26세가 결혼하기에 가장 좋은 연령으로 여겨졌고17) 27살에 이르기까지 결혼하지 않은 여성은 '노처녀'라고 불리며 동정의 대상이었다.

젊은 여성 노동자들은 결혼을 통해 앞으로 살게 될 가족이 구성될 것이기에 결혼에 많은 관심을 쏟았다. 이들은 좋은 신랑을 찾을 수 있고 그들 자신이 보다 좋은 신붓감이 될 수 있는 여러 가지 방법을 따랐다. 결혼을 위한 자본인 혼수를 위해 저축을 했고, 아내·어머니 역할에 대한 상징 자본인 학력과 사회적 지위를 높이기 위해 노력했다.18) 더 예쁘게 보이기 위해서 옷에 신경 쓰고 화장을 했으며 데이트를 통해 더 적합한 남자를 만나려고 했다.

'진취적이고 새로운 여성'이 결혼할 남자를 찾기 위해 좋아하는 남성과 데이트하

지식은 여성을 보다 매력적인 잠재적 아내로 만들어주었다.
16) 한 노동자는 50세가 넘은 도시 산업 선교회의 여성 전도사가 독신인 것이 얼마나 신기했는지에 대해서 자전적 수기에 쓰고 있다. 그녀는 여성이 그 나이가 되도록 결혼하지 못하는 것을 이해하지 못했다(석종남, 1984: 23-24).
17) 한국의 여성과 남성의 초혼 연령이 모두 꾸준히 증가하고 있다. 1960년에 여성의 평균 나이는 21.6세였고 남성의 평균 나이는 25.4세였으며 1990년에는 여성은 25.5세 남성은 28.6세이다(KWDI, 1994: 39).
18) 부르디외(1977)의 경제적·상징적 자본에 대한 논의에 따라서 Janelli는 "항상 보이지 않고 종종 인식되지 않으나 물질적 이익의 생산에 기여하는 자산으로서의 상징적 자본"에 대해서 기술하고 있다 (Janelli, 1993: 134). 김은실은 어떻게 노동계층 여성이 교육을 "상징적 자본"으로 인식하는지에 대해 다음과 같이 논하고 있다.

> "수많은 노동자 계층 여성들이 여성 교육의 상징적 의미에 대해서 잘 알고 있다. 여성의 교육은 좋은 사무실 일자리를 구하는 것뿐만 아니라 결혼 생활을 잘 꾸리는 데에도 중요하다. 여성의 교육은 모성에 대한 여성의 사회적·생물학적 능력의 척도로 이해된다. 교육을 받은 여성들은 자녀를 "현대적이고 지적인" 방식으로 양육할 것이라 기대 받는다(김은실, 1993: 195)."

는 것은 점차 사회에서 받아들여졌다. 그러나 젊은 여성들이 이러한 목적에 적당한 남성을 만나기는 쉽지 않았다. 중학교와 고등학교처럼 일자리는 성별로 분리되어 있었고, 공장 노동자들이 오락을 위해 찾는 나이트클럽 같은 곳에서 젊은 남성을 만나는 것은 체면을 손상시켰다. 그래서 개인 및 단체 미팅이 연애와 결혼을 할 상대방을 찾는데 매우 중요했다. 공장은 종종 이러한 미팅이 마련되도록 도와주었는데 그 이유는 저임금 여성 노동자의 이직에서 간접적인 이익을 얻을 수 있기 때문이었다.

여성은 남편이 벌어오는 수입으로 생활하는 전업 주부의 삶을 기대했기 때문에 남편 선택은 여성의 미래에서 매우 중요했다. 독신 여성은 공장에서 일하는 기혼 여성을 동정하고, 자신이 그들처럼 되는 것을 상상도 하지 못했다. 마산의 한 동료 노동자였던 여성은 다음과 같이 말했다.

> 나는 아줌마들이 정말 안되었더라고요. 그들은 우리처럼 일해야 하지만 집에 가서 또 가족들을 위해 일을 해야 하잖아요. 아줌마들이 진짜 돈이 필요한가봐요. 하지만 저는 미싱 기계 앞으로 다시 돌아올 순 없을 것 같아요.

연애와 결혼은 젊은 여성 노동자들의 대화에서 가장 빈번하게 나타나는 주제다. 혼수[19]와 결혼 비용을 위해 저축하는 것이 여성 공장 노동자들의 주요한 과제이다. 그들은 결혼할 때 상당한 혼수를 준비할 것이라고 스스로 기대할 뿐만 아니라 또한 그러한 기대를 받았다. 여성의 혼수는 그들이 받는 적은 임금에 비하면 상당한 금액이며, 공장에서 받는 2년 치 월급을 넘는 경우가 많았다. 1987년에 노동자들은 나에게 "거지의 결혼비용도 300만원이 넘는다"고 말했다. 1980년대 중반에 결혼한 노동자들은 200만원에서 500만원의 비용이 들었다고 했다.

마산에서 연구자는 모든 독신 노동자들이 혼수 마련을 위해 매달 일정액수를 저축하는 것을 보았다. 이들은 아침과 저녁을 거르고 회사에서 주는 점심만

---

19) 혼수는 주로 신랑과 시집 식구 선물 및 신혼집에 필요한 물품으로 구성된다. 혼수의 상당 부분이 시집 식구 선물에 쓰이고, 음식과 세련된 의상 같은 남의 이목을 끄는 소비재를 포함하는 결혼 비용에도 쓰이지만, 가장 큰 비중을 차지하는 것은 신혼부부의 주거 공간에 필요한 물품 구입이다. 혼수를 위해 저축함으로써 여성들은 자신이 사용할 돈과 미래 가족이 사용하게 될 생활 용품을 마련할 수 있다(Kendall, 근간).

먹는 식으로 생활비를 아꼈다. 연구자의 조사에 응답한 여성들의 46%가 혼수 비용 마련이 저축의 가장 중요한 목적이라고 답했으며, 11%는 두 번째로 중요한 목적이라고 답했다. 결혼 적령기인 26세에 가까워지는 여성일수록 혼수 비용 마련에 대한 스트레스가 많았다. 그러므로 25세까지 독신 상태인 거의 모든 노동자들에게 혼수 비용을 위한 적금이 수입을 사용하는 가장 중요한 용도였다. 연구자의 설문지에 응답한 25세 독신 여성의 95%가 수입의 주요 사용 용도가 혼수 마련을 위한 적금이라고 답했다.

공장 노동자들은 자유 시간에 쓸 여윳돈이 거의 없다. 연구자가 전자공장에서 여덟 시간 일해 받은 일당은 고작 3,500원에 불과했다. 정규 작업 시간은 오전 8시 30분에 시작해서 오후 5시 30분까지 이어진다. 오전과 오후에 10분씩 총 20분의 휴식 시간과 40분의 점심시간은 근로시간에 포함되지 않는다. 주중 근무일은 토요일 포함 6일이어서 일요일만 쉴 수 있다. 주중 근무 시간은 48시간이지만 저녁과 일요일의 초과 근무로 80시간에 이르기도 한다(연구자가 전자 공장에서 가장 오래 일한 주중 근무 시간은 76시간이었다).

여성 노동자가 받는 임금은 매우 낮았지만, 그들은 적은 수입으로도 어느 정도의 자유를 누릴 수 있었다. 여가 활동은 젊은 독신 여성들의 삶에서 작은 부분을 차지하지만 사회가 그녀들을 음탕하고 고삐가 풀렸다고 보는 데 상당히 영향을 미쳤다. 그녀들은 자유 시간에 종종 고고장, 밤새 여는 다방, 극장, 게임장에 갔다(정현백, 1991: 417ff 참조). 마산에는 젊은 공장 노동자들의 취향에 맞춘 나이트클럽이 많았다. 이러한 클럽에 정기적으로 갈 수 있는 시간이나 돈이 있는 이들은 드물었지만 수많은 노동자들이 종종 방문하곤 했다. 대부분의 여성들에게 나이트클럽은 그들이 1년에 몇 차례 부담할 수 있는 호사였으며 종종 그들은 친구들과 작은 무리를 이루어 클럽을 찾곤 했다. 그들은 함께 간 친구들끼리 혹은 클럽에서 만난 남성들과 어울려 춤을 추었다. 젊은 여성들은 남성들과 흔쾌히 춤을 추면서도 나이트클럽에서 만난 남성들과 사귀기보다는 보다 갖춰진 자리에서 만난 남성들과 데이트를 선호했다. 그러나 연애하는 커플은 데이트 장소로 클럽을 오는 경우가 드물었다.

연구자는 전자 공장에서 일하는 동안에 공장 친구들인 화숙, 독연, 순이와 함께 나이트클럽에 가본 적이 있다. 보너스를 받고 여러 차례 이야기를 나눈 끝에 토요일 밤에 가자고 최종 결정을 내렸다. 저녁 8시 무렵 다방에서 만나서 1시간가량 수다를 떨었다. 그리고 나서 우리는 노동자들에게 인기가 많다고 알려진 나이트클럽으로 향했다. 우리는 10시 조금 전에 도착했고 클럽은 막 붐비기 시작했다. 우리가 도착했을 때 웨이터가 우리를 테이블로 안내했고 우리에게 묻지도 않고 맥주 4병과 과일과 마른안주를 가져다주었다. 우리 중 누구도 나이트클럽에 익숙하지 않아서 우리는 약간 당황했다. 잠시 후에 우리는 춤추는 곳으로 갔다. 시끄러운 음악이 울려 퍼지는 현란한 조명 아래에서 우리는 원을 이루어 같이 춤을 추었다. 음악이 느린 댄스 뮤직으로 바뀌자 두 젊은이들이 와서 화숙과 독연에게 춤을 같이 추자고 했다. 순이와 나는 테이블로 돌아왔고 남은 두 친구는 계속해서 춤을 추었다. 빠른 음악 속에서 여자들끼리 춤을 추는 것은 괜찮았지만 느린 음악에서 같이 춤추는 것은 영 어색했다. 우리가 11시쯤 떠나려고 할 때 그 두 남자들이 다시 우리에게 와서 두 친구에게 자신들과 같이 있자고 했으나 내 친구들은 싫다고 거절하고 나왔다. 밖에 나오자 친구들은 나이트클럽에서 만난 젊은 남성들과 어울리는 행위의 위험성에 대해 토론하였다. 화숙이 다음처럼 말했다.

> 우리가 알지도 못하는 남자들과 어떻게 나이트클럽에 있을 수 있겠어? 우리는 나이트클럽에서 만난 남자랑 데이트 안 해. 걔네들도 우리랑 춤추고 싶어했지만 나이트클럽에서 만난 여자랑 데이트하려고 하지 않을 거야. 걔네랑 더 어울리지 않는 게 최선이지.

이 에피소드는 여성 노동자들이 약간의 자유시간과 돈이 있을 때조차도 품위를 유지하기 위해서 그들의 사회적 활동을 어떻게 제한하는지를 보여준다. 젊은 여성 노동자들은 외출을 통해 자신의 새로운 독립을 만끽하고자 하는 욕망과 결혼 준비라는 장기적인 문제 사이에서 갈등했다.[20]

---

[20] 여성 노동자들이 누릴 수 있는 약간의 독립과 자유는 중산층 여성들에게 팽배한 노동자 계층에 대한 질시 어린 이미지의 기반이었다. 중산층 여성들은 여성 노동자들이 자신들 보다 더 성적 자유를 누린다고 보았다. 젊은 독신 여성들은 자신의 매력과 섹슈얼리티를 통해 남성을 이용할 수 있는 위치에 있다. 그러나 이러한 행위가 알려지면 명예는 물론 장기적인 전망을 위협받는다. 다양한 사례에 대한 논의에 대해서는 김승경(1990; 1997)을 참조.

5. 희생양, 순교자, 영웅으로서의 여전사

아내이자 어머니라는 여성의 역할에 대한 문화적 강조는 노동자로서의 경험을 탈중심화하는 데 기여한다. 그래서 종종 여성과 남성 모두 여성 노동자를 실제 노동자로 간주하지 않는다.[21] 따라서 심지어 1960년대 중반부터 1992년에 이르기까지 여성들이 제조업 인력의 1/3인 32.4%를 차지했을 때도(KWDI, 1994: 129) 그들은 한국노동조합총연맹(한국노총)과 같은 정부의 공식 노동 기구에서 큰 역할을 차지하지 못했다. 여성들은 또한 반정부 집단에서도 종속적 역할에 머물렀다. 이는 (의도적인 것은 아니었겠지만) 정치적 활동은 남성의 특권화된 영역이라는 오래된 관념이 영향을 준 것으로 보인다.[22] 그러나 노동조합은 여성과 노동 운동가들이 기독교도이든 맑시스트이든 혹은 둘 다이든 공식적으로 배제하지 않았다. 또한 조합의 보다 큰 아젠다의 일부로서 더 많은 성평등을 주창했다.

젠더에 대한 문화적 태도가 여성을 정치적 활동에서 멀리 떨어지게 했음에도 불구하고 여성들이 정치적 활동을 취했을 때는 국가적인 중요성을 획득했다. 그 이유는 젠더에 대한 문화적으로 정의된 태도로 인해 젊은 여성들의 고통이 더욱 심하다고 인식되었기 때문이다. 공장에서 여성들이 경험하는 끔찍한 작업 환경, 특히 수출을 위한 압력은 노동자 당사자들의 불만뿐만 아니라 도시 산업 선교회, 가톨릭 노동 청년회 같은 급진적인 교회 단체의 인도주의적 관심을 촉발시켰다. 이러한 기구들이 수백 곳의 중소 규모 공장에 흩어진 여성 노동자들의 소규모 단체 행동을 연결시키고 그들에게 의미를 부여하였다.

특히 박정희 대통령 시기에 남성 노동자들이 공식적인 정부 노조를 구성하고 이들 여성 노조를 흡수했을 때, 여성 노동자들은 급진적인 교회 단체 주위에서의 비공식 노동 운동 내에서 중요한 역할을 했다(동일방직복직투쟁위원회, 1985: 22-5). 억압과 포섭으로 남성 노동자들의 노조활동이 거의 전멸된 반면에 여성 노동자들의 고립되고 흩어진 단체 활동은 이 시기의 노동 운동에 역사적 지속성을

---

21) 미국 사회학자인 Robert Spencer는 중공업 남성 노동자들을 연구하려고 했지만 정부가 보다 덜 중요하다고 여겨지는 여성 노동자를 연구하게 했다고 기술하였다(Spencer, 1988: 7-8).
22) 조화순은 높은 수준에서의 UIM에 관여하는 유일한 여성으로서의 자신의 지위를 기술하며 자신이 몸 담았던 조직 내의 "수많은 성차별 경험"을 회상한다(조화순, 1988: 138).

부여했으며 여성 노조는 1970년대 노동 운동을 이끌었다는 평가를 받는다(최장집, 1993: 37; 구해근, 1993: 140, 156; 이효재, 1989: 264-271; 신인령, 1985: 49-60).

1970년대 가장 중대한 노동 갈등 중 하나는 동일방직에서 발생했다.23) 시위에 참여한 노동자들에 대한 형편없는 처우가 광범위하게 퍼진 분노를 촉발시키면서 노조 투쟁에서의 두 사건이 유명해졌다. 첫 번째 사건은 1976년에 동일이 노조 집행부를 사측이 뽑은 이들로 대체하려고 했을 때 일어난 "탈의 시위"이다. 노조 지지자들은 시위 진압 경찰이 들이닥칠 때까지 수일간 공장을 점거했다. 조화순 목사는 그 당시 상황을 다음처럼 서술하고 있다.

> 그들은 노동자들을 둘러싸더니 강압적으로 체포하기 시작했다. 그러자 놀라운 일이 벌어졌다. 여성 노동자들이 체포에 항의하기 위해서 작업복을 벗기 시작한 것이었다. 40도가 넘는 한여름 더위에서 대부분의 노동자들은 작업복 밑에 브래지어만 입고 있었다. 그래서 그들이 상의를 벗자 반쯤 벗은 상태가 되었다. 그런 상태에서 노동자들은 최대한 크게 노래를 불렀고 어떤 최악의 경찰이라도 벌거벗은 여성의 몸에 손을 대진 못할 거라고 생각했다. 그러나 경찰들은 잔인하게 그들을 체포했고 몽둥이로 때렸다. 힘 없는 여성들은 도망치고 넘어지고 소리를 지르며 피를 흘렸다. 어떤 여성들은 최후의 절박한 심정에서 노조를 지키기 위해 심지어 아래 속옷도 벗었지만 경찰은 그녀들도 체포해서 버스에 태웠다. 몇몇 여성은 구타당하고 머리채를 잡힌 채 버스로 끌려갔다. 어떤 여성들은 노동자들을 데려가는 것을 막기 위해 버스 앞에 눕기까지 했다. 그것은 괴로운 광경이었다(조화순, 1988: 65).24)

조 목사는 "72명이 체포되었고 50명이 실신했으며 70명이 넘는 이들이 다치고 14명은 입원해야 했다"고 썼다(위의 글).

노조는 그 독립성을 겨우 유지했지만 여성 노조 지도자들은 1978년 노조 집행부 선거 중에 모욕을 당했다. 공격적인 지도자들이 이 선거에서 이길 것이라고

---

23) 동일방직의 인천 공장은 주로 여성 노동력을 고용했다. 노조는 1946년까지 거슬러 올라가지만 1972년에 노동자들이 UIM의 영향을 받아 노조의 통제권을 갖고 자신들의 대표와 간부를 뽑기로 결정할 때까지 노조는 "노동자가 아닌 정부를 위해 기능"했다(조화순, 1988: 55). 동일 방직에서 UIM의 도움으로 설립된 민주적 노조는 한국 최초로 여성이 대표인 노조였기 때문에 역사성을 지니고 있다(위의글: 61). 노동자들은 대부분이 남성이었던 후보들을 제치고 평범한 노동자를 노조의 책임자로 뽑아 작업장을 지배했던 젠더 위계를 흔들었다.

24) 석정남은 그녀의 자전적 수기에서 사건을 생생하게 기술하고 있으며(석정남, 1984: 47-50), 다른 노동자들은 노조의 역사에서 기록을 제공하고 있다(동일방직복직투쟁위원회, 1985: 54-61).

기대했으나 남성 노동자들이 투표함을 내던져 방해하고 인분을 노조 사무실에 뿌리고 투쟁하는 여성들의 얼굴과 옷에 인분을 묻혔다(조화순, 1988: 69; Ogle, 1990: 86; 석정남, 1984: 92-98; 동일방직복직투쟁위원회, 1985: 88-104). 노조는 다음날 선거를 다시 치르려고 했으나 회사는 진압 경찰을 불렀다. 이 사건으로 회사는 노조 집행부 전원을 포함해 124명의 노동자를 해고했다.

노조 지도자와 다른 해고 노동자들은 요주의 명단에 올라 다른 공장에서도 일자리를 얻지 못하게 되었다. 이들은 전업 정치 활동가가 되어 수년 동안 동일방직과 정부와의 대립에 관해 글을 쓰고 복직을 요구했다. 그들은 자신들의 투쟁에 대한 관심을 불러일으키기 위해서 노동절 행사를 방해하고, 교회 예배 중에 현수막을 펼치는 등 극적인 방법을 사용했다. 조화순 목사는 사건 이후 약 6개월이 흘렀을 때 서울에서 열린 기도회에서 공연된 "똥 사건"에 관한 연극을 다음과 같이 묘사했다.

> 배우들과 관객들은 모두 분노와 눈물의 바다 속에서 허우적거렸다. 연극이 끝났을 때 노동자들은 "노동 3권을 보장하라! 유신 헌법을 폐지하라! 박정희는 물러나라!"고 외치며 자연스레 함께 밤을 샜다(조화순, 1988: 73).

정부가 동일방직 사건에 대한 보도를 차단하는데 성공했으나 이 사건들은 정부 반대 세력에게 잘 알려졌고 노동자에 대한 박정희 정권의 태도를 상징하는 것이 되었다. 투쟁 이야기가 반복되면서 노동 활동가들의 정당한 분노가 커졌다. 노동 조합을 결성할 노동자의 권리와 정권의 정통성이라는 보다 큰 문제로 인해 특정 작업장의 고충이 가려졌다. 노동자들이 해고되고 나서 수년 간, 반대 운동의 규모와 강도가 증가하면서 동일방직 투쟁의 정치적 중요성은 커졌고, 1985년에 출판된 해고 노동자들의 투쟁기는 민중 문학의 중요한 텍스트가 되었다.25)

동일방직 투쟁의 상징적 중요성은 잔인한 권위주의 정권이 노동 '평화'를 부여한 시기에 일어났다는 사실뿐만 아니라 갈등 과정에서 부분적인 젠더 상징이 재연되

---

25) 동일방직노조사의 서문은 김수환 추기경이 썼다.

었다는 점이다. 남성 관리자, 용역 깡패, 진압 경찰은 명백히 어리고 연약한 여성 노동자와 노조 집행부에게 성적으로 잔인한 방식을 사용했다. 탈의 사건에서 노동자들은 그들의 옷을 벗어버림으로써 자신들에 대한 체포를 상징적인 강간으로 만들어버렸다. 이를 통해 일반적인 정치적 억압이었던 행위를 상징적으로 공명하는 무언가로 변화시켰다. 노조원들과 정권 반대자들은 젊은 여성 노동자들에 대한 잘못된 처우에 정당한 분노를 느꼈다. 공장 노동자들의 삶은 충분히 힘들었지만, 경찰과 사측의 용역 깡패가 젊은 여성들에게 폭력을 가하자 고통을 더 이상 참을 수 없다는 정서가 만들어졌다.

그러나 잔인한 고통을 겪는 노동자들은 단지 희생양에 그치지 않았다. 그들이 자신들보다 훨씬 강한 세력에 대항해 용감하게 정치적 행동을 시작했기 때문이다. 그들의 용감한 태도는, 비록 헛될지라도, 그들의 투쟁에 순교자의 아우라를 부여했다. 그들을 억누르려는 정부의 계속된 노력은 이러한 상태를 강화시킬 뿐이었다. 노동자 권리에 반대하는 자들은 여성들의 주장에 감정적으로 반응했다. 그러나 그들의 잔인성에 의해 그들은 상징적 강간자로 간주되었고 순교자라는 여성의 상징적 지위를 강화했다. 따라서 동일방직 노조를 이끌었던 여성들을 탄압하고 모욕하기 위해 사용되었던 무력은 예상을 뒤엎고 보다 헌신적이고 강력한 반대를 만들어냈다.

유신 시대 여성 노동자들의 또 다른 핵심적인 노동 투쟁은 즉각적인 정치적 영향을 미쳤다. 서울 YH사의 노동자들은 공장에서 쫓겨나자 신민당 당사로 옮아가서 시위를 계속했다. 정부는 진압 경찰을 보내 노동자의 당사 점거를 끝내려고 했고 체포 과정에서 18세의 노동자이자 노조 집행부인 김경숙이 투신 내지 떠밀려 사망했다(Eckert et al., 1990: 371). 야당이 개입하고, 파업 중인 노동자가 경찰 진압 과정에서 사망하면서 "YH 사건"은 전국 뉴스에서 즉각적으로 다루어졌다. 이 사건은 박정희 정권에 대한 반대 시위의 시발점이 되었으며 박 대통령 암살에 직접적으로 연관된 일련의 사건을 촉발시켰다.

김경숙의 죽음은 정부에 대한 깊은 분노를 야기했고 또 다른 순교자를 낳았다. 1984년에 출판된 "YH노조의 역사" 서문에서(전 YH 노조, 1984) 저명한 민중 시인 고은은 그녀의 죽음을 "'국가의 꽃'에 대한 살해"로 규정하였다. 그 책에는 그녀의 죽음에 대한 감정적으로 사무친 시들도 실려 있었다. 유명한 민중시인 양성우는 "그대 못다 부른 슬픈 노래"를 썼다.

> 아아, 열아홉 순정이 짓밟히는구나
> 엉겅퀴 쑥대밭에 불길로 타고
> 두 손에 큰 돌멩이 나눠들고 소리치며
> 아아, 열아홉 순정이 짓밟히는구나
> 평생을 살아봐도 오히려 낯선
> 짐승 우는 야만의 푸른 언덕 위에
> 누가 남아 피흘리며 날선 칼을 꽂을까?
> 모두가 어둠 속에 묻힐지라도
> 밤은 끝내 밤으로만 남는 것은 아니나니,
> 그대 못다 부른 슬픈 노래를
> 땅을 치며 부르리라, 예쁜 아가씨
> 눈 먼 풀잎 모조리 태우는
> 끝모를 모래 벌판 여름 불볕 아래
> 아아, 열아홉 순정이 짓밟히는구나

양성우 시인의 시상은 김경숙의 젊음과 여성성을 강조하는 반면에 노동자이자 투쟁가라는 그녀의 신분은 사실상 무시한다. 그는 그녀를 순수한 희생자로 만들어 버림으로써 그녀를 동정의 대상으로 창조했지만 그녀가 싸우고자 했던 원인에 대한 그녀의 적극적인 활약은 가렸다.

1980년대에 남성을 고용하는 중공업이 한국 경제에서 더욱 중요해지면서 여성 노조의 정치적 영향력은 감소했다. 1970년대 여성의 노동운동이 부각되었던 주된 이유는 유신 체제에 대항하는 다른 모든 정치적 활동들이 매우 효과적으로 탄압되었기 때문이었다. 1970년대는 노동 투쟁의 순교자를 낳고, 여성들의 노동운동은 철저한 탄압의 시기에 연속성을 제공했으나, 이 시기에 이루어낸 노동자들 승리는 대부분 지속적이지 못했다.

그러나 유신 정권이 무너지고 나서도 여성 노조의 투쟁은 끝나지 않았다. 마산 TC 전자에서의 노동 투쟁은 1980년대 말까지 여성 노조의 투쟁이 지속되었음을 보여준다. 1989년에 노조와의 장기화된 갈등 끝에26) 회사는 마산 공장을 폐업한다고 선언했고 모든 직원을 해고했다. 노조 지도부는 공장 폐쇄를 거부했고 공장 건물을 점거했다. 회사가 그들을 무시하자 노동자들은 절박해졌다. 그들은 시너와 화학 약품을 구비하고 "결사대"를 결성하여 TC 연구소를 점거하기 위해 서울로 향했다. 연구소에서 그들은 TC 전자 사장을 인질로 삼았다. 사장은 6일만에 탈출했다. 노동자들은 계속해서 공장을 재개하라고 요구했고 모회사인 미국의 Tandy사와 직접 교섭하고자 했다. 노동자들의 대담한 전략에도 회사는 협상을 재개하지 않았고 오히려 회사는 마산 공장을 폐쇄하기로 한 결정을 강화했다.

Tandy와 노조의 대치 마지막 단계에서 분노에 찬 반미주의가 주요 주제로 부상했다.27) 마산에서 쟁의에 참여한 이들은 성조기를 밟고 지나가면서 반미 구호를 외쳤다. "떠나고 싶으면 양키, 너희나 가라! 그러나 먼저 17년 동안 우리의 피땀을 착취해 얻은 이익을 모두 갚아라." 서울 연구소 점거 3일째에 노동자들은 다음과 같은 현수막을 창문에 내걸었다.

> 우리는 다시 일하는 것을 원할 뿐이다. 미국인 소유의 회사가 떠나고 싶으면 그건 상관 없다. 사실 그들은 떠나야 한다. 외국인이 소유한 다국적 기업은 그들이 충분히 이익을 얻지 못하면 언제든지 한국을 떠날 것이다. 그들은 사회적 책임에 대해 무관심하다. 우리는 한국인이 소유한 회사에서 일하고 싶다(TC노동조합 후속 여성전사모임, 1991: 96-97).28)

---

26) 한국TC전자는 미국에 기반을 둔 Tandy 사가 100% 소유했으며 마산 수출 자유 지역에서 가장 큰 기업들 중 하나였다. 1987년에는 그 고용 규모가 1800명에 이르렀다. 1987년 중반까지 마산 수출 자유 지역에 영향을 미치던 규정은 노조 결성을 엄격히 제한했다. 그러나 TC는 1987년 전국 노동 봉기 기간에 노조를 결성한 여러 기업들 중 하나였다. 회사와 노조는 결코 사이가 좋지 못했으며, 노조의 존재 권리는 회사가 공장을 폐쇄할 때까지 문제가 되었다(TC노동조합 후속 여성전사모임, 1991).
27) Tandy와 한국 노동자들과의 갈등은 한국에 상당한 규모의 미군을 주둔시키는 것, 국민의 지지를 받지 못하는 군사 정권과 미국과의 연맹, 그리고 마산에 외국인 소유 회사가 존재하는 것을 반대하는 급진적인 학생들의 반미주의와 연결되어 있었다.
28) 반미 수사 또한 투쟁 말미에 노조가 낸 책 전반에 등장한다(TC노동조합후속 여성전사모임, 1991). TC 전자의 노동자들은 외국인 지배를 물리치는 더 큰 목표와 그들의 공장을 열고 싶은 소망 사이의 딜레마에 빠져 있었다. 회사 철회 결정이 확정되고 나서야 민중-TC 노조 연맹은 완전히 꽃피울 수 있었다. 머뭇거리는 회사를 설득해 머물도록 하는 것보다 떠나는 회사를 비난하는 것이 명시적인 반미주의에 보다 적합했다. 다음 시는 민중-TC 노조 연맹의 국가주의적 경향을 보여준다.

9일 뒤에 진압 경찰이 연구소에 강제 침입해 여성들을 체포했다. 그러는 중에 마산 공장을 점거하던 여성들이 떨어져 나가기 시작했다. 그럼에도 불구하고 50명의 여성들이 공장에 남아 경찰이 진압할 때까지 8개월을 버텼다. 노조 위원장인 김종임과 21명의 노동자들이 체포되어 실형을 살았다. 몇몇 노조원들은 1990년 1월에 버려진 공장을 재점거하려고 최후의 시도를 하였으나 경찰에 의해 바로 저지되었다.

김정임은 Tandy와의 투쟁을 거치면서 유명해졌다.29) 그녀는 국내외 매체와 인터뷰를 했고 그녀의 체포는 국내 신문에 보도되었다.30) 그녀는 1년 반을 복역했고 감옥에서 TC 노조의 역사에 대한 서문을 썼다. 1991년에 석방 된 지 얼마

> 분쇄: 한국 TC 전자 노동자들의 감춰진 폐쇄에 대한 투쟁에 붙여
> 유동열
>
> 이 얼마나 끈질긴 싸움이냐
> 진달래가 지고 녹음이 지고 단풍이 들도록
> 사랑도 행복도 빼앗아간 성조기가
> 노동자들의 작업화에 짓이겨져 너널대기까지
> 위장폐업가와 단결투쟁가를 외쳐 부르며
> 세계의 재벌 다국적기업 미국 탠티그룹의
> 노조탄압에 맞선 지 200일째!
>
> 한반도의 딸들은
> 깨어나 일어섰고 뭉쳤다
> 아! 일, 일을 달라
> 노조를 사랑한다
> 엄니랑 친구랑 동생이랑
> 동지를 사랑한다고
> 꽃피는 유월에 우리도 일하고 싶다고
> 메아리되어 불나비되어
> 동강난 산하의 숱한 밤을 부둥켜 안고
> 그 얼마나 울부짖었는가!(TC전자노동조합 후속여성전사모임, 1991: 189)

29) 연구자는 첫 번째 현장 연구를 마치고 나서 김정임을 알게 되었다. 그 때 김정임은 자신의 대의를 알리기 위해 뉴욕으로 연락해왔다. 연구자는 미국에 기반을 두고 있는 여러 노조로부터 Tandy 사례에 대한 관심을 얻으려고 노력했으나 모든 노조들이 노동자들에 대한 Tandy의 처우가 상대적으로 경미하다고 평가했다.
30) 김정임은 불법 집회를 조직하고 회사의 합법적 활동을 방해했다는 죄목으로 기소되었다.

되지 않아 연구자와의 인터뷰에서 그녀는 친구들과 동료들이 어떻게 그녀를 맞이했는지에 대해서 묘사하였다.

> 나는 강원도 원주 교도소에서 석방되던 날 투사가 된 것 같습니다. 50명의 노동자들이 마산에서 올라와 내가 나오길 기다렸고 어머니도 모시고 와주었습니다. 바깥에서 들려오는 노래와 구호 소리 때문에 당국은 나를 빨리 내보내기로 했지요. 어머니는 우시면서 이렇게 많은 사람들이 너를 위해 와준 걸 보니 네가 옳은 일을 한 것이 틀림없나 보다고 말씀하셨습니다. 고향에서도 따뜻한 환영을 받았어요. 심지어 감옥에 가는 걸 수치로 여기는 고향 지인들도 제가 용감한 일을 했고, 저에게 자랑스럽다고 말씀해주셨죠. 모두가 나를 일종의 영웅으로 봐주었고 그 때문에 나는 커다란 책임감을 느끼게 되었습니다. 계속해서 노동 운동에 참여해야 할 것 같았고 저에 대한 기대 때문에 다른 노동자들을 인도해야 할 것처럼 느꼈지요.

몇 달 후에 그녀는 마산에 돌아가서 결혼하고 마산·창원 여성 노동자회 결성을 도왔다. 그녀는 첫 아이를 낳기 전까지 5개월 동안 노동자회에서 일했다. 수많은 급진적인 노동자들이 그녀를 영웅시했지만 몇몇은 그녀가 개인적 사유로 조직을 떠난 것에 실망했다. 1994년에 연구자가 그녀에게 이러한 반응에 대해 말했을 때, 그녀는 가정을 꾸릴 자신의 권리를 주장했으며 첫 아이를 가졌을 때 자신이 28세였음을 지적했다.

> 내가 석방되었을 때 수많은 사람들이 나에게 많은 것을 기대했다는 사실을 압니다. 특히 노동자회 회장은 내가 5개월 만에 떠나자 실망했지요. 그러나 그 때 임신 8개월이었습니다. 내가 너무 빨리 임신한 것이 무책임하고, 더 오래 노동자회에서 일해야 했다고 생각하는 이들도 있었습니다. 나는 노동자회에 자원봉사자로 돌아갈까 생각했지만 제 딸이 너무 어려서 맡길 데가 없었습니다. 딸이 좀 크자 전 또 아이를 가졌죠. 이제 저는 제 딸들 때문에 집에 있어야 합니다. 제가 바깥일을 할 수 있으려면 적어도 2년 내지 3년이 더 걸릴 거예요. 그래도 저는 계속해서 TC 동료들을 만나긴 할 겁니다. 솔직히 제가 다시 일하고 싶은지는 확신할 수 없습니다.

김정임은 여전히 TC 노조에서의 자신의 역할에 대해 자랑스러워하지만 다수의 사람들은 그 투쟁이 실패였다고 본다. 같은 기간에 있었던 다수의 노동 쟁의에서 노동자들은 잘못된 관행을 수정하기도 했고 심지어 고용주에게서 경제적인 보상도 받아냈다. 그러나 TC 노조는 떠나가는 회사에서 어떤 것도 얻지 못했다. 어떤 활동가들은 노조가 충분히 열심히 활동하지 않았기 때문에 실패했다고 비판했고, 노조에 연관이 있었던 몇몇 사람들은 누구도 죽지 않은 것에 대해 유감을 표시했다.

  김정임은 열심히 일했고 감옥살이를 했지만 순교자가 아니다. 그녀는 계속 자신의 삶을 살고 삶의 다음 단계로 이동하고 있다. 이는 영광스럽거나 상징적인 울림이 아닌 여성 노동자들의 일반적인 삶의 모습이다. 그녀는 꽤 괜찮은 결혼을 했고 남편은 작은 제조회사의 노조 간부지만 그녀는 여전히 가난하다. 연구자가 그녀를 마지막으로 만났을 때, 그녀는 마산의 한 가정집의 작은 셋방에서 남편과 어린 두 딸과 살고 있었다. 그녀의 삶의 현실은 노조 영웅이라기보다는 하루하루 분투하는 가정주부의 그것이었다.

6. 결론

한국이 경제발전에 매진하는 동안 여성 노동자들은 경제적·정치적 투쟁에서 중요한 위치를 차지해왔다. 그들의 노동은 수출주도 산업화의 초기 단계를 떠맡았다. 그들이 스스로를, 또는 다른 이들이 그들을 보는 다양한 방식은 지난 삼십 년 간 정치적 논쟁의 중심이었다. 여성들 자신이 정치적 논쟁에 적극적이었을 뿐만 아니라 여성 공장 노동자들의 이미지가 정치적 활동을 유발하는 데 중요했다. 그들이 자신들의 삶을 향상시키려고 도모하는 중에 그들의 다양하고, 교차하고, 모순적인 이미지가 노동자들의 물리적 투쟁의 장을 펼쳤다.

  여성 공장 노동자들의 문화적 이미지는 그들 대부분이 어린 독신 여성이라는 사실을 반영한다. 젊음, 여성성, 그리고 종속적 지위는 이러한 이미지들의 중심 요소가 되어 왔다. 충실한 딸이라는 관념은 여성 공장 노동자들에 대한 수많은 표상의 일환이고 그 이미지는 한국의 전통적 가족제도에 뿌리를 두고 있는 강력한 것이다. 충실한 딸들은 낮은 사회적 지위를 흔쾌히 받아들이고, 곧 자신들을 내보낼 가족에 스스로를 온전히 헌신할 것으로 기대된다. 그리고 딸들은 원가족의 일시적인 구성원으로 간주되기 때문에 '충실한 딸'은 문화적으로 가장 강력한 이타적인 행동의 하나이다. 여성 자신의 이익을 부정당함에도 불구하고 충실한 딸이라는 이상은 대부분의 젊은 여성들에게 중심적인 자아 이미지로 남아있다.

여성 공장 노동자의 낮은 사회적 지위의 현실은 공순이 이미지에서 드러나는데, 이는 사회가 그들을 어떻게 보는지를 보여준다. 낮은 지위는 추상적인 상태일 때 공감과 연민을 자아낼 것이지만, 실체가 있는 여성에게서 구체적으로 나타나면 멸시를 불러일으킨다. 공장에서 일하는 젊은 여성들은 노동자라는 자신들의 역할에 자신의 개인적 정체성을 국한함으로써 그러한 멸시로부터 스스로를 보호했다. 그들은 이후에 사회로부터 더 호의적으로 간주되는 전업 주부이자 어머니가 될 것이므로 공장 노동을 자신의 인생에서 일시적인 것으로 생각했다.

젊은 여성들에 대한 굳어진 문화적 태도는 젊은 여성들이 자신들의 낮은 지위를 필연적인 것으로 받아들이게 만들었지만, 또한 미래에 희망을 걸게 만들기도 했다. 결혼은 단지 사회적·경제적 주변화로부터의 탈출에만 그치는 것이 아니라 그들의 전반적인 사회적 지위를 향상시킬 기회로 간주되기도 했다. 결혼을 잘 함으로써 여성들은 그들의 인생 주기에서 다음 단계로 나아갈 때에 더 나은 사회계급으로 옮겨가길 희망했다. 사회적 이동에 대한 이러한 희망은 한국의 경제적 발전이 물질적 번영과 그 번영에 수반한 사회적 지위의 전반적 향상으로 실현 가능한 것이 되었다.

대규모 이동과 갈등으로 얼룩진 한국의 근현대를 반영하는 군사적 심상은 공장에서 일하는 여성을 묘사하는 또 하나의 요소였다. 한국 정부는 자신의 '산업 전사'들이 희생하고 명령에 복종하면서도 투쟁은 하지 않기를 원했다. 군사정권, 공산주의 및 북한과의 대치로 군국주의가 사회 전체에 팽배했다. 젊은 여성들은 이 군국주의의 우선순위는 아니었고, 전반적인 과정에 포함되었을 뿐이었다. 그러나 그들은 군사정권에 특별히 중요했는데, 이는 박대통령의 경제계획이 저렴한 노동력을 필요로 했고 그것이 바로 젊은 여성들의 노동력이었기 때문이었다.

개발 과정에서 산출된 고통에 주목했던 반정부 정치 활동가들에게도 젊은 여성 공장 노동자들은 특별히 중요했다. 약자와 빈자에 대한 기독교의 관심,

노동자들의 이익에 대한 마르크스주의자들의 옹호, 외세의 간섭에 대한 민족주의자들의 근심이 민중 이데올로기와 결합되었고, 역사 속에서 한국인들이 겪었던 압제와 그 압제에 대해 커져가는 저항에 주목했는데 이는 정의라는 관념을 구축했다. 조화순 목사가 주목했듯이 "여성 노동자들은 아마도 현재까지 인간 사회가 창조한 역사적 압제의 가장 무거운 짐을 부담하고 있는 계층일 것이다"(조화순, 1988: 136). 여성들의 고통은 전국민이 겪는 고통을 대표하는 것으로 볼 수 있었고, 그래서 여성 노동자들을 위하여 정치적 행동을 취하는 데에 도덕적 당위가 있었다.

순교자로서의 여성 노동자의 이미지는 여성노동자들의 고통을 그리스도가 겪었던 고통에 견주어 보았던 기독교 활동가들에게 특히 중요했다. 이들은 노동자들의 자서전과 대의를 위해 죽었던 사람들의 전기를 읽으며 그 고통에 공감했다. 노동자들의 회합에서 이 고통은 면밀한 연구를 통해 실재하는 것이 되었다. 김성례가 진술하듯이, "죽은 자들의 전기를 읽는 것과 그들의 비극적 죽음에 대한 비탄의 반응은 애도 의식 자체 같았다"(김성례, 1989: 10).

1980년대에 민정 활동가들은 여성 노동자들을 투쟁가들로 보기 시작했으나 여전히 여성 스스로 성공할 수 있다고 기대하지 않았다. 여성 노동자들에 대한 동정은 노동자들을 위한 정치적 행동의 불씨를 지피는 데에 조력했지만 여성들의 특별한 문제는 거의 주목을 받지 못했다. 활동가들은 공장에서 젊은 여성들이 겪는 곤경에 깊이 공감했지만 여성 공장 노동자들의 상황을 개선하고자 하는 활동가들의 노력은 두 가지 주요 결점 때문에 타격을 받았다. 첫째, 활동가들은 여성들을 주로 희생자로 보았기 때문에 여성들이 스스로 성취할 수 있다는 사실을 인식하지 못했다. 두 번째로 노동운동가들은 스스로의 계급 안에서 남성 중심의 권력구조를 재생산하여 노동 조직이 정부나 법인기업과 마찬가지로 남성 지배적이었다.

한국이 경제적으로 발전하면서 여성 공장 노동자들의 현실과 그들의 상징적 의미는 변화했다. 그러므로 10년 전의 이미지는 현재의 맥락에서는 덜 적합해졌다. 선출된 문민정부에 의한 군사 독재정권의 교체는 가장 중요한 변화 중의 하나다. 정부와 반정부 세력 둘 다 이전 정권보다 군사적이고 대립적인 수사 사용을 줄이고 있다. 또 다른 중요한 변화는 여성 생산직 노동자를 고용하는 산업들의 국가적 중요성이 점진적으로 감소한 것이다. 1970년대와 1980년대에는 중공업이 국가적 우선순위였고, 중공업이 꾸준히 확장하면서 여성 노동자에 대한 정부의 관심이 줄어들었다. 서비스 부문에서의 고용기회가 증가하면서 낮은 계급의 독신 여성들이 주로 경공업에 고용되던 관행도 감소했다. 월급이 오르고, 공장에 남아있는 기혼 여성의 증가로 공장 노동인구의 본질이 변화하면서 더 다양한 노동인구가 등장하였다. 이 변화들 중 어느 것도 절대적이지 않으나 이 변화들은 앞으로 여성 공장 노동자의 이미지가 더 복잡하고 덜 감정적인 길을 가게 될 것을 보여준다.

■ 참고문헌

김금수. 1986. 『한국 노동 문제의 상황과 인식』, 서울: 풀빛.
노동부. 1971. 『산업과 노동』 5(1).
동일방직복직투쟁위원회. 1985. 『동일방직 노동조합 운동사』, 서울: 돌베개.
박정희. 1970. "President's Message to Workers and Corporate Executives", 『산업과 노동』 4(1): 2-3; 1971.
신인령. 1985. 『여성, 노동, 법』, 서울: 풀빛.
석정남. 1984. 『공장의 불빛』, 서울: 일월서각.
원용숙. 1975. "나는 방직공", 『노동자』 9(4): 84-89.
이효재. 1989. 『한국의 여성 운동: 어제와 오늘』, 서울: 총우사.
장남수. 1984. 『빼앗긴 일터』, 서울: 창작과 비평.
전YH노동조합. 1984. 『YH노동조합사』, 서울: 형성사.
정미숙. 1993. "70년대 여성노동운동의 활성화에 관한 경험세계적 연구: 섬유업을 중심으로", 서울: 이화여자대학교 대학원 여성학과.
정현백. 1991. 『노동운동과 노동자문화』, 서울: 한길사.
한국여성노동자회. 1987. 『한국 여성 노동의 현장』, 서울: 백산서당.
한국여성정책연구원. 1994. 『여성통계연보』, 서울: 한국여성정책연구원.
TC노동조합 후속모임 여성전사. 1991. 『TC전자 노동조합운동사』, 서울: 늘벗.

Abelmann, Nancy. 1990. "The Practice and Politics of History: A South Korean Tenant Farmers Movement", Ph.D. Dissertation, University of California at Berkeley.
Amsden, Alice H. 1989. *Asia's Next Giant: South Korea and Late Industrialization*, New York: Oxford University Press.
Bourdieu, Pierre. 1977. *Outline of a Theory of Practice*, translated by Richard Nice, Cambridge: Cambridge University Press.
Cho, Wha-soon. 1988. *Let the Weak Be Strong*, Bloomington, IN: Meyer, Stone, and Company, Inc.
Choi, Jang Jip. 1983. "Interest, Conflict and Political Control of South Korea: A Study of the Labor Unions in Manufacturing Industries (1961-1980)", Ph.D. Dissertation, University of Chicago.
____. 1993. "Political Cleavages in South Korea", *State and Society in Contemporary Korea*, ed. Hagen Koo, Ithaca: Cornell University Press.
Eckert, Carter J. 1991. *Offspring of Empire: The Koch'ang Kims and the Colonial Origins of Korean Capitalism, 1876-1945*, Seattle: University of Washington Press.
Eckert, Carter J. et al. 1990. *Korea Old and New: A History*, Cambridge, Massachusetts: Korea Institute,

Harvard University.
Janelli, Roger L with Yim Dawnhee. 1993. *Making Capitalism: The Social and Cultural Construction of a South Korean Conglomerate*, Stanford: Stanford University Press.
Kim, Myung-hye. 1992. "Late Industrialization and Women's Work in Urban South Korea: An Ethnographic Study of Upper-middle-class Families", *City and Society* 6 (2): 156-173.
Kim, Seung-kyung. 1990. "Capitalism, Patriarchy, and Autonomy: Women Factory Workers in the Korean Economic Miracle", Ph.D. Dissertation, City University of New York.
____. 1995. "Fieldwork with a Disguised Worker in a South Korean Export Processing Zone", *Anthropology Today* 11 (3): 6-9.
____. 1997. *Class Struggle or Family Struggle? The Lives of Women Factory Workers in South Korea*, Cambridge: Cambridge University Press.
Kim, Seong-nae. 1989. "Gender and the Discourse of Resistance: Reading the Autobiographical Narratives of Militant Factory Women in Korea", University of Michigan CSST Working Paper #26.
Koo, Hagen. 1993. "The State, Minjung, and the Working Class in South Korea", *State and Society in Contemporary Korea*, ed. Hagen Koo, Ithaca, NY: Cornell University Press.
Moon, Seung-sook. 1994. "Economic Development and Gender Politics in South Korea, 1963-1992", Ph.D. dissertation, Brandeis University.
Ogle, George E. 1990. *South Korea: Dissent Within the Economic Miracle*, London: Zed Books Ltd.
Ong, Aihwa. 1987. *Spirits of Resistance and Capitalist Discipline: Factory Women in Malaysia*, Albany: SUNY Press.
Spencer, Robert F. 1988. *Yogong: Factory Girl*, Seoul: Royal Asiatic Society.
Tsurumi, E. Patricia. 1990. *Factory Girls: Women in the Thread Mills of Meiji Japan*, Princeton, NJ: Princeton University Press.

제6장 여성 사업가의 생애와 제주도 관광사업의 역사

유철인

인터뷰 상황에서 여성 구술자가 말로 한 이야기를 텍스트로 만든 이 글은, 첫째, 구술된 생애사를 글로 써진 텍스트로 만드는 것이 생애사에 대한 1차적인 해석(유철인, 2008: 453)이라는 것을 보여주고자 한다. 이야기를 끄집어내는 순간부터 구술자의 생애에 대한 연구자의 해석은 시작되며, 말로 서술된 이야기가 텍스트로 되는 과정에는 연구자의 편집이 큰 몫을 차지한다. 연구자는 구술된 이야기를 듣는 청자이면서, 편집된 생애사 텍스트의 화자이다(김성례, 2002: 57).

둘째, 이 글은 여성 구술자의 이야기가 제주도 관광(사업)의 역사에서 어떤 의미를 가지는지 보여주고자, 관광이라는 '주제별 생애사 텍스트'(Denzin, 1989: 48 참조)와 관련 문헌자료를 병렬로 제시하고자 한다. 사람들은 어떤 것을 선택적으로 기억해내고, 기억난 것 중에서도 어떤 것만을 선택하여 이야기한다. 더군다나 구술자가 이야기하고 있는 것은 실제로 무엇이 일어났는가라는 객관적 사실(fact)만큼 중요한 서사적 진실(truth)이다. 그렇다고 해서 구술자의 이야기에 나타난 서사적 진실이 전부 객관적 사실이라고 말하는 것은 아니다(유철인, 2015).

셋째, 이 글은 다양한 관점을 가지고 생애사 텍스트를 읽는 독자들이 들어설 공간(유철인, 2004: 35)을 최대한 늘리고자, 실험적으로 생애사에 대한 2차적인 해석(유철인, 2008: 454)을 시도하지 않고 있다. 물론 경험의 젠더화와 역사화는 구술된 이야기 자체에서 비롯되는 것은 아니다. 이는 구술된 이야기가 구술자의 전체의 삶과 현재의 삶에서 어떤 의미를 가지는지 맥락을 중심으로, 생애사에 대한 2차적인 해석을 할 때 가능하다.

1. 구술자와 제주도 여행업의 태동기

1) 인터뷰

구술자인 김광자(가명)는 제주도 북제주군 조천면 함덕리에서 태어났다. 2013년 12월 11일 처음 만났을 때, 그녀는 제주도에서 초기에 관광사업을 했다고 해서 그동안 많은 인터뷰를 했다는 이야기부터 하였다.

"무슨 일 있으면, 초기 관광사업 했다고 해서 MBC다, KBS다, 어디다, 많이 불려갔어. 내가 5·16 이전부터, 60년도. 4·19가 언제 났지? ("1960년.") 4·19 난 후에 내가 여행사에 들어갔어, 가이드로 들어간 건 아니었고. 나도 관광이 뭔지 모를 때 관광회사에 경리로 들어갔어요. [가져온 사진을 보여주며] 내가 딱 짐작을 했어, 뭐 때문에 한번 보자고 하는지. 내가 관광사업 지금 50년 넘은 것 같아."

"몇 년 생이세요?"

"38년생, 지금 일흔여섯이야."

"젊어보이세요."

"[웃음] 우리 애들 말마따나 관광사업을 해서 젊은가? (그런데) 내 역사가 한심해, 시국을 잘 못타갔어. 관광사업도 초창기여서 몰라, 우리 관광사업 하는 사람보다 감시 감독하는 직원이 몰라, 직원이 몰라."

생애사에는 구술자가 제시한 자신의 삶의 맥락이 드러나게 된다. 특히 구술자가 처음으로 말하는 몇 마디는 자신의 삶 전체의 의미를 어떻게 해석하고 있는가를 보여주는 매우 중요한 대목이다. 시국 탓에 스스로 한심한 역사라고 생각하는 김광자의 생애를 그녀가 했던 관광사업에 초점을 맞춰 들어보자.

2) 제주관광사업협회에 경리로 들어가다

제주여고 졸업하고, 함덕중학교에서, (함덕이) 내 고향이니까, 한 2년 정도, 그때는 자격증도 없을 때 강사로 나간거지. 그때는 서울에 대학교 가는 애가 한두 명,

그것도 2년제. 우리친구 중 두 명이 수도사대 들어가고, 한 애가 이화여대 들어갔어. 그때는 힘들어, 돈이 없을 때니까.

얼마나 여자선생이 귀했으면, 내가 가정과 음악을 가르쳤어. (그래서) 반년동안 음악 개인교습을 받으러 다녔어. 함덕중학교는 금방 설립되어[1955년 6월 개교] 풍금도 없었어. 함덕에서 오빠랑 형부들이 워낙 유명해서 참 불편했어.

그러다가 다시 공부해서 대학 간다고 서울에 갔는데… 취직하려니 기술이 없어서, 학원을 다니면서 영어타자와 한글타자랑 경리도 배우고 했어. 인문학교를 나왔으니, 경리를 볼 줄 아나, 말씨도 그렇고, 타자를 칠 줄 아나. 영어타자는 미군부대에 들어가려고 (배웠지). (미군부대에) 한번 가서 시험도 봤었지. 그때 서울에 언니가 살았어. 2년 동안 언니 집에 살면서, 애들, 국민학생들 과외하고, 간호사로도 가려고 했는데, 중학교 선생을 한 사람이라고 안 시켜주더라고.

서울 있을 때 4·19를 만난 거라, 종로에서 구경했었는데… 내가 막내고 해서, 아버지가 돌아가시게 됐다고 내려오라고 해서 (내려)오니까 다시는 못 가게 된 거지. 몇 달 놀고 있으니까, 인연이 돼서 거기[제주관광사업협회] 간 거지. 그때 제주사람들은 서울말도 서툴고 했는데, 난 한 2년 서울물 먹고 하니까. 그때 도의원 하셨던 한○○씨라고, 같은 고향분이고 하니까 취직을 시켜준 거지, 거기[제주관광사업협회] 전무로 있었으니까. 함덕중학교 갈 때에도 그 분이 취직시켜준 것인데…. 결국 우리 사장님이 서울 가지 말라고 취직시켜준 것이 (제주)관광사업협회에 경리로 들어갔어. 그래서 거기서 타이프도 치고, 경리도 보고, 청소도 하면서, 여직원이 나 하나니까, 1인 3역을 하며 근무했지.

나도 (관광사업을) 처음 접할 때는 몰라서 사장님에게 그게 뭐냐고 막 물어보고 그랬어. 그러면서 자체교육 받고 했었지. 사무실에 (관광지) 사진도 붙여 놓고, 대학교수 초빙해서 교육도 받았지. 우리 사장님이 관광에 대해서 교육을 많이 시켜주셨지. 그때는 겨울이 비수기여서, 비수기에는 여직원들 답사 겸 교육으로 김○○ 교수랑 고○ 시인이랑, 김교수와 친했어, 고 시인이, 놀러 다니고 막걸리도 마시고.

우리 사장님이 사진을 차례대로, 제주시며 서귀포시, 서귀포에서 제주시까지 동쪽으로, 서쪽으로 돌아오면서 사진을 찍어서 사무실에 붙여놓고, 출장 온 사람들이 찾아오면 보여주고. 사진으로 설명해주면, 제주시는 금방 갈 수 있으니깐 내가 직접 안내해주고 제일 멋진 데가 삼성혈, 주정공장, 서부두, 사라봉, 용두암, 방선문, 관덕정 주로 갔었지. 그때 주정공장이 제주도만 있었는지 주정 나오는 거 보러 자주 갔었고. 사봉낙조(沙峰落照)라 해서 사라봉 가고.

사회 사람들, 직장 있는 사람들이 우리들을 예뻐했는데, 그 당시 우리들은 참 부끄러웠어. 버스를 타고 안내를 하니까 차장 같은 인식도 주로 있고, 처음에. 그때 당시 내 월급이 2,000원이었는데, 어느 멋진 양반이 가이드 팁으로 2,000원을 주는데 겁이 나서 안 받았어. 그때는 여자들이나 술집에서 받지, (관광가이드에게) 팁이라는 개념이 없었는데…. 나중에 사장님께 말했더니 받는 거라 해서 얼마나 아깝던지. 다음부터는 받았는데, 가이드 할 때 팁을 생각해서 안내를 하면 안 된다는 교육을 철저히 받았지.

내가 가이드 하면서 생각해보니까, 관광사업이 자본 안 들이고 돈 버는 사업이라는 생각이 들더라고. 삼성혈 가서 구경시켜주고, 용두암 가서 구경시켜주고, 서귀포 천지연 가서 구경시켜주고, 돈 받고. 그래서 내가 관광사업에 일생을 바쳤지.

* * *

김광자는 제주여고 5회 졸업생으로 1958년 2월에 졸업하였다(제주여자고등학교 2001). 그녀가 관광사업에 발을 딛게 된 계기는 제주관광사업협회에 경리로 들어간 일이다. 제주도내 최초의 여행알선업체인 제주관광안내소에 이어 제주관광사업협회가 두 번째로 1959년 9월에 설립되었다. 제주특별자치도관광협회(2012: 142)가 펴낸 『제주특별자치도관광협회 50년사』에서는 제주도 여행업을 크게 태동기, 발전기, 도약을 위한 모색기, 무한경쟁의 시대로 시기구분을 하였다. 태동기의 여행업체로는 제주관광안내소와 제주관광사업협회, 2개 업체만 있었다.

제주관광안내소는 정부가 「관광사업진흥법」(1961년)을 제정하기 훨씬 전인 1955년 4월에 설립되었는데, 자체 제작한 제주도관광 홍보물에 삼다(三多)와 삼무(三無)라는 어구를 처음으로 넣었다(제주도관광협회, 1995: 198). 제주관광안내소는 당시 한국의 유일한 여행사인 대한여행사의 제주영업소를 1957년 11월경부터 같이 운영하였다(제주특별자치도관광협회, 2012: 100).

제주관광사업협회의 대표는 원래 화물운송업자였는데, 화물자동차를 처분하고 8인승 승합자동차 2대를 구입하여 사무실을 개설하였다. 제주도관광협회(1995)가 펴낸 『제주관광30년사』의 '사진으로 본 30년사'라는 제목의 사진 화보에는 제주관광사업협회가 가지고 있던 8인승 승합차의 사진이 실려 있다. "이 사진은 (제주관광사업)협회활동상을 PR하기 위해 김○○[구술자인 김광자]를 내세워 일부러 촬영한 것이다"라는 설명이 덧붙여 있다. 또한 "1961년도 제주관광(사업)협회가 내세운 전국 최초의 관광안내원"이라는 설명과 함께 구술자인 김광자를 비롯한 세 명의 여성 관광안내원의 사진을 싣고 있다.

3) 공화당과 인연을 맺고, 직접 경영을 시작하다

그러다가 5·16 나면서 조금 있다가 선거를 하는데, 우리[제주관광사업협회] 사무실이 선거사무실이 된 거라. 거기가 조일약국 옆에 위치가 좋아서 공화당 사무실로 차출되어버린 거라. 그래서 사람들이 막 오니까 내 자리가 없어져버린 거라. 그러니까 우리 사장님이 "우리 미스 김 어떡하냐?" 경리 볼 사람이 없으니까 (나보고) 선거사무소 경리를 보라고 해서, 그때 공화당 도지부 생길 때 일을 봐줬지. 그러면서 사람들을 많이 알게 되었지. 육영수 여사님 오실 때 비행장에 마중 나가서 꽃다발도 드려보고 악수도 해보고, 그때는 어릴 때니까.

그렇게 5·16이 지나고 나서 사무소가 복귀되긴 했는데, 손님이 없더라고, 질서가 안 잡힐 때니까. 그래서 사장님이 우리 이걸 살려보자 하면서⋯ 그때는 인쇄기술이 발달하지 않을 때라 사진을 다 뽑아서 앨범에 붙이고 글을 일일이 써서 (제주도 관광안내 책을) 만들어서, 그걸 대통령에게 보내고 했어. '우리 제주도가 이렇게 좋은 곳이고 하니까, 도와달라'고 편지를 보내고 했는데, 답신이 없더라고. 그래서 막 실망을 했지. 그때 공화당에 있던 분들이 요직에 앉더라고, 그래도 잘 안되더라고. 사장님은 백○○이라고, 조일약국 인근에 사시는데 막 쨍쨍했던 분이라, 그 옛날 목상[목포상고] 나왔으니까. 신문사도 경영했었고.

그때 사장님이 나를 잘해줬어, 자식도 없는 분이고 해서 나를 자식처럼 대해줬는데⋯. 막 어려울 때 월급을 못 주니까 나오지 말라고 해도, "사장님, 괜찮습니다."

하며 다녔지. 사업이 잘 안되니까, 사장님이 나오지 말라고 하는데 눈물이 막 나오더라고. 그래서 "괜찮습니다. 제가 저 직장을 구할 때까지 나와서 전화도 받고 할 테니까 걱정을 하지 마십시오." 하니까, 막 고마워하더라고. 별명이 백호랑이라고 할 정도로 막 무서운데, 나하고 사장님은 인연이 잘 맞아가지고 잘 해줬지. 사장님 친구 분들이 감투를 쓰신 분이 많고, 주식회사를 운영하시는 분들이 2, 30명쯤 될 거라, 지금은 다 돌아가셨지만. 그래서 그런 분들을 다 알게 됐어. 아무것도 없는 시골처녀가 그래도 학교는 나왔으니까, 이 인연으로 사람들을 많이 알게 되더라고. 그래서 "사장님, 걱정하지 마십시오. 저도 각오를 했으니까 직장 구할 때까지 있겠습니다." 하면서 6개월 가까이 다녔지.

그런데 어느 날 휴일이라 집에 있는데 식모아이가 나를 데리러 와서 가보니까, 사장님이 "네가 이걸 경영을 해보라." 하는 거라. 그때 내 나이가 스물네 살인가 스물다섯 살인가 그랬는데…. "네가 나이가 어려서 네가 사장이라 하면 깔볼 테니까, 내가 사장으로 그대로 있어주면, 네가 경영을 해보라." 사무실에, 전화에, 다 있으니까. 그때는 도에서 뭔 보조를 해주려고 해도 줄 데가 없으니까, 우리 사장님에게 해주고 했어.

그런 서류며 이런 것들을 그대로 나에게 주면서, "네가 여자지만 마음이 깊더라." (말해). 왜냐면 월급을 못 준다 하면 그 다음날부터 안 나오는데, 내가 그냥 다니고 하니까 고마웠다면서. "이제부터 네가 해보라. 네 친구들 다섯 명쯤 가이드로 해서, 네가 월급 준다고 하지 말고 (사업을) 하는데, 팁과 수수료를 받아 그걸 다 예금했다가 나중에 똑같이 나누고 하라."며 코치를 해주고 했어. 그래서 내 후배들을 교육을 시켜가지고 했지.

그런데 내가 어떻게 교육을 시키겠어? 제주대학에 교수님들 두어 분, 아는 분들 있으니까, 역사에 관한 거랑. 또 고ㅇ 시인 있지? 그때 제주에 내려와 있을 때니까, 다 교수님 친구들이니까. 교수들한테 교육시켜 달라고 부탁하면 대환영이었어. (교육시켜 준 사람에게) 돈 드리는 걸 몰랐어, 돈 드리는 풍습이 없었어, (그저) 감사합니다지. (교수와 시인과) 같이 막걸리 먹고 막 했지. 얼마나 재미있었겠어? 다 같이 서귀포 답사도 가고, 배우고 했지. 그래서 시작이 된 거라.

내가 처음 일을 시작하면서, 많이 배운 사장님을 만나서 배운 게 많았어, 목상[목포상고] 나왔으니 인맥도 많고. (제주관광사업협회) 사무실은 적산가옥이야, 화물자동차 차고지이고 사무실이고. 빽이 좋았어. 도에서 조금씩 보조받을 때야, 여행사를 하니까. 그런데 경리하다 보면, 세상에 (사장이) 반도호텔 영수증을 갖다 주는 거야. 자동차 가지고 한 달 번 수입을 홀랑 써버리고 오는 거야. (사장이) 사업할 때는, 교제할 때, 로비할 때, 남한테 없는 티를 내면 안 된다고 하셔서, 나도 나중에 사업할 때 그렇게 했지.

그 사장님 밑에서만 월급생활하고, 나중에 사장님 돌아가시고 사무실 인계받아서 했는데 그때부터 월급생활 안 해봤어. 자영업 하느라고 정말 고생이 많았어. 내가 막내여서 어른들을 잘 섬겼는지, 사장님이 나를 잘 봐서 나에게 물려줬지, 자식도 없으니까. 사장님이 얘기를 많이 들려주셨는데, 그때 해주신 얘기들이 나중에 사업하는데 많은 도움이 됐어. 사업할 때는 사람을 키워야 돈을 좇으면 안 된다고 하셨고. 사장님 지인들 덕을 많이 받았지. 그 당시 제주여고 나오면 이화여대 나온 거나 같았어.

* * *

제주관광사업협회의 사무실 위치가 지금의 조일약국 자리(제주시 일도1동 1473-6)로 행인의 왕래가 많은 목이 좋은 곳이라서 간판을 보고 찾아오는 사람도 많았다고 한다(제주도관광협회, 1995: 199). 조일약국 자리는 꽤 오랫동안 제주도 내에서 가장 땅값이 비싼 곳이었다.

1961년 5·16이 난 후 군정(軍政)이 되면서 정부요인과 관계자들이 출장 또는 관광차 많이 내도하였는데, 그때마다 행정당국에서 제주관광사업협회에 관광안내를 부탁하여 제주관광사업협회는 그들의 운송과 안내를 도맡아 하다시피 하였다(제주도관광협회, 1995: 199). 또한 군사정부 출범 후 대한여행사 임원들이 교체되면서, 신임 임원들과의 교분으로 대한여행사 제주영업소를 제주관광안내소로부터 인수를 받아 같이 운영하였다.

구술자의 이야기로는 목이 좋은 사무실 위치 덕분에 제주관광사업협회의 사무실이 공화당 제주도당의 선거사무실이 되기도 하였다. 공화당은 1963년 2월에

창당되었다. 군정이 끝나자 "관변측 손님이 줄어들었는데 자체판촉 능력이 모자라 찾아오는 손님을 치를 정도였다"(제주도관광협회, 1995: 199)는 평가는 구술자의 이야기와 들어맞는다. 결국 1964년 대한여행사 제주영업소가 직영체제로 전환됨에 따라 제주관광사업협회는 문을 닫게 된다.

2. 구술자의 여행업과 제주도 여행업의 발전기

1) 국제여행알선업체인 고려여행사의 제주지사를 설립하다

그 후[구술자가 제주관광사업협회를 직접 경영하기 시작한 후] 2년쯤 되니까, 제주에서 가만히 앉아서 사업을 하려니까, 아닌 거야. 관광은 육지에서 오는 건데, 그렇다고 내가 관광버스를 하는 것도 아닌데…. 나중에 돈 좀 벌어서 버스를 사가지고 그게[지입차로 들어간 곳이] 신진인데, 거기 고사장님이 돌아가시고 나서는 내가 신진관광버스의 제일 큰 주주였지, 지금도 이사로 있지만은. 암튼 그래서 서울을 올라갔지, 겨울이라 손님도 없을 때고 하니까.

그때 월남파병 할 때였는데, 국회의원들이 (군대를) 보내느냐, 마느냐 할 때야. 그런데 내가 오래살긴 했어. 당시는 국회의원이라도 자가용이 없을 때라 택시대절하고 다녔어. 내가 서울은 좀 살았으니까, 길은 아는데… (국회의원을) 어떻게 만날까 고민하다가 요즘 파병문제로 (국회의원은) 국회에 와야 하니까, 정문 앞에 가면 만나겠거니 해서 친구 한 명이랑 같이 정문 앞에 가서 기다렸어. 그런데 진짜 의원님이 택시에서 딱 내리더라고. "아이고 어떻게 왔냐?" "좀 만나 뵙고 싶어서 왔습니다." "그래? 그럼 여기 가만히 서있어. 내가 도장만 누르고 올 테니까." 시골처녀 와서 어디서 길 잃어버릴까봐 그렇게 말씀하시더라고. 그래서 가만히 기다리니까 오시더라고. 그리고 나를 국회의원들 가시는 일식집으로 데려가시더라고. 나도 여기 제주서 일식집 다녀보긴 했지만, 완전 멋진 곳이더라고. 제주미역도 나오고, 수박도 나오고. 그렇게 셋이 가서 밥을 먹었지. "왜 올라왔냐?" "제주에서 관광사업을 하는데, 가만히 있으면 안 되고 서울서 유치해야겠습니다." 했어. "그러지 말고 국회의원 밑으로 사람을 쓸 수 있는데, 4급, 5급 자리를 해줄 수 있는데, 원하면 해 줄 수 있다."고 했는데, "그건 싫습니다.

전 관광사업을 하고 싶습니다."라고 말했지. 그때는 국회의원 당선시키면 (사람들을) 취직시켜줄 때거든. "대신 관광사업을 할 수 있도록 도와주십시오. 제가 제주에서 의원님이 취직자리 알아봐줘야 하는 사람들도 데려다 쓸 수 있도록 해 보겠습니다." 그럼 언니 집에서 기다리고 있으라고 했는데, 그때는 전화가 없을 때라 그래서 연락을 할 수 없으니까, "그냥 우리집에 가서 기다리고 있어라"하시는 거라. 그래서 나를 데리고 집에 가서, (내가 제주에) 갈 동안 있었지. "내가 관광사업은 잘 모르는데 비서를 통해 알아보겠다."라고 하시는 거라. 그래서 내가 "제주에 본사를 놓으면 힘듭니다. 지사를 놓아주십시오"하고 말했어. 그렇게 해서 비서를 통해 유망한 여행사를 알아보도록 했어.

다행히 그때는 일본에 제주사람들이 20만 있다고 그랬는데, 그 사람들을 유치하는 것이 가능했어. 그런 걸 할 수 있는 곳이 고려여행사라고, 남대문 근처 그랜드호텔에 사무실이 있었어. 명지대학인가? 거기 법인인 것 같던데…. 거길 의원님이 나를 데리고 갔어. 그러면서 거기 사장을 만나니까, "내가 다 책임을 질 테니까 제주에 지사를 하나 놔주시오."라고 했어. 그렇잖아도 그쪽에서도 지사를 하나 놨으면 했었는데, 자기네가 직접 하면 사무실 유지비용이 들어가잖아. 그래서 내게 "사무실이 있냐"고 묻더라고. 그런데 그때 그 여행사[고려여행사] 사무실이 호텔 내에 작더라고. 우린 나눠 쓰긴 했어도 옆으로 기념품점도 딸린 사무실이 넓게 있었거든. 물론 제주니까 땅이 좀 여유가 있는 거지. 그래서 "이거보다 좀 큰 사무실이 있습니다."하고 배짱 있게 말했지. 사실 그건 내 사무실도 아니었지만, 그렇게 대답했지. "그럼 제주도에 가 있으면 우리 상무를 답사 보내겠다."고 하니까, 난 내려왔지.

그 후 상무가 내려왔어. 사무실에 달랑 책상만 있는 게 아니라 옆으로 관광기념품을 갖추고 있으니까, 괜찮아 보였지. 그때는 지금 같은 기념품이 아닌 진짜 기념품이야. 제주도 산호로 별거 다 만들어 놓고, 전복을 몇 번 삶은 거, 숙복(熟鰒)이라고 했어요, 냉장고도 없었으니. 버섯 등 진짜 기념품들을 전시해 놨어. 그러니까 아주 잘했다고, 일이 일사천리로 이뤄지더라고. 그래서 본사에서 여기서 버는 것은 이득을 보려는 것이 아니고, 본사만 손해 시키지 않으면 된다고 하면서… 담보를 하는데 집이나 밭처럼 값있는 거 말고 목장이나 창고 같은 서로 손해가 없는 것으로 담보를 하면 된다고 해서, 내가 함덕 촌이니까 그때 목장 같은 별 쓸모없는 땅 있는 사람이 담보를 빌려주더라고. 그거 팔려고 내놓아도 살려고 하는 사람도 없는 거니까. 그래서 문서상으로 (담보를 하고, 제주지사를) 시작했어요.

그 후 고급손님들이 왔지. 서귀포니 호텔이니 이런 곳을 모시고 다니고 했지. 그때 제주도 정우식 지사님[재임기간: 1966년 1월~1968년 1월]이라고 육지서 내려 보낸 분인데, 의원님이 그분에게 이건 내 여행사나 마찬가지니까, 미스 김을 도와주라고 오더를 내려버리니까… 아, 난 어린데, 국장님이나 이런 분들을 대하기가 어렵더라고. 그래도 (그 분들에게) 항공권이니 배표니 뭐니 (내가) 편의를 봐주는 거라. 여긴 국회의원이 하는 여행사인데, 나를 내세웠구나라고 오해를 받기도 할 정도야. 나 같은 쪼그마한 여자한테, 다들 내 말을 들으며 일을 해줘야 하려니 좀 그랬을 거 아니? 그래서 난 "죄송합니다."하면서, 막 파티도 해주고 했었지. 그러다보니 어린 나이에 이름이 막 나버렸어.

그런데 그것도 4년쯤이야, 국회의원이 4년에 한 번 선거를 하니까. 임○○의원[제6대 국회의원, 1963년 12월~1967년 6월]은 김○○이 빽이고, 실력도 있는데, 양과 합격 한 사람이라, 행정고시, 사법고시. 그런데 정○○이 빽인 양○○씨가 나오면서 두 분이 막 공천 놓고 다투게 된 거라. 그래도 임의원이 되는 걸로 이야기가 돼서 난 축전까지 치고 했는데, 맨 마지막 5분 전에 바뀌어 버린 거라. 화장실 갔다 오는 순간에 바뀌져버린 거야, 공천이. 4년만 더 했어도 내가 좀 달라졌을 건데, 양○○씨가 되는 바람에 내가 기가 꺾여버린 거라. 최고의 라이벌을 도우다가 이렇게 되니까… 내가 어리지만, 상대방에게 부탁을 못 하겠더라고. 그러니 나 혼자 지인들을 찾아가서 부탁하려니, 진짜 힘이 들더라고.

* * *

국제여행알선업체인 고려여행사 제주지사는 구술자가 대표가 되어 1964년에 설립되었다(제주도관광협회, 1995: 200). 「월남공화국 지원을 위한 국군부대의 해외파견에 관한 동의안」은 1964년 7월 31일에 국회 본회의에서 만장일치로 채택되었다(경향신문, 1964년 7월 31일자, 1면). 그 후 1965년 1월 26일에 「월남공화국 지원을 위한 국군부대의 해외추가파견에 관한 동의안」이 국회에 상정된 지 10일 만에 무기명 투표를 거쳐 통과되었다(동아일보, 1965년 1월 26일자, 1면).

5·16 군사정부는 일본과의 수교를 서둘렀고(동아일보, 1965년 6월 22일자, 사설), 1951년 10월 20일 한일외교재개예비회담(동아일보, 1951년 10월 21일, 2면)이 시작된 지 14년 만인 1965년 6월 22일 한일기본조약이 조인되었다.

2) 광주공항과 대구공항에 안내소를 차리다

그래도 학교는 좋은 학교 나오라고, 다행히 친구들이 결혼을 하니까, 그 남편들이 관직에 있어서 내가 도움을 받았지. 그러면서 주변에도 여행사들이 생기고 관광버스들이 생겨났지, 일곱 개가 생겼어. 그런데 제주가 공항이 국제공항이라, 제주에서 여행사 하는 사람들이 국내만 받고 했는데, 국제는 우리가 했어. 국내는 여섯 개, 국제는 우리가 하나. 그런데 비행기가 하나 들어오면 매일 공항에 가서 서로 쟁탈을 하더라고. 내가 보니까 이건 아니다 해서 광주로 직접 간 거라.

그때는 광주로 많이 왔어, 충청도고 전라도 사람들. 그때는 비행기 타고 오면, 그거 기념하느라 막 사진 찍고 할 때라, 진짜 호랑이 담배피던 시절이지. 초창기에는 (제주공항에) 대합실은 있었는지 (잘 모르겠는데)… 비행기 내리면 안내해 줄 안내실이 (제주공항에) 있는데, 꼭 담뱃갑처럼 생긴 곳에, 문을 열면 제주 안내지도 있고, 여직원 하나 딱 서있고. 손님 오면 관광안내하고, 가면 문을 딱 닫아놓고 했어. 그래도 우리가 초창기 여행사라고 그나마 그게 있었어.

그러다 여행사가 막 생기니까, 경쟁이 심해. 그래서 광주로 가서 항공사[공항]를 찾아갔어. 우리에게 보내주면 이익을 나눠주겠다고… 그걸 지점장하고 전 직원들이 있는데서 하니까, 된 거지. 그리고 광주공항에 안내소 하나를 해달라고 했지. 그때는 제주공항이 광주공항 소속이었어. (광주공항 지점장이) 장○○씨라고, 그분 동생이 장○○인가? 동생이 영국유학을 갔는데 북한에 포섭되어서 그 돈을 받고 유학을 마치고 와서 국회의원이 되었어. 소설도 그런 소설이 없어.

암튼 그분 통해서 안내소 하나를 배치 받고, 여기에 여직원 하나를 둬서 제주 오는 손님을 유치했지. 다들 초행이니까, 우리가 팜플렛을 주고 설명하면서,

제주에 지사가 있으니[있다고] 소개시켜주면 다 우리에게 오지. 그래서 다른 여행사들이 우리만 잘 되니까 서로 광주에 안내소를 달라고 하더라고 검찰청장을 통해서 누르고 했는데, 그런데 직원들의 이해관계가 있으니 잘 안 되지. 그 사람들은 영업부장이면 영업부장, 한 사람만 상대하더라고 그런데 난 전 직원에게 오픈을 했거든. 난 그때 어렸어도, 나만 먹어서는 장사가 안 된다는 걸 알거든, 같이 이익이 있어야 서로 (장사를) 하지.

그렇게 내가 하는 걸 보니까, 공항장이던 장○○씨가 내게 동업을 제의하더라고 "미스 김, 내가 (제주)공항에 커피숍하고 기념품점을 낼 테니까, 같이 하자. 모든 건 내가 책임진다."고. 그리고 식당서 밥을 먹는데, 뉴스에 간첩발표가 나더라고. 난 그게[간첩이] 동생인줄 몰랐어. 근데 밥 먹다가 그분이 급한 일이 있다며 광주를 가야 한다며 가더라고. 그분 동생은 사형을 당했는데, 그런 일이 있는데, 여기 와서 사업을 할 수 있겠어요? 그 후에 십 년 후에 오셨을 때 남편이랑 만나고 했어요. 그때 내가 그걸 했으면 지금 (제주)공항상권이 다 내 손에 들어올 뻔 했지. 아, 나는 참 운이 없는 사람이라… 그렇다고 부도는 안 나는데, 하고 나면 나 따라 그걸 뺏어 먹는 사람이 많아.

그 후에 (대한항공) 제주지점장 하셨던 김○○씨도 우리 공화당 (도지부 창설)할 때 같이 하고 했었는데…. 제주지점장으로 온 후에 나를 보자고 하더라고. 그 시절에는 항공사도 여행사에 의지를 했었어. 비행기 표 팔고, 관광객을 유치해야 항공사도 같이 좋은 거니까. 나에게 제안을 하는데… 제주하고 대구 노선을 놓는데[1969년 7월 20일 대구-제주 노선 신설], 비행기에 손님을 채우지 못해서 애를 먹는데, 신진관광에 전화해도 팜플렛이 없고, 안내소에도 없고 다른 데 해도 없어서 마지막으로 고려여행사에 전화를 하니까… 우린 팜플렛을 들고 간 거야. 난 자동차[관광버스]가 없으니까, 홍보가 중요하다는 걸 알고 있거든. 그래서 가니까, 다른 여행사들은 (팸플릿이) 없는데, 제주남자들이 여자 하나만도 못하다고 하면서, 내게 대구 이야기를 하는 거라. 난 광주에서의 경험도 있으니까, "걱정 마십시오!"라고 대답을 했지.

그래서 내가 베테랑 안내원을 딱 대구공항에 배치했어, 월급도 내가 대고. 그 직원은 가이드도 했었으니까, 참 다부지고 잘 했어. 간 날로부터 다섯 명이든 열 명이든 보내는 거라. 거기 지점장하고 차를 타고 다니면서 막 판촉을 하는 거라. 그래서 팜플렛도 더 보내주세요, 밥을 못 먹을 테니까, 꿀을 보내주세요, 보리 미숫가루를 보내주세요, 하니까. 그거야 얼마 되나? 다 대줬지. 그렇게 대구공항도 접수해 버렸어.

그런데 손해도 많이 봤어. 비행기표, 자동차, 호텔비 등 액수가 컸는데, 보내줘야 할 돈을 안 보내주고 하면… 난 밀리면서도 호텔비 등을 먼저 내거나, 그쪽에 사정을 이야기하면 그때는 인심이 좋아서 봐주고 했어. 그러면서 어찌어찌 유지를 했는데, 서로들 덤핑을 막 하는 거라. 난 광주에도 고려관광여행사라고 여행사를 하나 차렸어. 본사에서는 부산하고 제주는 교포가 많으니까 여권만 취급하고 해도 (지사가 유지되지만), 거긴[광주는] (지사를) 못 하겠다고 해서. 난 국내손님도 받으면 좋으니까 (광주에) 여행사를 차렸지.

* * *

제주도에 관광버스가 생겨난 후의 풍경을 동아일보의 「횡설수설」(1966년 7월 15일자, 1면)이라는 칼럼은 다음과 같이 적고 있다.

"관광버스를 타고 제주시에서 서해안을 따라 서귀포로 가는 몇 시간 동안에 아주 흐뭇했던 일은, 길에서 마주치는 국민학교 어린이들·중학교 학생들이 예외 없이 모두 손을 흔들어 주는 것이었다. 아랫도리를 벗어젖히고 조그만 고추를 드러내놓은 서너 살짜리 꼬마들도, 언니누나들에게서 배웠는지, 덮어놓고 손을 흔들어준다. 상대가 어린이들이라, 버스의 관광객들도 일일이 손을 흔들어 답례를 아니해[안 해] 줄 수가 없다.

한번 슬쳐지나가면[스쳐 지나가면] 언제 어디서 만났다는 기억조차 되찾을 수 없겠지마는, 제주를 찾아간 나그네가 제주의 어린이들에게서 다시없는 대접을 받은 기억만은 오래 간직할 것 같다. 버스의 안내양의 상냥한 설명으로는 관광지라야 아직은 자연의 풍경 밖에 자랑할 것이 적은 제주도가 단하나 인심만으로라도 관광객을 즐겁게 해주려는 뜻'에서란다. 그러고 보니 안내양도 상당히 훈련된 자취가 엿보인다."

3. 구술자의 시련기와 제주도 여행업의 도약을 위한 모색기

그러다가 도에서 여행사들의 경쟁이 심하고 (여행사가) 많아지니까, 일곱 개 여행사가 많다고 이걸 합치라고 하는 거라. 원, 국제여행사하고 국내여행사하고 합치라는 게 말이 되나? 우린 국제여행사인데, 일본 손님 받고 그렇지 않으면 본사 서울손님 받고, 광주공항, 대구공항으로만 했는데…. 다른 데[여행사]는 자동차[관광버스] 위주로 영업하니까 (손님들이) 배로 들어오고 막 했어. 우린 고급으로 했었는데, 그런 걸 다 무시하고, 다 합쳐버린 거라. 우린 막 안한다고 했어.

나도 처음엔 국내여행사를 하려고 했어. 국제는 통역사 월급도 두 사람이나 줘야 해, 그게 만만한 게 아니거든. 그런데 지사는 본사에서 (통역사가) 따라오니까 내가 (국제여행사를) 했지. 제주에서는 국제여행사 할 데가 없어. 공항은 국제공항인데, 국제여행사가 없으면 어떡하냐, 체면이 서겠느냐면서 도에서 막 해달라고 사정했어. 그런데 합치니까… (그때) 내가 어려서 그렇지, 아니면 한바탕 했을 거야, 너무 억울해서.

그래서 내가 제안하기를 국내여행사 하나, 국제여행사 하나, 이렇게 하자고 했어. 우리는 국제니까 그냥 내버려둬라, 합치지 말고. 그때 (제주도청) 국장까지 다 좋다고 했거든. 그땐 와이로[뇌물]도 재밌었어, 쌀 한가마니면 엄청 큰 거였어. 답례로 쌀 한가마니 준비도 했는데… 부지사 결재까지 났는데, 안되리라곤 생각도 못하고 본사에도 다 연락하고, 우린 막 파티를 했지. 그런데 영 연락이 안 와. 나중에 본사에서 (연락이) 왔어, 서류가 되돌아 왔다고. 자신이 없으면 서울에서 손 써 줄 건데 왜 가만있다가 이렇게 되었냐고. 이게 이승택 도지사[재임기간: 1971년 6월~1976년 1월]가 퇴짜 놔 버렸어. 하나로 한다고 했는데 왜 두 개냐고 하면서.

그때 이렇게 올랐던 (내) 프리미엄이 확 꺾여버린 거야. 아직도 누가 이 말만 하면 막 속상해. 난 진짜 안한다고 했었거든. 막 안한다니까, 그 당시 국정원[중앙정보부]에서 우리 끌어가서 하룻밤 살기도 했어. 통합을 안 하려고 하니까, 말 안 듣는다고 여행사 대표들 다 잡아갔었어. 우리가 얼마나 제주를 알리며 발전을 시켰는데, 그렇게 하더라고. 본사에서 외국손님들이 올 때는 내가 직접 갔었어. 흑인들이 오고 막 이러면 신문에도 다 났었어. 서귀포에 데려가서 막 안내를 할 때는 어린애들이 2, 30명씩 모여와서 흑인 구경한다고 했다니까. 이거 드라마로 나오면… 야~ 이런 경험을 국제여행사를 한 나나 했지, 그런 경험을 한 사람이 별로 없어.

난 일본말을 조금은 알아듣거든, 1학년 때 해방됐으니까. (어떤 때는) 내가 직접 갔어. 통역사 안 두고, 손짓발짓에 단어 몇 개만 알면 됐거든. 개인으로 오는 것은 통역사를 두기가 힘들어. 우리가 지프차가 있었거든, 그러면 운전사하고 두세 명 쯤 태워서 내가 했지. 그 가이드란 것이 계속 5, 6개월 하면 영어도 하고 일본어도 되더라고. 영어도 학교에서 배웠으니까, 단어로 설명하면서, 이젠 잊어버렸지만….

이 일 하면서 별일 다 겪었지. 그런데[중앙정보부]도 다 끌려가고, 경찰서에서 오라 가라 하고. 우리가 여권을 했는데, 그게 잘 안 나오면 고발당하고, 그거 설명하느라 경찰서 들락거리고. 고려여행사하면서 여권도 많이 했어. 그때는 사람들이 일본을 막 가고 싶어 했거든. 그런데 그게 잘 안 나와. 가족여권이나 초대장[초청장]이 오면 그걸로 다 해주고 했었지. 그러던 것을 (여행사 하나로) 다 합치라고 하니까… 사비 털면서 하던 것을 다 합치면 되나? 그래도 직원들도 몇 달은 월급을 주면서 유지했지, 가망이 있을까봐.

그러다 나중에 그것[제주합동여행사]도 다 해산시켜버리고, 제주관광여행사를 반관반민으로 만들었지. 그것도 시간이 꽤 걸렸어, 반발이 많았거든. 누구는 손님이 많고 누구는 손님이 없는데, 그걸 똑같이 하라면 하겠어요? 옥신각신 많이 했지. 그러다 제주관광여행사를 만들어서 관은 51%, 민은 49%로 해서 했지. 여기 49%에 여행사가 다 들어가게 된 거지.

여행업을 하던 사람들이 거기 가서 월급을 받아야 먹고 살잖아. 그런데 웃기는 게 자본주하고 경영인을 분리하라고 해서 거기도 못 들어가게 하는 거라. 그때가 가장 내가 힘든 때야, 지독하게 고생했어. 결혼은 했던 때인데, 내가 버스가 두 대가 있었는데도 힘들었어. 전에는 고려여행사만으로도 (버스 두 대가) 풀가동 되었는데, 다 합치니까 며칠에 한 번 순번으로 돌아와서 수입이 적어.

그러다보니 광주에서 보내올 돈, 대구에서 보내올 돈은 이렇게 되니까[고려여행사 제주지사가 없어지니까] 제대로 수급이 안 되는데…. 호텔이나 식당에 지불할 돈은 나에게 독촉하고, 그래서 자동차로 벌어서 주고. 육지까지 돈을 받으러 가면 그 돈들은 어디로 가버렸는지… 또 광주도 부도났어. 거기 사무실이며 직원들 월급… 이익금이 생기면 내가 3을 갖고 너네[직원]들이 7을 가져라 했어. 3대7로 나누기로 했는데, 그 집 전세금까지 다 빼 먹어버린 거야. 그래서 법정소송에…. 대구 친구들도 또 그러더라고.

관광사업이라는 게 그때 받아야지 지나면 없어. 그래서 그때 엄청 고생했어. 그때 결혼해서 애도 있을 때지. 자동차 두 대가 있어도 겨우 입에 풀칠했어. 대구, 광주 그렇게 되고, 여기도 이렇게 합쳐져 버리고. 내가 합치라고 했나? 그때 이승택 지사였을 때 그렇게 해버리니까. 거기다 자본주하고 경영을 분리하라고 했는데, 자기[직원]들은 월급을 타니까… (직원들은 관광사업이) 어떻게 벌어서 하는지 그 어려움을 몰라.

그때도 (고려여행사) 본사에서 소송을 하자고 했는데, 그게[국제여행사는] 교통부 소관이지 도지사 소관이 아닌데, 국내(여행사)는 도지사 허가지만…. 그걸 그렇게 만들어 놓는다고 소송하자고 했어. 그런데 내가 제주에 살면서 관에 있는 사람들하고 소송하며 인상 나쁘게 남기면 안 좋다고, 또 자존심도 있고 해서 안하고, 그냥 거기에 들어갔지. 그게 500만 원짜리 자본금인데 내가 30만원 냈지. 내가 대주주라. 10만원, 20만원들 내고 호텔업, 자동차, 여행사하는 사람들이 다 들어갔어. 거기서 감사로만 있었는데, 생기는 게 있어야지. 엄청 고생했어.

* * *

1972년 3월, 6개 여행사 중 한라여행사와 고려여행사 제주지사는 끝내 불참하고, 나머지 신진교통, 제주여행사, 제주관광안내소, 제주교통 등 4개사가 참여하여 제주합동여행사가 발족하였다(제주특별자치도관광협회 2012: 144). 그러나 같은 책의 다른 페이지(104)에서는 다르게 설명하고 있다. "1971년 8월 고려여행사 제주지사와 대한여행사 제주지사를 제외한 신진관광, 제주여행사, 제주관광안내소, 제주교통, 한라여행사, 민속관광여행사 등 6개 여행사를 통합시켜 제주합동여행사를 만들었다. 그 후 1973년 3월 고려여행사 제주지사도 제주합동여행사로 강제 통합되고, 지방자치단체가 51%, 여행업자들이 49%의 주식을 나눠 가진 민관합동의 (주)제주관광여행사로 다시 개편"되었다.

제주관광여행사는 1978년에 민영체제로 전환된다. 1978년 4월 13일자 경향신문 3면 제주발 기사를 보면, "제주관광여행사가 관주도 경영을 탈피, 순수 민간경영으로 전환했다고. 제주관광여행사는 지난 5일 임시주총을 열고 … (중략) … 현재의 민간주(17명) 1만 8천주를 5만주로 증자키로 결정한 것. 이에 따라 지난 73년 3월 발족한 이 여행사의 정부주는 52%에서 18%로 줄었고, 민간주식은 48%에서 82%로 늘어 5년 만에 민영체제를 구축"했다고 보도하였다.

제주도관광협회(1995: 205)는 제주관광여행사가 "어려운 가운데에서도 제주관광사업에 공헌한 것이 있다면 1973년 5월부터 실시한 제주매일정기관광 상품의 개발과 1975년부터 본격화한 제주관광쿠폰제의 실시이다. 또한 수렵관광기간에는 제주수렵통합사무소를 설치하여 수렵제도를 확립시켰으며, 서울 부산 등에 회사자체 판촉망을 구성하여 육지부 여행사들의 시장독점을 견제한 것이라"고 평가하였다.

제주관광여행사가 1974년 8월 9일자 경향신문 5면에 낸 광고를 보면, 광고주가 제주도관광협회, 제주관광여행사, 제주관광뻐스 공동관리소 등 세 곳이다. 신청하는 곳[申込處라고 일본어 표현을 쓰고 있다]은 제주관광서울분사무소(分事務所), 제주관광(여행사) 영업부, 제주공항 관광안내센타, 제주부두 관광안내센타 등 네 곳이다.

광고의 제목은 '제주관광 특별안내'이며, 1인당 7,500원(2박 3일)으로 "제주국제공항과 제주부두에 개설한 제주관광안내센타에 申込[신청]하시면 제주관광(여행사) 영업부에서 완벽 안내합니다."라고 광고하였다. 서울 손님을 끌어들이기 위해, "※서울예약은 제주관광 서울사무소로!"라는 글귀를 크게 뽑았다.

7,500원의 내역을 보면, 버스요금이 1,500원(전 관광지 주행코스 224km의 운임), 숙박료가 1,400원(1급 여관, 2인 1실, 2일 숙박료), 아침과 저녁이 1,600원(한 끼에 400원, 네 끼), 점심이 1,500원(한 끼에 500원, 세 끼), 유료관람료 650원(11개 유료관광지 입장료), 안내료 및 수수료 850원(안내양 수당, 기타 사무연락 실비)으

로 구성되어 있다. 중형버스일 경우에는 7,800원이며, 3박 4일은 1인당 10,000원이라고 적고 있다. 또한 2급 시설[여관]을 이용할 경우에는 6,700원이며, 기타 비용도 관광객의 요청에 따라 실비로 봉사, 알선해 드린다고 안내하고 있다.

4. 그 후 구술자의 관광사업

그래서 뭐 좀 해보려고 탐라회관이라는 식당도 해보고 했는데, 그게 못 할 짓이더라고. 내가 그동안 여행사 하던 게 있는데, (여행사) 사장들에게 우리 식당에 사람 보내라고 막 못 하겠더라고. 딴 식당에서 술 한 잔 얻어먹으면, (손님을) 그리로 보내버리고 하는데…. 나중에 여행사 사장들이 와서, 그걸 좀 말하지 왜 말 안했냐고 하더라고. 내 자존심으로 내 스스로 살았는데, 그걸 어떻게 그런 말 해, 그러다 홀랑 까먹었지.

내 친구들은 사업을 하면 잘되던데, 나는 굴곡이 많아서 뭘 해도 잘 안되더라고 그래도 배운 게 도둑질이라고 관광사업에 미련을 버리지 못했어. 돈 쓰는 사람만 보잖아, (관광)안내원들은… 재미있기도 하고 여행사 통합 이후에, 80년대였는데, 일본식당[탐라회관]을 했어, 고급식당을 해야지 체면도 서고. 일본사람들 제주에 와서 꿩 사냥 하는 거, 국제여행사 할 때 내가 처음으로 했지. 일본식당을 하면서도 일본사람들이 밉더라고, 옛날 일제 때 부모님들이 고생하던 게 생각나서. 그래서 식당하면서 채소 하나, 반찬 하나, 다 가격을 매겨서 받았어. 관광사업이 돈 벌려고 하는 것인데, 서비스하고 싶은 생각이 없었어.

(일식 식당이라기보다는) 한식하면서 일본 손님도 받았었는데, 홀딱 망했어. 그전에는 5·16 도로 통해 제주시로 와서 점심을 먹고, 김녕으로, 성산포로 가는 코스였는데, 새 도로가 생기면서 제주시를 안 거치고 바로 가버리는 코스로 바뀌었어. 그래서 손님이 줄어버렸지. 식당은 칼호텔 근처 상록회관 맞은편, 제주은행 맞은편, 원경식당 옆에 있었지. 단체관광 오는 학생들은 안 받고, 일식을 해서 일본손님들을 받았는데 잘 안되더라고. 아니꼬운 일도 많고, 관광사업 하던 사람이 식당하려니깐 안되더라고.

그 다음에 고생이 많았는데, 신진관광(에 지입한) 차로만 먹고 살려니… 내

손님을 끌어다 하면 (관광버스를) 풀가동 시키고, 따블로[하루에 두 번씩] 시키고 했는데…. 그러다가 에메랄드호텔을 했지. 시고모가 이대 약대를 나와서 의사랑 결혼했는데, 고향에 와서 보니 관광사업에 투자하면 될 것 같다고 봐서, 또 조카며느리인 내가 이런 계통에 있으니 해보자고 해서, 우리도 좀 투자해서 시작했지. 그동안 관광사업하면서 했던 것을 다 풀어서 엄청나게 했지. 그런데 그것도 잘 되니까, 집안에서 알력이 나오더라고. 그래서 우리 주 찾고, 나와 버렸지.

그런데 제주관광여행사가 부도가 날 즈음 호텔[제주호텔] 하나만 남았어. 그걸 팔아야 부도를 막게 생겼어. 아니 이런 멍청하기가… 독점으로 여행사 하나만 운영하는데 왜 부도가 나? 그걸 외상으로 주면 안 되는데, 경영하는 사람들이 육지 가서 술 먹이고 하면 그걸[외상을] 주는 거야. 그때는 정기관광이라 해서 매일 자동차를 돌렸거든. 신혼여행을 외국으로 안 가고 전부 여기 올 때 거든. 그런 좋은 시기였는데, 그걸 판촉한다고 육지에 가서 하다가 육지사람들 좋은 노릇만 다 했잖아.

남은 (제주)호텔 그걸 맡아서 한 10년을 운영을 했는데, 이익금은 한 푼도 안 먹었어. 사무실하고 커피숍이 있던 자리에 크게 증축해서 제주호텔이라고 있는데, 지금 마리나호텔 앞에 건물하나 딱 지어서, (제주관광여행사가) 반관반민 할 때 그 자리에 그걸 줘서 했던 거라. 그런데 위치가 잘못되었어. 그게 잘 보이는 곳이라고 거기 줬는데, 커피숍이랑 이런 것이 번화한 곳에 줘야 되지, 그렇게 허허벌판에 하면 돼? 잘 보여서 선전만 잘 되면 뭐 할 거냐고? 커피숍도 안 되고 해서 거길 호텔로 개조해 운영하는데, 내가 에메랄드호텔을 하며 잘 되고 있으니까, 나를 부르더라고. 이게 이제 팔게 되었으니까 나보고 해보라고. 아, 난 뭐가 좀 잘 되면 팔아 불고, 합쳐 불고, 불러내고, 미치겠더라고, 내 사주팔자 인지.

그래서 가보니까, 낡았더라고 그걸 다 싹 수리해서 했어. 에메랄드는 고급손님 받았는데, 거긴[제주호텔은] 학생들 위주로 받았거든. 난 직원을 써도 여행사 했던 직원을 써요. 그래야 거래처도 잘 알고 손님 심리도 잘 알아서 잘 하니까. 그런 애들을 스카우트해 와서, 주임하면 과장으로, 과장은 부장으로 하면서 사람을 써서 제주호텔 붐을 일으켰지. 학생 위주에서 일반사람들도 가는 거라. 그러니까 에메랄드호텔에서 미움을 받지, 개인장사 따로 한다고. 내가 제주호텔 700만원 임대료를 내고 했거든. 당시 그게 작은 돈이 아니야.

그렇게 막 하고 있으니까, 여기저기 (제주관광)여행사가 보증 떠안고 담보 떠안았던 것들 갚을게 나오는 거야. 내가 700만원 주는 걸로는 안 돼. 그래서 그걸 팔아야겠다고 하데. 그래도 그거 팔지 맙시다, 이거 하나 남았는데 팔지 말자고, 내가 임대료 내면서 운영해서 나중에 이익금이라도 나면 그거 주주들에게 나누고 합시다, 해도 안 들더라고. 그래서 그럼 내가 이거 개조하며 돈 들고 한창 잘 운영되는 거 팔면 나는 어떡하냐, 보상 어떻게 해줄 거냐고 하니까, 한 3개월 임대료로 그거 대신 하라고 하는 거라. 그래서 팔았는데 사기꾼한테 팔았어. 그게 경매로 공정 감정가 43억짜리가 13억에 팔렸어. 내가 그걸 할까도 했는데, 남들이 뭐랄까 봐 그냥 안했는데, 내가 거기 감사니까.

감사 이름으로 뭐가 돼 있었는지 세무서에서 감사 이름으로 잔뜩 딱지를 붙여놨어. 주식회사 제주여행사의 딱지를 내 앞으로 했어, 내가 여기를 운영하고 있으니까, 감사가 뭘 해먹은 줄 알고. 그런데 내 전의 사장 아들이 나하고 계약할 때 임대료 700만원에 대한 서류가 있었어. 그 걸로 세무사에게 의뢰를 해서 소송으로 되돌려놨어. 내가 감사로 혜택 본 것도 없고 책임질 일도 없다고.

내가 제주호텔로 뭘 해보려고 해도 그걸 하려면 제주관광여행사의 빚을 다 물어줘야 돼, 할 수가 없어. 세상에 그걸 또 팔아버리니까, 그 사람들이 하다가 도망가 버렸어. 전과9범인 육지사람인데 바지 사장 내세워서 일을 한 거라. 우리가 당좌를 거래했는데, 그것에 눈독을 들여서 그걸로 약 50억을 당겨먹고 가 버린 거라. 그래서 바지사장 한 아이만 감옥에 들어간 거라.

그런데 문제는 내 밑의 직원들을 다 인수했는데, 월급을 안 주고 도망가 버린 거라. 그래서 지배인 애한테 월급을 주면서 일을 하는 것은 걸리지 않으니까 그렇게 하라고 했어. 그래도 건물이 경매로 넘어가고 하니까, 종업원들이 다 흩어지고 해 버렸지. 아이고, 신경질 나서 원. 그래서 놀려고 하니까, 내가 일하던 사람이 놀려니까 되겠어? 아이들 공부시키는데 열을 다하고 있을 때인데, 큰애는 사법고시 준비하고, 둘째는 중국으로 유학 보내고, 셋째도 대학을 시킬 때라 내가 놀면 안 되겠더라고.

  그래서 문예회관 옆에 제주민속관광타운이라고 하는데, 거기 서○○씨라고 예총회장하시는 분이 거기서 뭐 하는데, 우리 관광업 하는 후배들 해서 여행업 비슷하게 주식회사를 만들어서 갔더라고. 그래서 나보고 오라니까 가봤는데, 식당 할 자리가 비었으니까 거길 해 보지 않겠느냐고 하더라고. 그동안 내가 식당도 해 보고 호텔도 운영해 봤으니까 자신은 있지. 그래서 딱 보니까 동시에 2, 300명을 받을 수 있겠더라고. 난 작으면 못해, 관광사업 하면서 하던 게 있어서.

  그런데 집세를 많이 부르더라고, 1년에 5천만 원. 그거면 나 그냥 먹고 있지 했더니, 그 사람은 관에서 1억을 보조받으며 그렇게 받겠다고 하더라고. 그래서 안하다고 하니까 오픈할 때까지 그걸 못 빌려줘. 제주에서 웬만한 사람 그 규모로 하지 못해. 나는 했던 가락이 있으니까 할 자신이 있는 거지. 나중에 다시 왔더라고 얼마면 하겠냐고. 2천만 원도 비싸지만 불렀지. 그래서 그걸 하게 된 거야. 나중에 알고 보니까 그게 우리 관광사업 하는 애들이 다 기획서랑 제안서 해서 그걸[제주민속관광타운을] 주식회사처럼 만들어 받은 거였는데, 나중에 다 밀어내고 (서○○씨 혼자) 차지했더라고. 난 관광정책을 하는 관청사람들이나 도지사 나오는 사람들 반갑지 않아, 제주관광을 뭘 어떻게 하는지. 관광객 많이 온다고 돈 많이 번 줄 알지, 빛 좋은 개살구라니까. 이런 말, 난 기자들에게도 다 말해.

  오렌지가든이라는 식당을 개업하는 날, 난 한 200명 공짜로 먹였어, 개업인사하고 선전하려고. 제주민속관광타운에서 알아서 선전한다고 그랬는데, 여행사 직원은 별로 없고, 그 사람[서○○씨]이 자기 친인척들 불러서 먹이더라고. 그래도 그냥 넘어갔지. 그렇게 시작해서 처음 한 2년은 흑자를 못 냈어, 손해를 봤지. 그래서 안 되겠다, 내가 직접 선전을 해야겠다 생각해서 피로연을 판촉 했어. 그리고 내가 장사했던 사람이니까 손님들한테 서비스를 잘 한 거라. 그게 소문이 나서 피로연이랑 단체 예약이 많이 들어왔어.

  장사가 잘 되니까 서○○씨가 탐이 났는지 이걸[식당을] 가지려고 해. 그래도 난 산전수전 다 겪었는데, 세상에 그 사람이 명도소송을 걸더라고. 계약서에는 서○○씨가 시청에서 건물을 빌리는 한, 을(乙)도, 나도, 식당을 할 수 있다, 계약을 연장할 수 있다고 썼거든. 연장한다가 아니더라고. '할 수 있다'는 '없다'도 되고 '있다'도 되는 거야, 절대로 알아둬야 돼.

내가 기가 막혀서 관청이며 이리저리 다 손을 쓰는데도 안 들더라고, 타협만 하라고 하면서. 이리저리 진정서도 내고 하면서 시간을 끌며 한 5년 경영을 했지. 우리 (둘째) 딸이 국세청에도 가서 통역을 하고, 법제처에도 가서 통역을 하고 있었거든. 그래서 엄마가 이런 일을 당하니까 나서더라고. 또 사법고시 공부하는 (큰)딸도 1차 합격한 뒤였거든, 그 딸도 내려와서 재판을 도와주고.

* * *

제주도관광협회(1995)가 펴낸 『제주관광30년사』의 사진 화보에 실린 '전국 최초의 관광안내원'의 사진에 대한 설명에서 김광자의 이름에는 괄호 안에 "현 에메랄드호텔 경영"이라고 소개하고 있다. 책이 발간된 1995년에 구술자는 에메랄드호텔을 경영하고 있었다는 사실을 사진 설명을 통해 확인할 수 있었다.

현행 「관광진흥법」 제3조(관광사업의 종류)에 따르면, 여행업이란 "여행자 또는 운송시설·숙박시설, 그 밖에 여행에 딸리는 시설의 경영자 등을 위하여 그 시설 이용 알선이나 계약 체결의 대리, 여행에 관한 안내, 그 밖의 여행 편의를 제공하는 업"이라고 규정하고 있다. 또한 관광숙박업 중 호텔업은 "관광객의 숙박에 적합한 시설을 갖추어 이를 관광객에게 제공하거나 숙박에 딸리는 음식·운동·오락·휴양·공연 또는 연수에 적합한 시설 등을 함께 갖추어 이를 이용하게 하는 업"을 말한다.

구술자가 운영했던 식당은 관광진흥법 상 관광객 이용시설업에 해당한다. 즉 "관광객을 위하여 음식·운동·오락·휴양·문화·예술 또는 레저 등에 적합한 시설을 갖추어 이를 관광객에게 이용하게 하는 업"을 말한다.

5. 후기: 구술자의 관광사업과 가족

큰언니는 어머니 열여덟 살 때 낳고, 난 어머니가 마흔여섯 살 때. 내가 중학교

들어가게 됐을 때, 우리집이 참 어려워졌는데…. 큰언니가 배워서 지식을 갖춰야 한다고 늙은 어머님 아버님 설득해서 (내가) 제주시로 유학을 갔었지. 조카들하고 자취하면서 살았어.

근데 나는 언니들 사는 거 보고 결혼에 흥미가 없어서 서른다섯 살 때 결혼했어. 사업은 잘 안되고, 관에서 여행사 허가도 빨리 안 해주고, 여행사 합치는데 2, 3년 걸렸잖아. 일은 못하고, 나이든 어머니가 재촉해서 결혼을 했는데…. 결혼을 하니 더 사업이 잘 안 돼. 혼자일 때는 도와주는 사람도 많았는데, (결혼 후에는) 거래처 사람 만나는 것도 조심하고, 쇠사슬을 채운 것 같았어. 혼자 여행사 할 때야 술타령도 하고, 술도 많이 마시고 파티도 하고 멋지게 살았는데….

딸만 셋인데, 큰애[1973년생]는 변호사, 둘째[1974년생]는 동시통역사, 셋째 [1981년생]는 중소기업 과장인데…. 이 관광사업을 하면서 정말 고생이 많았어, 여행사 일곱 군데가 많다고 관에서 하나로 합쳐버려서, 요즘으로 치면 소송감이지, (합쳐도) 혜택도 없고. 아이들 키우면서 정말 힘들게 키웠어, 근데 아이들이 열심히 공부해줘서….

둘째가 대학을 중문과로 갔는데, 방학 때 중국으로 연수를 가더라고. 그래서 중국어 가이드 해보라고 했더니, 딸은 자기 꿈은 동시통역사라고 통역대학원을 들어가고 큰애는 변호사 시험보고 나는 매일 절에 가서 기도했지. 둘째가 먼저 통역사 됐는데, 큰애는 10년 만에 시험에 합격했어. 내가 생각해보니 큰애가 부담스러워 할 것 같아서, 내가 아이들한테 언니 뒷바라지는 내가 한다고 선언했지. 나는 아이들에게 항상 겉을 명품으로 치장하려고 하지 말고, 맘을 가꾸라고 얘기했는데, 그래서인지 애들이 지금도 멋을 못 내.

나는 애들 국민학교 때 애들 데리고 놀러 다니지 못했어. 그땐 제주(관광)여행사가 있을 때니까, 내가 감사로 투자한 게 있으니까, 안내원에게 부탁해서 점심값만 주고 차[관광버스] 맨 뒤에 태워 보냈었지. 그래서 애들에게 제주관광을 많이 시켰어. 그러니까 애들이 학교에서 글을 쓰면 만점이야, 본 게 많으니까. 애들이 책도 좋아했지만….

통역사 하는 딸이 여행 경험이 많아서인지, 통역대학원 면접시험을 볼 때 중국 원어민 교수에게 좋은 인상을 줬나봐. 그 중국교수가 중국어를 얼마나 잘 하느냐보다 중국을 얼마나 아느냐가 더 중요하다 그랬대. 학원을 다닌 것도 아니고, 중국여행 다니고 어학연수 한 게 전부인데, 딸이 최연소자로 합격했어. 딸이 엄마 덕에 합격했다 하니까, 여행사 한 거 덕본 게 두 번째 딸. 그래도 공부하는 게 힘들었는지 1년 휴학하고 공부해서 졸업했지. 둘째가 그래, 엄마는 (자기) 어릴 때부터 장사를 해도 그렇게 세련되게 했냐고 난 돈이 없어서 그랬는데. "다른 사람들은 식당도 하고 구멍가게도 하지만, 엄마는 관광사업을 해서 남들에게 자랑스럽게 얘기한다고, 엄마를 달리 봐~" 그래.

나도 애들 어렸을 때 열성적인 엄마였어, 맹모삼천(孟母三遷). [웃음] 내가 함덕에서 제주여중 가니까, 함덕에서 1, 2등 했어도 북(국민학)교 다녔던 애들에게 뒤지더라고. 애들 북교 보낸다고 서류상으로만 주소이전도 하고. 큰애 서울에서 대학 다닐 때는, 친구집 애들이 공부를 잘 했는데, 그 집에서 자취도 시키고. 친척집이 (서울에) 있었지만.

지금은 애들 다 번듯하게 잘 지내지. 애들 셋 다 결혼은 안 했어, 다들 대학원 공부하느라 바쁘고, 내가 못 살겠어. 애들이 변호사니, 통역사니 합격할 때 그 기쁨은 컸었는데. 예전에 서울대 이대 들어간 애들 보면 그렇게 부러웠는데…. 이 여행사 해서 사업적으로는 망했지만 애들에게 본전 빼고 잘 되어서. 그런데 속상한 게 하나 있어. 여행사 1호가 (제주도)관광문화상을 탔거든. 내가 (고려여행사 제주지사를) 쭉 하고 있었으면 (그 다음에) 관광문화상을 탈 수 있었다고 주위에서 말하는데, 속상하지.

우리집 아빠는 돈은 못 벌었어. 근데 일본어를 아니까 일본손님이 오면 통역도 해주고, 우리 여행사[고려여행사 제주지사]에서만 여권을 취급해서 그 일도 도와주고 일본손님들이 꿩 사냥 하러 많이 왔었는데, 그 때 통역도 해주고 그 여행사[고려여행사 제주지사] 그대로 가지고 있었으면 인생 달라졌을 거야. 광주의 고려관광여행사도 망하고, 대구에도 연락소가 있었는데 돈도 제대로 못 받고, 너무 힘들었었지. 나중에 힘들다고 (제주관광여행사) 한○○사장에게 말해서, 남편이 제주관광여행사 목포영업소장으로 발령 받았어. 그때 제주도에는 배로 손님이 많이 왔었어. 남편은 10년 전에 돌아가셨어. 우리 큰딸이 사법시험 1차 합격한 거 보고서 돌아가셨지.

근데 좀 아쉬움이 남아. 앞으로 제주도는 관광사업 밖에 없는데, 도에서 참 일을 못해. 우리 관광사업 했던 사람들이랑 도지사랑 관광 담당직원들, 지금 관광업에 종사하는 사람들 모아놓고 난상토론이라는 것을 한번 해보고 싶어. 일곱 개 여행사도 많다고 여행사 합병해 놓더니, 지금은 여행사 600개 생겨났잖아. 관청이 내 사업을 다 망쳤어. 그 중에서도 나는 국제여행사였는데… 참 속상해.

* * *

2013년 12월 11일 1차 인터뷰에서는 연구자가 거의 질문을 하지 않았고, 구술자는 자신이 했던 관광사업을 연대기적으로 이야기하였다. 12월 17일 2차 인터뷰는 제주특별자치도관광협회가 펴낸『제주특별자치도관광협회 50년사』를 구술자에게 보여주면서 시작하였다. 구술자는 자연스럽게 제주도 관광의 과거를 회상하였다.

앞에서 제시한 관광이라는 주제별 생애사 텍스트는 1차와 2차 인터뷰 때의 이야기를 합쳐서 편집하였다. 2차 인터뷰는 1차 인터뷰 때의 이야기를 다시 듣고 진행하였다(윤택림·함한희, 2006: 96-97 참조). 2차 인터뷰에서는 연구자가 군데군데 질문을 했기 때문에, 구술자는 자신이 했던 관광사업의 내용과 그에 따른 경험과 느낌을 1차 인터뷰 때보다 더 자세하게 이야기하였다.

1차 인터뷰에서는 구술자의 가족 이야기가 거의 없었기 때문에, 2차 인터뷰 때 연구자는 가족에 대한 질문을 하였다. 그러자 가족에 대한 이야기뿐만 아니라 구술자의 관광사업과 가족의 관계에 대한 이야기도 풀어놓았다.

■ 참고문헌

김성례. 2002. "여성주의 구술사의 방법론적 성찰", 『한국문화인류학』 35(2): 31-64.
유철인. 2004. "구술된 경험 읽기: 제주 4·3 관련 수형인 여성의 생애사", 『한국문화인류학』 37(1): 3-39.
_____. 2008. "지방사 연구와 인류학: 생애사 연구를 중심으로", 역사문화학회 엮음, 『지방사연구입문』, 서울: 민속원.
_____. 2015. "사실과 진실 사이에 놓인 이야기: 제주4·3증언총서를 엮으며", 제주4·3연구소 엮음, 『제주4·3증언총서』, 총 8권, 제주: 제주4·3평화재단.
윤택림·함한희. 2006. 『새로운 역사쓰기를 위한 구술사 연구방법론』, 서울: 아르케.
제주도관광협회 편. 1995. 『제주관광30년사』, 제주: 제주도관광협회.
제주여자고등학교 편. 2001. 『제주여고50년사』, 제주: 제주여자고등학교.
제주특별자치도관광협회 편. 2012. 『제주특별자치도관광협회 50년사』, 제주: 제주특별자치도관광협회.

Denzin, Norman K. 1989. *Interpretive Biography*, Qualitative Research Methods, Volume 17, Newbury Park: Sage.

<기타 자료>
「경향신문」 1964년 7월 31일자; 1974년 8월 9일자; 1978년 4월 13일자.
「동아일보」 1951년 10월 21일자; 1965년 1월 26일자; 1965년 6월 22일자; 1966년 7월 15일자.

제7장 경제개발시기 젠더화된 이주*
— 독일의 한국간호사

안연선

1. 들어가며

2007년에 UN[1]이 한국을 이주노동자 유입국으로 분류하면서, 이주 연구는 한국으로 들어오는 이주자들에게 주목하고 있다. 그동안 해외로 취업한 한국인 이주노동자에 대한 연구는 상대적으로 적었다. 본 연구는 1960년대와 1970년대 국민국가 건설 시기 동안 정부 주도하에 한국에서 독일로 이주한 의료계 종사자 즉 간호사와 간호조무사에 주목한다. 이를 통해 이주 연구에서 부족한 부분이었던 한국인 이주 노동자의 경험세계를 이주자 자신과 젠더의 관점에서 분석할 것이다.

그동안 독일로 취업 이주한 간호사, 광부들에 대해 "파독 간호사[2]" "파독 광부" 혹은 "파독 산업전사[3]"라는 용어를 사용해왔다. 본 연구에서는 이 용어들에 대해 두 가지 문제를 제기한다. 첫째, 파독 간호사, 파독 광부는 인력을 파견하는 국가 혹은 정책 입안자의 관점에서 조성된 용어로 이주자는 수동적인 파견의

---

* 애초에 영어로 제출한 원고를 꼼꼼하게 한글로 번역해주신 윤영수님께 감사드립니다.
1) "UN International Migration and Development: Regional Fact Sheet – Asia",
   http://www.un.org/migration/presskit/factsheet_asia.pdf
2) 한국학중앙연구원, 한국민족문화대백과
   http://terms.naver.com/entry.nhn?docId=1820725&cid=46634&categoryId=46634
3) 재외동포신문. "조국 위해 떠났던 파독 산업 전사들의 한국 나들이". 2015.5.15.
   http://www.dongponews.net/news/articleView.html?idxno=27361

<표 7-1> 심층면접자

번호	이름(가명)	출생연도	학력	독일이주연도	이주신분	퇴직	비고
1	강희자	1951	간호조무사 교육 받음	1970	간호조무사	현재까지 양로원에서 근무중	한국인 광부출신과 결혼, 자녀 2명
2	권영순	1954	미상	1970	간호조무사	결혼후 퇴직	외과의사와 결혼, 자녀 2명
3	김숙희	1938	마산 간호학교	1967	간호사	1996년 정년퇴직	전직 간호장교 육군 중위, 독신
4	나은자	1942	순천 간호학교	1969	간호사	2004년 수간호사로 정년 퇴직	기혼상태에서 딸을 한국에 두고 독일로 이주 독일에서 결혼하여 정착
5	박신자	1948	간호보조 교육 받음	1970	간호조무사	미상	독일에서 당시 한국유학생과 결혼
6	신민자	1953	순천 간호학교	1973	간호사	2015년 조기퇴직	독일에 온 한국인 광부와 결혼, 자녀 2명
7	이영순	1944	충남 간호대학	1970	간호사	1972년 은퇴 후 토론토에서 파트타임 간호사로 일함	1972년 독일에서 캐나다로 재이주. 독일에 광부로 갔다가 캐나다로 재이주한 한국인과 결혼, 자녀 3명
8	한영희	1955	마산 간호학교	1975	간호사	남편과 개인 병원 운영 중	같은 병원에서 일하던 의사와 결혼, 자녀 3명
9	황인숙	1943	군산개정간호전문대학	1966	간호사	2003년 조기퇴직	

대상으로 설정되고 있다. "파독"이라는 용어는 1960년대와 1970년대 외화획득을 위해 정부가 해외인력수출의 일환으로 노동자를 독일로 파견한 사실을 잘 드러낸다. 이 용어는 이주자가 인력 수출의 대상, 즉 국가의 수출품 중 하나임을 암시한다. 그러므로 이주자를 주체로 설정하거나 이주자의 관점에서 나온 용어라 보기 힘들다. 둘째로 "파독 산업전사"라는 용어는 이주 노동자를 국가 경제성장을 위한 전투에 임하는 군사에 비유한 것으로 군사주의적 함의를 지닌다. 해외 취업한 이주자들이 국가 경제성장을 위해 동원된 군사력으로 간주될 수 있으므로 역시 이주자 자신의 주체성이나 관점을 내포하지 못하고 있다.

본 논문은 이주와 정착의 과정 젠더화를 이해하기 위해 한국인 의료노동자의 초국가적(transnational) 이주현상을 젠더의 렌즈를 통해 살펴 보는 것을 목적으로 한다. 여기서 젠더는 전지구적 이주의 양상을 이해하고 이주자의 경험을 형성하고 구성하는데 영향을 미치는 주요 요소로 고려된다. 이 논문을 통해 살펴보고자 하는 이러한 질문은 이주가 젠더 관계와 성역할에 영향을 미치는 방식과 관련이 있다. 본 연구는 국사편찬위원회의 구술사 프로젝트 지원을 받아 2011년과 2012년에 수행한 심층 면접 자료를 바탕으로 한다. 연구자는 1960년대와 1970년대에 한국을 떠나 간호사 또는 간호보조사로 독일 의료기관에 취업한 이후 계속 독일에 남아 정착했거나 혹은 캐나다로 재이주하여 정착한 아홉 명의 전·현직 간호사 또는 간호조무사를 대상으로 총 7시간에서 10시간에 이르는 심층 면접을 실시하였다(<표 7-1> 심층면접자 참조). 이 심층 면접에서 채록한 그들의 가족과 노동의 경험에 대한 개인적 서사 분석을 통해 젠더가 이주와 정착 과정에 상호작용하는 방식, 그리고 이주가 그들의 성역할과 젠더 권력 구조에 미친 영향을 살펴볼 것이다. 본 논문에 등장하는 심층면접자들의 이름은 모두 가명이다.

<표 7-2>에서 보듯이 1950년대 후반에서 1970년대 후반 사이에 10,000명이 조금 넘는 한국인 간호사와 간호조무사가 독일로 이주했다. 이들 중에는 물론 자녀를 둔 기혼 여성들도 있었지만 다수가 20대 초반 미혼의 단독 이주자들이었다. 이들은 병원, 요양원, 양로원 등에서 일했고 일부는 현재까지도 근무하고 있다.

<표 7-2> 독일로 이주한 한국인 간호사 및 간호조무사 수

연도	노동자 수	연도	노동자 수
1959-1964	1,043	1971	1,363
1966	627	1972	1,449
1967	421	1973	1,182
1968	91	1974	1,206
1969	837	1975	459
1970	1,717	1976	62
총	10,457		

출처: 재외동포재단(2003)

이주 간호사들을 필요로 했던 독일의 유인요인은 간병, 의료 분야에서 여성에 대한 수요 증가였다. 당시 서독은 의료, 건강 분야의 노동력 부족이 심화되던 시기였다. 전형적인 여성 직업으로 여겨지는 간호 직종은 교대근무와 긴 노동시간에 비해 임금 수준이 높지 않아 독일 현지 여성들에게는 다른 직업만큼 선호되지 않았다.4) 현지 여성들이 간호와 요양 직종을 외면함에 따라, 독일은 이주 의료노동자에 점점 더 의존하게 되었다. 이들 이주 의료노동자들은 독일이 노령인 인구를 위시해 복지 국가를 유지하는 데 공헌했다. 이는 돌봄 노동 등 성별 분리된 노동 시장에서 여성 이주 노동자에 대한 특정 수요가 창출됨과 더불어 국경을 넘는 이주의 여성화라는 현재의 전지구적 정치경제와 맥락을 같이 한다.

한국으로부터의 이주 노동자 배출 요인은 사회경제적 조건과 매우 관련이 높다. 한국전쟁(1950-1953) 이후, 국가 재건은 해외 원조를 기반으로 했으며 한국의 실업률은 여전히 높았다. 또한 경제 성장을 위한 수출정책에는 인력 수출이 포함되어 있었고, 이주 노동자 해외 파견은 그들이 본국으로 보내는 송금을 통해 외화를 획득하는 방안으로 간주되었다. 이주노동력의 유인과 배출 배경은 전지구적 경제의 메커니즘 속에서 발생하는 이주의 맥락에서 볼 필요가 있다. 1973년 독일 라벤스버그에서 간호사로 일을 시작했던 신민자는 자신이 독일로 이주한 계기를 가족의 상황에서뿐 아니라 당시의 국가·사회·경제적인 맥락에서 다음과 같이 이야기 한다. "결국은 우리나라가 가난했기 때문에 우리는 집을 떠나 외국에 나가서 돈을 벌어야 했던 거지요."

한국 정부는 인력 수출을 촉진하기 위해 1962년에 해외 이주에 관한 법률을 시행하고, 1965년에는 한국해외개발공사를 설립했다. 한국해외개발공사, 한국과 독일의 민간단체들, 의료 및 종교 기관은 한국인 간호사, 간호보조사들을 독일 의료계로 채용시키는 과정에서 중요한 역할을 했다. 인력 수출을 관장하고 이주 정책을 실시했던 한국해외개발공사는 1960년대 후반부터 1970년대까지 간호, 초급 독일어, 반공 교육 등을 실시하고 해외 이민과 취업채용 과정을 관리했다. 1969년 8월 한국과 독일 양국 정부 간에 노동 계약이 체결되면서 한국의 간호사와 간호조무사 인력의 서독 파견은 정부가 주도하는 해외취업 사업이 되었다. 그들의

---

4) "Die Weissen Engel aus Korea", *Quick*, Vol.48, 20-26. 11. 1986, p.53.

이주는 외화 소득을 위해 계획되었고, 간호사들의 이주는 한국의 경제 성장을 촉진하는 정치·경제적 효과를 가지고 있었다(김원, 2009: 112). 그러나 독일로 이주하는 한국인 간호 인력의 유출이 증가함에 따라, 1970년대와 1980년대 한국에는 "간호인력 부족" 현상이 나타났다.5) 즉 이주를 통한 해외로의 인력 수출은 송출국의 개발이라는 긍정적인 효과를 가져올 경우도 있겠지만 이에 따르는 사회적 비용도 존재한다. 한국인 간호사의 독일 취업 주선에 큰 역할을 했던 이수길은 당시 한국 간호사 유출에 맞섰던 한 종교단체의 노력을 다음과 같이 기술하였다.

> 한국기독교연합회는 한국간호사의 독일취업을 반대하고 나섰다고 한다. 한국기독교연합회에서는 한국의 간호사들이 한국의 환자들을 위해서 양성되었고 한국에서도 의료진이 모자라 쩔쩔매고 있는 상황에서 독일로 취업을 나간다는 것은 인도적으로 용납될 수 없다고 주장하였다. 한기연이 독일기독교연맹측에 독일에서 여론을 조성하여 한국간호사를 데려가지 못하게 해달라고 요청했다는 것이다. 이에 독일기독교연맹은 요청을 받아들여 독일의 유력한 시사평론지 〈슈피겔〉 1972년 5월 8일자에 막대한 광고비를 들여서 독일병원이 한국의 간호사를 데려오는 것은 인도적 차원에서 못할 짓이라는 광고기사를 게재했다.6)

2. 집 떠나기: 압력 혹은/그리고 기회

이 장은 한국 의료노동자들이 한국을 떠나 해외로 이주하는데 영향을 미친 변수에 주목할 것이다. 1960년대와 1970년대 한국에서 여성이 단신으로 해외에 취직하러 가는 것은 극히 드문 일이었으므로 이는 여성에게 매우 새롭고 특별한 기회였다. 당시 한국에서 여성을 위한 직업은 간호, 교육, 비서직, 사무, 경리, 미용, 양재 등으로 제한되어 있었으므로(이영숙, 2009: 31) 독일로 떠나는 것은

---

5) "독일이 야기한 한국의 간호인력 부족" ("Urgent steps asked to halt nurse-drain, The Korea Times 14 September 1966, 나혜심, 2013: 203에 인용).
6) 뉴스한국. "한국간호사 파독과 동백림사건의 산증인 이수길 박사의 증언: 한국간호사 파독40년을 회고하며". 2007.3.6.
  http://www.newshankuk.com/news/content.asp?news_idx=20070306160259s4749#

그들 자신과 가족들에게 보다 나은 전망을 가져오리라 여겨지기도 했다. 1960년대와 1970년대 한국과 서독의 간호직 사이에는 임금 격차가 컸기 때문에 경제적 이유는 이주의 주요 동기 중 하나였을 것이다.7) 독일 이주의 상당수가 가족 부양의 책임에서 비롯되었다. 가족의 경제적 형편이 어려운 시기에 딸들 특히 전통적으로 "살림 밑천"으로 여겨지던 장녀는 가족과 남자 형제를 위해 희생하는 경우가 흔했다. 전직 간호사였던 박신자 역시 "독일로 와서 일을 하게 된 것은 장녀로서의 책임감 때문"이라고 했다. 한인 의료노동자들의 독일로의 이주 동기는 가족 부양에 대한 책임을 홀어머니와 분담하기 위해, 남동생의 교육비를 벌기 위해 (이희영, 2005: 305), 혹은 병환 중에 있는 부모의 치료비를 마련하기 위해 등 가족과 연관된 경우가 많다. 1970년 독일로 이주하여 자부르켄 근처에서 간호조무사로 근무했던 박신자 역시 "만성 질환을 앓고 있던 아버지의 치료비를 벌고 독일에서 좋은 약을 구하기 위해" 이주를 결심했다고 한다. 많은 경우 독일로의 이주는 가족 부양을 위한 효녀의 역할을 하기 위한 것이기도 했다.

젊은 단독 이주자들은 개인 차원에서 해외로의 이주를 스스로 결정했을 수도 있다. 하지만 이러한 결정은 주로 가족의 범위 내에서 부모 혹은 기혼인 경우 남편의 허락 하에 이루어졌다. 이런 점에서 이주는 주로 가족 경제를 기반으로 한 가족 공동의 결정이기도 하다. 라벤스버그에서 간호사로 일했던 신민자 역시 병든 아버지의 병원비를 감당하기 위한 가족 공동의 결정으로 이주했다. "저는 당시 독일로 가는 것 말고는 다른 선택이 없었고, 부모님 역시 제가 그렇게 하길 원하셨어요. 애초에 독일에 가기 위해 간호학을 공부했고, 그래서 여기(독일)에 오게 된 거지요."

한국인 간호사의 취업 이주 동기에 관한 전형적 서사는 경제적 압박이 이주의 주요 요인이라는 사실을 잘 보여준다. 가족의 경제 상황이 이주의 중요한 유인책이었음이 많은 경우에서 목격되지만, 이것만이 유일한 동기는 아니다. 집을 떠나 공적 영역으로 진입함으로써 얻을 수 있는 자유와 새로운 기회 또한 이주의 동기이다. 그것은 근대성으로의 진입이었다. 이들의 독일 취업 이주의 동기 속에는

---

7) "서독의 임금과 보상 합의에 따라 1969년 이후 기준 노동 계약은 이주 간호사의 월 최소 임금을 793에서 767 마르크 사이로 정했다"(Kim, 2009: 123).

고등 교육 기회에 대한 열망과 기대, 더 나은 미래에 대한 전망이 포함되어 있다. 초국가적 이주를 통해, 여성 이주 노동자들은 그들의 고향에서는 불가능해 보였던 자신의 개인적, 사회적, 경제적 발전과 성취감, 더 큰 자유와 기회를 추구할 수 있게 된다. 루씨 윌리엄스(Lucy Wiliams)가 지적하듯이, 이주와 이동성은 개인에게 더 넓은 지평에서 자신을 표현하고 삶을 펼쳐 살아갈 수 있는 선택을 제공해준다(Williams, 2010: 4). 독일에서 근무하다가 캐나다로 재이주한 전직 간호사 이영순은 1966년 한국을 떠날 당시 그녀가 가졌던 독일에서의 미래에 대한 기대와 전망에 대해 다음과 같이 이야기한다. "물론 저는 부모님을 떠나는 것이 슬펐지만 한편으로는 매우 들뜬 기분이었어요. 저는 유럽이라는 새로운 세상을 보고 싶었고, 물론 돈도 더 많이 벌고 싶었어요. 한국이 그 때 당시 매우 가난했기 때문에 사람들은 해외로 일하러 가는 저를 참 부러워했어요." 또 다른 이들은 독일에서 저축한 돈을 가지고 독일 또는 한국에 귀국해서 고등 교육을 받고 싶어했다. "저는 3년 동안 독일에서 열심히 벌어서 내가 공부할 수 있는 학비를 충분히 벌어오려는 열망이 있었어요. 집을 떠나 저 스스로 벌지 않고서는 불가능했지요. 저는 이게(독일 이주) 제 꿈을 이룰 수 있는 유일한 방법이라고 생각했어요."(강희자) 그들 중 소수는 독일 의대에 입학하여 어렵게 공부를 지속해서 의사가 된 경우도 있다.[8]

가족의 동의 없이 혼자서 이주를 결심한 이들에게 이주 과정은 순조롭지 못한 경우가 많았다. 그들이 혼자서 결심을 하고 나면, 다음의 큰 숙제는 부모, 남편 혹은 시부모의 허락을 받아내는 것이었다. 부모의 반대는 해외 취업의 기회를 얻고 싶은 여성들을 제약했다. 부모들은 자녀가 미혼 여성인 경우 결혼 "적령기"를 놓치는 것과 딸에 대한 부모의 통제를 잃을 것에 대한 걱정에서 이주를 반대했다. 따라서 이주 여성들에게 단신 이주는 가부장적 경계와 통제로부터의 탈출을 의미하기도 했다.

린드스트롬(Lindstrom)이 적절하게 포착한 대로, 이주를 통해 얻을 수 있는 경제적인 소득과 무관하게, 가부장적 가족과 젠더 이데올로기는 여성의 이주를 제한한다(Lindstrom, 1991; Pessa, 1999: 56). 어떤 부모들 중에는 딸의 이주로

---

[8] 이영숙. 2009. 『누구나 가슴속에 꿈이있다: 독일에서 의사가 된 간호사이야기』, 서울: 북스코프.

인해 가족 전체가 얻게 될 경제적 이득보다는 개인적 손실을 더 걱정한다. 딸이 나이를 먹어 소위 "노처녀"로 한국에 돌아올까 봐 또는 해외 취업 경험이 귀국 후 신부감으로 꺼리는 이유가 될까봐 우려하는 것이다. 미혼 남성의 경우에는 해외 취업이주의 경험이 귀국 후 결혼에 장애요인이 되리라는 부모의 우려는 거의 없다. 그러므로 젠더의 변수는 여성의 이주 결정 과정에 영향을 미친다. 이주 과정에서 작용하는 젠더 변수의 영향은 다양하고 어떤 면에서는 모순적이다. 심청이의 서사에서도 잘 드러나듯 부모 혹은 가족을 위해 희생하는 딸로서의 성역할은 가족의 생계유지를 위해 이주를 유도할 수도 있다. 그러나 여성은 가부장의 통제 하에 있어야 한다는 가부장적 규율은 이 통제의 범위를 벗어날 수 있는 여성의 단신 이주에 제한을 가한다. 이주를 통해 얻게 되는 가족 공동의 이득과 또한 이주로 인해 야기되는 여성성의 손실 사이에는 긴장관계가 생기게 된다.

가부장적 가족과 젠더 이데올로기로 비롯된 마찰로 인해 일부는 해외취업 이주의 기회를 포기하거나 심지어는 해외 취업을 생각조차 하지 못하는 경우도 있다. 그러나 1970년에 독일로 이주하여 슈튜트가르트에서 간호보조사로 일을 시작했던 강희자의 경우처럼 부모의 반대에도 불구하고 일부 여성들은 그들의 해외취업 의사를 관철해 나갔다. "저는 젊었고 새로운 세상에 대한 저의 열망과 꿈이 너무 강해서 아버지가 아무리 반대를 했어도 독일을 갈 수 있는 기회를 포기할 수 없었어요."(강희자) 일부는 아버지의 허락을 얻기 위해 어머니를 통해 설득하는 전략을 펴기도 했다. 이 경우는 자신의 해외 취업의사를 어머니에게 먼저 이야기하고 나서, 어머니가 아버지를 설득해서 딸의 이주를 허락받는 방법을 썼다. 결혼한 여성들 그리고 자녀를 둔 여성들은 가족을 떠나기로 결정하기가 더욱 어려웠다. 일부는 독일에 취업하기 위해 2-3년 동안 자신의 어린 자녀의 양육 그리고 경우에 따라서는 남편 수발까지도 한국에 있는 친정어머니나 시어머니에게 맡기고 떠나기도 했다. 이렇게 초국가적 가족을 유지시켜 줄 돌봄 노동은 다른 가족 성원, 주로 어머니에게 맡겨지게 된다. 이들 기혼 여성의 경우 이와 같이 초국적 가족을 유지할 수 있는 여성 가족 구성원의 도움 없이는 해외로의 취업 이주 결정은 거의 불가능하다.

앞에서 보았듯이 한국인 간호사들이 이주를 결정하게 한 변수는 가족 부양을 위한 의무감, 책임감뿐만 아니라 자신의 전망 있는 미래를 위한 기회의 획득이기도 하다. 그러므로 젠더화된 이주 과정에서, 여성을 단순히 가족의 희생양으로만 간주하기는 힘들다. 그들 중 일부는 해외 취업을 통해 그동안 경제적 어려움으로 이루지 못했던 교육을 향한 개인적 열망을 실현하고, 새로운 공적 공간에서 새로운 삶의 열망과 목표를 달성할 수 있는 기회가 되기를 원했다.

3. 일터의 "노란 천사들"

한국 간호사와 간호조무사들이 독일에 도착하여 의료 혹은 요양 기관에서 일을 시작하자 독일의 신문 매체들은 이들에 대해 긍정적인 기사를 냈다. 이들은 아시아 여성 특유의 친절함을 소유한 "동아시아에서 온 사마리아인"으로 헤드라인을 장식하였다. 1960년대와 1970년대 독일의 대중매체에 묘사된 그들의 이미지는 길고 검은 머리와 아몬드 모양의 눈을 가진, 천성적으로 친절하고 순종적이며 얌전한 태도를 지닌 "노란 천사"로 이국화되고 대상화되었다(Roberts, 2012: 1). 이러한 묘사는 기본적으로 아시아 여성의 외양과 기질에 대한 고정관념에 기반한 타자로서의 정의에서 나온 것이고, 한국 여성 이주노동자들의 이미지는 이러한 근본주의적이고 전형적인 틀 내에 정형화되었다. 환자들도 한국인 의료노동자에 대해 전형적인 "동양" 여성의 이미지를 가지고 있거나 혹은 이러한 이미지를 기대했다. "1976년 한 개인 병원에서 일을 할 때, 환자 한 명이 저에 대해서 전형적인 한국인 여성 같지 않다고 이야기 한 적이 있었어요. 그 사람이 알고 있는 모든 한국 여성은 조용하고 순종적이고 수줍음이 많았다나요. 저는 간호업은 수줍으면 할 수 없는 일이라고 대응했어요. 왜 제가 그 사람이 만든 아시아 여성의 틀에 저를 맞춰야만 하죠?"(신민자) 이는 유순하고, 예의 바르고, 친절한 "아시아 여성성"에 대한 전형적인 사회적 틀을 드러낸다. 로버쯔(Roberts)가 지적하듯이, 시간이 지나면서 독일 대중매체들의 외국인 묘사는 "매우 인종주의적인 언어를 사용하던 방식에서 문화적인 감수성을 가진 용어로 급격히 변했다"(Roberts, 2012: 16). 이러한 변화는 부분적으로는 독일 사회 내 이주자들이 증가함에 따라 외국인에 대한 반응의 변화를 반영한다.

모든 한국인 간호사가 신민자처럼 아시아의 전형적인 여성성에 대한 사회적 틀에 저항한 것은 아니다. 1975년 독일로 취업하여 뮌헨 근처의 병원에서 간호사로 일했던 한영희는 특히 독일의 결혼 시장에서 그녀의 아시아적인 여성성을 사회적 자본으로 여긴다. "독일 남자는 여성상위 시대에 해방되고 강한 독일 여자들을 지겹다고 느꼈어요. 유순하고 다정하고 작은 한국 여자를 선호했어요. 그래서 몇몇 독일인 의사들이 한국인 간호사들과 결혼을 했죠."(한영희) 이는 바로 그녀 자신의 경우이기도 하다. 친절하고 얌전한 아시아 여성성과 자기주장이 강한 독일의 여성성은 근본주의적인 여성성의 사회적 정형화에 의해 대조적인 위치에 놓이게 된다.

기본적으로 당시 독일 사회에서 한국은 이국적인 저개발 국가로 인식되었다. 이러한 인식은 한국인 간호사들의 서사에서도 생생하게 등장한다. 한국인 간호사들은 한국에 자동차, 카메라 심지어는 우산이 있냐는 등의 질문을 받을 때 종종 화가 났다고 한다. 신민자는 "한국에도 우산이 있느냐는 질문에 저는 냉소적으로 대답했어요. 한국에는 비가 내리지 않기 때문에 우산 같은 거는 없다고요. 그제서야 동료들이 조용해졌어요."라고 회상한다. 자브르켄 근처에서 간호조무사였던 박신자 역시 자신이 독일에 도착했을 때 다음과 같은 대접을 받았다고 이야기 하였다. "우리가 독일에 도착했을 때가 겨울이었어요. 내가 일했던 병원의 수간호사는 우리에게 입으라고 중고 겨울옷을 나눠 줬어요. 이전에 인도 간호사들이 왔을 때 그렇게 했대요. 우리는 예쁘고 따뜻한 완전 신상 겨울옷을 한국에서 다 사가지고 왔는데 말이에요." 이는 이주 노동자는 가난한 국가 출신이라는 당시 독일사회의 인식을 반영한다.

인터뷰에 응한 심층면담자들은 한국과 달리 독일에는 업무와 임금에 있어서 간호사와 간호조무사 사이에 차이나 차별이 그리 많지 않았다고 이야기한다. 이들은 환자 목욕, 환복·배뇨 보조, 시트 교체, 화장실·병실·창문 청소, 식사 배달 등의 일까지도 해야 할 때 화가 났다고 한다. 한국의 간호계에서는 간호사, 간호조무사, 간병인, 청소원 업무에 확실한 구분이 있지만 당시 독일의 병원과 요양원에서는 그렇지 않았다. 특히 몇몇 간호사들은 그러한 단순 육체노동을 지시받았을 때 강하게 항의하였다. 예를 들어 프랑크프르트 한 병원에서 일했던 나은자는 청소를 하라고 지시받았을 때 이에 항의하기 위해 "물이 가득 찬 양동이를 복도에 엎어 버렸다"고 한다.

전직 간호사였던 황인숙은 환자의 배설물로 가득 찬 침대를 치우고 환자를 씻겨야 했을 때의 황당함을 다음과 같이 회상한다. "난 내가 독일에 와서 그런 더러운 것들을 치워야 하리라고는 상상도 못했어요. 그냥 울어버렸어요. 나는 청소부가 아니잖아요! 그랬더니 십대 독일인 동료가 와서 걱정하지 말라고 하더니 그 더러운 침대를 청소하고 그 환자를 씻겼어요." 한국인 이주 의료노동자 중에는 이런 단순한 일을 한국인 의료노동자에게 시키는 것을 차별이라고 생각하는 이들도 있었다. "우리가 독일어를 잘 하지 못했기 때문에 주로 청소와 같은 단순 노동이 우리 차지였어요." 반면 슈튜트가르트에서 간호 조무사였던 강희자는 "나는 처음 가서는 차라리 청소나 씻기기 같은 일들을 하고 싶었어요. 아무 말도 못 알아듣고 구석에 멀뚱하게 가만히 서 있는 것보다는 내가 뭔가 쓸모 있으니까요"라고 말했다. 젊은 미혼의 간호사들에게 남자 환자의 몸을 씻기는 것은 당황스러운 일이기도 했다. "새파란 열아홉 살 먹은 간호사로 남자(의 알몸)를 평생 보지도 못하고 수업할 때 책이나 그림에서 본 게 다였는데 그런 환자들을 머리끝부터 발끝까지 이렇게 씻겨주고 닦아 줬어야 됐어요. 얼마나 황당합니까? 너무너무 당황했어요. 너무 황당해서 눈을 어디다 둘지를 모르고…"(한영희)

한국인 간호사들의 친절한 돌봄 이미지는 직장에서 환자들 사이의 좋은 평판으로 이어졌다. 마인쯔에서 간호사로 일했던 김숙희는 환자들이 한국인 간호사를 선호했다고 회상한다. "환자들은 우리들이 혈관을 잘 찾고 주사를 안 아프게 놓아준다고 우리한테 주사를 맞고 싶어 했어요. 우리는 혈관 주사를 놓을 때도 단번에 찾아 한 번에 놓거든요." 그들은 실력 있고 배려심 있는 이주 노동자로 칭찬을 받았다.

한국인 이주 의료노동자들은 직장생활에서 동료나 상사로부터 환영과 도움을 받기도 했지만 다른 한편으로는 여러 가지 편견에 맞닥뜨리기도 했다. 박신자는 그녀가 겪은 편견에 대해 이야기 한다. "내가 실수를 했을 때, 몇몇 환자들은 화를 내면서 '네가 온 곳으로 되돌아가'라고 말했어요." 배타적인 발언 또는 행동은 간호 노동자들을 '타자'로 소외시키고 주변화시켰다. 한국인 의료노동자들은 직장에서의 인종적 편견과 가부장적 권력이라는 이중의 벽에 부딪혔다. 신민자는 입원실 병동에서 환자의 혈압을 잴 때 건너편 침대에 있는 다른 환자가 자신의 엉덩이를 만지거나 뒤에서 허리를 껴안는 등 성추행을 당했던 나쁜 기억을 토로했다.

박신자는 그녀가 일단 직장 일에 적응하자 함께 일하던 현지 간호사들의 편견과 질투에 맞닥뜨렸다. 예를 들어 실수가 있을 때 책임을 미루거나, "교대시간 후 인수인계 때 말하는 것을 못 알아듣는 척 하거나 무시"(강희자)했다. 직장에서 환영 받던 이주 노동자들은 시간이 지나자 독일 현지인의 기회를 빼앗아갈지도 모를 경쟁자로 여겨졌다.

이와 같은 사회적 배제가 있었지만, 심층면접자 대부분이 임금과 노동 조건에서 독일 내 현지 간호사와 이주 간호사들 사이에 차별이 거의 없었다고 말한다. 초기에 언어 장벽으로 의사소통이 어려웠을 때, 이들 중 일부는 목욕, 청소처럼 자세한 지시나 의사소통이 필요하지 않은 일들을 했다. 일부 간호조무사들은 무엇을 할지 모르는 채로 가만히 서 있는 것보다 이러한 단순 업무를 하는 것이 낫다고 여긴 반면, 일부, 특히 간호전문대나 간호대를 졸업한 간호사들은 이러한 업무에 대해 실망하고 저항하기도 했다. 저항했던 사람들은 이러한 지시를 인종 차별이라고 여긴 반면, 간호조무사였던 박신자는 "우리만 한 게 아니라 독일 간호사들도 같은 종류의 일을 했다"고 회상한다. 한국의 관행과는 다르게 당시 독일의 간호업무에 포함되어 있던 이와 같은 단순 노동은 이주 의료노동자 개인의 경험 안에서 차별로 인식되기도 하고 혹은 수용되기도 하는 등 다르게 해석된다.

4. 성역할: 효녀, 현모 그리고 양처

독일 이주 기간 동안 한국에 있는 가족들과의 경제적·감정적 유대는 정기적인 서신 교환과 송금을 통해 유지되었다. 공간적으로 멀리 떨어져있지만, 서신 교환

등을 통해 가족과의 관계는 친밀하게 지속되었다. "나는 매주 부모님에게 편지를 썼어요. 마치 내가 이번 주에 한 일을 보고하는 거 같았죠."(신민자) 1960년대와 1970년대 장거리 항공 운임은 몇 개월 치 월급에 해당하는 금액이었기 때문에 한국 방문은 쉽지 않았다. 부모 혹은 가족이 사망했을 때 장례식에 참석하지 못하는 경우도 있었다.

급여의 대부분은 고향에 있는 가족에게 송금했다. 신민자는 매달 월급 중 450 마르크를 부모에게 송금하고 자신은 250 마르크만을 사용했다. 김숙희는 매월 송금 광경을 다음과 같이 회상한다. "월급날이 되면 (독일) M도시의 D은행에 한국으로 돈을 송금하려는 효녀들이 긴 줄을 섰어요. 그러니 그 은행에서 우리 한국인 간호원에 대한 대우가 아주 좋았지요. 우리가 송금료를 내니까, 자기네들한테 돈을 벌어주니까." 어떤 간호사들은 소득을 늘려 더 많이 송금을 하기 위해 야간 근무를 하거나 휴가 기간 동안 혹은 교대 근무가 끝난 후 다른 병원에 가서 일하는 등 여가시간을 이용해 아르바이트를 하기도 했다. 또한 추가 수당을 위해 현지인 간호사들은 선호하지 않는 주말이나 공휴일 근무를 자원하기도 했다.

이들은 한국의 가족에게 월급의 상당 부분을 송금하면서도 대다수는 그 돈이 사용되는 용도에 관여하지 않았고, 조건도 내걸지 않았다. 강희자는 자신이 연로한 부모를 위해 매달 보낸 돈을 오빠가 사용한 것을 나중에 알고 이에 대해 불만을 표했다. "나는 부모님의 가계를 돕기 위해 3년 동안 내 월급의 적어도 절반을 보냈어요. 하지만 나중에 알고 보니 오빠가 다 받아서 자기 가족을 위해서 써버렸더라구요." 이들이 매달 독일에서 보낸 돈은 가족의 생활비, 형제자매들, 특히 남자형제들의 교육비, 부모의 병원비, 가족의 빚 상환, 집 건축비와 수리비 등으로 사용되었다고 한다. 특히 남자형제들의 교육비 지출은 가족 내 송금자와 수혜자 사이의 젠더화 된 사회적 관계 안에서 딸의 희생과 책임감을 반영한다. 남자형제들의 학비를 벌기 위해 자신의 학업을 포기하고 취직하는 딸의 역할은 가족 내 자원이 부족할 때 흔히 나타나는 성별 분업이다.

의료노동자로 독일로 이주한 딸, 부인들은 당시 가족의 실제적인 생계부양자로서 가족의 삶의 여건을 향상시키기 위해 필요한 재원 조달에 중요한 역할을 담당했다. 가족을 위한 정기적인 송금은 이들이 계약 기간을 마치고 한국으로 귀국할 때까지 혹은 독일에 정착한 경우 독일에서 자기 자신의 가정을 이룰 때까지 계속 되었다. 결혼하여 자신의 가정을 이룬 후에는 필요에 따라서 비정기적인 송금의 형태로 바뀐 경우가 많다.

이들은 송금을 통해 가족 경제를 지원했을 뿐 아니라, 가족에게 효심 깊고 성공한 딸로 인정받기도 했다. "아버지는 늘 저를 대견해 하셨고 또 제가 가족을 먹여 살린다고 미안해 하셨어요."(박신자) 이주를 통해 본국에 있는 가족을 경제적으로 지원하는 것은 해외로 이주한 이후에도 가족과 밀접한 관계를 지속하게 하는 계기가 된다. 송금은 이들의 가족 경제 뿐 아니라 국가 경제에도 기여했다. 경제적 성장을 위해 외화가 필요하던 시기인 1960년대와 1970년대 이들의 송금은 한국 외화획득의 원천 중의 하나였다. 한국 정부도 이들의 기여를 인정한 바 있다. 진실과 화해를 위한 과거사 정리위원회에 따르면, 1964년에서 1975년까지 독일로 취업한 간호사, 광부에 의해 101,530,000 달러가 송금되었고, 이는 당시 총 수출의 약 1.8%에 달한다(진실과 화해를 위한 과거사정리위원회, 2008: 173). 또한 이들의 송금은 한국과 독일 사이의 인력, 재원, 기술, 상품, 문화, 정보의 지속적인 초국가적 이동에 기여한다. 한국으로 귀국하거나 북미로 재이주한 이들 중에는 후에 그들의 자녀를 독일로 유학 보내는 경우도 있다. 독일 내에 유럽에서 두 번째로 큰 규모의 한인 공동체가 존재하고 한국 영화제, 문화제 등이 대부분의 대도시에서 정기적으로 열리고 있는 것 역시 초국가적인 교류의 예들이다. 한국에는 2002년 최초로 남해에 전직 한국인 간호사 가족들이 은퇴 후 귀국하여 정착하기 위해 만든 "독일마을"이 설립되어 입주를 하였고, 최근에는 여러 곳에 독일마을 건설을 추진하고 있다. 이처럼 이들 이주 노동자들을 통해 초국가적인 사회적 장이 국경을 넘어 형성되고 있다.

독일로 해외 취업한 한국인 간호사, 간호조무사의 약 30%가 독일에 남아 정착을 했고 또 다른 30%가 더 나은 미래의 전망을 위해 독일에서 미국이나 캐나다로 재이주하였다(나혜심, 2013: 184). 나머지 약 40%는 계약이 종료된 후 한국으로 귀국하였다. 귀국한 이들 중에는 한국에 재정착하는데 어려움을 겪기도 했다. 왜냐하면 독일에서 일한 경험이 있는 이들은 "너무 자기주장이 강하고 독립적이라고 간주되었기 때문이다. 한국의 병원에서는 의식화된 간호사나 까다로운 간호사를 원하지 않았던 것이다."(김진향, 2007; 김학선 외, 2009: 182에 재인용). 또한 독일과 한국의 간호 개념 및 직무의 차이로 인해 독일에서 일하는 동안 기술의 전문성을 충분히 계발하지 못했다고 여겨지는 경우도 있었다. 결과적으로 이들은 독일에서 취업 이주자로 생활하면서 한국적 여성성을 '상실하고, 성평등 의식을 '수입'했다고 여겨졌다. 따라서 미혼으로 귀국한 이들은 한국 결혼 시장에서 배우자를 찾는 데 어려움을 겪었다.

페싸(Pessa)는 미혼의 이주 여성들은 이주지에서 "느슨해진" 성윤리로 "타락하지" 말고 정숙하게 행동하라는 압력을 받는 반면 이주 남성에게는 이와 같은 규율이 적용되지 않는다고 지적한다(Pessa, 2003: 830). 20대에 독일로 이주한 젊은 여성들은 고국으로 귀국할 때까지 "흠이 없는 정숙한" 신붓감으로 남아있기를 기대 받는다. 그렇지 않을 경우 "정숙한" 아내가 되기 힘들고, 심지어는 귀국에 장애를 겪기도 했다. 귀국했을 때 이들의 해외 취업이주 경험이 "바람직한 신붓감으로서의 가치"를 증가시키는지의 여부는 회의적이다. 심지어는 해외에서 부모의 통제에서 벗어나 있었기 때문에 정숙한 성도덕을 유지하였는가에 대해 의심을 받기도 했다. 황인숙이 독일에서 간호사로서의 일을 그만두고 귀국하려고 했을 때 그녀의 가족이 보인 걱정도 이러한 맥락에서였다. "우리 오빠가 그랬어요. 내가 집에 돌아와도 결혼할 사람을 찾기 힘들 거라고. 당시에 독일에 가서 일했던 사람들이 몸을 함부로 해서 정숙함을 잃었기 때문에 결혼하기 힘들다는 말이 돌았어요. 나는 아직 미혼이었었는데…. 이게 정말 무슨 터무니없는 소린가 했지요." 이러한 인식 속에서 여성 개인의 가치는 여성의 몸과 성에 대한 가부장적인 가치체계에 의해 판단되었다. 이 젠더 매트릭스 내에서 여성은 감시가 필요하고 가부장의 통제 하에 있어야 정숙함이 유지된다고 인식되었다.

1960년대와 1970년대에 독일로 해외 취업한 한국인 의료노동자들의 다수는 젊은 독신 여성이었기 때문에, 특히 3년 혹은 4년짜리 초기의 계약이 완료된 후 갱신하고자 할 때 가족으로부터 결혼에 대한 재촉과 압력을 받았다. 이들을 위한 잠재적인 신랑감 후보는 같은 시기에 독일로 이주한 한국인 광부이거나 혹은 독일 현지인이었다. 비슷한 시기에 독일로 이주한 한국인 광부들의 계약

기간은 대개 3년이었고, 독일 광산업의 쇠퇴로 그들이 일하는 광산 회사에서 계약을 갱신하기가 아주 쉽지는 않았다. 1960년대와 1970년대에는 귀국한다 해도 한국에서 얻을 수 있는 직업에 대한 전망이 그리 밝지 않았다. 따라서 노동계약 갱신이 상대적으로 용이했던 독일 내 한국인 이주 간호사들과 결혼하는 것은 광부들이 독일에서의 체류를 연장할 수 있는 방법 중의 하나였다. 나은자 역시 한국인 광부들의 이러한 노력을 기억하고 있다. "그 사람들(한국인 광부들)이 여기 독일에 남을 수 있는 유일한 방법은 우리 중 하나를 잡는 것이었어요. 위 (북부독일)에서 여자를 못 찾은 이들은 주말이면 혹은 휴가를 받아서 여자를 찾으러 여기 (남부독일)로 내려와 한국 간호원이 있는 병원 기숙사마다 돌아다녔어요. 우리는 그걸 다 알고 있었죠."

    대부분의 경우 이들 이주여성들의 독일 내 결혼은 멀리 떨어져 있는 한국 가족으로부터 독립적인 결정이었다. 특히 독일 현지인과의 결혼을 결정할 때 한국에 있는 부모의 반대에 부딪쳐 갈등을 빚기도 했다. 이-슈미트(Lee-Schmidt)는 자서전에 아버지에게 독일인 남자친구와의 결혼을 허락받기까지 시간이 걸렸다고 쓰고 있다. 자신이 혼전임신을 했다는 것을 아버지에게 알리고 나서야 결국 아버지는 결혼을 승낙했다고 한다. 그녀는 아버지에게 "한국에서 필요한 결혼 서류를 못 받아서 내가 혼전에 아이를 낳는다면 어떻게 하시겠어요"라는 종용의 편지를 썼다(Lee-Schmidt, 2013: 227). 이러한 반대는 그녀가 독일인과 결혼하면 귀국하지 않을 것이라는 우려 때문이기도 하고, 또한 그 당시 한국에서 "국제결혼"의 이미지가 그리 좋지 않았기 때문이기도 할 것이다. 독일에 정착하여 이제는 60, 70대를 넘은 전직 한국인 간호사, 간호조무사들 중 여전히 독신으로 사는 비율은 한국 내 같은 연령대 여성들의 평균 독신율보다 훨씬 높을 것으로 추정된다.

    기혼 이주자의 해외 취업은 한국에 있는 남편과의 별거 또는 이혼으로 귀결되기도 했다. 그 중에는 독일에 취업한 기혼여성이 독일에서의 연애 관계를 정리하고 귀국하려고 했으나 남편이 받아들이지 않고 이혼수속을 해서 귀국과 자녀를 포기해야 했던 사례도 있다.9) 최근 독일 내 한국주간지인 [교포신문]에 독일로

---

9) 교포신문. "M시의 여자들 (1)". 919호. 2015.2.24.
   http://kyoposhinmun.com/print_paper.php?number=13995

이주한 전 부인을 찾는 다음과 같은 광고가 실렸다. "가난했던 시절, 부인이 서독 간호원이 되면서 불행한 가정이 되었습니다… 고령인 아버지가 옛 가족을 한번 보고 싶어 합니다. 조국이 가난하여 깨진 가정이고 아버지가 황혼 길에 천륜을 찾는 간원이니 인간적으로 서로 믿고 도와주세요. 부탁입니다."(교포신문 890호, 2014년 7월 11일) 이 역시 가족의 유지 특히 생계를 위해 결정한 해외 취업이주가 오히려 가정의 유지를 불가능하게 한 모순을 보여준다.

신민자는 한국인끼리의 결혼과 독일 현지인과의 "국제결혼"을 비교한다. "일반적으로 한독 커플이 한한 커플보다 살기가 좀 나아요." 독일인 의사와 결혼한 권영순처럼, 일부는 결혼 후 직장일을 그만두고 가정주부가 되었다. "결혼 후에 나는 병원 일을 그만두었어요. 내가 더 이상 돈을 벌 필요도 없었고, 그리고 자녀를 돌보며 집에서 시간을 보내고 싶기도 했고 …" 강희자나 이영순처럼 전업주부로 머물 경제적 여유가 되지 않는 이들은 낮에 자녀를 돌보기 위해 야간 근무를 선호하기도 했다. "아이들이 학교를 다니는 10년 동안 나는 아이들이 잠을 자는 밤 11시부터 이른 아침까지 일했어요. 이 시기는 아이들이 엄마의 손을 필요로 하는 아주 중요한 시기였기 때문이지요. 아침에 퇴근해서 애들 밥 먹여 학교 보내고 낮에 애들이 학교 갔다 오면 애들 건수하고 그래서 10년간 야간근무를 했어요"(이영순).

한국인 부부 중 일부 아내들은 가족의 주요 생계부양자이기도 했다. 의료보건 분야에서 남편보다 안정된 직업을 가졌기 때문이다. 신민자는 광부로 독일에 이주한 남편과의 결혼을 평등한 두 직업인 사이의 만남으로 설명했다. "우리 간호사들은 아내로서 남편을 따라온 게 아니라 여기(독일)에 전문직의 한 사람으로 온 거죠. 우리(남편과 나)는 둘 다 각자 자신의 직업을 위해 독일에 온 거고 여기서 독립적인 직업인으로 만났죠." 그녀는 독일로 이주한 한인 간호사들이 남성 가장의 이주를 따라온 배우자(trailing spouse)(Chant & Radcliffe, 1992)가 아니었음을 강조한다. 한국의 이주 역사에서 해외 이주 당사자는 주로 남성이었고 여성은 그를 기다리거나 혹은 따라갔다. 하지만 1960년대와 1970년대의 한국 간호사들은 이주 남성의 아내로서가 아니라 단독 이주 노동자로서 독일에 취업을 하였다. 이러한 사실은 가족 내에서뿐 아니라 독일의 한인 사회 내에서 그들의 정체성과 위치에 큰 영향을 미쳤다.

이러한 자율성은 그들의 직업세계에서도 발견된다. 강희자와 이영순처럼, 한국 간호사들은 남편의 소규모 자영업을 돕기 위해 자신의 일을 포기하기보다 은퇴할 때까지 의료계에서 일을 계속했다. 이는 남편의 사업이 침체될 경우에 대비한 안전망이었을 뿐 아니라 여성에게 자율성을 제공하기도 했다. "(남편은) 10년 동안 (독일) K도시에서 한국 식당을 운영했어요. 식당을 위해 내가 남편을 도와 함께 일을 할 수도 있었겠지만, 만약 식당 일이 망하면 어떡해… 나는 안전을 선호하지. 그래서 나는 (요양원에서) 일을 계속 했지요."(강희자) 이영순의 경우도 마찬가지다. "독일에서 캐나다로 간 다른 간호원들은 소매상점이나 식당 같은 남편의 사업을 도우려고 자기 일을 그만뒀어요. 하지만 나는 내 일을 계속 했고 남편의 가게에서 손을 뗐지요." 독일로 취업한 여성들 대부분은 대개 은퇴까지 의료계에서 일을 했다.

한국인 부부의 역할 분담에서 주로 아내가 공적인 영역에서 중요한 역할을 담당해왔는데, 예를 들면 자녀의 학교생활, 은행 업무 그리고 대부분의 관공서 일을 처리하는 것 등이다. 아내들은 더 뛰어난 독일어 구사 능력으로 새로운 사회에서 일상생활의 문제를 처리하고, 정착에 도움이 될 수 있는 각종 금융 및 사회서비스의 정보를 얻어 이용할 수 있었다. 신민자는 간호사들의 언어능력이 그들의 업무일에서부터 유래한다고 본다. "우리 간호사들은 다양한 분야의 사람들과 일을 하고 이야기해야 하잖아요. 반면에 광부들은 감독자로부터 지시사항을 듣기만 하면 되죠. 그것도 몇 문장 정도만요." 따라서 대부분 아내가 이주국의 사회경제적 차원에 더 적극적으로 참여하며 정착하기 위해 노력했다. 이러한 경향은 캐나다로 이주한 한국인 간호사-광부 부부의 경우에도 발견된다. "내 영어 실력이 애아빠보다 낫기 때문에, 내가 훨씬 더 많은 일을 하죠. 사실은 거의 다하는 거나 마찬가지지. 계속 그런 식이 되니까, 이제는 애아빠가 모든 일들을 나한테 미뤄요. 자기는 그냥 앉아만 있고 아무것도 하기 싫어하는 것 같애요. 내가 가족 안팎의 모든 일을 처리해요."(이영순)

더 나은 언어능력은 삶에 대한 적극성으로 이어지기도 한다. 한국인 광부와 결혼한 간호사들의 일부는 심지어 광산에서의 노동 계약이 종료된 남편의 직업을 구하는 데 적극적으로 나서서 주도권을 쥐기도 했다. 강희자는 남편을 대신해 일자리를 알아봤던 자신의 노력을 다음과 같이 회상한다. "내 친구 중 하나가 조언을 해줬어요. 그래서 S회사 인사과 사람을 그냥 찾아가서 남편을 위한 일자리가 있는지를 물어봤어요. 어디서 그런 용기가 나왔는지 … 저는 독일 와서 참 그런 건 아주 용감해진 것 같아요. 예전에는 이렇게 나서보지를 않았는데. 광산회사 일이 끝났을 때 남편은 일자리가 없었죠. 남편의 독일어 실력은 당시에 별로 좋지 않았어요. 그래서 스스로 가서 일자리를 물어볼 자신감이 없어서 내가 물어봤는데 성공적이었어요." 강희자가 독일에 와서 자신이 "용감해졌다"고 말하듯이 이들은 수동적인 여성성이 이주 노동자로서의 현실 생활에 크게 도움이 되지 않음을 인식하였을 것이다. 언어적인 장벽으로 인해 혹은 자기주장을 명백히 하지 못함으로 인해 직장에서 종종 불이익을 당했던 경험을 대부분의 심층면접자들이 공유한다.

임금 소득자가 됨으로서 여성은 전통적인 한국 가정의 원칙이었던 남성의 생산성과 여성의 가정중심성이라는 공간적·상징적 분리에 도전한다(Freeman, 2011: 127). 성별화된 역할은 이주자 가정에서 다른 양상으로 나타나기도 한다. 가족 내 임금 소득자 혹은 어떤 경우에는 주생계부양자라는 여성의 역할 변화는 젠더 역할의 경계를 확장시켰다. 가족의 주생계부양자였던 신민자는 가족에서의 성역할의 변화를 경험했다. "우리집에서 아내와 남편의 역할은 다른 가족과는 완전히 반대였어요." 캐나다로 이주했던 이영순 또한 자신이 주생계부양자였다고 말했다. "내 월급이 남편이 버는 것보다 항상 많았고, 지금 받고 있는 연금도 마찬가지예요."

성별 노동 분업과 젠더 역할의 변화는 종종 결혼관계에, 더 일반적으로는 젠더 관계에 긴장을 가져왔다. 한국인 남편은 사회경제적 의미에서 자신이 가장의 역할을 하고 있지 못하다는 것에 좌절감을 느꼈을 것이다. 가장의 역할은 가족 내 남성의 핵심적인 역할이라고 간주되기 때문에, 이로 인해 자신의 가부장적 지위나 남성성이 손상되었다고 느낄 수 있다. 손상된 남성성을 회복하는 방식은 때때로 혼외 관계 혹은 아내에 대한 남성우월적 태도의 형태로 나타난다.

한국 남성성을 유지하려는 욕구가 직장에서 긴장관계를 일으킨 사례도 있다.

간호사였던 신민자는 같은 병원에서 한국인 남자 간호조무사와 일했던 경험을 말해준다. "나는 간호사니까 간호사조무사인 그보다 좀더 높은 위치였고, 그 사람은 한국식으로 남자가 더 위라는 사고방식을 갖고 있어서 함께 일하는 게 참 힘들었어요. 내가 뭘 해달라고 하면 자기가 명령 받았다고 생각하고 기분 나빠했어요. 그래서 나한테 화를 냈고, 그걸 자기 부인한테도 말했나 봐요. 그 부인은 내가 아는 사람이었는데 어느 날 나한테 한 가정의 가장인 자기 남편을 어떻게 그렇게 대하냐고 불평했었죠". 여성 직종으로 여겨지는 간호사로 일하는 것 자체가 이 남성에게는 남성성의 손상으로 여겨졌을지도 모른다. 여기에 더불어 여성에게 업무 지시를 받는 것이 그의 남성성에 손상을 입히는 것으로 해석되었을 것이다. 그의 아내의 반응은 남편의 남성성 상실을 복구해주려는 '노력'으로 보인다. 그러나 이는 역설적으로 남편 스스로가 아닌 부인의 개입을 통해 남성성을 회복하려 함으로써 또 다시 전통적인 남성성에 손상을 가져옴을 의미한다.

앞에서 언급했던 남편을 위해 일자리를 주선해준 강희자는 이후 남편이 여러 번 혼외관계를 가져 결혼생활에 위기를 맞았다. 그녀는 가정의 유지를 위해 타협했다. "우리가 부부싸움을 했을 때나 그이가 귀가하지 않거나 집에 새벽에 들어올 때 나는 집을 뛰쳐나가고 싶었지. 나는 나 자신을 위해 살고 싶었어요. 너무나 상처를 받았으니까… 하지만 내가 여자니까 그럴 수 없었죠. 왜냐하면 나는 여자니까… 만약 여자가 가족을 버린다면, 아이들은 어쩌겠어요?" 그녀는 남편의 반복된 혼외관계를 참았고, 그녀의 탈출구는 적극적인 신앙 생활활동이었다. 남편에게 실망하고 존경할만한 남성의 이미지를 찾기 어려웠던 그녀에게 자신이 다니는 교회의 목사는 존경할만한 남자의 모델이 되었다고 한다.

가부장제는 초국가적으로 재생산된다. 간호사였던 황인숙은 결혼 후 자신이 아이를 낳을 수 없다는 것을 알게 되자 스스로 남편을 떠났다. "내가 한 남자의 인생을 망칠 수는 없잖아요." 그녀는 결혼 관계를 지속하는 것이 남편의 부계혈통을 단절시키는 결과를 가져오는 것으로 인식하여 스스로 결혼관계를 청산하였다. 또한 독일인과 결혼한 전직 간호사 김숙자와 권영순은 한인회 모임에서 회화, 서예, 요가와 같은 한국 문화 강습에 적극적으로 참여하였는데 그녀는 외출할 때는 남편의 점심 식사를 다 차려놓고 나온다고 한다. 이미 형성되어 습관화된 가정 내 성별 노동 분업은 국경을 초월하여 유지되었다. 하지만 이것이 단순히 가부장제적 관습에 순응하는 것만은 아니다. 이들은 가부장적 타협 혹은 직접적인 대결도 전략으로 사용했다. 권영순의 남편은 은퇴 이후 대부분의 시간을 집에서 보내지만, 그녀는 바쁜 사회활동으로 외출이 잦았다. 남편의 불평이나 반대를 방지하기 위해 자신이 집에 있는 동안에는 아내로서의 역할을 충실히 수행하려고 노력한다. 이 방법으로 그녀는 아내로서의 역할과 사회경제적인 활동을 타협한 것이다. 그 중에는 한국인 남편과의 결혼을 청산하고 독일인과 재혼한 황인숙처럼 직접적으로 대결하는 경우도 있다. "내가 한인 단체 K의 대표자일 때, 굉장히 바빠서 집에 거의 없었어요. 그래서 남편이 불평했죠. 나는 그이에게 내 임기가 끝나기 전에 사임을 하기보다는 차라리 이혼까지도 불사할 준비가 되어있다고 말했죠. 그랬더니 그 후로는 더 이상의 왈가왈부 않더라구요."

페싸(Pessa)는 이주가정의 남성들이 부딪히는 가장역할의 위기를 구조적인 문제로 본다. "이주 남성들은 생계부양자가 되기를 기대 받지만 현실에서 좌절하게 된다. 이들은 가장 역할을 이행할 수 없게 가로막는 구조적인 장애물에 직면하게 된다"(Pessa, 1999: 67). 이주 가정에서 주요 생계부양자의 역할을 맡는 사람은 주로 여성인 경우가 많다. 여기서 이주 남성이 생계부양자의 역할을 이행하는데 어려움을 겪는 것은 페싸가 지적하는 것처럼 사회 구조적인 문제일 수도 있고, 남성 개인의 타협방식일 수도 있다. 즉 이는 남성들이 이주한 사회로부터 받는 구조적 차별에서 비롯될 수도 있고, 또한 동시에 이주민에게 직업의 기회가 제한된 상황을 편리하게 이용하면서 자신의 손상된 남성성을 회복한다는 구실로 아내를 폭력적으로 대하거나 혼외관계 등으로 지배적 남성성을 유지하고자 하는 개인의 타협방식일 수도 있다.

심층면접을 한 간호사와 간호보조사들은 정보의 교환과 네트워크 형성을 위해 교회, 사회단체, 지역 사회, 한인 단체 참여를 중요하게 생각한다. 사회적 네트워크와 직업을 통해 얻은 경제적 기여는 가정과 사회에서 이들의 자율성을 증가시킨다. 이들 한인 이주 의료인들은 언어, 문화, 직업에서의 노력을 통해 독일에서 자신들의 사회경제적 위치를 다지고 문화적 정체성을 형성해 왔다. 테오(Teo)는 일반적으로 여성들이 남성보다 이주국에서 더 잘 적응한다고 본다(Teo, 2011: 815). 이러한 현상에 대해 보다 적응력이 뛰어난 여성성과 고정화되어 융통성이 부족한 전형적인 남성성에서 그 원인을 찾기도 한다. 이주국에서 사회경제적이고 문화적인 활동에 참여하는 것은 그 사회에 통합하고자 하는 노력의 일환일 수 있다. 그러나 남편의 육아 참여와 국가의 육아 지원이 충분하지 않으면 여성의 사회경제활동은 여성에게 이중 부담을 안겨준다.

한인 이주 간호사들은 가정을 이루고 살면서 자녀 교육을 많이 강조하였고 자녀의 고등 교육에 대한 투자와 노력을 아끼지 않았다. 강희자는 자녀들이 학교에서 좋은 성적을 낼 수 있도록 자신이 저축한 돈으로 자녀에게 과외를 시켰다. 이는 교육과 직업적 성취를 통해 독일 내에서 "모델 마이너리티"로 자녀를 양육하고자 하는 의도를 반영한다. 고등 교육과 직업적 성취를 통해 자녀들이 독일 내 주류 사회에 진출하여 존경과 사회적 인정을 받고 동등한 경제력을 지니길 바라는 욕망이다. 또한 이주 첫 세대가 경험했던 사회적 배제에 대한 하나의 보상 방법이기도 하다. 남편이 혼외관계를 갖거나 가족 부양 능력이 부족한 경우, 여성은 자녀양육에 더욱 집중 혹은 집착하기도 했다. 이 경우 자녀, 특히 아들의 성공은 결혼의 불안정성을 상쇄하기 위한 보상으로 간주된다.

독일에서의 체류를 지속하면서 정착하고 자기 자신의 가정을 꾸리게 되자 이들의 위치는 이주자에서 이민자로 전이되었다. 그리고 이들의 노력은 "이주국에서 장기간 혹은 영구적 재정착을 위한 개인과 가구 단위의 전략을 개발"(Pessa, 2003: 826-827)하는 것으로 이어진다. 자녀의 고등교육, 경제적·직접적 보상, 더 나은 건강 복지, 독일 내 현지인과의 결혼 등은 그들이 독일에 정착하거나 또는 북미로 재이주하게 된 배경이다.

5. 결론

앞에서 살펴본 바와 같이 젠더는 해외로 이주한 한국인 간호업 종사자들의 이주와 정착과정에 복합적으로 작용한다. 이주 여성들은 가족과 사회의 젠더 권력 구조와 권한을 견디기도 하고, 협상하기도 하며, 저항하기도 한다. 해외 이주로 한국의 가부장적 가족의 통제를 벗어나 자율성과 자유를 확장할 기회를 얻고, 또 해외 취업을 통해 단기간 내에 경제적인 독립이 가능하므로 이주 여성들의 역량이 강화될 가능성도 있다. 일반적으로 이주의 경험은 이주자의 역할, 정체성, 관점을 변화시키기도 한다. 일부 여성들은 더 자유로운 성역할이라는 확장된 개념을 수용했을 것이다. 여성 취업 이주자가 가정이라는 사적 공간을 넘어 사회라는 공적 공간에 참여하면서 이들은 전통적인 성 역할에 도전하였다. 이들은 젠더화된 공간에서 활동에 제한을 받기보다는 다양한 공공 영역에 참여했다. 그러나 이것이 장기적으로 지속가능한지의 여부는 불투명하고 또 개인적인 차이도 보인다. 특히 젠더 정체성과 가부장적이고 유교적인 여성다움은 여전히 변화를 거부하고 가부장적 관행들은 초국적으로 유지되기도 한다. 이들 여성들은 때때로 이주국에서의 사회적 배제와 가부장적 권력이라는 이중의 장애에 부딪히게 된다. 이러한 상황에서 이들은 가족 내 성역할 구조에 융통성 있게 대처하기 위해 칸디오티(Kandiyoti)가 지적하듯이 "가부장적 협상"(patriarchal bargain)을 시도하기도 한다. 또한 특히 아시아 여성에 대한 주류 사회의 편견과 가부장적 권력에 순응, 저항, 재협상, 도전하는 다양한 양상을 보인다.

  가부장적 체계 안에서 이들 이주 여성의 위치는 고정적인 것이 아니라 유동적이다. 왜냐하면 이들의 대응 방식은 시간이 지남에 따라 혹은 장소와 상황에 따라 다양하게 나타날 수 있기 때문이다. 이들은 이주의 맥락에서 가부장적 관행을 유지하고, 재규정하고, 저항하고, 협상하고 그리고/또는 방어한다. 정착한 이주 사회의 권력 매트릭스 내에서 영향을 받는 개인들은 이주의 맥락에서 어머니, 아내, 그리고 동시에 생계부양자로 재규정된 젠더 역할을 유지하고, 협상하고 재규정하고, 저항하기도 한다. 이는 가부장적 관행에 대해 선택적인 협상을 의미한다. 앞에서 논의했듯이 특정한 가부장적 관행과 관점은 지속적으로 유지되고, 또 초국가적으로 유지된다. 이러한 융통적인 변화와 적응은 출신국과 이주국의 사회적 구조와 상황 사이의 지속적인 상호작용을 통해 이루어지고 이 과정에서 가정과 직장에서 성역할에 대한 수용과 저항이 섞여서 나타난다. 특히 출신국과 이주국에서의 성역할과 가부장적 관행에 차이가 있을 때 두 문화 사이의 충돌이 일어나기도 하는데 이 경우 역시 여성들은 두 가부장 문화 사이에서 협상을 하기도 한다. 이주국이 출신국보다 더 양성 평등적인 사회일 경우에는 자신의 성역할 규정에서도 영향을 받게 된다. 그러나 출신국으로 귀국하거나 혹은 방문하였을 때는 다시 그곳의 가부장적인 관행에 따르는 협상을 하게 된다. 그들의 성 역할과 정체성은 시간과 상황에 따라 이주 가정의 맥락과 변화에 맞도록 조정되는 융통성을 보이기도 한다.

앞의 다양한 사례에서 드러났듯이 이주는 젠더 관계에 영향을 미치고, 가족 내 성 역할은 초기 이주 과정의 결정에서부터 이주지에서의 정착 이후의 삶에 이르기까지 재구성되기도 하고 유지되기도 한다. 이는 이주가 다양한 형태로 가부장제를 강화하는 동시에 도전하는 복잡한 방식을 보여준다. 여성들에게 이주는 개인적, 사회적, 그리고 경제적 독립을 위한 기회일 수도 있을 뿐만 아니라 다른 한편으로는 가족 내의 역할의 이중 부담과 불이익을 포함할 수도 있다. 이주로 인해 배우자 선택의 폭이 좁아지거나 혹은 바람직한 '신붓감'의 대상에서 제외되어 비자발적인 독신으로 남게 되기도 한다. 그러므로 이주는 여성의 역량을 강화함과 동시에 여성이 치러야 할 사회적인 비용이나 불이익을 가져오기도 함으로써 이주 여성 자신과 가정에 복합적이고 모순적인 영향을 끼친다.

■ 참고문헌

김학선·홍선우·최경숙. 2009. "파독 간호사 삶의 재조명", 『한국산업간호학회지』 제 18권 2호: 174-184.
나혜심. 2013. "트랜스내셔널 관점에서 본 독일 한인간호이주의 역사: 양국 간호문화에 대한 영향을 중심으로", 『의사학』 22권 1호, 2013년 4월: 179-216.
이희영. 2005. "이주 노동자의 생애 체험과 사회 운동: 독일로 간 한국인 1세대의 구술 생애사를 중심으로", 『사회와 역사』 제 68권, 2005년: 281-316.
이-슈미트 영남. 2013. 『하얀 꿈은 아름다웠습니다』, 서울: 동심방.
이영숙. 2009. 『누구나 가슴속에 꿈이있다: 독일에서 의사가 된 간호사이야기』, 서울: 북스코프
진실과 화해를 위한 과거사정리위원회(Truth and Reconciliation Committe). 2008. "파독 광부 간호사의 한국경제발전에 대한 기여의 간", 『진실과 화해를 위한 과거사정리위원회 조사보고서』.

"Die Weissen Engel aus Korea", *Quick*, Vol.48, 20-26. 11. 1986, 52-54.
Freeman, Caren. 2011. *Marriage and Labor Migration between China and South Korea*, Ithaca and London: Cornell University Press.
Kandiyoti, Deniz. 1988. "Bargaining with Patriarchy", *Gender and Society*, Vol. 2, No. 3: 274-290.
Kim, Won. "Memories of Migrant Labor: Stories of Two Korean Nurses Dispatched to West Germany," *The Review of Korean Studies*, Vol. 12, No. 4, (December 2009): 111-151
Pessa, Patricia R. 1999. "The role of gender, household, and social network in the migration process: a review and appraisal", In Charles Hirshman, Philip Kasinitz and Josh DeWind eds., *The Handbook of International Migration: The American Experience*, Russell Sage Found. 53-70.
Pessar, Patricia R. & Sarah J. Mahle. 2003. "Transnational Migration: Bringing Gender In", *International Migration Review*, Vol. 37, No.3, (Fall 2003) pp. 812-846. http://www.jstor.org/stable/30037758 .
Roberts, Suin. 2012. *Language of Migration: Self- and Other Presentation of Korean Migrants in Germany*, New York: Peter Lang.
Teo, Sin Yih. 2011. "'The Moon Back Home is Brighter'?: Return Migration and the Cultural Politics of Belonging", *Journal of Ethnic and Migration Studies*, 37:5, 805-820, DOI:10.1080 /1369183X.2011.559720
Williams, Lucy. 2010. *Global marriage: cross-border marriage migration in global context*, Palgrave MacMillan, Hampshire.

<기타 자료>
「교포신문」 890호. 2014년 7월 11일.
"독일이 야기한 한국의 간호인력 부족" ("Urgent steps asked to halt nurse-drain, *The Korea Times* 14 September 1966, 나혜심, 2013: 203에 인용)

"서독의 임금과 보상 합의에 따라 1969년 이후 기준 노동 계약은 이주 간호사의 월 최소 임금을 793에서 767 마르크 사이로 정했다" (W. Kim, 2009: 123).

"한국간호사 파독과 동백림사건의 산증인 이수길 박사의 증언: 한국간호사 파독40년을 회고하며", 「뉴스한국」, 2007년 3월 6일,
   http://www.newshankuk.com/news/content.asp?news_idx=20070306160259s4749#)

한국학중앙연구원, 한국민족문화대백과,
   http://terms.naver.com/entry.nhn?docId=1820725&cid=46634&categoryId=46634)

http://www.dongponews.net/news/articleView.html?idxno=27361

"M시의 여자들 (1)", 「교포신문」 919호, 2015년 2월 24일,
   http://kyoposhinmun.com/print_paper.php?number=13995

"UN International Migration and Development: Regional Fact Sheet - Asia",
   http://www.un.org/migration/presskit/factsheet_asia.pdf.

제Ⅲ부 발전국가와 섹슈얼리티

제8장 1960-70년대 출산조절 보급 과정을 통해 본 여성과 '근대' *

배은경

1. 여성들의 근대와 여성의 몸: 나는 내 삶의 주인인가?

몸이 사회적 담론의 주제로 부상했다는 사실은 흔히 탈근대적 혹은 후기 현대적 현상으로 말해진다.[1] 사회학자들은 민족과 계급 같은, 정체성과 자아의 '근대적' 원천들이 무너짐으로써 개인의 삶에서 몸이 차지하는 위상이 달라졌다고 지적한다(쉴링, 1999; 기든스, 1991). "몸을 삶 속에서 좋은 것은 무엇이든 얻을 수 있는 패스포트로 간주(Featherstone, 1991)" 하게 하는 탈근대 소비사회의 조건이, 개인의 삶과 정체성, 사회적 지위가 걸려있는 일종의 "육체자본(Bourdieu, 1978)"으로서 몸을 부각시키고 있다는 것이다. 그러나 페미니스트들은 이러한 설명에 의문을 제기한다. 여성들이 겪어온 집단적 경험을 고려하지 않은 남성중심적 역사해석이 될 수 있기 때문이다. 몸이 일생을 규정하는 중대한 과제이자 정체성의

---

* 이 글은 『사회와 역사』 제67권(한국사회사학회, 2005)에 실린 글을 수정한 것이다.
1) 인류의 지성사에서 몸이 자연적이거나 동물적인 것이 아니라 말 그대로 '사회적'인 것으로 인식되기 시작한 시기는 대략 30여 년 전의 일이다. 자연/사회, 감성/이성의 이분법이 그대로 몸/정신의 이분법과 대응하는 서구 근대성의 구도 속에서, 몸은 오랫동안 순수히 생물학적이고 의학적인 대상으로 위치지워졌다(Grosz, 1992; Turner, 1991). 서구에서 이러한 흐름이 바뀌기 시작한 것은 대략 1980년대 중반 이후의 일이었다. 급격한 의학기술의 발전 및 그에 따른 윤리적 문제들의 등장, 인구학적 변화와 소비문화의 창궐 등이 그 배경으로 지적된다(Nettleton, 1995). 한국에서는 서구에서보다 약 10여년 늦게, 대략 1990년대 중반 이후부터 몸이 사회적 담론의 주제로서 언급되기 시작했는데, 여기에는 네틀턴이 지적한 일반적 요인들에 더하여 당시 한국 사회에서 독특하게 등장한 몇몇 사회적 요인이 복합적으로 작용하였다. 포스트모더니즘과 페미니즘 담론의 부상에 더불어, 특히 젊은 세대에서 일어난 성적 지향과 정체성의 정치적 쟁점화와 자율성에 대한 인정 요구가 그것이다(배은경, 1999: 134).

자원이 되는 것은 여성들에게 매우 익숙하고도 오래된 경험이다. 즉 여성의 눈으로 볼 때 삶과 몸의 연관은 탈근대적인 새로운 현상이기는커녕, 오히려 근대적이거나 혹은 훨씬 이전으로 소급될 수 있는 역사적 현실인 것이다.

여성의 몸은 여성들의 근대를 남성들의 그것과 상이한 모습으로 만든 빌미이자 요인이었다. 역사적 연구는 시민혁명 이후 일어난 근대적 시민권으로부터의 여성 배제가 정확히 여성의 몸의 기능이 남성과 다르다는 이유를 근거로 일어났음을 밝히고 있다(Scott, 1999). 순수하게 정신적/이성적인 존재로서의 근대적 개인주체 개념은 기실 처음부터 남성만을 모델로 한 것이었다(Phllips, 1993). 열달 동안 임신하고 수년간 젖을 먹이며 아이들을 낳고 기르는 여성의 몸은 여성들을 사회·정신·이성의 대극점에 있는 자연적이고 육체적인 존재로 여겨지게 만들었다. 이는 단순히 관념의 문제가 아니라 근대 사회에서 여성들의 삶에 실제적인 효과를 산출하는 문제였다. 그로츠가 지적했듯이 여성의 섹슈얼리티와 생명생산의 힘은 언제나 여성을 여성으로 정의하는 문화적 특징임과 동시에 가부장제가 여성들에게 남성과 다른 대우를 배정하게 만드는 기능이었지만(그로츠, 1994: 71), 이것이 특히 근대적 공/사분리의 형성과 맞물리게 되면서 여성들의 삶을 특정한 모습으로 제한하게 되었기 때문이다.

근대적 젠더 체제의 여성억압성은 여성은 아이를 낳는 몸을 가졌으므로 아이를 기르는 삶을 사는 것이 당연하다는 이전의 전제가 그대로 유지된 채, 공적 영역에서의 모든 활동이 아이를 기르는 삶과 근본적으로 충돌하는 방식으로 규정되고 조직되는 과정에서 나타났다. 19세기에 만들어져 적어도 20세기 전반기까지 지속된 근대적 성별분업 체제의 형성 과정은 이것을 보여주는 대표적인 사례이다. 산업혁명에 수반된 가정과 일터의 분리가 임금노동을 임신·출산·양육 활동과 양립불가능한 것으로 만든 것이 결정타였던 것이다. 아이를 기르는 사람, 즉 '아내이자 어머니'는 공적 노동의 세계와 분리되었고, '한 사람(=남성)의 노동시장 일대기와 한 사람(=여성)의 평생 가사노동 일대기의 결합'이 표준적인 생활양식으로 정착되었다(벡·벡-게른샤임, 1990). 이런 방식으로 아이를 낳고 기르는 여성 몸의 기능은 '여성의 가정주부화'라는 대표적인 근대적 젠더 현상의 이유이자 근거로 자리잡았다.

남성들이 신분적 속박으로부터 자신을 해방하고 스스로가 자기 삶의 주인이 되었을 때, 참정권과 재산권과 그 모든 시민적 권리를 누리는 근대적 주체로서 자아의 진정성과 합리성으로 무장한 개인이 되어 생애설계와 경쟁의 세계에 뛰어들었을 때, 같은 시공간을 공유하던 여성들은 여전히 타고난 몸의 운명에 속박된 생애만을 허용받은 채 남성들과 함께 살아가야 했던 것이다. 이런 상황에서 여성의 몸은 '여성' 그 자체의 본질이자 정체성인 동시에,2) 또한 그 몸을 입은 사람의 사회적 삶을 좌우하는 요인일 수밖에 없었다. 섹슈얼하고 생물학적이며 생명을 생산하는 재생산적인 몸(reproductive body) 그 자체가, 같은 근대를 살면서도 근대인에 '미달하는' 여성 주체의 형성을 틀지운 조건이었던 것이다.

문제를 더욱 악화시킨 것은 여성이 가진 이 몸, 여성에게 특정한 삶을 배정하는 이 재생산적 몸마저도 온전히 여성 자신의 것으로 간주하지 않는 가부장적 문화가 근대적 사회체제의 기반에 깔려 있었다는 점이다. 가령 계몽사상가 존 로크는 자기 몸에 대한 소유권을 통해 개인들을 재산권의 주체로 구성하는 논리를 폈다. 즉 모든 인간은 자기 몸에 대한 소유권을 가지며 따라서 몸이 자연에 가해서 만들어낸 생산물은 그 몸의 소유자의 재산이 되어야 한다는 것이었다(임옥희, 2001: 12-13). 그러나 이런 논리는 여성의 몸에 대해서만큼은 적용되지 않았다. 로쓰만이 지적했듯이 가부장 문화는 아이를 어머니의 것으로 보지 않고, 어머니의 몸을 통해서 나온 아버지의 자식으로 보기 때문이다(Rothman, 1994). 많은 사회에서 여전히 생명을 생산하는 것은 아버지의 '씨(seed)' 이며, 어머니는 단지 그 생명을 키우는 그릇에 불과하다고 여겨진다. 여성의 몸은 여성의 존재의 집이 아니라 태아를 키우는 배양기이며, 여성 자신의 소유물이 라기보다는 혈연집단이나 국가의 노동력을 재생산하기 위한 공적 자산으로 간주 되고 있다(Ehrenreich & English, 1979; Bordo, 1993).

이런 상황에서 여성이 자기 삶의 주인이 되는 것이 가능할까? 사회질서 속에서의 몸의 위치가 그 몸을 입은 사람의 삶에 모순을 부과해 온 것이 '여성들의 근대' 일진데, 자기가 입은 몸마저 자기 것으로 간주되지 않는 문화가 엄존하는 상황에서

---

2) 일찍이 시몬느 보봐르는 『제2의 성』에서, 서구 문화에서 남성이 절대적인 정신으로 파악되는 반면 여성은 몸 그 자체, 말 그대로 '섹스(the Sex)'로만 인식된다고 지적하였다(보봐르, 1949).

여성들이 어떻게 주체적으로 살아갈 수 있었을 것인가? 탈근대이건 후기 근대이건 또다른 무엇이건 간에 이미 '근대'는 넘어서고 있는 오늘날에도, 개별 여성들이 몸의 운명에 생애를 속박시키지 않고 스스로 자기 삶을 기획하고 구현해가는 진정한 근대인3)이 될 수 있기 위한 역사적 조건에 대한 해명은 이루어지지 않고 있다. 이것이 노동시장과 공론장에서 양성평등의 구호가 힘을 얻고 있는 이즈음, 여성의 몸과 삶을 둘러싼 역사적 구조에 대한 질문이 더욱 요청되는 이유이다.

2. 재생산적 권리의 관점에서 출산조절 역사 읽기

이 글은 이러한 문제의식에서 여성들이 자기 몸에 대한 통제권을 확보할 수 있는 기초적 조건이라 할 출산조절(birth control)의 역사적 맥락을 살펴보고자 한다. 출산조절이란 여성이 자신의 임신과 출산을 통제하기 위해서 사용하는 방법과 실천을 통칭하는 말로, 미국 여성운동가 마가렛 쌩어(Magaret Sanger)가 여성들에게 안전한 피임법을 보급하기 위해 캠페인을 벌이면서 자기 운동을 위한 이름으로 1914년 만들어낸 용어이다. 쌩어는 여성 자신이 자기 몸의 생식력에 대해 자율적 통제권을 가져야 함을 강조하기 위해서 birth control이라는 단어를 골랐다고 하는데(Coigny, 1969: 65),4) 이 글에서는 여성 자신을 주체로 놓고

---

3) 여기서 근대인이란, 타자로부터의 강한 분리와 확고한 자아 경계를 기반으로 하는 '근대적 (개인) 주체' 개념과 같지 않다. 앞서 지적했듯이 개인성을 핵심으로 하는 근대적 주체의 모델은 남성만을 기준으로 삼은 것이었으며, 이는 남성들끼리의 형제애(fraternity)에 기반하여 이뤄져 온 근대성의 성별화된 발전과 연관된 것으로 지적된다(Pateman, 1988; Marshall, 1994; Felski, 1995). 페미니즘 운동은 한편에서는 근대 사회에서 남성들이 누리게 된 근대적 개인의 지위를 여성들 자신에게도 개방하라는 요구와, 다른 한편에서 근대성 자체에 내포한 모순과 배제의 원리를 발본적으로 넘어설 것을 지향하는 탈근대적 요구를 함께 제기하는 것으로서 스스로를 구성해 왔다. 그런 점에서 여성과 근대의 관계에 대한 본격적인 페미니즘적 논의는 매우 복합적인 이론적 쟁점을 제기하는 문제라 할 수 있다.

4) 마가렛 쌩어의 출산조절(birth control)은 여성을 주체로 위치짓는 개념이라는 점에서 인구통제 (population control)나 출산억제(birth limitation) 등 다른 유사 개념들과 구분된다. 인구통제는 주로 국가 단위의 총인구특성의 변화관리를 목적으로 하는 정책적 개입을 지칭하는데, 여기서 여성들은 출산력의 담지자로서 정책적 개입의 주된 대상으로 위치지워진다. 단순히 출산을 줄인다는 것을 뜻하는 출산억제의 개념에는 출산 당사자인 여성의 선택이 포함되지 않으며, 인구통제의 수단으로 자주 언급된다. 이것 역시 출산 당사자인 여성의 주체적 선택을 전제하지 않고도 성립가능하다.

여성의 입장에서 생식력 통제의 문제를 사고하기 위하여 이를 출산조절로 번역하여 사용한다.

여성들이 자기 생식력을 통제하고자 노력해 온 역사는 길지만,[5] 발달한 의학기술이 제공한 상대적으로 안전한 방법으로 효과적으로 임신을 미리 예방하고 자신의 의지에 따라 출산의 수와 시기를 조절할 수 있게 된 것은 그리 오래된 일이 아니다. 이 글에서는 이러한 형태의 새로운 출산조절을, 원치 않는 임신의 사후적 중단에 머무르던 이전의 출산조절과 구분하여 특별히 '근대적 출산조절'이라고 부르고자 한다. 근대적 출산조절은 기존의 출산조절 개념에 여성 스스로 세우는 '계획'의 개념이 더해진 것이다. 이는 여성들이 자기 삶에 대한 기획과 생애설계 속에서 출산과 양육활동의 시기 및 양을 조절할 수 있게 해 준다는 점에서 여성이 근대인으로서의 삶을 꾸릴 수 있기 위해 결정적으로 중요한 요소가 된다.

한국 여성에게 근대적 출산조절이 보급되고 일반인의 실천으로 자리잡게 되기까지의 역사적 과정이 이 글의 구체적인 연구대상이다. 한국사회에서 이 과정은 대략 1950년대 말부터 1970년대까지의 시기에, 인구통제를 목적으로 국가정책적으로 수행된 가족계획사업과 관련되어 진행되었다. 따라서 이 글의 내용은 이 시기 추진된 가족계획사업의 배경과 실행방식을 여성의 입장에서 다시 읽는 작업에 집중된다. 문헌연구와 가족계획사업 추진 참여자에 대한 인터뷰 등을 통해 역사적 과정을 재구성하는 한편, 잡지나 신문기사, 각종 출판물 등에 대한 담론분석을 병행하여 그러한 과정에 작동한 젠더 논리를 밝히고자 하였다. 한국 출산조절의 역사에 작용한 사회세력과 담론들의 경합을 살피고, 이러한 경합과 그 결과가 한국 여성의 몸과 삶에 부과한 위험과 기회의 양면적 구조를 읽어내는 것이 이 글의 목적이다.

이 글의 역사적 분석은 재생산적 권리(reproductive rights)[6]에 대한 페미니스트

---

[5] 여성들은 오래 전부터 높은 곳에서 뛰어내리기, 독한 약초 먹기, 자궁에 이물질 투입하기 등 모체의 건강을 심각하게 해쳐서 저절로 애가 떨어지도록 하는 끔찍한 방법을 동원해서라도 자신의 생식력을 통제하고자 시도해왔다. 린다 고든은 근대 사회로 들어오면서 안전한 낙태와 효과적인 피임에 대한 요구가 더욱 증대하였다고 지적한다. 출산간격을 조절하고 적당한 수의 자녀를 갖고 싶은 욕구가 모든 계급의 여성들에게서 공통적으로 나타났다는 것이다(Gordon, 1976: 70).
[6] 재생산적 권리라는 용어는 1970년대 중반부터 페미니스트들에 의해 사용되기 시작했으며, 1980년대

논의를 이론적 자원으로 삼고 있다. 최근의 논의는 재생산적 권리의 개념을 선택의 자유(freedom to choose), 접근권(right to access), 통제권(right to control)이라는 세 측면을 모두 포함하는 것으로 구성하고 있다(Dixon-Mueller, 1993). 선택의 자유란 여성들이 자녀의 수와 터울, 출산 시기, 출산 여부 등에 대해 자유롭게 선택할 수 있어야 한다는 것이며, 접근권이란 여성들이 자신의 선택을 실현하기 위하여 필요한 출산조절 정보와 서비스에 충분히 접근할 수 있어야 한다는 것이다. 통제권은 임신과 출산 뿐 아니라 섹슈얼리티를 포함한 재생산의 모든 영역에서 자기통제의 권리가 보장되어야 함을 뜻한다. 여기에는 생식력과 성적 능력에서 소외되지 않을 권리, 여성이 신체적 온전함(bodily integrity)을 유지하고 확보할 권리 등이 모두 포함된다.[7]

재생산적 권리를 둘러싼 페미니스트 논의에서 무엇보다 강조되는 것이 여성의 자기결정(self-determination)이다. 임신과 출산은 여성의 몸에서 일어나는 생물학적 사건임과 동시에, 해당 여성을 둘러싼 특수한 사회적 관계망과 제도 속에서 일어나는 사회적 사건이기도 하다. 따라서 재생산적 권리에 대한 분석은 반드시 재생산의 사회적 관계에 대한 분석을 포함해야 한다(Petcheski, 1985). 재생산적 자기결정이란 결국 여성이 '타자의 의사에 반해서' 자신의 생식 행위에 대한 결정을 실행할 수 있느냐 없느냐의 문제이며, 결코 고립된 개인적 결단의 문제가 아니기 때문이다. 그것은 피임약과 출산조절 서비스의 제공을 훨씬 뛰어넘는, 삶의 모든 영역에서의 물질적 그리고 비물질적 자원들에 대한 접근 또는 재량권과 관련된 문제로 인식되어야 한다(Smyth, 1998: 228-230). 그러나 안타깝게도, 서로 다른 시공간에서 살아가고 있는 개별 여성들이 경험하는 재생산의 사회적 관계에 대한 구체적인 분석은 아직까지 별로 이루어져 있지 않다. 재생산적 권리에 대한 페미니즘적 논의가 명백한 정치적·분석적 유용성에도 불구하고

이후 급성장한 여성건강운동의 결과 최근에는 인구 프로그램들과 국제기구 담론에서도 널리 수용되어 여성의 권리확보에 기여하고 있다.

7) 통제권 개념의 이러한 넓은 적용범위는 서구 제2물결 페미니즘의 중심 주제였던 낙태 합법화 운동의 맥락에서 볼 때도 이치에 맞는다. 벨 훅스에 의하면 제2물결 페미니즘 운동의 형성에 촉매 작용을 한 최초의 이슈는 섹슈얼리티, 즉 여자가 누구와 섹스할지 스스로 결정할 수 있는 권리였는데, 이것이 곧 대대적인 낙태 합법화 운동으로 이어졌다는 것이다(bell hooks, 2000: 67). 일단 섹슈얼리티를 권리의 개념으로 볼 수 있게 되자 여성들은 곧 더 나은, 더 안전한 피임과 안전하고 합법적인 낙태의 권리 없이는 진정한 성해방이 가능하지 않음을 깨닫게 되었다.

아직 분명한 이론적 명료화에 도달하지 못하고 있는 것에는 이 같은 연구의 부족이 크게 작용하고 있다.

필자가 보기에 재생산과 관련한 여성 문제를 '재생산적 권리'의 문제로만 한정해서 보는 것은 한계가 있는 시각이다. 여성이 자기 몸의 주인이 되는 것, 즉 여성이 자기 생식력의 통제자가 될 권리가 곧 여성의 자기 삶과 자기 생애에 대한 통제권 회복과 관련된다는 사실을 정확하게 지적하기 어렵기 때문이다. 안전하고 효과적인 출산조절은 여성들에게 개인으로서의 자기 일대기를 만들어갈 가능성을 열어주어, 공/사의 구분과 여성의 불완전한 시민권을 특징으로 하는 근대화의 조건 속에서 공적 노동에서의 경력(career)과 집 밖의 세계에 대한 참여를 가능하게 해 주는 조건이 된다. 이는 출산조절이 여성에게 갖는 의미가 단순히 임신·출산이라는 생물학적 과정이나 육아부담에 대한 조절이라는 협소한 것을 넘어서는, 대단히 정치적인 차원을 갖고 있음을 의미한다. 페체스키가 지적했듯이 재생산적 권리는 여성의 정치적, 경제적 평등권 확보를 위한 기본적인 조건일 수밖에 없고(Petcheski, 1998), 그런 의미에서 근대적 출산조절의 보급은 한 사회에서 여성의 시민권이 확보되고 구현되는 방식과 관련된 절실하고 중요한 문제가 된다.

이 글에서는 '여성의 출산에 대한 국가의 성공적 개입/통제'로만 여겨져 온 가족계획사업에 대한 이해를 수정하고, 이를 한국 여성들에게 근대적 출산조절을 보편화시킨 역사적 요인으로 다루고자 한다. 가족계획사업이 국가정책화된 배경과 시행과정, 당시 한국 여성들의 재생산 현실과 경험을 국가주도 경제개발과 젠더관계라는 관점에서 살펴본다. 인구억제를 위한 수단으로 도입된 가족계획사업은 여성들이 가지고 있던 기왕의 출산억제 욕구에 응답한 것이 아니었지만, 자신과 가족의 생활상태를 개선하고자 했던 여성들은 더 잘 살기 위한 산아제한이라는 '가족계획'의 담론에 기꺼이 호응했다. 여성들은 가족계획사업이 권장하고 보급한 피임법을 적극 수용했으나, 그 과정에서 그 어떤 존중과 안전도 보장받지 못하였다. 가족계획사업의 돌진적이고 폭력적인 추진은 여성들의 자율성과 신체적 안전을 침해했으며, 섹슈얼리티에 대한 언급을 회피하기 위하여 출산조절 지식을 결혼과 의료 안에 밀봉시킨 가족계획사업의 담론 전략은 근대적 출산조절의 여성해방적 잠재력을 훼손하였다.

가족계획사업 시기 보편화된 근대적 출산조절은 한국 여성들을 특정한 방식으로 '근대' 속에 살게 했다. 1960-70년대 '조국근대화'의 물결 속에서 점점 더 많은 결혼한 여성들이 자기 가족의 살림살이에 대한 전략적 기획 속에서 자신의 출산력을 통제하였다. 그녀들의 출산조절은 미래에 대한 계획에 따라 현재를 합리적으로 조절하는 '근대적' 태도 안에서 기획되었으며 '근대' 의학이 제공한 과학적 방법을 활용하여 이루어졌다. 그러나 가족계획의 담론은 그녀들을 근대적 개인으로 호명하지 않았으며, (재생산적) 권리의 주체라고는 더더욱 생각하지 않았다. 출산조절에 관한 그녀들의 행위성은 주부 혹은 어머니로서의 지위 안에서 사적인 방식으로 발휘되었다.

3. 국가정책으로서의 가족계획사업

한국 여성들에게 근대적 출산조절을 보편화시킨 가장 중요한 역사적 계기가 가족계획사업이었다는 것에는 재론의 여지가 없다. 가족계획사업은 5.16 쿠데타 이후 군사정권에 의해 인구억제책으로 채택되어 적어도 1980년대 중·후반까지 매우 강력하게 실시된 국책사업이었다. 그것은 한국사회에 근대적 의미의 피임을 보급하고 '계획된' 출산을 규범화시켰으며 실시 직후부터 급격한 출산력 추이의 변화를 동반하는 등[8] 한국인의 재생산 행위의 양상을 결정적으로 변화시켰다고 평가된다.

그러나 다른 한편, 한국 출산조절의 모든 역사가 가족계획사업에 의해 추동된 것은 아니라는 점을 인식하는 것도 중요하다. 냉전적 세계체제의 조건과 그 속에서 형성된 국제 인구통제 레짐, 박정희 정권의 근대화 프로젝트가 가진 특수한 성격에 더하여, 가족계획사업 시행과 무관하게 한국 여성들이 표출하고

---

[8] 1960년 당시 합계출산율은 6.0이었으나 1970년 4.5명, 1980년 2.8명, 1985년 1.7명으로 급격히 감소하였으며, 인구성장율 역시 1960년 2.84% 이던 것이 1985년에는 1.02%로 감소하였던 것이다. 국가는 이미 1980년대 말부터 인구억제를 위한 더 이상의 국가개입이 필요하지 않다고 판단하였고, 출산억제를 위한 대부분의 규제와 보상제도는 1990년대 들어와서 유명무실해졌다. 그럼에도 불구하고 합계출산율은 1990년 1.6명, 2006년 1.12명을 거쳐 2015년 1.25명으로, 세계 최저 수준까지 저하하였다.

있던 강력한 출산억제의 욕구가 한국 가족계획사업의 외면적 '성공'을 떠받쳤기 때문이다. 이 모든 요인들이 복합적으로 교차하는 가운데 여성의 몸과 삶을 특정하게 관통하고 조직하는 젠더 배치가 형성되었고, 여성들은 이러한 배치의 역사적 형성 과정 속에서 각자 자신의 출산조절 실천을 했다. 여성들은 국가가 기획하고 수행한 가족계획프로그램의 단순한 수용자가 아니었던 것이다.

1) 국책사업화 과정에서 국가의 역할

한국 여성들은 가족계획사업이 실시되기 전인 1950년대부터 이미 아이를 적게 낳고자 하는 강한 욕구를 보이고 있었다. 전쟁 직후의 절대빈곤 상황에서 여성들은 대를 잇기에 필요한 수의 아들 이외의 추가적인 자녀를 원하지 않았다(배은경, 2004b). 수많은 여성들이 민간요법 등을 통해 '아이를 떼려고' 시도하였으며, 때로는 목숨을 잃기조차 하였다.9) 대도시를 중심으로 병원에서의 인공유산 시술 역시 널리 이루어지고 있었다. 실제로 1950년대 말경에는 결혼한 여성들의 1/3 정도가 한번 이상의 인공유산을 경험한 것으로 조사되고 있었다.10)

그러나 1950년대까지만 하더라도 여성들에게 출산조절을 보급해야 한다고 주장하는 사람은 매우 소수였다. 일부 산부인과 의사들이나, 사회학자 고황경과 <대한여자의사회> 소속 여의사들을 중심으로 조직된 <대한어머니회>뿐이었던 것이다(배은경, 2004b). 남녀를 막론하고 대부분의 지식인들이 결혼한 여성들이 출산조절, 당시 용어로는 '산아제한'을 실천하는 것에 대해 반감을 드러냈다. 대통령 이승만은 남북대결 상황에서 통일 후 총선에 대비하려면 인구가 많아야

---

9) 이 같은 사례는 당시 신문지상에도 종종 보도되고 있었다. 가령 <동아일보> 1954년 8월 10일자에는 "박원길의 처 김영옥(27)씨는 생활난으로 신설동에 있는 음식점에 접대부로 있었는데 임신 3개월 되는 태아를 낙태시키려고 키니네 8개를 먹고 30분 후에 사망"하였다는 기사가 실렸다(이임하, 2004: 201).

10) 형법상의 낙태죄가 엄존하는 상황이었음에도 당시에 병원에서의 인공유산시술은 거의 법률적 제재를 받지 않았다. 1958년부터 1960년까지 서울의 2개지역 1,058명의 가임 여성들을 대상으로 한 김인달의 조사에서는 33%, 1960년 591명의 여성들을 대상으로 한 유훈의 조사에서는 206명으로 34.9%, 서울지역의 기혼여성 586명을 대상으로 한 윤임중의 1961년 조사에서는 32.4%가 낙태를 경험한 것으로 나타났다. 이들 조사에서 낙태의 횟수는 2회 미만이 54.4%이고 3회 이상이 44.6%였는데 최고 16회의 수술을 받은 경우도 있었다(신오성, 1989: 58-59).

한다는 논리로 산아제한에 반대하였고, 한국전쟁 중이던 1952년 5월 8일 대한부인회 주최로 치러진 제 1회 어머니날 행사에서는 자식을 가장 많이 출산한 어머니에 대한 표창이 이루어졌다(대한어머니회, 1998: 58). 많은 자녀를 출산하는 것은 아들을 군대에 보내는 것과 더불어 1950년대 국가가 인정한 바 민족과 사회에 대한 여성의 가장 훌륭한 기여 방식이었다.

이러한 담론 지형이 일거에 바뀐 것이 1960년대 초의 일이었다. '인구문제'에 대한 신맬더스주의적 관념이 소개되기 시작하면서, 국가가 정책적으로 출산조절을 보급하고 이를 통해 인구성장을 억제함으로써 경제발전을 추구할 수 있다는 주장이 남성 지식인들 사이에서 힘을 얻어갔다. 여기에는 이미 1950년대부터 주도면밀하게 이루어진 국제 인구통제 기관들의 활동이 많은 영향을 끼쳤던 것으로 보인다.[11] 당시 가족계획사업 국책화를 주장했던 보건관료들이나 의사들은 대부분 1950년대 사설재단의 지원으로 설치된 인구관련 연구소들이 위치한 미국 명문 대학에서 유학하고 돌아온 사람들이었으며,[12] 1961년 4월 창설된 <대한가족계획협회(가협)> 역시 국제 인구통제 기관의 하나인 <국제가족계획연맹, IPPF>의 직접적 이니셔티브로 조직되었다.[13]

---

[11] 가령 1930년대 말경부터 록펠러재단의 아시아 지역 담당자로 아시아의 인구문제를 관찰하고 나중에 〈Population Council〉의 공식 스탭으로서 한국 가족계획사업의 도입 및 추진에 미국의 지원을 연결하는 중요한 역할을 하게 되는 마샬 C. 벨포어의 경우, 이미 1954년경부터 한국을 드나들면서 인구통제 관련 활동을 했던 것으로 알려져 있다(박선숙, 2001: 129). 그가 나중에 초창기 한국 가족계획사업, 특히 액션 리써치의 조직자 역할을 할 수 있었던 것은 1950년대의 활동이 밑바탕이 되었기 때문이었다.

[12] 가협의 핵심구성원이었고 쿠데타 이후 최고회의에 직접 들어가 가족계획사업을 입안한 연세의대교수 양재모는 미시건 보건대학원을 1955년에 졸업했다. 윤석우는 1956년 미시건 보건대학원을, 이종진과 방숙은 각각 1953년과 55년 존스홉킨스대학을 졸업했다. 고황경 역시 1950년대에 도미하여 미시건, 프린스턴, 콜롬비아를 두루 거치면서 본격적인 인구문제 연구를 한 것으로 알려져 있다(배은경, 2004a: 45; 119).

[13] 1960년 10월, 조지 캐드버리 IPPF 총회의장이 대한하여 미국 유학파 의사들과 교수, 관료들에게 조직을 권유하고 연간 $3000정도의 운영비를 제공하겠다고 약속한 것이 가협 창설의 계기였다. 가협 창설 직후인 1961년 5월에 5.16 쿠데타가 일어났고 모든 사회단체가 해산되었지만, 그런 상황에서도 가협은 같은 해 6월 IPPF의 가맹단체로 인정받았다(가협, 1975; 보사연, 1991). 캐드버리와 가협 창립멤버들의 만남은 미국유학 당시의 인연으로 IPPF 본부에 알려져 있던 이종진 국립중앙의료원장과 양재모 연세의대 교수가 주선하였다. 창립총회에서 선임된 가협 창립멤버는 다음과 같이 관료와 사회사업 및 보건 계통 대학교수들로 이루어졌다. 초대 회장에 전 보사부 장관 나용균, 부회장에 당시 서울여대 학장이자 대한어머니회 회장 고황경, 이사에 연세의대 교수 황태식, 양재모, 서울의대 교수 신한수, 전 사회차관이자 당시 대한적십자사 사무총장 김학묵, 보건사회부 보건과장 윤석우, 서울대 사회사업과 교수 하상락, 대한조산사협회장 구신명, 대한어머니회 부회장이자 대한여의사회 회원이었던 강주심,

이런 상황에서 쿠데타로 집권한 군사정부는 자신의 정치적 정당성을 확보하기 위해 '민생고 해결과 경제적 근대화'를 핵심 내용으로 하는 혁명 공약을 내세웠다. 그리고 일단 모든 사회단체와 정당을 해산한 뒤 따로 각계의 지식인들과 엘리트들을 자문위원 등으로 위촉하여 새로운 정책에 대한 건의사항을 수렴했다. 엘리트들이 가족계획사업을 통한 인구통제를 경제발전을 위한 전략으로 제시하자마자, 군사정부는 이를 거의 즉각 받아들였다. 비록 여러 가지 논란 때문에 공식적인 선언은 11월이 되어서야 나올 수 있었지만, 재건국민운동에 가족계획을 포함시키고(6월) 해산된 가협을 부활시키는 등(9월) 국책화를 위한 작업은 꾸준히 진행되고 있었던 것이다.

일련의 과정을 통해 볼 때 한국 가족계획사업의 국가정책화를 어떤 특정한 국내적 문제를 해결하기 위한 국가의 능동적 기획으로 해석할 수 있는 여지는 매우 적다. 여성들이 가진 출산억제 욕구에 부응하고자 하는 목적은 애초에 언급되지조차 않았고, <대한어머니회>와 같은 조직된 여성운동은 국책화 과정에서 철저히 배제되었다.14) 표면적으로 내세운 사업의 목적인 출산억제를 통한 인구성장 감속 역시 시급한 문제에 대한 적합한 해결책이었다고 보기 어렵다. 1950년대의 급격한 인구성장은 출산증가 보다는 정치적 변동으로 인한 일시적 인구이동과 사망감소로 인한 것이었고, 전후의 아기붐은 1961년쯤에는 거의 끝나가고 있었기 때문이다(권태환, 1997).

국책화 과정에서 오히려 두드러지게 눈에 띄는 것은 국제 인구통제 레짐의 직·간접적 역할이었다. 국제 인구통제 레짐은 2차대전 이후 냉전 시기에 개발도상국을 위한 발전 프로그램15)의 하나로서 성립하였다. 아시아의 인구성장이 서구

미국인 선교사 오천혜 외 20명.

14) 고황경, 강주심, 구신명 등 대한어머니회의 주도급 멤버들이 가협의 창립총회 때 명단에 들어있으나, 고황경은 창립직후 부회장을 사퇴하였다. 다른 사람들도 이후 가협과 관련하여 뚜렷하게 활동한 기록이 없다(2004a: 119). 대한어머니회는 국가 가족계획사업이 가협과 보건사회부를 양대 축으로 삼아 본격적으로 시행되기 시작하자 '가족계획' 관련 활동을 중단하였다.

15) 여기서의 '발전'은 단순히 더 나은 상태로 변화한다는 일반적인 의미의 용어가 아니라, 제2차 세계대전 이후 신생독립국들의 경제구조를 근대적인 것으로 바꾼다는 목적에서 진행된 특정한 '발전담론'을 가리키는 것이다. 역사적 시기로서 '발전의 시대'는 1949년 트루먼 미 대통령의 대통령 취임 연설에서 시작되었다. 여기서 처음으로 제 3세계 신생독립국들의 경제구조 전화와 관련해서 '발전'이라는 용어가 사용되었고, 이후 '발전'은 성장, 공업화, 계획화, 원조 등의 필수적 요소들을 갖춘 특정한 모습으로

세계에 대한 위협이 될 수 있다는 공포와, 개발도상국의 빈곤상태가 이 지역의 공산화를 야기할 수 있다는 예측 등이 국제 인구통제 레짐의 형성과 활동을 떠받쳤다. 국제 인구통제 레짐은 제 3세계 정부들에 대하여 정책적인 인구통제를 권유하였고, 이를 받아들인 국가에 대해서는 풍부한 재정적·기술적·지적 원조를 제공하였다. 인구성장을 해결하기 위한 방책으로 '가족계획사업' 즉 정책적인 출산조절의 보급이 권장되었다(Barret, 1995; Donaldson, 1990b).

가족계획사업이 '경제개발5개년계획'의 일부였다는 사실은 이런 맥락에서 역시 신중하게 해석될 필요가 있다. 경제개발5개년계획은 박정희 정권이 가난극복과 정권안정을 위해 제시한 거대한 국가 프로젝트였다. 그 속에서 가족계획사업은 경제성장의 장애 요인으로 규정된 인구성장을 미리 억제함으로써 '조국 근대화'를 앞당기기 위한 수단적 의미를 띠었지만, 실제로는 개발을 위한 외국원조와 지원을 끌어들이는 파이프역할도 했다. 한국은 인도와 파키스탄에 이어 세계에서 세번째로 정부차원에서 인구통제 정책을 채택한 국가로서, 그 눈부신 '성공'으로 국제 인구통제 레짐 활동의 초창기부터 정당성을 제공한 모범사례였으며(Donaldson, 1991a), 그만큼 서구 세계로부터 많은 지원을 얻어낼 수 있었다. 이렇게 얻어진 재정지원들은 보건소 등 공공보건 전달체계를 구축하고 사회과학적 조사연구를 위한 연구비로 사용되는 등, 한국사회 근대화를 위한 기반 마련에도 기여하였다.

2) 사업 수행 과정에서의 국가의 역할

이후 30년간의 사업 수행 과정에서도 국가의 직접적 역할은 대단히 제한적이었다. 1961년 12월 국책화 직후부터 실제 사업의 집행은 거의 반관반민기구가 된 가협에 의해 이루어졌다.16) 가협을 중심으로 뭉친 일부 의사 집단과, 빠른 경제성장을 지상목표로 삼았던 군사정부의 일부 관료들이 국제 인구통제 레짐이 제공한

자리잡게 되었다(Moore, 1995: 22; 권현정, 2001: 28).
16) 1962년부터 보건사회부가 개입하기 시작했으나 1963년 말에 모자보건과가 설치될 때까지는 사업계획 수립, 요원훈련, 홍보교육 등 가족계획사업의 모든 실무가 가협에 맡겨졌으며(한국보건사회연구원, 1991), 한동안 보사부-가협의 2원 체제로 사업이 추진되다가 1970년 가족계획연구원이 창설된 뒤로는 보사부, 가협, 가족계획연구원의 3원 조직에 의해 가족계획사업이 추진되었다(대한가족계획협회, 1975).

충고와 재정 지원에 기대어 한국 가족계획 정책/사업을 입안하고 추진한 주체세력이었다. 한국 가족계획사업의 명분은 국제 인구통제 레짐이 유포한 경제발전을 위한 인구통제 테제를 그대로 따른 것이었으며, 사업방식 역시 여성을 대상으로 의학적 출산조절 수단을 보급하는 국제 PP운동17)의 그것을 충실히 따랐다. 국제 인구통제 기관들은 조사연구와 정책입안을 지원하여 한국 가족계획사업의 사업 추진 모델을 마련하는데 기여하였고, 구체적인 사업항목들이 실시될 수 있도록 재정을 지원하였다.18) 가족계획사업의 구체적인 사업항목을 보면 한국 측에서 구상하여 외원을 요청한 것들도 있었지만, 처음부터 국제 인구통제 기관이 제안하고 지원을 약속함으로써 추진된 것들이 훨씬 많았다.

가족계획사업에 대한 국제 인구통제 레짐의 개입 역시 정부를 통한 직접 지원보다는, 민간단체 혹은 반관반민기관 사이의 관계를 통해 이루어졌다. 가족계획사업의 초창기만 하더라도 "선진국들은 후진국의 인구문제에 대한 내정간섭의 오해를 염려하여 주로 민간단체를 통하여 인구억제책을 적극적으로 권장(한국보건사회연구원, 1991: 407)" 했다는 것이다. 가협은 이런 식으로 들어오는 외원(外援)을 관리하는 역할을 하였다. 정부는 가족계획사업의 사업추진 방식 결정이나 재정 지원 등에서 사실상 거의 아무런 역할을 하지 않았다.19)

---

17) PP운동(Planned Parenthood Movement)이란 마가렛 생어에 의해 시작되고 지도된 출산조절운동이 1940년대 들어 이름을 바꾼 것이다. Birth Control이라는 이름이 반대자들의 도덕적 비난에 너무 많이 오염되었다는 이유였다(Gordon, 1976: 344). 문제는 이 개명으로 운동의 이름만이 바뀐 것이 아니라 운동의 성격 자체가 바뀌었다는 것이다. 그것은 운동의 초점이 여성과 섹스가 아닌 '가족과 아이들'에게로 옮겨가는 것을 의미했다. PP운동은 여성에게 자기 신체에 대한 통제권을 달라는 주장을 더 이상 명시적으로 하지 않게 되었다(Hodgson & Watkins, 1997: 478). 이후 PP운동은 점차 인구통제운동의 일부로 변모하게 되며, 상황에 따라 우생학 혹은 신맬더스주의와 동맹하면서 국제적인 운동으로 발전하게 된다. 1952년에 결성된 국제가족계획연맹(International Planned Parenthood Federation, 이하 IPPF)은 1950년대 말 이후 국제 인구통제 레짐에서 매우 중요한 역할을 담당하였다. PP운동은 출산조절 보급을 위한 운동·사업·정책의 이름으로 널리 사용되게 된 '가족계획'이라는 말의 출처가 되었으며, 인구학자들이 정당성을 제공한 인구통제 정책이 제 3세계 사회에서 실제 집행되기 위해 필요한 사업의 모델을 제공했다.

18) 〈미국인구협회(Population Council)〉의 활동이 그 대표적인 예다. 미국인구협회는 가족계획사업이 국가시책으로 채택되기 직전인 1961년에 미국의 인구학자 및 예방의학전문가들을 한국에 보내어 경제기획원 및 보건사회부에 가족계획사업을 적극 후원하겠다는 의지를 표명하도록 하였으며, 협회의 전문가가 서울에 상주하면서 정부의 자문에 응하였다. 록펠러재단의 장학금 제도를 활용하여 한국 학자들을 유학보내어 훈련시켰고, 1963년에는 미국 인구학자들을 파견하여 한국의 인구현황을 분석하기도 하였다(한국보건사회연구원, 1991: 407). 미국인구협회는 1960년대 한국 가족계획사업이 보급한 대표적인 출산조절 수단인 리페스루프의 공급원이기도 했다.

정부가 가족계획사업에서 맡은 역할은 단지, 인구억제라는 국가적 목표를 언제까지 몇 % 감소시키겠다는 수치로 경제개발5개년 계획 안에 명시한 가운데, 읍면 마을 단위까지 조직된 내무행정과 민간단체의 모든 위계마다 양적 수치로 구체화된 목표를 할당하고 그것을 달성하기 위해 모든 노력을 기울이게 하는 '돌진적 근대화' 방식의 독려뿐이었다. 정책을 형성하고 재원을 마련하여 성실히 집행하는 실질적인 국가기능보다는, '조국 근대화'라는 목표를 제시하고 외국의 재원으로 국민을 동원하는 계몽과 선전 담론을 통해 국책사업으로서의 가족계획이 수행되었던 것이다.

가족계획 정책/사업은 거시적인 국가정책으로 수행되었지만, 다른 한편 무계획과 무질서로 규정된 전통적인 출산 관념을 버리고 미리 준비하고 계획하는 근대적 태도를 갖출 것을 권유하는 국민계몽 담론으로서 힘을 발휘했다. 계획 없이 낳아서 과잉인구가 될 아이들을 부양할 책임은 가족 이외의 그 누구도 대신 져 주지 않을 것이며, 그런 식으로 무계획하게 출산한 가족이 빈곤하고 불행한 것은 가족계획을 하지 않은 가족 그 자신의 책임이므로 알아서 하라는 것이 국가 담론으로서의 가족계획사업에 내포된 논리였다. 이러한 '재생산의 사생활화(privatization of reproduction)' 논리는 1960년대 초 가톨릭의 출산조절 반대론에 대한 개신교측의 논박에서부터 이미 나타나기 시작하여 가족계획사업이 실시되는 기간 내내 지속되었다. 이 기간 동안 한국사회는 개인의 삶을 지원하는 사회적 안전망을 거의 갖추지 않은 채 가족 단위로 살 길을 찾도록 요구하였으며, 적은 수의 자녀를 낳는 것은 그러한 가족단위 생존전략의 핵심을 이루었다. 1970년대 중반 국제 인구통제 레짐의 담론이 경제발전을 위한 인구통제에서 복지와 인권을 강조하는 쪽으로 바뀌기 시작했을 때도, 한국 가족계획사업의 사업기조는 바뀌지 않았다.

---

19) 실제 1970년대까지 한국 가족계획사업에서 국제 인구통제 레짐의 재정지원이 차지한 비중은 대단하였다. 보건소와 읍면동 행정기관에 고용된 정규 및 비정규 공무원 신분의 요원들에 대한 보수를 제외하고는 사실상 거의 모든 사업비가 외원을 통해 충당되었다. 한창 사업이 실시되는 기간에는 해마다 가협 예산의 약 80%가 외국원조에 의한 것이었다(대한가족계획협회, 1991b: 171).

4. 가족계획사업의 실행방식

한국 가족계획사업은 결혼한 남녀에게 자기 가족의 출산에 대한 계획을 세우는 근대적 주체가 되라고 요구하면서도 실제로는 개인 내지 개별 가족의 자율성 증진에 대해서는 관심이 없었다. 자기 가족의 여건에 따라 자녀출산 계획을 세우라고 권유하면서도 자녀 수의 표준을 제시하는 것을 망설이지 않았던 것이다. 출산조절 방법의 선택·보급·권유에 있어서도 효율성과 빠른 인구성장 억제만이 중시되었다. 출산조절 수단의 신체적 안전성조차 거의 고려되지 않았다. 리페스루프의 임상실험과 대대적인 보급 과정은 이 같은 사실을 보여주는 대표적인 예이다. 이로 인해 가장 많이 희생된 것은 실제 출산조절 실천을 하는 여성들의 자율성과 신체적 안전이었다.

1) 돌진성과 폭력성: 자율성과 신체적 안전의 결여
(1) 출산조절의 의료화

의사들에 의해 주도되고 확실한 출산억제 효과를 강조한 가족계획사업은 기본적으로 출산조절을 의료화(medicalize) 하는 쪽으로 작용했다. 주기법이나 중절성교, 콘돔 등은 '재래식 피임법'이라고 부르면서 불확실한 방법으로 여겨 보급하지 않았다. 실제로는 이 재래식 피임법들이야말로 사용자의 의지와 자율성을 가장 많이 보장하는 것이 될 수 있는 방법들이었으나, 가족계획사업 시기에 이러한 특징은 "사용될 때마다 동기화되어야 한다는 점에서" 단점으로 지적되었다. 가족계획사업이 시작된 직후에는 기술적 문제로 정관수술과 콘돔, 살정자제 성분의 젤리 등을 보급하였지만, 콘돔과 젤리는 1963년에 바로 보급이 중단되었다. 1964년부터 전국적으로 보급된 리페스루프가 초창기 가족계획사업이 보급한 가장 주요한 출산조절 방법이었다. 그러나 리페스루프는 높은 탈락률이 문제가 되었고, 이에 1967년부터는 스웨덴에서 무상원조로 들어온 먹는 피임약이 보급되기 시작하고 콘돔의 보급도 재개되었다.

'돌진적 근대화'가 점점 더 도를 더해가던 1970년대에는 피임실패의 위험도

<표 8-1> 방법별 피임실천율 변동추이: 1964-1988 (단위: %)

피임방법	연도	1964	1965	1966	1967	1971	1973	1974	1976	1978	1979	1982	1985	1988
	정관수술	-	-	3.1	-	2.3	4.6	3.0	4.2	5.6	5.9	5.1	8.9	11.0
	난관수술	-	-	-	-	1.0	-	2.0	4.1	10.9	14.5	23.0	31.6	37.2
	자궁내장치	-	-	9.3	-	7.0	7.9	8.0	10.5	9.5	9.6	6.7	7.4	6.7
	먹는피임약	-	-	0.5	-	6.8	8.0	9.0	7.8	6.6	7.2	5.4	4.3	2.8
	콘돔	-	-	3.1	-	3.1	6.5	6.0	6.3	5.8	5.2	7.2	7.2	10.2
	기타방법	-	-	5.2	-	4.2	9.0	9.0	11.3	10.4	12.1	10.3	11.0	9.2

출처: 보사연, 1991: 701에서 재구성.

있고 계속해서 실천에 대한 동기화가 필요한 일시피임보다는, 한번 시술하면 더 이상 신경쓰지 않아도 되는 불임시술의 보급을 매우 강조하는 분위기가 있었다. 그런데 1970년대 중반이전까지만 하더라도 여성의 불임시술, 즉 난관수술은 개복(開腹)을 해야 하는 어려운 수술이어서 쉽게 시행할 수 없었다. 그래서 1970년대 중반경에는 대대적인 정관수술 캠페인이 일어나기도 했다. 그러나 <표 8-1>에서 보듯이 정관수술 수용율은 그다지 높아지지 않았다. 오히려 1970년대 후반 무렵에 과거보다는 간단한 여성 불임수술법이 개발되자 난관수술 수용도가 폭발적으로 늘어나게 되었다.20) 그리하여 1980년대 이후로는 난관수술이 한국 가족계획사업에서 가장 많이 수용된 출산조절 방법이 된다. 한편 <표 8-1>에는 포함되지 않았지만, 가족계획사업 시기에도 인공유산이 출산조절을 위해 많이 행해졌다.

(2) 리페스루프의 사례

1960년대 한국 가족계획사업이 가장 열심히 보급했던 출산조절 수단인 리페스루프의 보급 과정은 가족계획사업이 여성의 재생산적 안전과 신체적 온전성을

---

20) 미니랩과 복강경수술이라는 새로운 시술법이 1970년대 중반경 거의 같은 시기에 개발되었다. 미니랩은 자궁거상기(子宮擧上器)를 이용하여 자궁을 복벽으로 밀어올려서 아주 작은 복부 절개만으로도 난관을 절제 또는 결찰하는 방법이며, 복강경수술은 복강 내를 들여다 볼 수 있는 내시경을 이용하여 수술하는 방법이다. 두 수술법 모두 1976년부터 정부 가족계획사업을 통해 시술되기 시작했는데, 1977년 한해에 무려 20만에 가까운 수의 여성들이 수술을 받아 관계자들까지도 놀라게 하였다고 한다(보사연, 1991: 374-376).

얼마나 무시했으며 또 얼마나 폭력적이었는지를 잘 보여준다. 당시 리페스루프는 미국에서 막 개발되는 단계였고, 1963년부터의 시범사업이 세계 최초의 임상실험이었다.21) 그런데도 2년 예정의 임상실험이 채 끝나기도 전에 대대적인 보급이 결정되었고, 한해 몇 십만 명씩의 여성들의 자궁 속에 장착되고 또 제거되었다.22)

1953년부터 60년대 내내 계속 보사부의 가족계획 주무부서에 근무했던 김택일의 회고는 이 과정을 여실히 보여준다. 그의 회고는 가족계획사업이 얼마나 위계적이고 또 얼마나 '돌진적 근대화' 방식으로 추진되었는지를 보여주는 동시에, 개발국가의 남성 관료들이 자신들의 정책적 목표를 위하여 여성들의 몸에 폭력적으로 개입해 들어가면서도 자신들의 행위가 그녀들에게 무엇을 뜻하는 것이 될지에 대해서는 전혀 의식하지 못했고/의식하지 않았으며/의식할 필요조차 없었다고 하는 사실을 분명히 드러낸다. 수많은 여성들의 몸속에 장착되어 그녀들로 하여금 어려운 적응 과정을 겪게 했던 리페스루프가 안전성에 대한 그 어떤 기초적 보장도 없이, 실물생산에 대한 기술지도 한번 못 받아본 사람들에 의해 얼렁뚱땅 생산되고 보급되었던 것이다.

> 리페스루프를 사용한 자궁내장치 임상연구가 진행 중에 있었고 우리나라 부인에게도 적합하다는 보고가 나와 있었다. 이를 근거로 하여 1964년도 국가가족계획사업에 자궁내장치보급을 포함하기로 하고 2만건의 시술사업비를 예산에 반영하여 결재를 올렸다. 나의 예산안 브리핑을 받고 계시던 정희섭 장관께서는 자궁내장치 목표를 30만건으로 하라고 말씀하셨다. 나는 아직 시범사업도 완결되지 않고 있으며, 첫해부터 그렇게 높은 사업목표를 세울 수는 없다는 견해를 말씀드렸더니 장관께서는 당신은 왜 장관 말보다는 협회의 양재모 박사 말을 더 잘 듣는가 하고 대노하셨다. (…) 1964년도 사업실적은 10만건이 넘었으니 그때의 장관님의 사업추진 의욕과 판단은 놀랄만한 것이었다.

---

21) 리페스루프는 1962년부터의 한국, 대만 등에서의 임상실험 결과를 토대로 1964년 미국 FDA의 사용승인을 얻었고 그해부터 미국 여성을 대상으로 한 시술이 시작되었다. 그러나 리페스루프는 많은 부작용을 일으켰으며, 중도 제거율도 높았다. 1974년 FDA가 자궁내장치를 끼고도 임신을 한 여성 238명을 대상으로 조사해본 결과, 리페스루프는 5명의 사망과 21건의 유산의 원인이 되었다. 1970년대초 자궁내장치로 인한 입원환자는 매년 15,000명에 달했다. 결국 리페스루프는 1985년, 미국시장에서 퇴출되었다.
22) 미국 여성의 몸에 리페스루프가 막 시술되기 시작한 1964년에 미국인구협회는 한국 가족계획사업을 위해 2만건의 리페스루프를 공급해 주기로 하고 있었으며, 한국 가족계획사업이 목표량을 몇 배로 증가시키자 한국 내에서 생산할 수 있도록 원료인 바륨을 무상 공급해 주기도 했다.

그런데 이때 가장 큰 문제는 리페스루프를 원하는 수량만큼 어떻게 확보하는가 하는 것이었다. 미국 인구협회에서는 2만건을 위한 수량만 공급해 주기로 되어 있었기 때문에 긴급히 국내생산을 하는 일 외에는 방법이 없었다. 리페스루프는 미국 내에서도 개발 초기에 있었고 특허품이어서 미국인구협회만이 일괄구매하여 개발도상국을 위하여 소규모의 무상공급을 시작하고 있었던 것이다. 다행히도 나는 리페스루프의 규격을 소개하는 문헌을 입수할 수 있었고 동아제약의 강신호 박사의 협조를 받아 국내생산에 착수했다. (…) 문헌에 따라 몰드가 주물로 만들어지고 영등포 소재 모 프라스틱 공장에서 포리에치렌 분말과 조영제인 유산비륨이 80대 20의 비율로 혼합되었고, 오류동 소재 국립소년직업보도소에 미국원조로 도입되어 있던 프라스틱 사출기로 루우프를 찍어내고 낚시줄로 사용되는 나일론 실을 루프 끝에 매달았다. 우여곡절 끝에 리페스루프는 생산되고 납품되었다("김택일의 회고", 보사연, 1991: 36-38).23)

실제로 리페스루프는 부작용도 많았고 탈락률도 높았고 그리하여 전체적으로 가족계획사업에 대한 신뢰도를 떨어뜨렸다.

루프를 한달에 열명씩 하자 해도 안되드라구요. 성과를 많이 올린 사람들이 두명 세명 그렇죠. 그렇게 가서 루프 끼고, 껴주고 했죠. (끼는 거는 선생님이 하는 게 아니죠?) 아, 병원에 가서 했죠. 우리는 권유하고, 그 사람들을 인솔해서 데리고 가서 시술은 병원에서 하고. 나는 산파 자격이 있어놔서 간혹, 루프 껴가지고 출혈을 막 하는 사람이 있어요, 느닷없이. 내가 데리고 가서 루프 시켰는데 출혈을 막 한다고 난리라고 그러면, 그때는 교통도 안 좋았잖아요. 그 시골. 그래 가지고 빨리 병원 가덜도 못하고 그러면 어쩌, 내가라도 빼줘야지, 빼 주고 지혈을 시켜야지. 그렇게 허는 사람도 한두명이 아니었어요. 그때 당시 가족계획 한다는 것이 굉장히 힘들고 어려웠어요. (기술적으로 좀 안 좋았던 건가요?) 그랬던가 어쨌던가. 하여튼 싸이즈가… 옛날에는 싸이즈가 없어. 무조건 한가지였잖아. 몇년 후에 싸이즈가 나와서 맞는걸 껴주고 그랬는데, 그때는 안맞으면 그렇게 출혈을 하고 했어요. 시골에서는 거의 다 루프였어요. 먹는 약도 있긴 했는데…(조○○24), 필자와의 인터뷰, 2003년 2월).

---

23) 김택일은 여기서 이것 외에 또 한번의 이른바 '자궁내장치 파동'을 언급하는데, 그것은 1966년도 예산안에 30만건을 연간목표로 책정해 놓았는데 당시 경제기획원 장관이었던 김학렬이 유니세프 동남아 지역대표의 예방을 받고 그의 설명에 매혹당하여 갑자기 내년도 시술목표를 100만건으로 늘리라고 하는 바람에 주무과장이던 자신이 이리뛰고 저리뛰어 다른 피임법 사업비를 줄여서 간신히 40만건으로 늘렸다는 것이다. 당시의 남성 관료들에게 자궁내장치는 '건수'와 실적 이외에 다른 아무것도 아니었음을 여실히 보여주는 이야기이다.

그럼에도 불구하고 실적에 급급했던 가족계획사업 추진 세력은 의사가 아닌 조산원에게도 단기 훈련을 시켜 루프 삽입을 시켰다.25) 조산원 자격을 가진 보건소 가족계획지도원들이 단 몇번의 실습 후에 끼워주던 루프는 그만큼 여러가지 문제를 더 일으킬 수 있었다.

문제는 단순히 의학적 안전성에만 있는 것은 아니었다. 당시 이른바 루프수용대상자였던 농촌 여성들의 사회적 위치와 상황들이 루프와 관련한 문제들을 더욱 증폭시켰다. 산부인과 병원에서 진찰 한번 받아 본 경험이 없었던 1960년대의 농촌 여성들은 가족계획요원들의 권유와 출산조절을 하겠다는 자신의 결단에 의하여 보건소나 지정병원에 루프를 끼우러 갔다. 가족의 동의를 얻어서라기보다는 아무도 몰래, 아니면 겨우 남편으로부터 '허락'을 받고 자궁내장치 시술을 받게 된 여성들은 호된 경험을 하게 된다. 낯선 의사에게 생식기를 보여야 했고 질을 통한 장치 삽입이라는 '부끄러운' 작업을 견뎌야 했으며, 성관계시 질강에 남아 있는 끈이 의식된다는 남편의 불평을 참아내야 했다. 그나마 몸에 별 문제를 일으키지 않으면 다행이었지만, 반수가 넘는 여성들이 출혈과 요통 등 각종 부작용을 겪어야 했다. 그것을 빼기 위해서는 다시 보건소나 병원을 방문해야 했고, 또다시 의사에 의한 생식기에 대한 직접 개입을 겪어야 했다. 그 사람은 의사이고 이건 의료적 시술이니 부끄러워하거나 무서워할 필요가 없다고 말해주

---

24) 조○○는 1960-70년대 전북지역에서 면단위 가족계획어머니회 회장 활동으로부터 출발하여 나중에 새마을 부녀회 중앙회의 간부활동까지 한 여성이다. 간호학교를 졸업하고 종합병원 산부인과에서 간호사로 일하다가 결혼하여 농촌에 정착, 1968년 가족계획어머니회가 처음 조직될 때 어머니회장을 맡아달라는 가족계획요원의 부탁을 수락하여 가족계획어머니회 활동을 시작했다.

25) 이에 대해 보사연에서 나온 『인구정책30년』은 이렇게 서술하고 있다. "1973년에 새로 제정된 모자보건법에서는 자궁내장치 시술의 수요증가에 비해 시술의사의 부족현상이 초래되었고 일반적으로 남자로부터의 시술기피 경향 등에 대한 대응책으로 간호원 또는 조산원으로 하여금 특정의 훈련을 거쳐 시술행위를 허용토록 하는 길을 열어놓았다. (…) 1974년 자궁내장치 시술요원에 대한 훈련을 처음으로 개발하여 우선 가족계획사업에 종사하고 있는 간호원과 조산원 중 희망자를 대상으로 소위 비의사로서의 자궁내장치 시술요원을 배출하게 되었다. 의사가 아닌 요원에 의해 시술을 시도하는 것인 만큼 경험이 오랜 가족계획요원 90명을 선정하여 법에서 정하고 있는 60일간의 학과교육과 실습훈련을 실시한 것이 첫해의 시도였다. 그들은 실습기간중에 각자 30건 이상의 시술실습을 완료하여야만 자격을 부여하는 것으로 되어 있다. 의사보다 실습건수가 10건 더 많은 셈이다. 상당수의 요원이 오랫동안 루프 삽입을 조력한 경험이 있지만 시술상의 안전을 도모하기 위하여 산부인과 과정의 교육을 보다 철저히 하도록 훈련에 많은 정성을 들였던 것이다. 그 후 시술요원에 대한 훈련은 계속되어 1980년까지 가족계획연구원에서 훈련받은 자궁내장치 시술요원은 443명에 달했다.(보사연, 1991: 276-277)"

는 사람도 없었다. 당시의 루프 시술은 지금 기준으로 보면 결코 안전한 의료적 개입이 아니었다. 무엇보다 병원에 가 본 경험이 별로 없었던 당시의 농촌 여성들은 서양의학의 신체에 대한 개입에 전혀 익숙해 있지 않았다.

루프의 부작용 때문에 1968년부터 본격적으로 보급되기 시작한 먹는 피임약 역시 여러가지 부작용이 있었다. 그러나 가족계획사업 주체들은 이에 대해 여성의 '마음의 자세'를 거론하면서 인내심으로 극복하기를 호소하였다. 가족계획사업이 보급한 출산조절 방법의 부작용은 언제나 단순한 심리적 문제로만 치부되었고, 의사도 정부도 어느 한사람 심각하게 연구하거나 해결하고자 고민하지 않았다.

> 먹는 피임약은 내가 꼭 필요에 의해서, 나 자신을 위하고 가족을 조절하기 위해서 먹어야 되겠다는 정신이 선 다음에 복용한다면 이런 현상(부작용)이 훨씬 적어지리라 봅니다("먹는 피임약, 마음놓고 권하세요, 마음놓고 잡수세요", 『가정의 벗』, 70/8).

2) 섹슈얼리티의 밀봉: 출산조절의 비가시화와 접근권 차단

서구 출산조절운동이 PP운동으로 전환[26]하게 되는 데는 출산조절과 섹슈얼리티와의 연관성을 회피하려는 목적이 강하게 작용했었다. 출산조절 실천을 '가족계획(family plnning)'이라고 부름으로써 성관계가 일어나는 직접적인 장면으로부터 결혼과 가족의 문제로 이동할 수 있었던 것이다. 한국 가족계획사업은 처음부터 결혼한 여성, 유배우 가임여성만을 사업 대상으로 삼음으로써 성문란을 유발한다는 비난을 피해갈 수 있었다. 게다가 '인구문제'라는 거시적인 틀이 정책/사업의 기본적인 문제틀이 되면서, 개별 남녀가 성관계를 하고 임신 혹은 피임하는 장면에 관한 문제는 점점 더 관심 밖의 문제가 되어갔다.

그러나 한국 가족계획사업이 처음부터 성공적으로 출산조절과 섹슈얼리티의 연관을 깰 수 있었던 것은 아니었다. 그것은 1960년대 초에 있었던, 학교 교육과정에 가족계획 관련 내용을 포함시키고자 하는 시도에 대한 가톨릭 세력의 반대를 통해서도 알 수 있다. 학교교육에 가족계획 내용을 포함시키려는 시도는 이미

---

26) 각주 17 참조.

1962년부터 있었으며, 1963년의 내각수반지시각서 제 18호에도 포함되어 있었다. 이때의 시도는 곧 졸업하여 가정을 이룰 고등학교 3학년 여학생에 대해서 가정과목에만 가족계획 관련 내용을 넣겠다는 아주 온건한 내용이었음에도 불구하고, 격렬한 반발에 부딪히게 된다. 이는 당시만 하더라도 사용가능한 출산조절 방법이 (정관수술을 제외하고는) 콘돔, 주기법, 젤리 등 실제 성관계의 장면과 분리될 수 없는 것들뿐이었기에 가족계획 관련 교육내용이 불가피하게 섹슈얼리티에 대한 지식을 포함할 수밖에 없었다는 점과 관련되어 있었다. 가톨릭 세력의 가족계획 교육 반대는 가족계획 교육은 곧 성교육이며, 성교육은 곧 청소년의 성문란을 낳는다는 가정에 기반하고 있었다.

> 수개월 전 잡지와 신문지상에 보도되었던 거와 같이 영국의 어느 여학교의 교사가 비밀리에 여학생들의 기방을 조사하여 본 결과 결혼도 아직 하지 않은 대부분의 여학생들 기방 속에서 피임기구를 발견하였다고 한다. 그러므로 성교육을 학교에서 하는 것으로 말미암아 얼마나한 폐단이 사회적으로 발발되느냐 하는 것을 우리는 가히 짐작할 수 있다. 따라서 사춘기에 날뛰는 혈기왕성한 고등학교 학생들에게 가족계획의 필요성을 강조한다는 것은 위험한 처사라 아니할 수 없다. 그러므로 천주교의 윤리신학 정신에 의거하자면 산아제한이나 가족계획 혹은 성교육 등에 관하여서 공공연하게 논설하느니보다는 오히려 사적으로 혹은 필요에 의하여 조심성있게 언급하는 것이 상책이라 하겠다(유영도, 1963: 62).

가톨릭이 제출한 반대 진정서에 대한 문교부장관의 답변서(1962년 11월 29일)는 한국 가족계획사업이 섹슈얼리티 문제에 대한 준거를 어떤 방식으로 회피할 것인지를 예감하고 있었다.

> **제목**: 진정서(가족계획 교육과정 삽입철수 요망)에 대한 회답 - 지난 23일자로 보낸 귀하의 진정서에 대하여 아래와 같이 회신합니다. ①가족계획은 행복한 가정생활 계획의 일부로 인구증가 문제와 관련시켜 계획하는 것이고 임신중절 등을 뜻하는 것은 아님. ②가족계획사업은 대한민국 국민 전체의 행복을 위한 국가 시책임. ③여자고등학교 삼학년에 삽입하는 가족계획은 그 필요성에 한하고 있으며 방법 문제를 대상으로 하지 않음(유영도, 1963: 65에서 재인용).

'행복한 가족', '인구', '국민 전체의 행복'이 국가에 의한 출산조절 보급 프로그램으로서의 가족계획사업을 표상하는 중심 키워드로 삼는 반면, '방법 문제', 즉 구체적인 출산조절 실천에 대해서는 언급하지 않겠다는 것이 그 전략이었던 것이다. 이 같은 전략은 나중에 가족계획사업의 후반기로 갈수록 더욱 분명해졌다. 가령 1977년 이후 각급학교의 교육과정에 대대적으로 가족계획 관련 교육을 삽입하게 될 때, 그것은 성교육이나 가족계획 교육이 아닌 인구교육이라고 불렸다. 생식생리나 섹슈얼리티의 실상, 구체적인 피임법 등에 대한 교육은 전혀 하지 않고 그런 것들은 마치 '결혼 후에는' 저절로 알게될 것처럼 인구문제와 가족계획의 필요성만을 가르침으로써, 예상되는 사회적 반발을 회피하고자 한 것이었다.

1962년에 출간된 최초의 가족계획 교과서인 서울의대 교수 이학송·이희영의 『가족계획』은 성교육을 통해 성도덕의 문란을 예방하고 섹슈얼리티를 부부간의 내밀한 것으로 밀봉함으로써 문제를 해결할 수 있다고 제안하고 있었다.

> 피임기술의 악용으로 성도덕이 퇴폐해질 수가 있다. 그러나 가족계획보급은 건전하고 행복한 가정을 건설하려는 것이 목적이므로 도덕이 도리어 확립되어야 한다. 인간생활이 합리화되고, 고도화되고, 충실화된 건전한 사회에서는 가족계획보급의 여하를 막론하고 성도덕의 문란은 있을 수 없다. 가족계획에서는 성교육으로 성도덕의 문란을 예방한다(이학송 · 이희영, 1962: 25)

여기서 우리가 발견할 수 있는 것은 성에 대한 금욕적인 통제도 성개방의 주창도 아니다. 이들이 주로 강조하는 것은 성이란 부부간의 내밀한 것이어야 하며, 성이란 부부간에 누릴 수 있는 권리이고 인간의 자연스런 욕망임을 인정해야 한다는 것이었다.27) 얼핏 생각하면 가족계획사업으로 인해 "부부간의 성생활이 자기관리의 사적이고 내밀한 영역에서 국가정책이 시행되어야 할 공개된 공적 영역으로 전환(이진경, 2003: 22)" 되었을 것 같지만, 사실은 그 반대였던 것이다. 가족계획사업이 실시되기 전의 한국사회의 상황에서 섹슈얼리티는 결코 부부간의

---

27) 물론 이 책 역시 미성년자들에 대해서는 엄격한 성통제의 입장을 나타내었다. 그러나 부부간의 성에 대해서도 절제와 금욕을 강조했던 가톨릭의 입장과는 달리, 이 책은 적어도 결혼한 남녀에 대해서만큼은 1960년대 서구 사회를 풍미했던 욕망 긍정의 모델을 훨씬 더 강하게 나타내고 있었다.

사적 영역이거나 개인의 자기통제 대상으로 위치지어지지 않고 있었다. 실제로 부부침실이라는 것이 존재하지 않고 한개 내지 두개의 방에서 온 식구가 침식을 같이하는 것이 다반사였던 당시의 주거구조 속에서 부부간의 내밀한 성이란 개념 자체가 성립하기 어려웠을 수 있다. 그래서 저자들은 "커어텐이라도 쳐서" 자녀들의 시선으로부터 독립된 부부만의 공간을 확보할 것을 권장하였다.

> 어린이를 둘러싼 환경을 정리한다. (…) 부모의 성생활을 보여주지 않도록 하고, 16세 이상의 형매(兄妹)를 같은 방에 재우지 말고 또 자녀를 성장한 고용인들과 같이 재우지 말아야 한다. (…) 침실은 별실로 하거나 같은 방이면 커어텐이라도 쳐서 부모와 별도로 재우도록 한다(이학송·이희영, 1962: 84-87).

이런 상황에서 오히려 가족계획사업 주창자들이 "성을 부부 사이의 은밀한 것으로 만들어야 한다"고 주장하였다. 청소년에 대한 성교육이라는 것도 성이란 반드시 결혼관계 속에서만 있어야 한다는 성도덕을 가르치는 것을 의미했다. 이들은 출산조절을 '가족계획' 안에, 그리고 성을 '결혼' 안에 밀봉시킴으로써 출산조절 보급으로 인해 성적 문란이 일어날지도 모른다는 비난을 피하려 했다. 1960년대까지 가족계획사업의 홍보·계몽이 단산 연령에 도달한 결혼한 남녀만을 주요 대상으로 삼았던 데에는 이러한 이유도 있었다. 젊은 남녀에게 출산조절 정보를 보급함으로써 성문란에 대한 우려를 야기하는 것에 대한 우려가 상존했던 것이다.

그러나 1970년대부터는 단산하려는 사람에게 단순히 출산조절을 보급하기보다는 가치관이 형성되는 청소년 시기부터 소자녀 가치관을 갖도록 하는 것이 더 효과적일 것이라는 전제 하에 가족계획사업의 홍보·계몽 대상을 미혼의 젊은 남녀, 나중에는 어린이와 청소년에게까지 확대하게 되었다. 이는 가족계획의 홍보 내용에서 출산조절 정보를 거의 완전히 빼고 섹슈얼리티에 대한 준거를 탈색한 다음에 이루어질 수 있었다. 학교 교육 속에 가족계획을 포함시키는 것은 '인구교육'이라는 이름을 붙임으로써 별다른 저항 없이 이루어졌다.[28]

---

28) 1977년 이후의 학교 인구교육은 초등학교에서 고등학교까지 모든 교육과정에 ①환경교육, ②가정생활교육, ③보건교육, ④인구인식교육의 네 가지 교육영역에 해당하는 내용을 배치하여 실시되었는데,

문제는 섹슈얼리티나 출산조절 방법에 대한 언급을 모두 제거한 채 '인구'의 이름으로 진행된 가족계획 홍보·계몽·교육이 인구문제의 심각성을 인식시키고 소자녀 가치관을 갖게 할 수 있었을지는 모르되, 실제로 자녀 수를 조절할 수 있기 위해 필요한 방법에 대한 지식이나 정보를 제공하는 데는 대단히 무력했다는 점에 있다. 장보임의 연구에 따르면, 가족계획사업이 한창 홍보와 교육에 열을 올렸던 1970년대에 결혼과 출산을 경험했던 여성들조차도 출산조절이나 피임에 대한 구체적인 정보를 공적인 통로를 통해서는 접해보지 못했다고 답하고 있었다. 여성들은 자신들이 필요하다고 여긴 정보를 대부분 주변 여성들이나 여성잡지 등을 통해 얻었다고 말했으며, 가족계획에 대한 공적인 교육은 중고등학교 시절에 가정이나 교련 선생님이 언급한 것밖에 없었다고 기억하였다(장보임, 1995).

1970년대에 가족계획에 대한 홍보가 그토록 대대적인 물량 공세로 이루어졌던 것을 생각하면, 여성들의 출산조절 정보에 대한 접근이 이토록 차단되어 있었다는 것은 참으로 역설적인 일이다. 가족계획사업의 '가족계획' 홍보는 점점 더 대대적으로 이루어지고 생활 곳곳에 침투해 들어갔지만, 그렇게 공공연하고 일상적인 것이 되기 위해서 그것은 출산조절 실천에 대한 구체적인 언급으로부터 점점 더 멀어지는 것이 될 수밖에 없었다. 국가에 의해 그토록 대대적인 출산조절 보급 프로그램이 수행되던 시기에조차 여성들은 '결혼하기 전에는' 출산조절 정보와 수단에 접근하기 어려웠으며, 결혼한 다음에는 보건소나 병원·약국, 가족계획요원 등 의료화된 출산조절 보급 통로나 주부대상 여성잡지의 의학정보 기사를 통해서만 접근할 수 있었다. 이런 식으로 출산조절은 '의료화된 전문지식'과 '결혼'이라는 두 개의 장 속에 밀봉되었다. 그럼으로써 가족계획사업은 자신과 섹슈얼리티의 연관을 차단하고 예측되는 반발을 방지할 수 있었지만, 그 결과 실제 여성들이 생활 속에서 부딪히고 몸으로 부담하는 출산조절 실천의 실상은 당시의 공적 담론 속에 결코 드러날 수 없었다.

그 중에서 섹슈얼리티에 대한 언급은 고등학교에서 배우게 되는 극히 일부의 내용뿐이었고, 그것도 순결과 성도덕을 강조하는 내용으로 구성되어 있었다. 건전한 남녀의 사랑, 성도의, 성의 생리, 성행동의 본질, 성적 자극과 해결, 자위의 영향, 성병 등의 항목이 이른바 인구교육 안에 포함된 섹슈얼리티 관련 내용이었다(신극범, 1975: 272).

5. 재생산적 권리 없는 근대적 출산조절

국가가 가족계획사업을 정책적으로 실시한 목표는 경제발전을 위한 인구통제였지만, 여성들이 반드시 이 목표에 동조하여 급격히 출산 수를 감소시킨 것은 아니었다. 중요한 것은 여성들의 출산조절의 욕구가 가족계획사업에 선행했다는 사실이다. 당시의 한국인들은 해방과 전쟁이라는 1950년대의 격변을 거쳐, 1960-70년대 고도성장기의 급격한 사회변화에 직면하고 있었다. 이 시기는 한편으로 혼란기였지만, 다른 한편 그 어느 때보다 사회이동이 활발했던 가능성과 희망의 시기이기도 했다. 이러한 상황에서 여성들은 처음에는 가난 때문에, 나중에는 미래에 대한 계획과 근대적 모성을 자기가치화함으로써 점점 더 적은 수의 자녀를 원하게 되었다. 이렇게 여성들의 욕구에 변화가 일어나고 있을 때에 때마침 가족계획사업이 실시되어 여성들에게 출산조절의 정당성과 수단을 제공했던 것이다. 1960년대와 70년대를 지나면서 한국 여성들 사이에서 일어난 근대적 출산조절의 보편화는 이런 방식으로 이루어졌다. 그것은 한편으로 가족계획사업이 마련해 준 사회적·기술적 조건에 의존한 것이었지만, 다른 한편 자기 삶에 대한 합리적 기획에 따라 자기 출산력을 스스로 조절하고자 하는 여성들의 내생적 욕구에 의해 추동되었다. 고도성장기 산업화와 도시화로 인해 급격히 근대화되어가던 사회생활의 환경 속에서, 여성들은 나름대로 자신들의 '근대'를 개척하며 살아가고 있었던 것이다.

1970년대 초반에 결혼한 한 여성의 다음과 같은 언급은 당시 여성들이 얼마나 면밀하게 자기 가족의 경제적 상황이나 가족생활의 미래를 검토하고 나서 자신의 재생산적 몸을 통제했는지 알려준다. 여성들은 이미 자기 출산력에 대한 계획자이자, 자기 가족의 살림살이에 대한 전략적 기획자로서 (여전히 가족속에 있고 오롯이 자신만의 삶을 가진 '근대적 개인주체'에 미달하더라도) '근대'의 일원으로서 행위하고 있었던 것이다.

> 일정한 수입의 월급장이로서 이리저리 가계예산을 세워본 나는 도저히 아이를 하나 이상 낳아 잘 기를 자신이 없었다. 그래서 나는 결혼 후 줄곧 우리집 가족계획은 아들이든 딸이든 하나만 낳아 세식구가 사는 것으로 해야 한다고 고집을 부렸고, 아빠는 아빠대로 자식이란 키우는 재미가 아니겠느냐며 하나는 너무 아이에게도 외로우니 둘을 낳자고 우겼다. 도저히

> 합일될 수 없는 아빠의 완강함을 안 나는 기영이를 낳고, 아빠와도 상의 없이 나 혼자서 피임을 하기로 했다. 처음 2년 동안은 계속 피임약을 복용하다 그 다음 1년간은 월경주기 이용법을 사용했다. 지금 생각하면 나 혼자서 아빠 눈치 보아가며 월경주기를 손꼽던 때를 생각하면 어떻게 그런 고충을 나 혼자서 치룰 수 있었던가 싶을 정도다. 결국 나는 3년만에 실패하여 둘째아이 기철이를 낳았다. (…) 첫 아이를 낳은 후는 가족계획 이야기만 들어도 고개를 돌리던 아빠가 둘째 기철이를 낳은 지 3개월이 된 어느날 나에겐 일언반구 상의도 없이 혼자서 수술을 받고 돌아왔다. 그날부터 나는 임신의 공포증에서 해방된 것이다(김정옥, "아들 둘을 낳고: 현대인의 미덕은 선택의 용기", 『여원』, 75/10: 149).

그러나 가족계획사업이 보편화시킨 근대적 출산조절이 여성들에게 재생산적 권리를 보장해 준 것은 아니었다. 가족계획사업의 돌진성과 폭력성은 여성에게 자율성은커녕 신체적 안전조차 보장하지 않은 채 출산조절을 보급했다. '가족계획'과 '인구통제'의 중요성은 누구나 알고 있었으되, 출산조절을 실천하기 위한 수단과 정보에의 접근은 매우 제한적이었다. 가족계획사업은 출산조절을 의료화하고 여성을 그것의 수용자로 만들었다. 여성들은 원치 않는 아이를 갖지도 낳지도 않을 수 있었지만, 그것은 국가 프로그램과 의사의 지시에 복종하는 방식으로 가능하였다. 국가가 유포한 '가족계획'의 담론 안에서 출산조절은 개인의 권리가 아닌 국민의 의무였다. 게다가 출산에 대한 계획을 세우는 주체 역시 출산자 여성이 아니라 부부로 규정되었다. 이런 상황에서 여성의 재생산적 권리라는 것은 생각조차 하기 어려웠다. 여성들은 자기 의지대로 근대적 출산조절을 했지만, 개인도 권리의 주체도 될 수 없었다.

앞에 인용된 사례에서는 부부를 가족계획의 단위로 삼았던 것이 실제로 여성들에게 어떤 어려움을 부과했는지가 잘 나타나 있다. 부부간에, 혹은 가족 내에서 합의가 되지 않을 때 여성들은 '몰래' 피임을 했다. 이 사례에서의 여성의 경우는 결국 피임실패임신을 하고 말았지만, 실제로 계속해서 몰래 피임을 해서 더 이상 자녀를 낳지 않는 여성들의 경우도 많았다. 여성들은 근대적 출산조절 실천을 할 수 있게 되었지만, 자신의 의사결정을 '타자의 의지에 반해서' 실현할 수는 없었던 것이다. 남편이나 시부모 등과 자녀출산 문제에 대한 의견이 일치하지 않을 때 여성들은 드러내 놓고 논쟁하여 자기 의지에 맞는 합의를 끌어내기보다는,

그냥 아무도 몰래 살짝 피임하는 것으로 자기 의사를 관철했다. 개인도 주체도 아닌 상태로, 여성들은 단지 수면 아래에서 강력한 행위성을 가진 존재로서 자신의 출산력을 통제할 수 있었다.

'가족계획'이 보편화시킨 출산조절은 여성에게 개인적 생애를 허용하는 것이 아니라, 자신의 생애를 철저하게 가족 일대기 속에 통합시키고 그것을 위해 자기 출산력을 조절하는 실천이었다. 가족의 지위생산을 위해 노력하는 가정관리자로서의 주부나 자녀양육에 힘쓰는 근대적 어머니는 가부장적 성별분리를 그대로 유지한 채 급속히 근대화되고 있던 당시 사회 속에서 여성들이 선택할 수 있는 삶의 전략이자 정체성이었다. 여성들은 어머니로서 가족의 미래를 위해 자신의 기획과 전략과 합리성을 모두 발휘하여 전심전력하였고, 바로 그러한 경우에 한해서만 행위성을 발휘하도록 허용되었다. 그러나 그러한 그녀의 행위성은 심지어 가족 내에서조차 타자의 의지에 반하지 않는 방식으로 발휘되어야 했다. 1960-70년대 여성들이 행할 수 있었던 근대적 출산조절은 이런 방식으로, 그녀 자신에게는 그 어떤 권력도 권리도 부여하지 않으면서 빠르게 보편화되었다.

그리하여 한국 여성의 출산조절 실천은, 사적 영역에서 이뤄지는 여성의 행위성과 이에 대한 공적 인정·지원·담론화의 부재라는 구조 속에서 이루어지게 되었다. 적어도 1970년대까지의 한국사회에서 여성들의 출산조절 실천은 여성들의 직업적 경력이나 시민적 참여를 증대하는 방향으로 이루어지지 못했다. 고도성장기 한국 여성의 삶은 가족적 삶의 기획자로서 근대성을 획득했지만, 시민적 세계나 공적 노동의 세계에 평등하게 참여하는 개인성을 갖춘 것이 되지는 못했다.

가족계획사업 속에서 여성의 몸은 자기 자신의 것이라기보다는, 여전히 철저하게 가족 혹은 국가의 자산이었다. 그녀가 자기 몸의 주인이 되기 위해서 필요한 것은 단지 기술적으로 출산조절이 가능해졌다는 의료적 차원의 조건만은 결코 아니었던 것이다. 다시 한번, 재생산의 사회적 관계는 노동시장, 국가, 가족관계를 포함하여 젠더관계의 전반적 변화와 연동되는 것임을 숙고할 필요가 있다. 2000년대 이후 저출산이 사회문제화되면서 여성들의 재생산적 몸은 인구고령화와 국가의 노동력 부족을 막아낼 공적 자산으로 또다시 취급되고 있다. 평등과 인권, 민주주의의 문제를 다시한번 생각해야 할 이때에, 여성의 몸과 출산을 시민권과 재생산적 권리의 관점에서 이해할 필요성이 다시금 커지고 있다.

■ 참고문헌

* 1차 자료
<잡지>
『사상계』, 1953년 - 1970년.
『여원』, 1955년 - 1970년.
『주부생활』, 1956년 - 1960년, 1965년 - 1979년.
『가정의 벗』, 1968년 - 1979년.

<단행본 및 논문>
김사달. 1961. 『좋은 아기를 낳는 가족계획』, 신태양사출판국.
대한가족계획협회. 1975. 『한국가족계획십년사』.
＿＿＿. 1991. 『가협30년사』.
대한가족보건복지협회 부산시지회. 2002. 『여성의 생식권리와 성평등을 위한 언론인 간담회(자료집)』.
대한주부클럽연합회. 1989. 『이십년사』.
신극범. 1975. 『인구교육』, 교육출판사.
양재모·신한수 공편. 1966. 『가족계획교본』.
유영도. 1961. 『산아제한과 가족계획』, 가톨릭출판사.
＿＿＿. 1963. 『가족계획의 진상』, 가톨릭출판사.
이학송·이희영. 1962. 『가족계획』, 동명사.
한국보건사회연구원. 1991. 『인구정책30년』.

<영상 및 인터넷 자료>
중앙방송(히스토리채널), 『다시 읽는 역사, 호외(40): GNP1000달러를 위한 선택! - 경제개발과 가족계획』, 2003년 10월 16일 제작.
대한가족보건복지협회 홈페이지(www.ppfk.or.kr).

* 2차 자료
권태환. 1997a. "출산력 변천의 과정과 의미", 권태환 외(1997), 『한국 출산력 변천의 이해』, 일신사.
권현정. 2001. 『재생산의 위기와 페미니즘적 경제학의 재구성 '사회적 재생산' 개념을 중심으로』, 서울대학교 경제학과 박사학위논문.
김은실. 2002. "한국 근대화 프로젝트의 문화 논리와 성별정치학", 한국여성연구원 편, 『동아시아의 근대성과 성의 정치학』, 푸른사상사.
박선숙. 2001. "The Political Economy of Global Population Control: A Feminist Critique of the Fertility

Reduction Policies in the Republic of Korea and The Republic of China(1961-1992)", Ph. D. dissertation, Brandeis University.

배은경. 1999. "여성의 몸과 정체성", 한국여성연구소 편, 『새여성학강의』, 동녘.

_____. 2004a. 『한국사회 출산조절의 역사적 과정과 젠더: 1970년대까지의 경험을 중심으로』, 서울대학교 대학원 사회학과 박사논문.

_____. 2004b. "1950년대 여성의 삶과 출산조절", 『한국학보』 116호, 일지사.

벡·벡-게른스하임. 1990. 강수영·권기돈·배은경 역, 1999, Das Ganz Normale Chaos der Liebe, 『사랑은 지독한 혼란』, 새물결.

신오성. 1989. "한국전쟁 전후의 보건의료에 대한 연구: 1945-1959", 서울대 보건대학원 석사논문.

윤택림. 1996. "생활문화 속의 일상성의 의미: 도시중산층 전업주부의 일상생활과 모성 이데올로기", 『한국여성학』 제 12권 2호, 한국여성학회.

이임하. 2004. 『여성, 전쟁을 넘어 일어서다』, 서해문집.

장경섭. 1992. "핵가족 이데올로기와 복지국가: 가족부양의 정치경제학", 『경제와 사회』 15호, 한국산업사회학회.

장경섭. 2001. "가족이념의 우발적 다원성: 압축적 근대성과 한국가족", 『정신문화연구』 24권 2호, 한국정신문화연구원.

장보임. 1995. "국가와 여성의 관계에 관한 연구: 출산정책과 여성의 결정과정을 중심으로", 계명대 여성학대학원 석사학위논문.

조영미. 2004. 『출산의 의료화 과정과 여성의 재생산권에 관한 연구』, 이화여자대학교 여성학과 박사학위논문.

황정미. 2001. 『개발국가의 여성정책에 관한 연구: 1960-70년대의 한국 부녀행정을 중심으로』, 서울대학교 사회학과 박사학위논문.

Barrett, D. 1995. "Reproducing Persons as a Global Concern: The Making of an Institution", Ph.D Dissertation, Stanford University.

Bourdieu, P. 1978. "Sport and Social Class", *Social Science Information*, 17: 819-40.

Dixon-Mueller, R. 1993. *Population Policy and Women's Rights: Transforming Reproductive Choice*, Westport, CT. Praeger.

Donaldson, P. J. 1990a. Nature against Us: The United States and the World Population Crisis(1965-1980), University of North Carolina.

_____. 1990b. "On the Origins of United States Government's International Population Policy", *Population Studies*, vol.44 no.3(Nov. 1990).

Ehrenreich & English. 1979. *For Her Own Good: 150 Years of The Expert's Advice to Women*, NY: Anchor Press.

Featherstone, M. 1991. "The Body in Consumer Culture", in Mike Featherston & Mike Hepworth, Bryan S. Turner, *The Body: Social Process and Cultural Theory*, London: Sage Publication.

Giddens, A. 1991. *Modernity and Self-Identity*, Cambridge, Polity Press.

Gordon, L. 1976. *Woman's Body, Woman's Right: A Social History of Birth Control in America*, Penguin

Books.

Grosz, E. 1994. *Volitile Bodies: Toward the Corporeal Feminism*, 임옥희 역, 2001, 『뫼비우스 띠로서 몸』, 여이연.

Hartman, B. 1987. *Reproductive Rights and Wrongs: The Global Politics of Population Control and Contraceptive Choice*, NY: Haper & Row Publishers.

Hodgson, D. & Watkins, S. C. 1997. "Feminists and Neo-Malthusians: Past and Present Alliance", *Population and Development Review* vol.23 no.3(Sep. 1997).

hooks, b. 2000. *Feminism Is for Everyone: Passionate Politics*, 박정애 역, 2002, 『행복한 페미니즘』, 백년글사랑.

Moore, David B. 1995. "Development discourse as hegemony: towards and ideological history, 1945-1995", Moore, D. B. & Gerald J. Schmits eds.(1995), *Debating Development Discourse: Institutional and Popular Perspective*, Macmillan.

Nettleton, S. 1995. *The Sociology of Health and Illness*, 조효제 역, 1997, 『건강과 질병의 사회학』, 한울.

Petchesky, R. P. et al. ds. 1998. *Negotating Reproductive Rights*, Zed Bokks, London.

_____. 1985. *Abortion and Women's Choice*, London: Verso.

Rich, A. 1976. *Of Woman Born: Motherhood as Experience and Instituion*, 김인성 역, 1995, 『더 이상 어머니는 없다』, 평민사.

Rothman, B. K. 1994. "Beyond Mothers and Fathers: Ideology in a Patriarchal Socirty", E. N. Glenn, G. Chang, and L. R. Forcey(1994), *Mothering: Ideology, Experience, and Agency*, N. Y: Routledge.

Scott, J. 1999. 배은경 역, 2001, 「젠더와 정치에 대한 몇 가지 성찰」, (사)한국여성연구소 편, 『여성과 사회』 제 13호, 창작과비평사.

Shilling, C. 1993. *The Body and Social Theory*, 임인숙 역, 1999, 『몸의 사회학』, 나남출판.

Smyth, I. 1998. "Gender Analysis of Family Planning: Beyond the feminist vs. population control debate", Jackson, C. & Pearson, R. eds., *Feminist Visions of Development: Gender, Analysis and Policy*, NY: Routledge.

Phillips, Anne. 1993. *Democracy and Difference*, Polity Press.

제9장 '기생관광'*
— 발전국가와 젠더, 포스트식민 조우

이하영·이나영

1. 들어가며: 관광과 젠더, 포스트식민주의

21세기에 '이동'(mobility)은 사회적 삶과 문화정체성 형성의 주요 요소로 여겨진다. 그 중에서도 '관광'은 이동의 핵심적인 구성요소이자(Williams, 2009: 3) 현대인들에게 필수적인 생활의례로 이해된다(인태정, 2007: 8). 세계관광기구(WTO)에서 발간한 『Tourism Vision 2020』에 따르면, 2010년 현재, 전 세계 국제관광객의 수는 1억 명에 달하고, 2020년에는 1억 6천만 명에 이를 것이라고 한다.[1] 그렇다면 '어디로 갈 것인가'라는 선택은 개인의 자유의지에 기인한 것인가? 관광은 이러저러한 방식으로 다른 곳에 존재하는 차이, 장소, 문화, 사람들의 재현과 집합적 정의에 암묵적으로 영향을 받기 때문에(닝왕, 2004: 213), 관광지 선택의 문제가 온전히 개인적인 것이라 보기 어렵다. 관광은 다양한 활동 공간과 분위기, 접대 같은 서비스, 문화, 특정한 지리적 형태의 결합이며, 관광지 사회의 특수한 젠더, 인종, 세대, 교육 등 구체적인 사회적 특징들로 가득 차있다(Kinnard & Hall, 1994: 13). 그러므로 관광은 "특정 사회의 지배적 가치와 사회관계를 재생산하는 구체적인 사회적 실천행위"로(닝왕, 2009: 9) 이해되어야 한다.

한편으로 관광은 경제발전과 세계통합을 위한 동력으로 기능하기도 한다(인로,

---

* 이 글은 『페미니즘 연구』 제14권 2호(한국여성연구소, 2015)에 실린 글이다.
1) 보다 상세한 내용은 다음을 참고할 것. http://www.unwto.org/facts/eng/vision.htm

2011). 제3세계 국가들에서 관광은 근대화, 경제발전, 번영을 위한 촉매제 역할을 하는 한편, 제1세계 국가들에서는 포스트-산업 경제를 부흥시키기 위한 통로가 되기 때문이다(Williams, 2009: 3). UN에서도 관광을 제3세계 국가들이 빈곤에서 벗어날 수 있는 최고의 산업으로 제안하고 있다.2) 그러기에 관광은 매우 자주 세계에서 가장 빠르게 성장하는 산업 또는 세계에서 가장 거대한 산업이라고 말해지지만, 세계에서 가장 성별로 분리된 산업 또는 세계에서 가장 전형적인 성역할에 기반한 산업이라는 사실은 거의 언급되지 않는다(Aitchison, MacLeod & Shaw, 2000: 126).

페미니스트 연구자들은 그간 많은 관광 연구가 몰성적이었음을 지적하고, 젠더 관점에서 관광을 다르게 해석해야 한다고 주장해왔다. 대표적으로 인로(2011)는 관광이 사적인 행위로 여겨져 국제정치와 관련한 공적 논쟁의 무대에 오르지 않았음을 지적하고, 모험, 즐거움, 외설 등과 같은 남성적 사고와 군사주의의 문화에 영향을 받는 관광문화를 젠더 관점에서 분석해 왔다. 애치슨 등(Aitchison et al., 2000)은 관광 경관의 구축, 재현, 소비에 있어 이국적인 것과 에로틱함을 구성하는데 젠더가 핵심적인 역할을 하고 있음을 밝힌 바 있으며(126), 프리차드 등(Pritchard et al., 2000)은 관광 광고와 연관된 신화, 판타지가 젠더, 섹슈얼리티, 젠더관계라는 공유된 개념에 의존해 왔음을 드러낸 바 있다(117). 스웨인(Swain, 1995)은 관광객을 보내는 사회와 맞아들이는 관광지는 인종 또는 종족성(ethnicity), 식민지 과거, 사회적 위치에 의해 구별되며, 특히 관광지는 여성화된 이미지로 팔리고 있다고 지적하였다(249). 이때 소비의 주체인 관광객의 지배적 시선은 관광지의 여성화된 타자성과 조우하며 성별화된다.

더 나아가 페미니스트들은 성별화되고 성애화된 관광의 대표적 사례로 섹스관광에 주목해왔다(Barry, 1979; Cohen, 1982; Graburn, 1983; Truong, 1990; Lee, 1991; Sturdevant & Stoltzfus, 1992; Sinclair, 1997에서 재인용). 통상 섹스관광이란 상업적 성관계(commercial sex)가 일차적 목적이 되는 여행 형태를 일컫는다(Carter & Clift, 2000: 6-7; 박정미, 2014a: 237에서 재인용). 키비초(Kibicho, 2009)는 아프리카라는 관광지를 매력적으로 만드는 5S가 태양(sun), 바다(sea),

---

2) 자세한 내용은 다음을 참고할 것. http://www2.unwto.org/content/why-tourism

모래(sand), 사파리(safari), 섹스(sex)라고 지적하면서, 관광과 섹스의 결합은 그리 놀랄만한 일이 아니라고 지적한 바 있다. 그는 관광이 성적 활동의 또 다른 구성을 제공한다고 하면서 성적 거래와 관광 간의 긴밀한 관계를 규명하고자 하였다(1). 동남아시아의 관광을 연구한 홀(Hall, 1996)은 대중 관광이 여성의 성적 착취로 이어짐을 발견하고, 관광지와 관광객 간 관계에 내재한 불평등이 젠더 관계의 (재)구성과 불가분의 관계를 가지기 때문에 대중 관광은 섹스관광일 수밖에 없다고 주장했다(277). 특히 아시아 지역은 제2차 세계대전 이후 미군들의 휴양을 위해 관광지로 개발되었고 그 후 일본인을 포함한 제1세계 남성들의 섹스관광지로 각광을 받았다는 점에서 학자들의 주목을 받아왔다. 리(Lee, 1991), 홀(Hall, 1994), 무로이와 사사키(Muroi & Sasaki, 1997) 등은 일본인 남성들의 태국, 한국, 필리핀으로의 섹스관광 실태를 폭로했고, 야요리와 샤모프(Yayori & Shamoff, 1977)는 일본인 남성에 의한 한국의 기생관광과 일본군 '위안부' 문제를 함께 제기한 바 있다. 르헤니(Leheny, 1995)는 일본인 남성의 태국 섹스관광과, 일본 내 일본여성들의 섹스관광반대운동, 그리고 운동의 결과 섹스관광이 감소하자 태국여성들이 일본으로 건너와 성산업에 유입되는 역설적 결과를 분석한 바 있다. 리(Lie, 1995)는 20세기 한국에서 등장한 성적 노동의 궤도를 추적하며 전통적인 기생, 식민지 시기 공창제와 일본군 '위안부', 해방 후 등장한 기지촌과 기생관광, 그리고 이후 발전한 성산업을 연대기 순으로 분석했다.

한편, 국내에서의 관광연구는 양적인 성장에도 불구하고 질적으로는 아쉬운 점이 많으며(이월계·송운강, 2011: 6), 국가 주도의 경제개발정책에 관광연구가 종속되어 학문적으로 성숙하지 못했다는 평가마저 받고 있는 실정이다(인태정, 2007: 15). 이는 경영학, 특히 마케팅적 관점에서 관광연구가 비교적 활발하게 이뤄져 온 반면, 사회학, 심리학, 인류학, 정치학 등과 같은 사회과학에서는 소수의 학자들에 의해 간헐적으로 연구가 이뤄져왔다는 현실과도 연관될 것이다(정병웅, 2000; 고동우, 2000; 닝왕, 2004에서 재인용). 더욱이 '기생관광'이라 불리는 일본인 남성들의 섹스관광이 관광산업의 역사적 발전과 긴밀히 관련되어 있음에도 불구하고 젠더적 관점에서 이를 분석한 국내 연구는 몇몇 여성(사회)학자들을 제외하고는 거의 없는 실정이다. 그나마 대부분은 성매매정책의 관점에서 관광정책에 주목하면서 기생관광을 언급하는 정도였다(강영수, 1989; 박선숙, 1990; 조형·장필화, 1990). 그런 점에서 박정미(2014a, 2014b)의 최근 연구는 주목할 만하다. 박정미(2014a)는 먼저 1955년부터 1988년까지의 기생관광을 중심으로 한국정부의 성매매관광정책을 분석하면서, 관광이 미국정부와 UN에 의해 제3세계 발전 전략으로 채택되었고 경제성장을 희구한 제3세계 국가들은 외화획득을 위한 '수출산업'으로 이를 수용했다고 밝힌다(241). 나아가 미국 정부는 관광을 단순히 권장한 것뿐만 아니라 "요정을 일반 관광객도 이용할 수 있는 대중적 관광상품으로 개발하도록 제언했"음을 폭로한다(242). 결국 한국의 성매매관광정책은 한국의 전통적인 기생문화, 냉전과 군사주의, 발전주의, 그리고 미국 정부가 처방한 국제관광 기획의 합작품이었다는 것이다(260). 박정미의 또 다른 연구(2014b)는 기생관광에 반대하여 벌어진 여성운동과 운동의 재현에 대해 다룬다. 그는 여성운동가들이 기생관광에 반대하기 위해 여성운동가와 "기생"의 관계를 어머니와 딸의 관계로 위치지음으로서 민족주의적 담론에 기대고 있음을 비판한다.

이상과 같은 페미니스트 연구자들의 통찰과 기존 연구자들의 논의를 계승·확장하면서 본 논문은 발전국가 시기 관광의 의미를 보다 분명히 하고자 탈식민주의 페미니스트(postcolonial feminist) 관점에서 기생관광의 의미를 분석하고자 한다. 이는 기생관광의 주요 의미가 포스트식민 발전국가의 한계와 아이러니에 배태되어 있으며, 젠더질서에 기생하고 있는 민족 국가에 대한 근본적인 질문과 연계되어 있다고 보기 때문이다. 구체적으로 '포스트식민 조우'라는 기표를 통해 제국 남성(주체)과 식민지 여성(대상), 제국 남성과 식민지 남성이 기생관광을 통해 어떻게 만나며, 이 과정에 젠더 및 민족적 질서가 어떻게 개입되는지 알아보고자 한다. 분석을 위해, 박정희 정권 시기(1961년~1979년) 관광 관련 법과 정책, 국회 회의록, 당시 신문기사, 관광 관련 공식적·비공식적 문헌들, 기생관광반대운동을 펼쳤던 교회여성연합회의 자료들을 활용하였다.

전술했듯 본 연구는 탈식민주의 페미니스트 관점에서 출발하는데, 탈식민주의는 식민주의 및 식민구조에 대한 비판과 저항뿐만 아니라, 제국주의의 공식적인 식민지배 종식 이후에도 남아 있는 식민지배의 잔재를 탐색하고 지속적인 영향력을 밝혀냄과 동시에 이에 대항하고자 하는 비판담론이다(태혜숙, 2001: 33). 블런트와 맥이완(Blunt & McEwan, 2002)에 따르면, 탈식민주의에서 '탈'은 두 가지 의미가 있는데, 하나는 식민주의 시기 이후라는 시계열적 차원을 말하고, 다른 하나는 오늘날 문학, 담론, 비판이 식민주의를 넘어섰지만 여전히 그에 강한 영향을 받고 있다는 비판적 차원을 말한다(샤프, 2011: 20). 다시 말해, 탈식민주의는 개념의 모호성 그 자체를 활용함으로써 식민주의와의 단절성과 연속성을 동시에 포착하고자 하는(같은 책: 21) 이론적·운동적 실천이다. 이와 같은 문제의식에서 출발한 탈식민주의 연구는 제국주의로부터 파생된 다양한 형태의 식민주의, 그리고 과거 제국 시대와 오늘날의 포스트식민 시대 사이의 연결고리에 관한 학문적 관심을 일컫는다(케네디, 2011: 236). 이 글에서는 이나영(2008)의 논의를 따라, '탈식민주의'를 포스트식민국가에 잔재하고 있는 식민구조 뿐만 아니라 의식과 무의식의 탈식민화(decolonization)를 향한 실천으로 개념화하면서(82), '포스트식민'을 가시적, 비가시적 식민성을 여전히 탈피하지 못한 국가적 상황을 지칭하는 것으로 사용하고자 한다(이나영, 2010: 51). 특별히 '조우(encounter)'라는 기표를 통해 기생관광을 분석하려는 이유는, 상이한 국가, 인종, 문화, 성별을 가진 '사람들이 직접 얼굴을 마주하는(face-to-face) 사건으로서의 관광이 사람들 간에 존재하는 불균등을 가장 가시적으로 보여주는 인간활동 중 하나이기 때문이다(Wearing, Stevenson & Young, 2010: 61). 이러한 만남들은 포스트식민이라는 시공간의 자장 위에서 발생하기에 '포스트식민 조우'로 의미화하였다.[3]

본 논문의 구성은 다음과 같다. 1장에서는 문제제기와 더불어, 관광과 젠더에 대한 이론적 논의 및 선행연구를 살폈다. 2장에서는 기생관광의 배경이 된 박정희 군사정권의 성격과 위선적인 성매매정책을, 3장에서는 관광개발정책과 기생관광의 실태를 살펴보고, 4장에서는 탈식민주의 이론의 상상력을 빌어 '조우'라는 기표를 통해 기생관광의 의미와 아이러니를 분석하고자 한다. 남아있는 관광

---

[3] 포스트식민 조우(postcolonial encounter)라는 개념은 제이콥스(Jacobs, 2010)의 『Sex, Tourism and the Postcolonial Encounter』에서 빌어 왔다. 제이콥스는 제1세계 백인 여성들이 제3세계 관광지 남성과의 로맨스를 꿈꾸며 여행을 떠나는 로맨스관광에 주목하면서 이집트에서의 로맨스관광에 대해 섹슈얼리티, 젠더, 제국주의의 결합을 '조우'라는 키워드로 분석한 바 있다.

관련 자료들에서 '기생관광'에 대한 상당수의 기록이 삭제되어 사료가 부족하고, 연구자들의 언어적 한계 때문에 기생관광의 한 축이었던 일본 쪽 자료를 검토하지 못했음을 본 연구의 한계점으로 미리 밝혀둔다.

2. 한국 관광정책의 배경: 발전국가와 위선적 성매매 정책

이 장에서는 기생관광의 근간이 되는 성매매 정책의 형성 과정을 발전국가와의 연관성에서 먼저 살펴보고자 한다. 제2차 세계대전 후, 동아시아의 급속한 경제성장을 연구한 학자들은 이들 국가들이 서구와는 다른 발전 경로를 보이지만 고도의 경제성장을 할 수 있었던 이유를 '발전국가'(developmental state)라는 특유의 국가체제에서 찾는다. 발전국가란 후발 또는 후후발 산업화 국가들이 경제발전 면에서 선발 국가들을 추격하기 위해 전략사업을 정하고 그것을 발전시키기 위해서 국가가 가용 가능한 모든 자원을 동원하는 국가체제를 일컫는다(김윤태, 1999: 148). 김일영(2005)은 발전국가의 특징을 첫째, 사유재산과 시장경제를 기본원칙으로 한다는 점, 둘째 추격발전과 자국방어라는 이중적 과제를 달성하기 위해 부국과 강병을 추구하는 방어적 근대화를 목표로 한다는 점, 셋째, 시장에 대한 국가의 장기적이고 전략적인 개입을 든다(31-32). 박정희 시기의 국가체제 및 경제발전을 분석한 많은 연구들이 이 논의를 수용하고 있다(김윤태, 1999; 김일영, 2000a·2000b·2001; 윤상우, 2006; 이대근, 2006; 정일준, 2009; 조수현, 2010; 조희연, 1997·2010; 최희식, 2011).4) 나아가 발전국가를 동아시아에서의 미국 헤게모니와 국제분업관계 안에서 이해하려는 노력들이 있는데, 이들 연구는

---

4) 발전국가 이론은 소위 서구 중심의 근대화 이론이나 제3세계 종속이론으로 설명되지 않는 독특한 국가 대응방식을 이론화한 것으로, 동아시아의 고도성장을 시장경제의 원칙에서 벗어나지 않는 범위에서의 경제발전이라는 국가적 목표를 이루기 위해 국가가 주도적으로 개입하여 선도했기 때문에 가능했다고 설명한다(김윤태, 1999: 146). 그러나 발전국가에 대한 이론적 논의들이 근본적으로 국가와 시장이 서로 독립적인 변수라는 잘못된 가정 위에 서 있고 협소한 국가 개념에 기반하여 국가의 기능이 과대평가되었다는 점(Burnham, 2002; Jessop, 2003; Pirie, 2005; Underhill & Zhang, 2005; 이진옥, 2012에서 재인용), 생산과정과 경제성장 결과에만 주목함으로써 구체적인 발전 과정에 젠더가 개입되는 방식을 설명하는데 실패했다는 점(박정미, 2014a; 배은경, 2012; 유정미, 2001; 이나영, 2007; 이진옥, 2012; 허성우, 2011)에서 비판받은 바 있다.

동아시아 경제 성장에서 미국 헤게모니의 역할, 일본의 다층적 하청 체계, 동아시아 지역 내 중심부·반주변부·주변부의 삼중적 위계구조를 강조한 바 있다(Cumings, 1987; Palat, 1998; So & Chiu, 1995; 윤상우, 2006: 74에서 재인용).

1961년 5월 16일, 군사쿠데타를 통해 등장한 박정희 정권은 '반공'을 통치의 기본 이념으로 선언하고, 부패한 경제인을 척결하고 경제 발전을 목표로 한 '근대화'를 새로운 국가적 목표로 제시했다(김윤태, 1999: 158-159). 원조에 기반했던 1950년대 한국경제는 미국의 개발원조정책의 변화로 인해 1957년을 고비로 위기에 봉착해 있었다. 1950년대 말, 전후 최초로 달러 위기에 봉착한 미국은 동아시아 지역에 대한 지금까지의 무상원조 정책을 차관 형식으로 돌리고 패전의 상처에서 벗어난 일본에게 이 지역에 대한 경제·군사적 지원의 일부를 분담토록 하는 방안을 세웠기 때문이었다(김일영, 2001: 100). 이러한 상황에서 정권을 잡은 박정희는 군정의 정치적 정당성을 인정받기 위해 '경제 기적'을 이루어야 한다는 심각한 정치적 부담을 갖고 있었다(같은 글: 159). 그러나 한국은 내수자본의 규모가 작고 축적기반이 허약했기 때문에 적극적인 외자도입을 통한 공업화와 해외시장 개척이라는 외부 의존적인 개발정책을 택하게 된다(인태정, 2007: 28). 이것은 동아시아 지역통합전략의 완성, 즉 일본과 한국, 대만 사이의 관계회복을 의미했고, 나아가 20세기 초 일본 제국주의 시기 만들어진 동아시아 국제분업관계의 회복을 의미했다(같은 책: 95-96).

한편, 박정희 군사정권은 취약한 절차적 정당성을 보완하기 위해 다양한 개혁적 조치들을 발표했다. 여기에는 기존의 정치세력을 부패와 무능으로 규정하고 규제하며 처벌하는 과정, 사회정화를 기치로 각종 국민적 캠페인 시행, 반공법 제정, 비밀정보기관 조직 등이 포함되어 있었다(조희연, 2007: 22-31). 특히 경제기획원 발족, 경제개발 5개년 계획 발표, 경제개발에 필요한 자금 확보를 위한 화폐개혁 단행 등, 국민들에게 경제개발의 비전을 보여주기 위한 다양한 개혁조치들이 시행되었다(같은 책: 39-40).

그러한 개혁 정책 과정에 대한 논의에서 자주 간과되어 온 부분은 여성 관련 정책들이다. 통상 여성정책은 기존 논의에서 완전히 배제되거나 다른 정책들과는 별개로 다뤄져왔다. 본 연구에서 주목하는 부분은 군사정권이 가장 먼저 처리한

법안 중 하나가 '윤락행위등방지법'(이하 윤방법)의 발효이며(1961년 11월 9일 공포)이며, 연이어 1962년 4월에 UN의 '인신매매금지 및 타인의 성매매의 착취금지에 관한 협약'(1949년 제정)에 서명했다는 사실이다. 당시 법률 제 771호로 제정되어 공포된 윤방법은 "윤락행위를 방지하여 국민 풍기정화와 인권의 존중에 기여하고 더 나아가 직업교육 및 보도를 통하여 자립갱생의 정신과 능력의 함양, 건전한 사회인으로 복귀시키고자 함"을 목적으로 한다고 밝히고 있다.

그러나 이러한 정치적 행위는 수사적 언명에 불과했다. 우선 법적 실효성이 거의 없었다. 경찰은 '윤락여성'들에 대해서만 간헐적 단속을 할 뿐, 성을 사는 사람이나 포주는 단속하지 않았으며 윤락업소 밀집지역들을 방치함으로써 '윤락방지'의 실효성은 물론 법적용의 형평성마저 전혀 고려하지 않았다(이나영, 2007). 그마나 간헐적으로 이루어진 단속은 무법과 무질서에 대응하는 군사정권의 정당성을 드러내 줄 때만 이루어졌으며 이에 희생양은 늘 여성들이었다. "583명이 적발(치재 회부 5백 명, 훈계 방면 813명)"된 무허가접객업소와 "혁명 후 서울에서만 1258명이 검거·치재"된 사창의 존재는(공임순, 2014: 151-152) '구악을 일소하고 사회정화를 구현'하는 군사정권의 존재감을 드러내고 이를 통해 통치기반을 공고히 하고자 한 도구에 불과했던 것이다.

둘째, 국제협약에 가입한 직후인 같은 해 1962년 6월, 박정희 군사정권은 보사, 법무, 내부 3부 합동으로 국내 총 104개소의 특정 윤락지역(용산역, 영등포역, 서울역 등 전국 46개 집결지역과 이태원, 동두천, 의정부 등 32개 기지촌 포함)을 윤락행위 단속을 면제해주는 적선지구로 지정했다(박종성, 1992: 111). 1962년 3월, 경찰국의 주무담당자는 "검거에 치우친 단속만으로는 근절이 도저히 불가능하며 여러 각도에서 이들의 보도책을 강구 중인데 우선 문제되는 이들의 생계자금을 국가예산으로 충당 못하는 한 돈벌이 할 기회를 두고 그 연후에 단속이 있고 처벌이 있어야 할 것으로 본다"고 말하면서 "창녀들에게 상당기간의 여유를 주어 돈벌이를 하게 할 '안전한 적선구역'들을 설정해 주는 것이 창녀보도의 적극적인 방안이라는 결론을 얻었다"고 주장했다. 또한 이 구역 안에서는 "첫째, 종전보다 많은 요금을 받고 둘째, 그중 일부는 반드시 저축할 것이고 셋째, 포주에 대한 부채는 인정치 않기로 되어 있다"고 하면서 창녀의 보도갱생을 위해 설치가 불가피함을 강변했다(조선일보, 1962년 3월 29일)(이나영, 2007).

이 같은 행정적 조치 이면에는 두 가지 목적이 있었다. 첫째, 윤방법과 특정구역의 설치는 같은 해 발표된 1차 경제개발 5개년 계획과 화폐개혁의 단행 등을 통해 표방된 '경제적 민족주의'의 연속선상에 있는 것이었다. 당시 미국의 무상원조는 산업화 자금으로 전용할 수 있는 생필품이 주였기 때문에 산업 자금의 확보가 절실했다. 이에 박정희 정권은 각종 강제저축을 통한 국내 자본의 부족분을 결국 외자로 메울 수밖에 없었고, 전략산업을 결정하고 이를 육성하기 위해 국내외 가용자원을 총동원하기 시작했다. 이후 시행된 간호사와 광부의 서독 파견사업(1963년), 해외 차관 도입, 베트남 파병은 흔히 지적되어 온 대표적인 외자유치 전략이었다. 그러나 이러한 본격적인 외자 유치 전략 이전에 박정희 정권은 산업화, 근대화를 추동할 가용 자원으로 여성의 몸과 섹슈얼리티에 먼저 주목했다. 특정구역의 공식적인 지정 이전인 3월, "(1962년) 5월에 있을 국내, 국외 각가지 행사에 따른 많은 외국인 내한에 대비"를 위해 윤방법의 저촉을 피할 수 있는 지역 설정의 필요성을 제시한 바에서 확인할 수 있듯(조선일보, 1962년 3월 29일), 국가의 경제성장과 외화벌이의 도구로써 여성의 몸과 섹슈얼리티에 대한 효율적 통제 및 관리 체제가 필요했던 것이다.

둘째, 이는 냉전 시기 반공국가와 체제 안정성 확보와 연관된다. 김원(2011)이 지적했듯, 박정희 군사쿠데타 세력은 체제를 위협하는 내부적 "오염 요소들"을 가시화하여 이들을 규율과 훈육의 대상으로 구성함으로써 역설적으로 자신들의 위치를 정당화해갔다(78-79). 박정희 정권은 4·19시기 폭발했던 도시하층민에 대한 불안을 잠재우고자 각종 법규와 제도를 만들고, 이들에 대한 부정적 담론을 확장해갔다. 사회질서의 문란을 경계하고 질서를 회복한다는 명분하에 이들을 독자적인 관리 대상으로 설정하고 처벌과 훈육 체계를 제도화했다. '창녀' 또한 '범죄'라는 범주 안에 위치지어지면서 규율과 통제의 대상이 되기 시작했다. "창녀들"은 "우범지대"라는 범주를 벗어나 "주택지역"에 "침투"하거나 "암약"할 우려가 있기 때문에 "악의 소굴"에 속해야만 하는 인종적 타자로 언명되어야 했다(조선일보, 1962년 3월 29일). 이러한 시도는 반공국가의 국민 만들기와 긴밀한 연관성을 지니는데, "반공문명인이자 정화된 남성의 건강한 몸"에 기반한

국민 만들기는 결국 "빨갱이"를 비롯한 "오염될 가능성이 높은 인종과 집단"에 대한 경계짓기, 배제, 비가시화, 침묵으로 이어졌다(김원, 2011: 78). 결국 악덕포주의 착취로부터 보호, 저축유도와 취업보도 등 윤락여성들로 하여금 "새로운 삶"을 유도하고 이들의 "자력갱생"을 돕기 위해 특정구역 설정이 불가피하다는 주장은 오염된 몸으로서 집단적 타자 만들기와 경계 짓기, 이를 통한 집단적 감시와 통제, 관리라는 박정희 세력의 의도를 가리기 위한 수사에 불과했다. 이처럼 박정희 정권은 금지와 국가규제, 범죄화와 허용이라는 이중적 성매매체제 구축을 통해 섹스를 활용한 관광정책의 기반을 마련하였다.

3. 박정희 군사정권의 관광개발정책과 기생관광의 현황

한국의 관광개발정책은 대외지향적 발전전략과 맥을 같이 한다(김영래·여정태, 2008: 150). 박정희 세력은 군사쿠데타 직후부터 관광사업 육성을 통한 국가 차원의 외화벌이를 본격적으로 실시하기 위해 기반들을 조성하기 시작했다. 1961년 8월 22일 제정, 공포된 「관광사업진흥법」(법률 제689호)은 관광에 관한 우리나라 최초의 법률로서 "관광객의 유치 및 접대와 관광에 관한 시설 및 선전, 기타 필요한 사항을 규정함으로써 관광사업의 진흥과 외화 획득의 촉진을 도모"하기 위해 제정되었다(한국관광협회중앙회, 2006: 95). 관광사업진흥법은 제정 당시, 관광사업의 업종을 여행알선업(국제여행알선업, 국내여행알선업), 통역안내업, 관광호텔업, 관광시설업(현 특수관광업) 등 4개 업종으로 구분하고, 외국관광객 유치 및 수용태세 확립을 중점으로 외화획득을 목적으로 함을 분명히 밝히고 있다(같은 책: 96). 구체적으로 1961년 11월에 서울특별시 관광협회가, 1962년 4월에 국제관광공사가, 1963년에 대한관광협회가 설립되었다. 이에 맞춰 관광을 위한 기반시설들도 마련되었다. 1961년 설악산 관광도로를 시작으로 불국사 도로, 제주 횡단도로 등이 포장되었고, 1968년에 경인고속도로(서울~인천)와 경부고속도로(서울~수원구간)가 개통되었다(같은 책: 96). 운영능력과 자금이 부족한 민간을 대신해 정부가 직접 숙박시설을 운영하기도 했다. 국제관광공사는 반도호텔, 조선호텔과 지방 7개 호텔의 경영권을 인수했으며, 1963년에 당시

동양 최대 규모로 개관한 워커힐 호텔을 한국관광공사가 운영하기도 했다(김영래·여정태, 2008: 150).

1970년대 들어, 오일쇼크와 닉스독트린으로 인한 세계적인 경제적 불황 속에서, 박정희 군사정권은 관광을 "무역수지 적자폭을 메우는 유일한 흑자산업"(한국관광협회, 1975: 22; 박정미, 2014a: 250에서 재인용)으로 인식하고 국가주요전략산업의 하나로 육성하고자 했다. 이러한 정부의 의지는 관광법규의 정비, 관광행정조직의 개편, 관광산업의 육성, 관광지 개발 및 관광단지 조성에 더욱 박차를 가하는 모습으로 나타났다(인태정, 2006: 366). 이에 1971년에는 관광사업법에 '관광휴양업'을 추가로 지정하고 보다 적극적인 관광개발을 위해 청와대에 '관광개발계획단'을 설치했다. 민간투자가 어려운 호텔업과 종합 휴양업을 육성하기 위해 1972년, 관광진흥개발기금법을 제정하여 제도금융으로 관광기금을 설치·운영하도록 했다. 1975년에는 관광사업을 국가전략사업으로 지정하였으며, '관광단지개발촉진법'을 동년 4월에 제정·공포했다(김영래·여정태, 2008: 151).

주목할 점은 실질적으로 끌어들일 관광자원과 사업진행 노하우 부족이라는 현실에서, 여성의 몸을 자원으로 활용한 '섹스'가 관광개발전략으로 채택되게 되었다는 점이다. 여기에는 관광산업이 제3세계 국가들을 세계경제에 통합하는데 기여하리라 판단한 미국정부의 주문도 주요하게 작용했다(박정미, 2014a: 240). 1961년 발간된 『태평양 및 극동 지역 관광의 미래』(Clement, 1961)에서 미국 상무성은 "관광객이 2~3일 체류할 경우, 특히 서울에서 밤에 체험하고 구경할 수 있는 것을 개발하는 것이 한국관광 발전의 중요한 발전이 될 것이다. 가능한 어디서나 그러한 오락거리(entertainment)를 한국여행 상품에 포함"하도록 주문한 것이다(박정미, 2014a: 241에서 재인용). 이에 따라 관광개발정책의 방향은 초기에는 미군 기지촌, 한일국교정상화 이후에는 일본인 관광객으로 향하게 된다. 앞서 지적했듯 그러한 방향 선회는 사실상 금지와 허용, 범죄화와 국가규제라는 이중적 성매매정책이 있었기에 가능한 것이었으며, 젠더질서와 민족질서 간 이중의 경계 짓기를 통해 현실화되었다.

먼저 초기 관광개발정책의 주요 목표는 한국에 주둔 중인 미군을 통해서 외화를 획득하는 것이었다(김영래·여정태, 2008: 150). 1962년 제정·공포된 국제관

관공사법은 관광공사의 설립 취지를 "외국인 관광객 및 주한 유엔군을 유치함으로써 (…) 손쉽게 막대한 외화를 획득함으로써 관광 산업의 급속한 발전을 기하고"라고 밝히고 있다(한국관광공사, 2002: 143; 같은 글: 150에서 재인용). 이를 위해 박정희 정권은 정부 직영 관광호텔 3개소(온양·해운대·불국사)를 미군 휴양시설로 지정하고(교통부 기획조정관실, 1961; 박정미, 2014a: 243, 재인용), 특수관광호텔에서 이루어지는 외국인 상대 성매매에는 예외규정을 두어 윤방법의 적용을 보류했다. 또 1963년에는 「관광사업진흥법」을 개정하여 "주한국제연합군 및 외국인선원 전용의 관광호텔업(관광시설업을 포함한다)에서 제공되는 주류에 대하여는 주세를 면제"하는 조항을 신설했다(제47조 2항). 아울러 1964년에는 「지방세법」을 개정하여 요리점, 무도장, 카바레, 빠, 호텔 등에서 주한유엔군의 숙박을 포함한 유흥음식행위에 대해서 유흥음식세를 면제해 주었다(제139조, 제141조)(박정미, 2014a: 244). 당시 외국인 관광객의 대부분은 미군이었기에 윤방법 적용이 보류된 104개 특정구역(1964년에는 145개로 증가함) 중 60%가 미군 기지촌이었다는 점은 놀라운 사실이 아니다(장필화·조형, 1990: 13).

1965년 한일국교정상화는 한국 관광을 또 다른 방향으로 전환시키는데 기여했다. 당시 일본은 1964년 4월 1일부터 자국민 해외관광여행 자유화 조치를 취해 동양 제일의 송객시장으로 부상하고 있었다(한국관광협회중앙회, 2006: 105). 이에 정부 관계부처 회의에서는 "외국인 관광객에게 인기가 있는 한국요리점의 호스테스의 훈련이 시급"(교통비사, 1967; 박정미, 2011: 197에서 재인용)하다고 하면서 섹스관광을 통한 관광 활성화를 모색하게 된다. 이에 따라 1971년에 「관광사업진흥법」 개정 시행령에 "한국식 요정"을 관광휴양업에 추가했고[5], 1973년 개정된 동법 시행규칙에는 "관광호텔, 요정, 식당의 접객요원을 대상으로 연 40시간 이상의 교육시간을 가질 것"을 명시했다. 동 규칙의 [별표2] '외국인전용 관광사업기준'에서는 "접객용 의자 총수의 2분의 1에 해당하는 여자종업원을 전속으로 고용하고 있을 것"을 강제하기도 했다. 또 국제관광협회(현, 한국관광협회)에 '요정과'를 설치하여 '관광기생'에게 접객원증명서를[6] 발급하고 일 년에

---

5) 관광요정이 관광사업업종에서 제외된 것은 1981년 11월에 이르러서였다(동아일보, 1981년 11월 19일).
6) 경향신문(1972년 10월 4일)은 "외국 관광객 상대 말썽 빚은 '접객 등록증'"이라는 제목 하에 "관광객을

<그림 9-1> 국회 교통체신위원회 회의록

```
마. 관광수용시설의 확충
   1) 관광호텔의 건설(9개호텔 1,100실)
   2) 관광전망대건설(공주 직지사 해인사)
   3) 관광요정의 개발
   4) 관광버스의 확보(냉난방)

(중략)

아. 「서비스」 개선
   1) 출입국 절차 간소화
      가) 관광비자 24시간내 발급
      나) 구두통관제 실시
      다) 출국외국인에 대한 검역「카드」 검열제 폐지
   2) 관광호텔「서비스」 개선
      가) 혼식예외조치(외국인)
      나) 각종단속 완화
      다) 관광종사원 교육
   3) 관광교통 수단
      가) 「리무진」 버스 운행
      나) 부당요금 단속 강화
      다) 정기관광「코스」 설정
   4) 유흥오락 「서비스」
      가) 「호스테스」교육(72.4.15부터 실시 대상 574명)
      나) 교육미필자의 채용금지 조치계획
```

출처: 제82회 교통체신위원회 회의록, 1972년 7월 26일

두 차례의 교양교육을 실시하도록 했다. 1971년 국제관광공사 총재로 취임한 안동준은 "관광 진흥의 묘안"으로 "의식(衣食)과 주(酒), 그리고 여자," 곧 "기생"이라고 노골적으로 지적한 바 있다(매일경제, 1971년 7월 24일; 박정미, 2014a: 249에서 재인용). 실제 1972년 교통체신위원회 회의록에 따르면(<그림 9-1> 참조), 관광사업 활성화를 위해 고안된 각종 서비스 개선 내용에 "유흥오락 서비스"가 있으며 1972년 4월 15일부터 574명을 대상으로 "호스테스 교육"을 실시한다고 적시되어 있다. 또한 관광수용시설의 확충을 위해 '관광요정'의 개발이

> 대상으로 영업하는 접객여성(속칭 관광기생)들에게 '관광종사원등록증'을 발급, 등록제를 실시함으로써 접객여성들에게 등록공인된 윤락녀라는 인상을 줘 큰 말썽을 빚고 있다. (…) 이 같은 조치가 실시되자 대부분의 접객여성들이 관광객 접객을 보이콧함으로써 관광객들이 요정에서 2시간씩 대기하는 등 시행 초기부터 말썽이 잇다랐다"고 보도하고 있다.

<표 9-1> 연도별 관광객 유치 실적

연도	관광객(명)	전년대비(%)
1962	15,184	136.6
1963	22,061	145.3
1964	24,953	113.1
1965	33,464	134.1
1966	67,965	203.1
1967	84,216	123.9
1968	102,748	122.0
1969	126,686	123.3
1970	173,335	136.8
1971	232,795	134.3
1972	370,656	159.2
1973	679,221	183.3
1974	517,590	76.2
1975	632,846	122.3
1976	834,239	131.8
1977	949,666	113.8
1978	1,079,396	113.7
1979	1,126,100	104.3

<그림 9-2> 연도별 입국 관광객 수 추이

출처: 교통부, 1980: 22

<표 9-2> 연도별 외화획득현황

연도	외화유입 (천불)	전년대비(%)
1962	4,632	242.3
1963	5,212	112.5
1964	15,704	301.3
1965	20,798	132.4
1966	32,494	156.2
1967	33,817	104.1
1968	35,454	104.8
1969	32,809	92.5
1970	46,772	142.6
1971	52,383	112.0
1972	83,011	158.5
1973	269,434	324.5
1974	158,571	58.9
1975	140,627	88.7
1976	275,011	195.6
1977	370,030	134.6
1978	408,106	110.3
1979	326,006	79.9

<그림 9-3> 외화수입 증감추이

출처: 교통부, 1980: 30

명시되어 있다.

이러한 정부의 노력 덕분인지 실제 1962년 15,184명이었던 외국인 관광객은 1973년 679,221명으로 전년 대비 183% 증가했고, 1979년에는 1,126,100명으로 전년 대비 104% 증가를 기록했다. 1962년부터 1979년까지 관광객 수는 연평균 32.1%이라는 높은 증가율을 보였다(<표 9-1> 참조). 이에 따라 1962년 4,632천불에 불과했던 외화수입도 1964년에는 15,704천불로 전년 대비 301.3% 증가했으며, 1973년에는 269,434불로 전년 대비 324.5%를 기록했다(<표 9-2> 참조).

이러한 관광객과 관광수입의 비약적 증가는 일본인 남성 관광객 덕분이었다. 한국과 일본의 국교가 정상화되기 직전인 1964년에 전체 외국인 관광객 중 9.1%에 불과하던 일본인 관광객은 1973년 전체의 69.9%에 이르렀고(<표 9-3> 참조), 같은 해 대만을 제치고 한국이 일본인들의 제1 관광지가 되었다(<표 9-4> 참조). 1979년에는 한국에 방문하는 전체 일본인 관광객 중 93.7%가 남성이었다고 한다(Muroi 외, 1997: 186).

<표 9-3> 연도별 국적별 관광객 입국실적 (단위: 명)

국적별 연도별	미국	일본	교포	중국	영국	기타	계
1962	7,328 (48.3)	1,825 (12.0)	2,246 (14.8)	645 (4.0)	602 (4.0)	2,538 (16.7)	15,184
1963	10,178 (46.1)	2,167 (9.8)	5,424 (24.6)	1,033 (4.7)	705 (3.2)	2,552 (11.6)	22,061
1964	11,530 (46.2)	2,280 (9.1)	6,357 (25.5)	1,322 (5.3)	737 (3.0)	2,727 (10.9)	24,953
1965	14,152 (42.3)	5,110 (15.3)	8,467 (25.3)	1,346 (4.0)	828 (2.5)	3,561 (10.6)	33,464
1966	30,226 (44.6)	16,873 (24.9)	12,005 (17.7)	2,109 (3.1)	1,052 (1.3)	5,700 (9.2)	67,965
1967	39,274 (46.6)	19,740 (23.4)	13,697 (16.7)	2,615 (3.1)	1,522 (1.8)	7,368 (8.8)	84,216
1968	41,823 (40.7)	25,219 (24.5)	18,445 (18.0)	3,797 (3.7)	1,924 (1.7)	11,540 (11.2)	102,748
1969	49,606 (39.2)	32,181 (25.4)	25,825 (20.4)	3,727 (2.9)	2,564 (2.0)	12,783 (12.3)	126,686
1970	55,352 (31.9)	51,711 (29.8)	33,797 (19.5)	8,636 (5.0)	2,680 (1.5)	21,159 (12.3)	173,335
1971	58,003	96,531	50,350	5,077	3,029	19,812	232,795

연도별 \ 국적별	미국	일본	교포	중국	영국	기타	계
1972	(24.9) 63,578	(41.5) 217,287	(21.6) 55,280	(2.3) 7,236	(1.3) 3,671	(8.4) 23,577	370,656
1973	(17.2) 77,573	(58.6) 474,773	(14.9) 73,466	(2.0) 11,592	(1.0) 4,980	(6.3) 36,837	679,221
1974	(17.4) 80,621	(69.9) 299,756	(10.8) 79,620	(1.7) 14,557	(0.8) 5,345	(5.4) 37,691	517,590
1975	(15.6) 97,422	(57.9) 363,879	(15.4) 86,055	(2.8) 21,034	(1.0) 6,446	(7.3) 58,010	632,846
1976	(15.4) 102,199	(57.5) 521,128	(13.6) 101,007	(3.3) 23,926	(1.0) 8,899	(9.2) 77,080	834,239
1977	(12.3) 113,710	(62.5) 581,525	(12.1) 113,939	(2.9) 27,718	(1.1) 9,970	(9.1) 102,804	949,666
1978	(12.0) 118,039	(61.2) 667,319	(12.0) 135,058	(2.9) 31,877	(1.0) 12,566	(10.8) 114,537	1,079,396 (100.0)
1979	(10.9) 127,355	(61.8) 649,707	(12.5) 146,984	(3.0) 67,039	(1.2) 13,395	(10.6) 121,620	1,126,100 (100.0)
	(11.3)	(57.7)	(13.1)	(6.0)	(1.2)	(10.7)	

출처: 교통부, 1980

<표 9-4> 일본인들의 국가별 관광 현황 (단위: 명)

연도별 \ 국적별	대만	한국	필리핀	태국
1964	5,225	1,846	2,391	3,399
1967	40,357	19,213	6,134	7,857
1969	100,927	31,111	8,086	12,948
1970	113,676	45,269	7,204	12,946
1973	341,096	411,189	30,072	68,195
1975	358,621	319,984	119,876	69,890
1977	482,832	447,519	145,689	79,090
1979	618,538	526,327	190,637	89,140
1980	584,641	428,008	187,445	93,413
1983	572,898	407,335	143,934	100,327
1985	618,511	480,583	136,513	108,460
1987	806,487	707,906	134,204	161,955

출처: Annual Report of Statistics on Legal Migrants, Ministry of Justice, 1965-88 (Muroi et al., 1997: 185에서 재인용)

4. 기생관광과 포스트식민 조우

근대 시기 세계박람회는 서구의 발전된 산업을 칭송하면서 동시에 다른 문화, 다른 사람들, 다른 식민지 영토들을 전시물로 제공함으로써 동양적 삶의 무시간성과 유럽의 역동성 간을 차이를 보여주려고 했다(샤프, 2011: 92-95). 관광도 이와 유사한 방식으로 조직되는데, 유럽인들은 미지의 땅을 관광하며 공간을 지배한 반면, 비유럽인은 여전히 장소에 갇혀있는 존재로 상상하곤 했다(같은 책: 64). 탈식민주의 이론가인 바바(2002)는 문화적 차이는 '시각적' 대상에 담아 고착시켜 바라보려는 욕망으로 나타나는데(114), 이미지의 표상작용은 항상 공간적으로 분열되며 시간적으로 연기된다고 지적한다(116). 이런 맥락에서 보니페이스와 파울러(Boniface & Fowler, 1993)는 관광을 식민주의적 충동을 먹고 자라기에 많은 측면에서 일종의 신식민주의라고 주장하기도 한다(닝왕, 2004: 222, 재인용). 관광을 탈식민지적 상상 안에서 사고하는 것은 '관광' 실천 겹겹이 새겨진 위계화된 실천을 드러내고, 기생관광을 통해 드러나는 '시간적 분절'과 '공간적 불균등'을 상상하려는 시도이다. 본 연구에서 주목하는 '조우'는 세 가지 차원이다. 첫째, 관광은 관광객이 관광지 사회와 직접적으로 마주치는 사건이다. 절대 다수의 관광객이 남성이었고 관광자원으로써 여성의 몸과 섹슈얼리티가 직접적으로 동원되었다는 점에서, 기생관광은 성별화되고 성애화된 성격을 지닌다. 둘째, 기생관광은 '기생'이라는 식민지적 기표를 포스트식민 공간에 소환함으로써 식민지 과거로 고정되는 관광지와 제국의 현재성을 향유하려는 관광객이 마주치는 사건이었다. 이로써 민족과 젠더질서는 식민과 포스트식민 공간의 분절과 절합을 통해 이중, 삼중으로 얽힌다. 셋째, 남성화된 관광객과 여성화된 관광지의 마주침은 역설적으로 남성의 얼굴을 한 관광지 국가, 식민지 남성에 의해 강력하게 추동된 것이었다. 식민지배자 남성과 다시 조우하게 된 식민지 남성은 두 가지 전략을 통해 재식민화와 여성화의 문제 해결을 모색하게 된다.

<표 9-5> 1979년 성별에 따른 일본인 관광객들의 주요 목적지

국가	Total	남성(Male)	여성(Female)	남성의 비율
미국(US)	1,410,320	837,504	572,816	59.4
대만	618,538	565,223	53,315	91.4
한국	526,327	493,100	33,227	93.7
홍콩	392,746	256,814	135,932	65.4
필리핀	190,637	159,522	31,115	83.7
프랑스	166,622	84,162	82,460	50.5
싱가포르	106,403	71,014	35,389	66.7
영국	97,295	57,659	39,636	59.3
태국	89,140	70,304	18,836	78.9
인도네시아	57,406	44,373	13,033	77.3
서독	47,109	34,277	11,832	74.3
기타	336,755	241,440	95,315	71.7
총계	4,038,298	2,915,392	1,122,906	72.2

출처: Annual Report of Statistics on Legal Migrants, Ministry of Justice, 1980 (Muroi et al., 1997: 186에서 재인용)

1) 성별화되고 성애화된 관광객과 관광지의 조우

기생관광은 일본인 남성 관광객과 성애화된 한국의 관광지가 조우하는 장이었다. 1979년의 성별에 따른 일본인 관광객의 주요 목적지(<표 9-5> 참조)를 살펴보면, 대체로 남성 관광객의 비율이 높지만 대만, 한국, 필리핀의 경우 그 비율이 유난히 높으며, 그 중에서도 한국은 93.7%로 남성의 비율이 가장 높은 나라임을 알 수 있다. 이러한 사실은 역설적으로 섹스 관광지로서의 한국의 위치를 분명하게 한다.

한국교회여성연합회가 '기생관광'의 실태를 조사한 자료에 의하면, 구미 관광객들이 한국의 시장, 농촌, 판문점을 선호하는데 반해 일본 관광객들은 요정, 고궁, 사찰의 순으로 선호하며, 이들 중 대부분(80%)은 한국에서 가장 기억에 남는 것이 '기생파티'였다고 한다(한국교회여성연합회, 1983: 8). 일본 항공사가 해외여행자들을 위해 발간한 가이드 시리즈 17호 『한국의 여행』에서는 "한국의 밤을 장식하고 즐거웁게 하려면 먼저 기생파티를 필두로 시작하지 않으면 안된다"고 적고 있다(한국교회여성연합회, 1988: 24). 일본의 여행사 소개 책자는 "한국의 명물인 강장제 인삼을 먹고 기생파티를 즐기지 않으시렵니까?"라고 한국 관광을 홍보했고, 국내의 H여행사에서는 한국여행 일정표에 "기생의 서비스가 만점", "남성의 천국"으로 한국을 소개했다(같은 책: 10). 1972년에 발간된 『한국관광자원총람』은 부산 관광을 위해 "시청 앞 → 용두산 → 송도 → 해운대(나이트클럽) → 동래온천(기생파티)"을 일본인의 관광 추천 코스로 안내하기도 했다(문재원·조명기, 2007: 814).

기생관광은 주로 일본 소재 여행사가 관광객을 모집한 후 국내 소재 여행사에 관광안내와 호텔 예약 등을 위탁하면 국내 여행사 측에서 관련한 모든 것을 대행해 주는 방식으로 이뤄졌다. 기생관광을 오는 일본인 남성들은 대개 기생관광 안내문을 보고 6개월이나 일 년 단위로 계를 들어오는 경우가 많았고, 공장에서 보너스로 집단 관광을 보내주기도 했다고 한다(한국교회여성연합회, 1988: 24-28).[7]

> 일본인 관광객들은 대개 일본 소재 여행사가 모집한 후 서울 소재 국제여행사, 혹은 직접 제주 여행사에 관광안내와 호텔예약 등 수배를 위탁해 오면 여행사 측에서 관련한 모든 것을 대행해 주는 경로를 취한다. (…) 이렇게 집단으로 모집이 되면 대부분의 단체는 일본 전세기를 타고 제주 국제공항에 도착하는데 이때 여행사에서는 각 손님들을 확인할 수 있는 깃발이나 플랭카드를 들고 공항에 마중을 나간다. (…) 이들은 호텔에서 여장을 풀고 명색뿐인 시내관광을 1~2시간 쯤 돌면 곧바로 요정으로 직행하게 되는데 이미 요정에는 대기실에 그날의 순번들이 준비를 끝내고 이들을 기다린다. (…) 요정에서 보내는 시간도 대략 1시간 ~ 1시간 반 정도로 끝난다. 이때 여자들은 조금이라도 시달리는 시간을 짧게 하기 위해 몇 패씩 짝을 지어 나이트클럽이나 가라오케 등으로 간다. **그곳에서 일본말로 노래를 부르며 흥을 돋군 다음 호텔로 가게 되는 것이다.** (…) 이렇게 밤새 시달린 아가씨들은 오전 7시쯤 업소에다 일인으로부터 받은 3만엔을 제출하면 비로소 퇴근을 할 수 있다(한국교회여성연합회, 1988: 25-26). (필자 강조)

---

[7] 토미오카(Tomioka)는 한 대형 자동차 부속품 회사가 높은 이익을 낸 노동자들에게 보상 차원에서 한국을 포함해 동남아시아로 관광을 보내주었다는 보고서를 발견했다. 이 보고서는 높은 판매율에 대한 보상으로써 '오가와 씨'(Mr. Ogawa)를 비롯한 세 명의 일본인 남성이 태국으로 관광을 간 후, 어떻게 태국 소녀를 사고 성매매를 했는지 묘사하고 있다(Tomioka, 1990; Muroi 외, 1997: 186에서 재인용).

이처럼 일본인 남성들에게 한국 관광은 "명색뿐인 시내관광"이 아니라 요정에서 이루어지는 기생파티, 이어지는 나이트클럽 등에서의 유흥 및 호텔에서의 성매매를 의미했다. 일본인 관광객들은 한국 여성을 통해 이국적인 것과 에로틱한 것을 동시에 추구했으며, 이들에게 한국관광은 평범한 일상에서의 탈출이자 성적 일탈을 위한 기회였다.

일본인 관광객들의 주요 방한 목적은 외국인 관광객들의 국적별 소비성향 비교를 통해서도 가늠할 수 있다. 1972년 7월부터 12월까지 실시된 조사에 따르면, 김포와 부산으로 입국한 외국인 관광객 중 구미지역 입국객은 여행경비로 식비 27%, 매물(쇼핑)비 25.6%, 숙박비 19% 순으로 사용한 반면, 일본인 관광객은 매물(쇼핑)비 42.8%, 유흥비 20%, 숙박비 11.4%, 식비 8.2% 순으로 나타나(한국관광협회중앙회, 2006: 134), 유흥비가 다른 외국인들에 비해 압도적으로 높았다. 유사한 시기의 신문기사는 "우리나라를 찾는 관광객의 특이한 현상은 미국인 관광객이 줄어드는 대신 일본인 관광객이 크게 불어나고 있다는 것이다. 이러한 현상은 우리나라의 관광자원과도 크게 관련을 갖고 있는데 일본인들은 야간관광의 한 코스로 '기생파티'를 가장 매력 있는 것으로 생각하고 있으며 보통 3박 4일의 예정을 2박 3일로 줄이면서도 이 파티를 즐긴다는 것이다"(동아일보, 1972년 4월 10일)라고 보도한 바 있다. 1970년대 공항, 호텔, 술집, 유원지 등에 안내 깃발을 따라 20-50명씩 떼를 지어 다니는 일본 남성 관광객들에게(이현숙, 1992: 82-83), 한국은 여성의 이미지로 재구성되었을 뿐만 아니라 성애적 실천의 장으로 대상화되었던 것이다. 그리고 이들 관광객을 마주하는 순간 관광지, 대한민국은 식민지 조선반도로 재영토화된다.

2) 포스트식민 노스텔지어: '기생'의 소환

식민지의 여성이 이국적이고 성애적인 방법으로 이미지화되는 것과 마찬가지로(인로, 2011), 관광지의 여성도 전통문화의 담지자로서 문화의 재현물(Wenk, 2000)로 재탄생한다. 식민지 관광이 제국의 승리를 눈으로 확인하고 만끽하는 것이었다면, 포스트식민 관광은 잃어버린 제국에 대한 향수이자 일종의 추억담이라 할 수 있다. 한국 관광에서 핵심적 기표였던 '기생'은 포스트식민 관광 실천

안에서 발생하는 지연된 시간성과 여성화된 관광 이미지를 적나라하게 보여준다.

일제시기 '기생'은 공창제도에 의해 성매매 여성으로 재구성되었다. 식민지 시기 이전의 조선에서도 성매매는 존재했으나 성매매를 겸업으로 하는 관기 외에는 대부분 밀매음 상태였으며 성매매만을 전업으로 하는 여성들을 국가가 공인하고 체계적으로 관리한 적은 없었다(야마시다 영애, 1992: 2). 조선 내 제도적 공창제는 1908년 '창기단속령'과 '기생단속령'의 공포로 시작되어 1916년 '대좌부창기취체규칙'을 통해 확립되었다. '창기단속령'과 '기생단속령'은 창기를 "상화실, 갈보 또는 색주가의 작부를 총칭"하고, 기생을 "옛날부터 내려온 관기 또는 기생이라고 불리는 자를 총칭"하는 것으로 범주화하여 기생을 일정한 기예를 가진 고상한 존재로, 창기는 성매매만을 전문적으로 하는 하등한 존재로 구분했다(박정애, 2009: 48). 그러나 창기와 기생 모두에게 '거주제한'과 '성병검사'를 꾀함으로써 기생도 성매매 여성의 한 부류로 이해했으며, 마침내 1916년 '대좌부창기취체규칙'을 공포함으로써 각 도마다 달랐던 예기·작부·창기에 대한 규칙을 전국적으로 통일시켜 '공창'화하는 법적 규제를 확립하였다.

이처럼 일제에 의해 성매매여성으로 재구성된 '기생'은 다양한 재현 행위를 통해 일본 제국 남성들이 식민지 '조선'을 상상하는 핵심적 기표로 재탄생한다. 식민지 당대 일본인 남성들이 상상하는 기생 이미지는 식민지에 대한 '이국취미', 제국 남성의

<그림 9-4> 식민지 시기 관광 홍보물에서의 조선 여성 이미지

출처: 김수현, 2009

<그림 9-5> 한국 관광의 이미지

출처: 동아일보, 1973년 7월 13일

식민지 여성에 대한 성애적 판타지와 긴밀하게 연계된 것이었다(서지영, 2009: 66). 실제 1920~30년대에 본격화된 식민지 관광정책 속에서 '기생'은 조선적 지표이면서 동시에 '내지' 남성들의 호기심을 자극하는 성애적 아이콘으로 각종 안내서에 등장했다(같은 글: 68). 일례로 기생 잡지『장한(長恨)』(1927) 창간호에 실린 "외국인이 본 기생"이라는 기사에서 한 일본인 남성은, 조선기생을 마치 '선녀'와 같이 아름다운 존재로 동경해 오다가, 명월관에 가서 기생을 만나고 나서 화려한 '단 치마 저고리'에 금비녀로 '쪽진 머리', 어여쁜 '발 맵시' 등 조선기생만이 가진 미의 극치를 느꼈다고 진술하고 있다(長恨, 1927: 18-20; 서지영, 2009: 68에서 재인용)(<그림 9-4> 참조). 다카하마 교시(1874-1959년)가 저술한 여행안내서인『朝鮮』에서도 조선은 일본의 위대함을 드러내주는 장치이자(72), 제국 일본을 세계로 향하게 하는 제국주의 팽창의 가교로(78) 표상되었다(서기재, 2002). 그리하여 조선인은 과거의 전통적 '문화'로 표상되는 '기생'이거나(73), 일본인의 관광을 돕기 위한 순종적인 뱃사공이나 요리사(79)로 정형화되었다. 이는 젠더와 민족적 질서를 재구성하고 확증하는 식민지 통치 과정과 긴밀히 연관된다. 즉 서구가 '게이샤'를 통해 일본을 상상하고 이국취미를 충족시켰듯, 일본의 '내지' 남성들은 식민자의 시각에서 조선의 기생을 통해 피식민지 조선을 상상하고, 이국취미를 향유했던 것이다(서지영, 2009: 68).

해방 후 미군 기지촌의 여성들이 "양공주"라는 이름으로 불렸던데 반해, 일본인 관광객을 상대한 여성들이 "(관광)기생"이라는 이름을 부여받았다는 점은 그러한 식민지 젠더와 민족적 질서를 환기한다는 점에서 오히려 아이러니하다.

<그림 9-5>는 "일본인 관광, 한국의 실상"이라는 제목의 기사(동아일보, 1973년)와 함께 실린 사진으로 <그림 9-4>와 같은 식민지 시기 관광 안내서의 표지를 환기시킨다. 이 기사의 부제는 "기생 파티서 순종의 미덕 발견"이다.

> 최근 일본의 일부 매스콤이 일본 남성들이 전후 일본 사회의 급속한 미국화로 사라진 일본여성 고유의 이미지를 한국 여성 속에서 찾으려 한다든지 (…) 나는 일본이 싫다. 동경은 지긋지긋하고 일본 여자는 보기도 싫다. (…) 나의 어린 시절 밖에서 돌아오면 돌아가신 내 어머니가 내 발을 씻어주듯이 나의 '후미상'(자기 어머니의 이름을 붙였다는 한국 기생)은 (…) **설령 돈 때문이라 하더라도 나 같은 노인을 이처럼 정성을 다해 돌봐주는 여자가 동경에 있던가**(동아일보, 1973년 7월 13일). (필자 강조)

위 기사 중 "사라진 일본여성 고유의 이미지를 한국 여성 속에서 찾으려 한다"는 문구가 보여주듯이, 포스트식민 관광지 한국의 성매매여성 '기생'은, 식민지 관광과 마찬가지로, 관광지를 이국화하는 동시에 잃어버린 과거 또는

<그림 9-6> 1973년 대한항공 광고문

낭만과 멋이 흐르는 하늘여행!

당신도 한번 이 멋을 즐겨보십시오!
푸르른 하늘을 질주하는 화려한
**궁전에서 예쁘고 상냥한 스튜와
데스의 서비스에** 오히려 시간을
아쉬워하는 조용한 무드입니다.
그리고 여행경비와 시간절약을
계산하여 보면
오히려 비행기 여행이 경제적이라는
것을 느끼시게 됩니다.

출처: 선데이 서울, 1973. http://www.seoul.co.kr/news/photoListSunday.phpsection=sunday_poster&page=23 (필자 강조)

전통적 미덕을 환기하는 기표로 재탄생한다. 일본 남성들의 노스탤지어는 일본에는 이미 존재하지 않는 순종적 여성상에 대한 것으로 이는 한국 기생의 몸과 행동을 통해 현실의 시공간에서 구현된다. 이로써 일본인 남성들은 전(前) 식민지를 관광하며 여성의 몸으로 환원되는 공간을 다시 지배하는 주체로 위치짓는 반면, 피식민지의 주체들은 기생이라는 기표를 통해 여전히 퇴행적 시간과 장소에 갇혀있는 대상으로 환원된다.

<그림 9-6>의 1973년 대한항공 광고는 포스트식민 관광지 한국의 이미지를 스스로 확증하는 또 하나의 예이다. 관광지 한국은 한복을 입은 여성으로 대변되는데 이러한 이미지는 어쩌면 식민지에 대한 일본인 남성들의 노스탤지어에 적극적으로 호소하고 있는 것으로 보이며, 특히 "화려한 궁전에서 예쁘고 상냥한 스튜와데스의 서비스"라는 문구를 통해 당시 유행했던 요정에서의 기생관광을 연상하기란 어렵지 않아 보인다.

<그림 9-4>에서 보듯, 식민지 조선이 기생으로 상징되고 일본인 관광객을 유인하기 위한 기표로 활용되었다는 점을 상기할 때, <그림 9-5>와 <그림 9-6>은 여전히 '탈식민'하지 못한 포스트식민 대한민국의 현실이 젠더와 섹슈얼리티를 매개로 재구성된 '전통'이라는 기표를 통해 폭로되고 있다는 점에서 역설적이다. 실제 관광요정은 "고유한 한국적 아치"를 풍기는 존재로 「관광사업진흥법」 시행규칙(1973)에 특별히 명시되기까지 했다. 기생이라는 더 이상 존재하지 않는 과거의 기표가 "고유한 한국적" 특색을 담지한 전통의 상징으로 소환되었던 것이다. 그러므로 기생관광의 아이러니는 관광객의 현재와 관광지의 과거가 관광지의 젠더화된 몸을 통해 만나는 사건이었고, 그럼으로써 관광객의 민족적 영광이 관광지의 수치스러운 과거를 통과해 현재화된다는 점이다. 기생관광을 통해 한국 여성은 관광기생이 되어 과거 식민지배자의 성적 정복의 대상으로 위치지어지고, 과거 식민지배자 남성은 다시 제국의 아들로 소환되며, 포스트식민 국가는 미래로 향한 문을 스스로 닫은 채 과거로 퇴행한다. 이제 '그들'의 과거는 현재화되고, '우리'의 미래는 다시 과거에 정박된다.

더 기막힌 사실은 이들을 매개하는 것이 피식민 남성의 남성중심적 섹슈얼리티에 기반하고 있다는 점이다.

아까 말씀 가운데 요새 신문에도 외신에도 나오고 있습니다마는 **오는 손님들이 요정들을 많이 이용한다**, 이런 얘기가 많이 나왔는데 역시 관광객들은 외국에 나가게 되면 그 나라의 **어떤 특색, 자기 나라에서 볼 수 없는 그런데 한번 가보고 싶은 것이** 그것이 일반 사람들의 여객의 공통된 심리가 아닌가 보고 있습니다(1973년, 교통부장관 김신의 발언 중에서).[8] (필자 강조)

1973년 당시 교통부 장관이었던 김신의 발언에서 보듯, 당시 위정자들에게 기생과 관광요정은 남성중심적 성애적 상상력과 욕망 구도 안에 위치 지어져 있었다. 관광객들이 "요정을 많이 이용"하는 이유를 관광지 사회의 이국적인 특색을 맛보고 싶은 남성들의 자연스럽고 공통된 "심리"로 이해하고자 하는 한국 남성들은 스스로를 관광객 일본 남성과 동일시하지만, 결코 동일시 될 수 없는 현실을 스스로 각인시킨다는 점에서 또한 역설적이다. 남성 대 남성으로의 동일시가 제국 대 식민지 간의 위계적 관계 확증의 기제가 된다는 사실을 알 길이 없는 포스트식민 남성은, 스스로를 퇴행적 식민지 공간에 위치시킴으로써 그 한계를 스스로 노출시킨다. 결과적으로 대한민국 스스로 과거의 식민지임을 확증하는 역설이 배태된 것이다.

3) 관광객 남성과 관광지 남성의 조우: 재구성되는 남성성

관광이 남성화된 관광객과 여성화된 관광지의 조우라면, 관광지 사회 남성들의 남성성은 단순히 여성화되고 재식민화된 채 남아있을까? 특히 기생관광처럼 성애화된 관광을 적극적으로 추진했던 주체가 고도의 남성화된 국가라면 이 '남성성'은, 서로 다른 남성화된 실천과의 조우 속에서, 어떻게 (재)구성될까? 코넬(2005)을 비롯한 남성성 연구자들은, 남성성은 신체 혹은 개인의 인격에 새겨진 고정된 총체가 아니라고 지적한다(836). 남성성은 사회적 행위로 성취되는 실천의 구성물이며, 이는 사회적으로 구성된 특정한 젠더관계에 따라 달라진다는 것이다(836). 이는 담론적 실천을 통해 남성 스스로를 위치 짓는 방식이기도

---

[8] 출처: 제86회 제2차 교통체신위원회 회의록-2. 교통부(본부 및 국제관광공사) 소관업무현황보고(1973. 5. 30.)

하다(841). 그러므로 남성성은 고정된 하나의 형태를 띠는 것이 아니라 지배적 남성성의 위치를 성취하기 위해 경합하거나 충돌하며 끊임없이 재구성된다.

전술했듯, 관광기생의 존재는 사실상 한국 남성들에게는 외국 남성에 의한 자국의 여성의 성적 침해, 이를 통해 우회적으로 드러나는 남성성 상실과 식민지 과거를 재각인하는 과정이었다. 실제 기생관광반대운동을 펼쳤던 여성들도 "외세의 성침탈"(서울지역여학생대표자협의회, 1988)(박정미, 2014b: 421), "이 땅의 딸들이 외화획득이라는 미명 하에 강간당하는 기생관광"(한국교회여성연합회, 1987)(같은 글: 422)이라고 주장할 정도로 "외세에 의한 자국 여성의 성적 유린"이라는 수사는 강력했다. 이는 식민지배자 남성과 식민지 남성 간의 상징적 위계질서를 재생산하는 기제로도 작동했기에 남성-국가의 입장에서는 어떠한 방식으로든 해결되어야 할 문제였다.

해결방안은 두 가지로 나타났다. 첫째, 성별화된 민족주의를 통해 여성들을 분리·동원하고, 타자화된 여성들의 행동을 미화하는 방식이었다. 민족 이데올로기 안에서 여성들은 종종 양가적인 위치에 놓이는데(유발-데이비스, 2011: 91), 발전국가 시기 한국의 여성들은 요조숙녀, 혹은 현모양처가 되어 민족의 재생산자가 될 것을 요구받는 한편, 양공주 또는 왜공주(관광기생)라는 경멸적 이름으로 불리며 조국 발전의 원동력이 될 것을 요구받았다. 관광기생들은 "외국 남성을 상대로 몸을 파는 행위는 매춘이 아니고 애국 행위의 발로이기 때문에 긍지를 가져라"[9](한국교회여성연합회, 1983: 24)는 '남성' 국가의 부름 하에 조국 근대화를 위한 외화벌이의 역군으로 호명되었던 것이다. 위계적으로 구획되고 분리된 여성들의 몸은 박정희 시기 '개발동원체제'(조희연, 2010)의 차별적 동원 대상이 되었다. 이와 같은 차별적 동원이 가능했던 배경에는 가족과 나라를 위해 여성의 자아를 희생하는 것을 기대하고 정당화해 온 (가부장적) 문화가 있었기 때문이다(캐서린 문, 2001: 201).

다른 한편으로 한국 정부는 기생관광을 '건전관광'으로 포장함으로써 민족적

---

9) 1973년 일본 동경의 한국학원을 방문한 문교부 장관 민광식은 연설 중에 "한국여성은 경제건설을 위해 필요한 외화를 획득하기 위해서 몸을 바치고 있으며 특히 한국의 기생, 호스테스가 대거 일본에 진출해서 몸을 바치며 밤, 낮으로 분투하는 애국충정은 훌륭한 것이다"라고 찬사를 보내 물의를 일으킨 바 있다(일본발행 주간현재, 1973년 10월 26일; 이현숙, 1992: 89에서 재인용).

자긍심을 회복하고 이를 통해 남성성을 재구성하고자 했다. 실제 기생관광에 대한 비판이 고조되자, 정부는 새로운 담론 만들기에 돌입했다. 1973년 12월 29일, 교통부는 전국 관광업자 대표들을 소집하여 일부 국내여행업자들을 탈선영업이 사회적 물의를 빚고 있음을 지적하고 앞으로 일본인을 대상으로 기생파티, 관광기생, 관광요정 등의 명칭을 일체 사용하지 않도록 하는 지침을 내렸다. 또 관광요정의 명칭을 '한국요리점'으로 바꾸고 한국의 고유음식과 가무를 제공하는 품위 있는 업소로 운영토록 했다(한국관광공사, 1987: 170). 1976년「관광사업진흥법」이「관광사업법」으로 대체되는 과정에서 "접객요원"에 대한 교육 의무화 규정을 삭제했고, 1977년에는 유흥음식세 면제 정책도 폐지했다.

무엇보다 한국의 "역사와 문화," 태권도를 통한 "강한 힘"을 보여주는 관광상품의 내용을 강조함으로써 여성화되고 성애화된 한국의 이미지를 탈색하고자 한다. 그리하여 경주와 부여 등 고대 유적지와 설악산, 제주도 등 아름다운 풍광이 있는 지역을 개발하고, 일본의 고등학생 수학여행단을 본격적으로 유치하기 시작했다10). 이에 따라 1972년 10월, 마쓰에 부속 고등학교 학생 59명이 처음으로 한국에 입국했다고 한다(같은 책: 181).

> 과연 **관광한국의 상징**은 무엇이며, 이미지는 어떤 것이냐 하는 점이다. (…) **태권도장을** 만들어 **우리의 강한 힘**을 보여주는 것도 좋을 것이다. (…) 한마디로 말해서 우리의 관광은 단순히 외국인들의 값싼 취향에 맞추어 나가는 소극적인 자세에서 탈피하여 **우리의 역사와 문화, 우아한 미와 건강한 힘**, 그리고 많은 특색 있는 자랑 거리들을 최대한 알려줄 수 있도록 적극적인 정책을 강구해야 하겠다(경향신문, 1973년 5월 2일).

> (일본 수학여행단은) 문교부가 지정해 준 우리 학교에서 환영식을 받은 다음, **교련시간의 열병 분열 총검술 등을 구경**하고 곧장 고궁관람과 영동의 유스호스텔로 가서 1박, 다음날 새벽 부여로 내려갔다(동아일보, 1976년 12월 15일). (이상 필자 강조)

---

10) "일인관광 '폭주', 그 실태와 수용 대비책"이라는 제목 하의 동아일보(1973년 5월 16일) 기사에 따르면, "관광 당국은 (…) 금년부터는 남자들만의 단체 관광보다는 신혼여행 등 가족 동반 관광객과 여자 관광객, 학생 단체 관광객 등을 중점 유치키로 목표를 세우고. (…) 교통부는 이 같은 추세에 발맞춰 경주, 부여 등 고적지를 개발하고 서울 인근에 이십만 평을 확보, 고유의 민속촌을 연내 착공토록 하는 한편, 유스호스텔 건립(경주, 서울 등)을 서두르고 있다"고 한다.

"강한 한국"은 새로운 관광 담론 구성, 이를 통한 한국 남성성의 재구성을 위해 새롭게 요청된 이미지였다. 이는 높아지는 빌딩과 잘 닦인 도로, 편리해진 관광 시설에서뿐만 아니라 식민지 이전 찬란했던 민족의 과거(경주, 부여 등)를 과시함으로써, 혹은 잘 훈련된 학생들의 도열을 통한 군사적 힘의 과시를 통해 완성되었다. 아픈 기억으로 점철된 과거 이전의 과거를 강조하고, 경제적으로 열등한 현재의 처지를 뛰어넘는 미래의 가능성을 과시함으로써 일본을 극복하고픈 포스트식민 한국 남성의 열망은, 이 모든 수사에 깊게 배태되어 있었다. "'언젠가는 우리를 앞지를 나라', 일본 고등학교 수학여행단 눈에 비친 한국의 모습"이라는 제목으로 한국의 일간지에 실린 일본 고교 수학여행단의 기행문은 그러한 한국 남성의 모순적 현실과 욕망을 잘 드러내고 있다.

> '언젠가는 우리를 앞지를 나라', 일고교 수학여행단 눈에 비친 한국의 모습 - 中西千佳子(2A), 한양고교에서의 교환회가 인상적이었다. **대단히 바른 규율, 한 눈을 팔거나 옆의 학생과 이야기 하는 학생이 한 명도 없었다. 거기에 비해 우리는 멋대로 재잘거렸다. 운동장에 울려 퍼지는 크고 아름다운 소리로 부르는 교가와 국가, 그 답례로 부른 우리의 교가와 국가는 작고 힘이 없었다.** (…) 먼지 하나 떨어져 있지 않은 아름다운 거리, 하늘은 새파랗게 푸르렀고 강도 맑았다. 일본에 비교해서 자연 그것이 살아 있는 나라다. 이런 나라에 살았으면 얼마나 좋을까?(경향신문, 1976년 8월 14일) (필자 강조)

이는 '초남성주의적 발전주의 국가'(hypermasculine state developmentalism)(Han and Ling, 1998; 김은하, 2007: 252에서 재인용) 만들기라는 박정희 정권의 근대화 프로젝트와 일맥상통한다. 연구자들은 1970년대 국가 근대화 사업은 남성을 조국 상실, 분단의 경험, 궁핍한 경제 등 민족의 트라우마를 치유할 진취적이고 공격적인 행위자로 호명했기 때문에 가능했다고 지적한다(같은 글: 252). 1970년대 이래 저항적 주체로 호명된 '민중' 역시 초인적 남성성을 가진 성별화된 주체였다(같은 글: 254). 이는 전술했듯, 경계짓기를 통해 이들과 변별화된 오염된 몸으로서 집단적 타자 만들기 프로젝트와 긴밀한 연관을 지닌다. 그러므로 관광 담론에서 새롭게 등장하는 한국 남성의 강인함과 한국 전통의 우수성 과시는 남성성 재구성 과정이자, 이에 대비되는 오염되고 불순한 주체 만들기 과정과 불가분의 관계를 지니는 것이다.

그러나 이 모든 수사와 별개로 박정희 군사정권은 기생관광을 통한 외화벌이를 멈추지 않았다. 특히 1969년 발표된 닉슨 독트린과 주한미군의 감축, 이로 인한 기지촌 경제의 쇠퇴는 외화획득의 수단으로써 기생관광에 더욱 의존하게 만들었다. '건전관광' 만들기라는 위선적 외형 이면에는 기생관광을 장려한 금지와 허용이라는 이중적 성매매 정책과 차별적 여성 동원이 자리하고 있었던 것이다. 그 결과, 한국의 관광산업은 1978년에 이르러 동남아시아에서 7번째, 세계에서 39번째로 관광객 100만 시대를 열 수 있었다(박정미, 2014a: 254).

5. 나가며

본 연구의 목적은 박정희 군사정권에 의해 '외화획득'과 '관광개발'이라는 이름으로 획책되고 일본인 남성 관광객에 의해 실현된 '기생관광'의 의미를 분석하는 것이다. '기생관광'이란 1960년대부터 1990년대 초반까지 한국에서 횡행했던 일본인 남성들의 '섹스관광'을 통칭한다. 1961년 군사쿠데타를 통해 정권을 잡은 박정희 세력은 경제발전을 기반으로 한 '근대화'를 새로운 국가 목표로 제시하고 이를 위해 국가가 가용 가능한 모든 자원을 동원하는 발전전략을 취했다. 그러나 당시 한국은 내수자본의 규모가 작고 축적기반이 허약했기 때문에 적극적인 외자도입과 해외시장 개척이라는 외부 의존적인 개발정책을 채택하게 된다. 그리하여 박정희 세력은 군사쿠데타 직후부터 관광사업 육성을 통한 국가 차원의 외화벌이를 꾀하였다. 1961년, 관광에 관한 우리나라 최초의 법률인 「관광사업진흥법」이 제정, 공포되었고 연이어 관광을 위한 기반시설들이 마련되었다. 1970년대 들어서는 악화되는 무역수지 적자의 폭을 메우기 위해 관광을 국가 주요 전략 산업의 하나로 육성하기에 이른다. 그러나 전후 폐허가 된 국토에서 실질적으로 끌어들일 관광자원이 전무하고 사업진행의 노하우 부족이라는 면에서 여성의 몸을 자원으로 한 '섹스'가 관광개발전략으로 채택되었다.

이를 위해 정부는 성매매를 금지하는 「윤락행위등방지법」(1961년)을 제정했음에도 기지촌을 포함한 104개 특정지역과 특수관광호텔에서 성매매를 허용하였고

(1962년), 외국인 전용 관광호텔업과 관광시설업에 주세(酒稅)(1963년)와 유흥음식세를 면제해 주기도(1964년) 하였다. 더 노골적으로는 「관광사업진흥법」 개정 시행령 관광휴양업에 '한국식 요정'이 추가되었고(1971년), 호텔과 요정의 접객요원들에게 연 40시간 이상의 교육 명령이(1973년) 내려지기도 했다. 이에 따라 국제관광협회(현 한국관광협회)에는 '요정과'가 설치되어 '관광기생'에게 접객원증명서를 발급하였고, 일 년에 두 차례의 교양교육을 실시했다. 이상과 같은 정부의 '노력' 덕분에 일본인 관광객의 수와 관광을 통한 외화 수입이 비약적으로 증가했으며, 1970년 대 초반 일본인들에게 한국은 제1의 관광지가 되었다.

기생관광의 외형적 성공은 금지와 허용, 범죄화와 국가규제라는 이중적 성매매 정책 및 민족과 젠더질서 간 이중의 경계 짓기를 통해 가능했다. 그러기에 포스트식민 발전국가의 모순과 아이러니는 몇 가지 차원에서 기생관광에 깊숙이 배태되어 있었다. 첫째, 관광은 관광객과 관광지 사회가 직접적으로 만나는 사건인데, 관광객인 일본인 남성은 관광지인 한국을 여성화되고 성애화된 이미지로 조우한다. 이 순간 대한민국은 식민지 조선반도로 재영토화된다. 둘째, 관광을 조장하기 위해 소환된 '기생'이라는 식민지적 기표는 아이러니하게도 제국의 남성을 포스트식민의 땅에 다시 소환한다. 이로써 대한민국의 시공간은 식민지 과거로 퇴행하고, 제국의 현재성(시간)은 피식민 여성의 몸(공간)에 펼쳐진다. 또 다른 역설은 이와 같은 포스트식민적 조우에 식민지 남성이 개입되는 방식이다. 한국 남성들이 남성중심적 성애적 욕망 구조 안에서 적극적으로 고안한 기생관광을 통해 한국 남성들은 스스로를 식민지 남성으로 재각인한다는 점이다.

셋째, 과거 식민지배자를 소환한 식민지 남성·관광지 국가는 재식민화와 여성화라는 이중의 아이러니를 극복하기 위해 두 가지 알리바이를 구성한다. 한편으로는 성별화된 민족주의를 통해 여성들을 분리·동원하면서 자신들의 행동을 기만적으로 정당화하고, 다른 한편으로는 기생관광을 '건전관광'으로 포장함으로써 민족적 자긍심을 회복하고 탈식민 남성성을 재구축하고자 하였다. 본 연구자들은 다중적 아이러니를 배태하고 있는 포스트식민적 조우의 형태들을 분석하면서 여성의 몸을 거점으로 경쟁하고 재구성되는 남성(성)들의 이중적이고 우화적 모습을 역사의 표면 위로 끌어내려 하였다. 그들은 성매매 여성들을 내부의

'오염 요소들'로 취급하며 (성적-인종적) 이중적으로 배제하고 차별하면서 동시에, 이들에 대한 착취의 결과로 경제성장의 발판을 이루었다. 그리고 단 한 번도 그러한 사실에 대해 인정하거나 사과하지 않았다.

이제 '선진국'의 대열에 들어서게 된 한국 남성들은 여성의 몸과 섹슈얼리티가 주요 관광자원인 곳으로 원정 성매매를 떠난다.[11] 과거 식민지였던 조국에 대한 수치심은 타국의 땅을 식민화하고 성애화함으로써 일순간 망각될 수 있을지 모르나, 언제고 되돌려질지 모르는 미래임이 다시 확인되는 역설이 바로 그 장에서 펼쳐지고 있는 것이다. 그리고 역사는 국가의 경계를 넘어 되풀이된다. 젠더, 계급, 민족, 인종, 섹슈얼리티가 다층적으로 결합되고 재생산되는 글로벌 대중관광의 장에서 섹스관광은, 그러기에 보다 포괄적이고 역사적인 접근을 필요로 한다.

---

11) 부산일보(2015. 8. 26). "황제로 모십니다. 필리핀 원정 성매매 207명 적발"
노컷뉴스(2015. 8. 27). "필리핀 황제관광, 아빠소리 들으며 일탈 즐겨"

참고문헌

강영수. 1989. "한국사회의 매매춘에 관한 연구: 용산역 주변 매춘여성을 중심으로 한 사례연구", 이화여자대학교 사회학과 석사학위논문(미간행).
공임순. 2014. "빈곤의 포비아(phobia), 순치되는 혁명과 깡패/여공의 젠더 분할", 『여성문학연구』 제32권: 141-187.
김수현. 2009. "새로운 소비문화 '관광': 식민지 조선의 여행지 홍보 수단", 『민족 21』 98: 142-147.
김영래·여정태. 2008. "한국관광개발정책의 특성에 대한 비판과 성찰: 발전국가적 특성을 중심으로", 『관광학연구』 32(6): 145-163.
김원. 2011. 『박정희 시대의 유령들: 기억, 사건, 그리고 정치』, 서울: 현실문화.
김윤태. 1999. "동아시아 발전국가와 지구화", 『한국사회학』 33(봄호): 83-102.
김은하. 2007. "1970년대 소설과 저항 주체의 남성성: 황석영의 70년대 소설을 중심으로", 『페미니즘연구』 7(2): 249-280.
김일영. 2000a. "한국의 근대성과 발전국가", 『사회과학』 50: 37-83.
_____. 2000b. "1960년대 한국 발전국가의 형성과정: 수출지향형 지배연합과 발전국가의 물적 기초의 형성을 중심으로", 『한국정치학회보』 33(4): 121-143.
_____. 2001. "한국에서 발전국가의 기원, 형성과 발전 그리고 전망", 『한국정치외교사논총』 23(1): 87-126.
_____. 2005. "박정희시대 연구의 쟁점과 과제", 정성화 편 『박정희시대 연구의 쟁점과 과제』. 서울: 선인.
닝왕. 2004. 『관광과 근대성: 사회학적 분석』, 이진형·최석호 역, 서울: 일신사 (Wang, L. 2000. *Tourism and Modernity: A Sociological Analysis*. Bingley: Emerald Group Publishing Ltd.).
문재원·조명기. 2007. "관광의 경로와 로컬리티: 부산관광담론을 중심으로", 『인문연구』 58: 825-860.
문, 캐서린 H. S. 2002. 『동맹 속의 섹스』, 이정주 역, 서울: 삼인 (Moon, K. H. S. 1997. *Sex among Allies*. New York: Columbia University Press).
바바, 호미. 2012. 『문화의 위치: 탈식민주의 문화이론』(수정판), 나병철 역, 서울: 소명출판 (Bhabha, H. K. 1994. *The Location of Culture*. Now York: Routledge).
박선숙. 1990. "여성의 성성(Sexuality)으로 본 매매춘 정책에 관한 연구", 이화여자대학교 사회사업학과 석사학위논문.
박정미. 2011. 『한국 성매매정책에 관한 연구: '묵인-관리 체제'의 변동과 성판매여성의 역사적 구성, 1945~2005』, 서울대학교 사회학과 박사학위논문(미간행).
_____. 2014a. "발전과 섹스: 한구정부의 성매매관광정책, 1955-1988", 『한국사회학』 48(1): 235-264.
_____. 2014b. "성 제국주의, 민족 전통, 그리고 '기생'의 침묵: '기생관광' 반대운동의 재현정치, 1973~1988년", 『사회와 역사』 101: 405-438.
박정애. 2009. 『일제의 공창제 시행과 사창 관리 연구』, 숙명여자대학교 사학과 박사학위논문(미간행).
박종성. 1992. 『매춘의 정치사회학: 한국의 매춘』, 서울: 인간사랑.

배은경. 2012. 『현대 한국의 인간 재생산: 여성, 모성, 가족계획사업』, 서울: 시간여행.
샤프, 조앤. 2011. 『포스트식민주의의 지리』, 이영민·박경환 역, 서울: 도서출판 여이연 (Sharp, J. P. 2008. *Geographies of Postcolonialism: Space of Power and Representation*. London: Sage).
서기재. 2002. "高濱虛子의 『朝鮮』 연구―「여행안내서」로서의 의의", 『일본어문학』 16: 63-82.
서지영. 2009. "표상, 젠더, 식민주의: 제국 남성이 본 조선 기생", 『아시아여성연구』 48(2): 65-96.
소자, 에드워드. 1997(1993). 『공간과 비판사회이론』, 이무용 외 역, 서울: 시각과 언어 (Soja, E. W. 1989. *Postmodern Geographies: The Reassertion of Space in Critical Social Theory*. New York: Verso).
야마시다 영애. 1992. "한국 근대 공창제도 실시에 관한 연구", 이화여자대학교 여성학과 석사학위논문(미간행).
유발 데이비스, 니라. 2011. 『젠더와 민족: 정체성의 정치에서 횡단의 정치로』. 박혜란 역. 서울: 그린비 (Yubal-Davis, N. 1997. *Gender & Nation*. London: SAGE).
유정미. 2001. "국가주도 발전에 참여한 여성들의 경험에 관한 연구: 새마을 부녀지도자들의 사례를 중심으로", 이화여자대학교 여성학과 석사학위논문(미간행).
윤상우. 2006. "한국 발전국가의 형성·변동과 세계체제적 조건, 1960-1990", 『경제와 사회』 72: 69-94.
이나영. 2007. "금지주의와 국가규제 성매매 제도의 착종에 관한 연구: 남한의 미군정기 성매매 정책을 중심으로", 『사회와 역사』 75: 39-76.
_____. 2008. "탈식민주의 페미니스트 읽기: 기지촌 성매매여성과 성별화된 민족주의, 재현의 정치학", 『한국 여성학』 24(3): 77-109.
_____. 2010. "일본군 '위안부' 운동: 포스트/식민국가의 역사적 현재성", 『아세아연구』 53(3): 41-78.
이대근. 2006. "한일회담과 외향적 경제개발: 한·미·일 3각 무역시스템의 성립", 김용서·좌승희·이대근·유석춘·이춘근 지음. 『박정희 시대의 재조명』. 서울: 전통과 현대.
이월계·송운강. 2011. "한국 관광학 연구의 동향: 관광관련학과 학위논문을 중심으로", 『관광·레저연구』 23(7): 5-23.
이진옥. 2012. "사회적 재생산을 통해 본 발전국가의 재해석", 『여성학연구』 22(1): 73-101.
이현숙. 1992. 『한국교회여성연합회 25년사』. 서울: 한국교회여성연합회.
인로, 신시아. 2011. 『바나나, 해변 그리고 군사기지: 여성주의 국제정치 들여다보기』, 권인숙 역, 서울: 청년사(Enloe, C. 2000(1989). *Bananas, Beaches and Bases: Making Feminist Sense of International Politics*. Berkeley: University of California Press).
인태정. 2006. "한국 근대 국민관광의 형성과정: 박정희 정부 시기의 국가정책을 중심으로", 『한국민족문화』 28: 355-374.
_____. 2007. 『관광의 사회학』, 서울: 한울아카데미.
장필화·조형. 1990. "국회 속기록에 나타난 여성정책시간: A. 매매춘에 대하여", 『여성학논집』 7: 83-100.
정일준. 2009. "한미관계의 역사사회학: 국제관계, 국가정체성, 국가프로젝트", 『사회와 역사』 84: 217-261.
조수현. 2010. "대외자원동원의 국제적 맥락과 국가의 전략적 선택: 1960년대 국내외 국가기록물 분석을 중심으로", 『사회과학연구논총』: 103-137.
조희연. 1997. "동아시아 성장론의 검토: 발전국가론을 중심으로", 『경제와 사회』 36: 46-76.
_____. 2007. 『박정희와 개발독재시대: 5·16에서 10·26까지』, 서울: 역사비평사.

_____. 2010. 『동원된 근대화: 박정희 개발동원체제의 정치사회적 이중성』, 서울: 후마니타스.
최희식. 2011. "한미일 협력체제 제도화 과정 연구: 1969년 한미일 역할분담의 명확화를 중심으로", 『한국정치학회보』 4(1): 289-309.
코넬, R. W. 2013. 『남성성들』, 안상욱·현민 역, 서울: 이매진(Connell, R. W. 2005. *Masculinities*(second edition). Berkely: University of California Press).
케네디, 발레리. 2011. 『오리엔탈리즘과 에드워드 사이드』, 김상률 역, 서울: 갈무리(Kennedy, V. 2000. *Edward Said: A Critical Introduction*. Cambridge: Polity Press).
태혜숙. 2001. 『탈식민주의 페미니즘』, 서울: 여이연.
한국관광공사. 1987. 『관광공사 25년사』, 한국관광공사.
한국관광협회중앙회. 2006. 『한국관광협회중앙회 45년사』, 한국관광협회중앙회.
한국교회여성연합회. 1983. "기생관광- 전국 4개 지역 실태조사 보고서"(미간행).
_____. 1988. "반기생관광 국제세미나 프로젝트-여성과 관광문화"(미간행).
한국여행신문사. 1999. 『한국관광 50년 비사』, 한국여행신문사.
허성우. 2011. "포스트발전국가의 여성주의적 개입", 『한국여성학』 27(1): 117-154.

Aitchison, C., N. E MacLeod and S. J. Shaw. 2000. *Leisure and Tourism Landscapes: Social and Cultural Geographies*. London and New York: Routledge.
Hall, C. M. 1994. "Gender and Economic Interest in Tourism Prostitution: The Nature, Development and Implications of Sex Tourism in South-east Asia". Kinnaird, V. and D. Hall(eds.). *Tourism: A Gender Analysis*. Chichester: John Wiley& Sons Ltd.
_____. 1996. "Gender and Economic Interests in Tourism Prostitution: The Nature, Development and Implications of Sex Tourism in Southeast Asia". Apostolopoulos, Y., S. Leivadi and A. Yiannakis(eds.). *The Sociology of Tourism: Theoretical and Empirical Investigations*. Oxford: Routledge.
Jacobs, J. 2010. *Sex, Tourism and the Postcolonial Encounter*. London: Ashgate Publishing Ltd.
Kibicho, W. 2009. *Sex Tourism in Africa: Kenya's Booming Industry*. London: Ashgate Publishing Ltd.
Kinnaird, V. and D. Hall. 1994. *Tourism: A Gender Analysis*. Chichester: John Wiley& Sons Ltd.
Lee, W. 1991. "Prostitution and Tourism in South-East Asia." Redclift, N., and M. T. Sinclair(eds.). *Working Women: International Perspectives on Labour and Gender Ideology*. London and New York: Routledge.
Leheny, D. 1995. "A Political Economy of Asian Sex Tourism". *Annals of Tourism Research* 22(2): 367-384.
Lie, J. 1995. "The Transformation of Sexual Work in 20th Century Korea". *Gender&Society* 9(3): 310-327.
Muroi, H. and N. Sasaki. 1997. "Tourism and Prostitution in Japan". Sinclair, M. T.(eds.). *Gender, Work and Tourism*. London and New York: Routledge.
Pritchard, A. and N. J Morgan. 2000. "Privileging The Male Gaze: Gendered Tourism Landscapes". *Annals of Tourism Research* 27(4): 884-905.

Sinclair, M. T. 1997. "Issues and Theories of Gender and Work in Tourism". Sinclair, M. T.(eds.). *Gender, Work and Tourism.* London and New York.: Routledge.

Swain, M. B. 1995. "Gender in Tourism". *Annals of Tourism Research* 22(2): 247-266.

Wearing, S., D. Stevenson and T. Young. 2010. *Tourist Culture: Identity, Place and the Traveller.* London: Sage.

Wenk, S. 2000. "Gendered Representations of The Nation's Past and Future". Blom, I., K. Hagemann, and C. M. Hall(eds.). *Gendered Nations: Nationalism and Gender Order in the Long Nineteenth Century.* Oxford and New York: Berg.

Williams, S. 2009. *Tourism Geography: A New Synthesis(second edition).* New York: Routledge.

Yayori, M. and L. Sharnoff. 1977. "Sexual Slavery in Korea". *Frontiers: A Journal of Women Studies* 3(1): 22-30.

* 1차 자료

국가법령정보센터 http://www.law.go.kr

국회법률도서관 http://law.nanet.go.kr

세계관광기구(UNWTO) http://unwto.org

네이버 뉴스라이브러리 http://newslibrary.naver.com

교통부. 1973. "제86회 제2차 교통체신위원회 회의록, 2. 교통부(본부 및 국제관광공사) 소관업무현황보고" (1973. 5. 30)(미간행).

교통부. 1980. 『1980년도 관광동향에 관한 연차보고서』(미간행).

선데이 서울(236호). 1973. 4. 22. 서울신문.

경향신문(1972. 10. 4). "외국 관광객 상대 말썽 빚은 "접객등록증"". (2015년 8월 10일 검색)

경향신문(1973. 5. 2). "관광한국의 이미지 부각을 위하여". (2015년 8월 10일 검색)

경향신문(1976. 8. 14). "언젠가는 우리를 앞지를 나라, 일 고교 수학여행단 눈에 비친 한국의 모습". (2015년 8월 10일 검색)

노컷뉴스(2015. 8. 27). "필리핀 황제관광, 아빠 소리 들으며 일탈 즐겨". (2015년 8월 29일 검색)

부산일보(2015. 8. 26). ""황제로 모십니다" 필리핀 원정 성매매 207명 적발". (2015년 8월 29일 검색)

동아일보(1972. 4. 10). "스케치". (2015년 8월 10일 검색)

동아일보(1973. 5. 16). "일인관광 「폭주」 그 실태와 수용 대비책". (2015년 8월 10일 검색)

동아일보(1973. 7. 13). "일본인 관광, 한국의 실상". (2015년 8월 10일 검색)

동아일보(1976. 12. 15). "고맙지만 서운한 일인의 속단". (2015년 8월 10일 검색)

동아일보(1981. 11. 19). "관광요정 등 4업종 등록제 폐지". (2015년 8월 10일 검색)

조선일보(1962. 3. 29). "창녀상대 성불구 검증 시비, 색다른 소송이 던진 또 하나의 파문, 공창 제도 시인하는 모순, "사법 폭행"이라는 소리도". (2015년 8월 10일 검색)

제10장 여성노인의 생애사를 통해 본 가정폭력과 빈곤 속 생존*

박언주

1. 문제제기 및 연구의 필요성

가정폭력의 후유증은 깊고 커서 아주 오랜 시간이 흘러도 극복하기 어려운 다양한 과제를 남긴다(Brown, 2009). 이러한 과제가 무엇인지 밝히고 가정폭력 생존자들을 지원하기 위한 방안을 만들어 나가는 것은 아직도 연구자 및 정책수행자들이 관심을 기울여야 할 영역으로 남아있다. 가정폭력피해여성이 폭력경험으로 인해 당면하는 문제들을 이해하고 보다 종합적으로 피해여성들을 지원하기 위해서는 가정폭력의 장기적인 영향에 대한 심층적인 이해가 필요하다.

기존의 가정폭력피해여성에 대한 연구들은 주로 쉼터에 거주 중이거나 쉼터를 퇴소한지 오랜 시간이 지나지 않은 피해여성들을 중심으로 이루어져왔다. 이러한 쉼터샘플에 근거한 연구들은 특정 시점을 중심으로 피해여성의 경험을 드러내는 것에는 효과적이나 가정폭력이 여성들의 삶에 미치는 장기적 영향에 대한 맥락적 이해를 제공하기는 어렵다. 가정폭력피해여성에 대한 접근성이 낮다는 점을 고려한다면, 이는 가정폭력 연구영역의 극복하기 어려운 한계라고 할 수 있을 것이다. 가정폭력방지 및 피해자보호 등에 관한 법률에 의해 여성가족부가 3년에 한 번 실시하는 가정폭력실태조사는, 쉼터샘플이라는 한계는 극복하고 있지만, 조사 시점을 중심으로 지난 1년 간의 경험에 대해서만 조사하고 있고 종단적

---

* 이 글은 『한국여성학』 제31권 2호(한국여성학회, 2015)에 실린 글이다. 구술자 장영란님께 감사드린다.

연구로 설계되지 않아 피해여성의 경험을 중심으로 가정폭력의 장기적 영향을 이해하는데 한계가 있다.

가정폭력은 피해여성의 개인적 차원에서 설명될 수 없는 사회구조적 차원을 가지고 있어서 개인적인 문제와 더불어 사회지지체계의 감소, 빈곤 등이 동시에 일어나므로, 가정폭력피해여성의 경험에 대한 다각적이고 입체적인 접근이 요구된다(이희연·박태정, 2010). 그러나 여성의 삶 속에서 가정폭력과 빈곤이 함께 어우러져 어떻게 서로의 효과를 강화하는지 그 궤적을 논한 연구는 제한적으로만 존재하며, 가정폭력과 빈곤이 교차하는 지점은 집중적인 연구대상이 되지 못했다(Goodman, Smyth, Borges, and Singer, 2009). 가정폭력은 계층과 무관하게 나타나는 범계층적인 페미니스트 이슈로 주목받았고, 이러한 역사적 전통은 가정폭력과 빈곤이라는 이슈를 분리시켰다는 평가를 받고 있다. 가정폭력 진영에서는 가정폭력이 피해여성의 경제적 지위에 영향을 미치는 장·단기적인 부정적 효과에 대해 충분히 강조하지 않았고, 빈곤 진영에서는 가정폭력을 핵심적인 이슈로 부각하지 않고 있다(Goodman, et al., 2009). 가정폭력피해여성의 자립에 대한 연구조차도 연구 참여자들이 경험하는 빈곤에 대해 집중적으로 논하지는 않고 있고(류은주, 2009), 빈곤 여성노인의 생애사 연구에 연구 참여자의 가정폭력 경험이 언급되기도 하지만 가정폭력의 복잡한 유지기제와 빈곤형성 및 빈곤의 유지기제를 함께 분석하지 못하고 있다(이희연, 2011). 미국의 경우 복지삭감 및 노동복지연계라는 복지제도의 변화기에 가정폭력피해여성의 특수성이 부각되면서 가정폭력과 빈곤이라는 주제가 동시에 주목을 받기 시작했다. 가정폭력피해여성은 폭력의 영향으로 노동을 지속하기가 어려워 노동복지연계라는 복지수혜의 기본원칙을 충족하지 못하는 문제가 발생하였고, 이는 가정폭력피해여성을 폭력과 빈곤에 더욱 취약하게 만들었다.[1] 복지수혜를 받고 있는 가정폭력피해여성을 주로 연구한 Raphael(1997)은 실태조사를 통하여 복지수혜를 받는 여성들의 60%가 가정폭력피해자라고 보고함으로써 가정폭력과 여성의 빈곤이 상호연관되어 있음을 강조하고 있다.

---

[1] 결국, Family Violence Option을 두어 가정폭력피해여성의 특수성을 반영하도록 하였다. Family Violence Option에 대한 자세한 내용은 Raphael(2000) 등을 참조.

폭력과 빈곤은 가부장제 사회에서 여성을 억압하는 주요한 기제이자 결과이기도 하므로, 빈곤과 가정폭력이 여성의 삶 속에서 어떻게 교차하는지에 대한 연구의 필요성이 제기된다. 또한 여성의 전 생애에 걸친 삶의 경험을 폭력과 빈곤의 상호작용과 그 영향을 중심으로 재조명하고, 빈곤과 가정폭력의 교차점에서 피해여성은 어떻게 보다 나은 삶을 지향하며 살아 왔는지에 대한 심층적인 이해가 요구된다.

이러한 맥락에서 본 연구는 폭력과 빈곤의 복잡한 상호관계에 관심을 갖고, 가정폭력을 경험한 빈곤 여성노인의 구술생애사를 분석하고자 한다. 이를 통해 피해여성의 삶에서 어떻게 빈곤과 가정폭력이 서로의 부정적인 영향을 확장하는지 살피고, 그 속에서 구술자가 어떻게 생존해 왔는지 분석할 것이다. 본 연구의 연구문제는 다음과 같다. 가정폭력피해여성의 전 생애에 걸친 삶을 통해 폭력과 빈곤은 어떻게 상호작용하며 서로의 영향을 확장하는가? 그 함의는 무엇인가?

2. 가정폭력·빈곤·여성노인

가정폭력과 빈곤에 관한 기존 연구들은 빈곤이 가정폭력의 발생 및 유지와 긴밀하게 연관되어 있음을 보여준다(Humphreys, 2007; Raphael, 2003). 쉼터를 퇴소하는 가정폭력피해여성들에 대한 Bybee와 Sullivan(2002)의 연구에 따르면, 경제적 자원 및 수입이 가장 낮은 피해여성 집단이 다른 집단보다 재폭력을 경험할 가능성이 더 높은 것으로 나타났다. 미국의 전국조사는 여성의 고용 불안정과 경제적 궁핍이 재폭력의 가능성을 높인다는 사실을 보고하고 있다(Benson and Fox, 2004). 이처럼 빈곤이 탈폭력의 가능성을 제한하는 이유는 빈곤한 여성일수록 가해자 이외의 다른 자원이 부재할 가능성이 높고, 사회적 지원체계가 제한적이기 때문인 것으로 이해된다(Goodman, et al., 2009).

가정폭력 역시 여성의 빈곤에 큰 영향을 미친다. 가정폭력은 여성을 빈곤에 진입하게 하거나, 빈곤에서 벗어나지 못하게 하고, 빈곤이 유지되는데 기여한다. 가정폭력은 여성의 구직 및 고용유지를 방해하여 여성을 빈곤하게 만들며, 가정폭력 가해자는 폭력의 일환으로 여성의 고용을 불안정하게 하는 다양한 폭력전략을 구사하기도 한다. 미국 일리노이주 여성을 대상으로 한 종단연구에서 1차 조사 당시 가정폭력 경험이 있었던 여성들의 고용안정성은 2년 후에 감소한 것으로 나타났다(Staggs, Long, Mason, Krishnan, and Riger, 2007). 뿐만 아니라 가해자는 직접적으로 여성의 직업적 능력을 파괴하고, 여성이 고용되어 있는 일터에서 피해여성을 학대하고, 교통편이나 자녀의 보육에 문제를 일으키고, 중요한 면접이나 미팅이 계획되어 있는 전날 밤 신체적 폭력을 행사하여 상해를 입히는 등 여성이 지속적으로 고용상태를 유지하기 어려운 조건들을 만든다(Brush, 2011; Moe and Bell, 2004; Raphael, 2000). 이렇게 가해자는 대체로 여성의 교육, 직업훈련 및 활동, 그리고 고용을 제한하는데, 이는 여성의 직업 활동 중단이라는 결과를 가져오는 결정적 계기가 되기도 한다. 가해자들의 고용방해가 항상 성공하지는 않더라도 피해여성에 대한 통제를 통하여 여성의 신체 및 정신 건강문제를 악화시켜 이후 고용상태에 영향을 미칠 수 있다(정혜숙, 2013: 248; Goodman, et al., 2009).

빈곤 여성은 쉽게 해고될 수 있는 비전문적인 일에 종사할 가능성이 크다고 할 수 있는데, 사회적 차원의 보호체계가 부재한 상황에서 이러한 가해자의 폭력전략은 여성의 불안정한 고용상태를 더욱 불안정하게 하여 효과적으로 피해여성을 통제하는 기제가 된다(Raphael, 2000). Adams et al.(2013)의 연구에 의하면, 직업적 안정성은 가정폭력의 장기적인 부정적인 영향과 피해여성의 경제적 안녕(well-being)을 부분적으로 매개한다. 가정폭력은 피해여성의 경제적 안녕에 부정적인 영향을 미치지만, 직업적 안정성 확보를 지원함으로써 가정폭력 피해여성의 경제적 안녕에 긍정적 효과를 낳을 수 있다는 것이다. 그러나 탈폭력 가정폭력피해여성이 직업적 안정성을 확보하는 것은 폭력경험이 없는 여성의 경우보다 더욱 어렵다. 가정폭력피해여성의 특수성 때문에 이들이 선호하는 일자리는 신변안전보장이 되며, 직업 훈련 과정에서 자부담이 없고, 가해자로부터 벗어나 새로운 네트워크를 구성할 수 있고, 자녀 보육을 병행할 수 있어야 한다는 조건을 만족해야 한다(정재훈·장수정, 2013). 이는 가정폭력피해여성이 4대보험이 적용되는 안정된 일자리에 진입할 가능성을 낮추고, 직업적 안정성을 확보하기 어렵게 한다.

경제적 폭력 역시 가정폭력피해여성의 빈곤을 보다 직접적으로 야기한다. 2013년 전국가정폭력실태조사에 따르면 경제적 폭력의 발생 빈도는 5.3%로 비교적 낮게 나타났지만, 경제적 폭력을 '생활비를 주지 않았다', '동의 없이 재산을 임의로 처분하였다', '수입과 지출을 독점하였다'의 문항에 대해서만 측정하여, 매우 제한된 정보를 제공하는 데에 그치고 있다. Sanders(2015)의 연구에 따르면 가정폭력피해여성이 인식하는 경제적 폭력은 재정적 통제 및 경제적 자원에 대한 접근 제한뿐만 아니라, 경제적 의존으로 인한 머무름/떠남, 언어적·신체적·성적 폭력을 유발하는 경제적 이슈, 고용이나 교육에 대한 영향, 빚이나 신용에 대한 영향, 빈곤으로 전락, 경제적 폭력의 후유증 다루기, 재정적 전략으로 범주화되며, 경제적 폭력은 가정폭력의 주요한 차원 중 하나로 주목되고 있다. 이러한 연구결과는 위 가정폭력실태조사에서 나타난 우리 사회의 경제적 폭력의 발생 여부 및 그 영향력이 상당히 낮게 측정되었을 가능성을 시사하는 것으로, 확장된 경제적 폭력 개념을 바탕으로 가정폭력피해여성의 빈곤과 경제적 폭력과의 관계에 대한 심층적인 분석이 진행되어야 함을 보여준다.

또한 가해자와의 관계해체 이외에는 탈폭력할 길이 없는 우리사회의 현실을 감안한다면, 가해자와의 관계해체 전·후 피해여성의 경제적 지위의 변화에 주목할 필요가 있다. 일반적으로 여성가구주가 당면한 문제는 빈곤 및 저소득뿐만 아니라 주거와 고용의 불안정, 사회적 고립감이나 지지체계의 부족, 자녀양육의 어려움 등에 이르기까지 다양하다(성정현·송다영, 2006; 정미숙, 2007). 여성가구주에 대한 종단연구를 수행한 노혜진과 김교성(2008)의 연구에 따르면, 소득, 주거, 고용 등의 사회구조적 요인으로 인하여 결혼해체 이후 여성가구주가 경험하는 사회적 배제 수준은 지속적으로 증가하고 있다. 결혼해체를 경험한 여성들은 해체 당해 연도부터 빈곤위험에 노출될 가능성이 매우 높고, 결혼해체 이후 취업한 여성가구주는 취업상태를 다음 연도까지 지속하지 못하고 노동시장에서 탈락하는 것으로 나타났다(노혜진·김교성, 2008). 이는 가해자와의 관계해체를 통해 탈폭력에 성공한 가정폭력피해여성일지라도 여성가구주의 빈곤을 초래하는 노동시장 구조로 인해 결혼해체 이후 빈곤 여성가구주로 전락할 위험이 높음을 보여준다.

가정폭력의 여성빈곤전략은 이미 구조화되어 있는 사회적 차원의 여성배제 구조로 인하여 더욱 여성의 삶을 통제하는 힘을 얻는다. 가부장제 사회에서 여성은 성차별적 노동시장으로부터의 배제를 포함한 다차원적 영역에서 중층적이고 누적적인 사회적 배제를 경험하며(정미숙, 2007), 가정폭력은 여성을 둘러싼 기존의 사회적 배제를 더욱 악화시킬 수 있는 동인으로 작용한다(이희연·박태정, 2010). 가정폭력은 피해여성의 경제·사회·문화적 관계망 및 지지체계를 서서히 약화 혹은 단절시켜, 가정폭력피해여성이 전 생애를 통한 극도의 사회적 배제를 경험하게 한다(이희연·박태정, 2010).

한편 여성노인의 빈곤 원인과 관련하여 기존의 연구들은 빈곤을 노년기 이전부터 지속되어 온 삶의 누적적 결과로 보거나, 노년기의 특정 생애사건으로 인한 결과로 보아왔다(장미혜, 2013). 여성노인의 빈곤이 삶의 누적된 결과인지 특정 사건에서 비롯된 것인지를 보다 맥락적으로 이해하기 위해서는 여성의 전 생애에 걸친 삶의 경험이 전반적으로 고려될 필요가 있다. 최희경(2005)은 노년기 여성의 빈곤이 노년기 이전·이후의 경제적 지위와의 연속선상에서 파악되어야 하며, 따라서 생애사건들도 함께 고려할 것을 제안한다. 빈곤 여성노인의 삶의 경험에 대해 연구한 질적연구에서도 여성노인의 빈곤은 전 생애에 걸쳐 유지·강화되는 생애 지속적 속성이 있다고 보고된다(박미정, 2014). 그 외에 김성숙(2012)은 건강상태와 취업여부가 노인 여성 단독가구주의 빈곤여부를 결정하는 요인임을 발견하였고, 이희연(2011)은 여성가구주의 빈곤이 개인의 특성에서 기인하기보다는 가부장제적 가족구조와 소득불평등 구조에서 기인한 산물이라 논하고 있다. 나아가 장미혜(2013)는 여성노인의 빈곤이 단순한 개인의 생애주기 속에서 일어난 사건뿐만 아니라 배우자의 사망, 손자녀에 대한 부양과 자식의 돌봄과 자원의 결여와 같이 가족 간의 관계와 세대를 걸쳐서 진행되는 일련의 사건의 연속적 결과라는 점을 강조한다. 이러한 기존의 논의들은 어떠한 전환과 적응의 과정을 거쳐 현재의 빈곤한 삶의 결과가 도출되었는지를 여성의 생애에 걸쳐 분석할 때, 여성의 빈곤에 대한 보다 맥락적인 이해가 가능할 수 있음을 보여준다. 이는 동시에 사회 구조 및 조건에 영향 받는 수동적인 존재로서 피해여성을 위치시키는 것을 넘어서 여성들의 행위성에 주목할 수 있게 한다.

이러한 맥락에서 본 연구는 가정폭력피해여성의 빈곤에 영향을 미치는 가정폭력의 장기적 영향을 여성의 구술생애사 사례를 통하여 살펴보고자 한다. 피해여성의 생애적 맥락에서 어떻게 빈곤과 가정폭력이 서로 부정적인 영향을 확장하면서 상호작용하는지를 밝히고, 그 속에서 구술자가 어떠한 삶의 전략과 행위성을 발휘하면서 적응해 왔는지 분석할 것이다. 결론에서는 본 연구의 함의를 제시하고, 향후 탈폭력 가정폭력피해여성의 삶의 질을 높이기 위한 방안을 제안하고자 한다.

3. 자료수집 및 자료분석: 구술생애사 연구

연구에 참여할 구술자를 모집하기 위하여 지역사회 노인종합복지관을 경유하였다. 구술자는 지역사회에서 고독사위험군으로 분류되어 해당 지역사회 노인복지관에서 시범적으로 실시한 독거노인 친구 만들기 사업에 참여했던 여성노인 중 한 분이다. 노인복지관의 관장을 통해 연구의 취지를 설명하고, 독거노인 친구 만들기 사업을 추진하였던 담당자를 통해 연구에 참여할 의사가 있는 여성노인들을 소개받았다. 예비 구술자 중 가정폭력경험이 있는 한 분을 본 연구의 연구 참여자로 선정하였다.

자료수집을 위하여 본 연구의 연구 참여자인 구술자 장영란(가명)과 2015년 1월과 2월에 총 3회에 걸쳐 각각 약 2시간 30분씩 총 7시간 16분 동안 생애사 인터뷰를 진행하였다. 인터뷰는 구술자의 선호에 따라 3회 모두 연구자의 연구실에서 이루어졌다. 슛제(Schutze)의 이야기식 인터뷰(이효선, 2005: 153-199) 방법에 따라 구술자에게 살아온 이야기를 떠오르는 대로 자유롭게 구술해 줄 것을 요청하였고, 삶 전반에 걸친 구술자 중심의 자유로운 1차 구술이 끝난 이후에 구술된 내용의 명료화 및 내용 간의 관계에 대한 이해, 추가적인 정보의 확보 등을 위한 추가적인 질문을 하는 형태로 후속 인터뷰를 진행하였다. 개방적 인터뷰 지향 및 면담자 최소한의 개입 원칙은 구술생애사 연구에서 일반적으로 제안하는 인터뷰 방식이다(윤택림, 2013). 1차 인터뷰에서의 장영란 구술자의 설명단계 구술은 다른 구술자의 경우보다 짧게 마무리 되었다. 이후 질문단계에서 설명단계의 구술에 대한 추가 질문을 하였다. 인터뷰 내용은 구술자의 사전동의 하에 모두 녹음하였고, 전사하여 녹취록을 작성하였다. 녹취록에는 구술자의 실명 등 구술자를 식별할 수 있는 제반 사항들이 포함되지 않도록 하여 익명성이 보장되도록 하였다.

구술생애사는 "한 개인이 태어나서 현재까지 살아오면서 한 경험을 불러내어 서술하는 것"을 말한다(윤택림, 2004). 구술사란 "사람들의 기억이 구술을 통해 역사적 자료로서 지위를 부여받는 것"이며(김귀옥, 2006: 316), 생애사는 개인의 삶의 이야기를 통해 사회적 조건을 탐색하는 방법으로 개인의 삶의 이야기가 담고 있는 의미를 구술자의 삶의 경험에 초점을 두면서 사회적 조건의 맥락에 위치지어 해석하는 것이다.

구술생애사 방법은 구술자의 관점에서 가정폭력 경험과 빈곤의 경험을 드러내고, 구술자의 총체로서의 삶 속에서 생애 전반에 걸쳐 어떻게 가정폭력과 빈곤이 교차하면서 구술자의 삶을 구성해왔는지 접근할 수 있는 공간을 제공해준다는 점에서, 가정폭력과 빈곤 속에서 생존한 여성의 생애 경험을 통하여 가정폭력과 빈곤의 상호교차성과 그 강화 방식을 보여주고자 하는 본 연구의 목적에 가장 적합한 연구 방법이라 할 수 있다.

이에 본 연구는 생애사에 대한 구술자료를 전사한 녹취록을 토대로 생애에 걸친 빈곤과 가정폭력을 경험한 구술자 장영란의 삶의 실천과 경험을 분석하였다. 서사적 단위를 중심으로 진행된 이야기된 생애사에 시간성을 부여하여 주제와 시간이 직조된 연속적 구조를 갖는 체험된 생애사로 구술된 생애사를 재구성하여 분석을 위해 활용하였다(Rosenthal, 1993·2006; 양영자, 2013; 이희영, 2005).

4. 구술자 장영란의 생애이야기

장영란은 1935년 강원도 영월에서 십일 남매 중 막내로 출생하였다. 1953년 한국전쟁 직후에 고향에서 멀리 떨어진 경상북도 선산의 시집으로 내려가 중매혼으로 결혼했다. 군 복무 중이던 남편은 결혼 직후 군대로 복귀했고, 이후 수년간 남편이 부재하는 가운데 이웃의 농사일을 거들며 시집의 생계부양자 역할을

<표 10-1> 구술자 장영란의 생애 사건 연보[2]

연도	연령	생애 사건
1935	1	영월에서 11남매 중 막내로 출생. 한국전쟁 시 폭격 맞고 빈곤한 생활.
1953 (1950)	19 (16)	속아서 결혼함. 농사지을 땅 없고, 식구 많은 시집. 남편은 군복무로 부재. 가족의 생계를 위해 농사일을 배움.
1956 (1953)	21 (19)	친정의 지원으로 시가의 가계를 일으킴. 첫 자녀 출산하였으나 곧 사망. 큰 딸 출산.
1958	24	시아버지의 도박으로 인한 재산탕진. 남편의 술주정 및 폭력. 아들 및 둘째, 셋째, 넷째 딸 출산. 친정어머니 사망. 폭력을 피해 집을 나왔다 들어가기를 반복. 자살생각.
1971	37	폭력으로 아들 사산. 가해자를 떠남. 정신병원 입원치료. 소개소를 통하여 일자리를 구함. 가해자의 폭력을 피해 추풍령, 영동, 청주, 이천으로 옮겨 다니며 식당일. 이천에서 전업사 영감과 교제 및 관계 종결.
1995	61	신내림을 받고 신을 모심. 경제적 빈곤이 완화됨.
2004	70	남편이 찾아와 모든 것을 부숴버려 신이 떠남. 강릉에서 웅촌으로 옮겨 다니며 식당일. 막내딸의 요구로 부산에서 남편과 동거. 남편의 외도 및 폭력.
2007	73	양평으로 피신하여 공공근로 시작. 자녀들의 요구로 다시 부산에서 남편 간병. 남편의 폭력. 자녀들이 남편을 시설에 수용.
2014	80	이혼. 폭력으로부터 자유로워짐. 기초연금 및 공공근로로 생계대책을 세움. 자녀와 분리된 독립적인 삶 계획.

하였다. 남편이 가족으로 복귀한 후 1960년대에 남편으로부터 극심한 신체적·성적 폭력을 경험했다. 1970년대 초반에 장영란은 시집을 떠났다. 직업소개소를 통해 일자리를 알선 받았고, 식모로 생계노동을 하였다. 이후 남편이 계속 찾아와 폭력을 행사하는 바람에 폭력을 피해 이주한 지역이 거의 열 곳에 이른다. 1995년부터 2004년까지 신내림을 받아 신을 모셨는데, 자녀에게도 소재를 알리지 않아

---

[2] 연도와 연령은 구술자의 이야기를 토대로 추정한 수치이다. 구술자의 이야기, 특히 20세 이전의 어린 시절의 이야기, 속에서 연도와 연령은 때때로 불일치를 보인다. 예를 들어, 장영란은 16세에 결혼을 했다고 했는데, 출생년도를 기준으로 환산하면 1950년이 된다. 그러나 구술자는 한국전쟁 이후에 결혼한 것으로 이야기하고 있어서 1950년에 결혼한 것은 아니다. 장영란은 사회적 사건과의 연관성 속에서 생애 이야기를 엮어가지 않았는데, 이 점을 감안한다면 연도의 수치는 정확한 시점의 표현이라기보다는 사건의 전후관계를 표현하기 위한 것으로 이해된다.

폭력으로부터 안전하게 보낸 시기이며 동시에 주변을 돌볼 수 있을 정도로 경제적 형편이 나아졌던 시기이기도 하다. 2004년 일흔의 나이에 가해자 남편에 의해 다시금 생활터전을 잃은 장영란은 이천을 떠나 강국 등지에서 식당일로 생계를 유지했다. 이후 다시 남편의 폭력을 피해 양평으로 이주하였고, 2007년 처음으로 공공근로를 시작했다. 자녀들이 남편을 시설에 수용한 뒤, 장영란은 2014년 가해자와 법적으로 이혼하였다. 현재 기초연금 및 공공근로로 생계를 유지하면서 자녀들에게 사는 곳을 알리지 않고 거리를 둔 채 혼자 생활하고 있다.

장영란의 생애를 전반적인 사회적 변화 속에서 맥락화하기 위하여, 1930년대 초중반에 출생한 여성들의 특수한 경험들 속에서 장영란의 생애를 이해할 필요가 있다. 장영란은 한국전쟁 시기 및 전쟁 직후에 결혼한 여성 집단에 속한다. 한국전쟁 시기 혹은 전후의 결혼은 전쟁으로 인한 빈곤에 대처하는 가족 전략이라는 특징을 가지며(안태윤, 2007), 이는 빈곤을 탈피하기 위해 결혼한 장영란의 결혼동기에서도 나타나고 있다. 이들은 결혼 후 남편의 군복무로 인해 결혼초기에 남편의 부재를 경험한 세대이기도 하다. 장영란의 경우도 결혼한 지 열흘 만에 남편의 부재를 경험했다.

이들의 생애 맥락의 분석에는 전쟁으로 인한 교육중단 및 경력단절 경험의 여부가 중요하게 고려되어야 한다. 같은 시기에 출생하였으나 한국전쟁 시기에 사범학교에 진학하여 졸업 후 교사가 되었던 1933년 개성 출생 여성의 삶의 경험이나(윤택림, 2013), 고등교육을 받은 후 평생 전문직종에 종사한 1935-1945년 코호트 여성 노인들의 경험은(김은정, 2012) 장영란이 속한 여성 집단의 경험과는 다른 양상으로 나타난다. 장영란은 교육을 받지 못했고, 이는 이후 장영란의 노동시장에서의 지위에 영향을 미쳤다.

한국전쟁을 계기로 여성의 경제활동 참여는 증가하였고, 여성노동의 범주도 다양해졌다(이임하, 2003). 여전히 경제활동을 하는 여성 중 80%가량은 농어업에 종사하였지만, 노점, 행상, 다방, 요정, 미장원의 영세상업 및 서비스업 종사 비율이 증가하였고, 삯바느질, 세탁, 식모살이 등 가사노동이 연장된 형태의 일에 종사하기도 하였다. 장영란도 시집을 떠나는 1970년대 초반까지는 농업에 종사하였고, 이 시기 대다수의 여성들과 마찬가지로 가족의 생계를 부양하였다.

한편 1930년대 출생 여성들이 자녀를 출산·양육하는 모성수행의 시기인 1950-1960년대에는 한국적 어머니상이 구축되는 등 모성 담론이 강화되던 시기이다(김은경, 2011). 한국전쟁 이후의 가족해체 및 사회적 혼란 속에서 자식을 위해 희생하고 헌신하는 어머니상이 강조되었으며, 이러한 모성에 대한 강조는 개별 가족의 차원을 넘어 사회적 차원으로 확장되었다. 장영란의 생애구술에서 드러난 삶의 궤적 역시 이러한 모성강화 전략의 영향을 받았다.

1970년대 초반, 남편과 시집을 떠난 장영란은 도시의 비공식부문에서 생계노동을 시작한다. 김미숙(2006)에 따르면, 장영란이 도시로 이동한 1970년대에는 1960년대에 비해서 농림수산업에 종사하던 여성들이 대규모로(70.5%에서 58.8%로 감소) 도시지역의 비농업직 종사자로 이동하였다. 이들 중 미혼여성들은 노동집약적인 경공업의 공장노동자로 편입되었으며, 기혼여성은 대부분 가내부업 및 자영업 등 비공식부문에서 일하였다. 장영란은 '나이 많은' 기혼여성으로, 요정, 식당 등에서 일했다.

또한 1970년대 후반에 들어 근대적 성별역할분업에 기초한 핵가족 담론이 본격적으로 등장하면서(김수영, 2004), 현모양처이데올로기에 입각한 여성의 가족 내 돌봄 역할이 부각되기 시작한다. 현재까지도 지속되고 있는 핵가족 모델을 근간으로 하는 정상가족 신화는 남편의 폭력과 '쫓기는 삶'의 반복 및 어머니와 아내로서 돌봄 역할 수행을 요구하는 자녀들과의 관계 속에서 가족해체를 경험한 장영란의 삶에도 영향을 미쳤다.

5. 가정폭력과 빈곤 속에서의 생존

1) 결혼: 실패한 탈빈곤 전략

장영란의 가족은 한국전쟁 중에 폭격을 맞아 삶의 터전을 잃었고, 이후 한 곳에 정착하지 못하고 "아무 것도 없이" 살았다. 어머니 친구가 중매를 했고, 단 한 번의 만남 이후 남편은 적극적으로 결혼을 추진했다. 장영란은 당시 결혼의사가 없었으나, 친정 부모님은 시집이 "밥이나 먹는다고 하니까" 장영란을 결혼시켰다.

그러나 시가의 경제적 형편은 전혀 그렇지 못했다. 선을 보러 시집을 방문했던 아버지에게는 넓은 논과 들이 딸린 청기와집인 남편의 오촌 당숙집을 보였던 것이었고, 실상 시집은 "다 찌그러져 가는 흙담집"에 초가집이었다. 식구는 시동생, 시누이, 시부모, 조카까지 열다섯이었고, "개 돼지 같이" 한 방에서 생활하고 있었다. 장영란은 시집으로 와서 결혼하였는데, 당시 손님으로 방문했던 친정아버지가 시집의 실상을 알고 놀라 그 자리에서 쓰러져 삼 일간 거동을 못할 정도로 시집은 빈곤하였다. 한국전쟁으로 인한 빈곤에 대처하는 가족전략으로써 장영란의 결혼은 성공적이지 못했고, 장영란은 군대에서 장교로 복무했던 오빠가 있었던 친정에서보다 오히려 더 심각한 빈곤 속에 놓이게 되었다.

2) 생계부양자 역할의 수행과 폭력의 발생

장영란은 결혼 직후부터 남편이 부재한 상황에서 결혼생활을 하였다. 결혼 당시 군인이었던 남편은 시집에 장영란을 데려다 놓고 열흘 만에 군대에 복귀했다. 장영란은 "먹을 것이 없어 3년 동안 콩 이파리를 삶아 먹으며" 살았다고 초기 결혼생활을 묘사하였다. 결혼 전에 농사일의 경험이 없었던 장영란은 이웃에 나가 농사일을 배워 일을 거들면서 가족의 생계를 유지했고, 제대해서 돌아온 남편은 남의 집 머슴살이를 다녔다. 계속되는 궁핍한 생활 속에서 정규교육을 받지 못해 한글을 쓸 줄 몰랐던 장영란은 시누이의 도움을 받아 친정아버지에게 경제적인 도움을 요청하는 편지를 보냈다. 군복무 중 장교로 돌아가신 오빠가 있었기에 친정 부모님은 연금을 받아 저축해 둔 돈이 있었고, 그 돈을 장영란에게 보내주었다.

장영란은 친정에서 보내준 돈이 굉장히 큰 금액이었다고 구술하였다. 그 돈으로 일 년 먹을 식량을 사고, 암소를 열 마리 사서 재산을 일구었다. 새끼 밴 암소는 사자마자 새끼를 낳았다. 농사일이 있어도 소가 없어서 농사를 못 짓는 이웃에 소를 대여하기도 했다.

> 소를 가지고 재산을 일궈가지고 논도 사고, 밭도 사고, 밭도 많이, 오천 평 되는 거 막, 그 때는 없이 사니까 급해가지고 막 파는 사람이 많아요. 싸게 내 놓고 이래가지고 만

오천 평짜리 밭 사고, 또 논도 뭐야, 서너마지기씩 두 마지기씩 사서 모으다 보니까 나중에는 논이 그러니깐 새(4) 년 만에 논이 백오십(150)마지기가 늘었어요. 그래가지고 계속 소를 가지고 재산을 일궜지요. 그래가 그래 나중에는 얼마 안 되서 부자 부럽지 않으니까는 살게 되니까 동네 사람들이 "아유, 저 집에는 복덩어리 며느리가 들어와가(들어와서) 재산이 그냥 불꽃같이 인다." 카면서(하면서).

장영란은 이후 자신이 마련한 땅에서 열심히 농사를 지어 가족의 생계를 부양했다. 그러나 '부자 부럽지 않은' 시기는 오래가지 못했다. 시아버지가 재산을 "노름에 다 날려" 버린 것이다. 게다가 장영란은 재산을 일구는 과정에서 시어머니와 남편으로부터 부정적인 평가를 받았다. 시어머니는 "나이도 어린 게 똑똑한 척은 독판 한다."며 구박했고, "귀한 며느리 뚜르려(두들겨) 패면 시아버지 행색 고친다."는 핑계로 남편은 장영란을 구타했다. 시아버지가 재산을 탕진한 후 남편의 폭력은 점점 심각해졌다.

3) 생사를 넘나드는 가정폭력 경험: '가해자를 떠나다'

장영란은 결혼 후 생애 전반에 걸쳐 가해자로부터 극심한 신체적 폭력을 비롯한 다양한 유형의 가정폭력을 경험했다. 장영란의 남편은 이틀 혹은 사흘씩 집에 들어오지 않고 술을 마셨으며, 취해서 돌아오면 극심한 신체적 폭력을 행사했다. 때로는 맨손으로, 때로는 낫 등의 농기구를 사용하였고, 장영란이 정신을 잃을 때까지 멈추지 않았다. "혼이 나가가지고 죽어버리고 없"는 상태에 이르기까지 폭력은 계속되었고, 사흘이 멀다 하고 반복되었다. 극심한 폭력으로 장영란은 죽을 고비를 여러 번 넘겼다. 넷째 자녀 출산 후에는 자살생각도 여러 번 했다.

> 차라리 죽는 게 낫겠다 싶어가지고 애들은 어리고, 애들이 불쌍해서 우짜노(어쩌나) 카다가(하다가) 죽는다고 맘을 먹으니까 불쌍한 건 간 데도 없고, 고마 물에 낙동강 물에 뛰어들고 싶더라고.

장영란은 "굶는 것도 부잣집 밥 먹듯이 굶고, 뚜르려(두들겨) 맞는 것도 밥 먹듯이 맞고" 살아왔다. 남편은 장영란뿐만 아니라 아들도 "갈비뼈가 세대가 나가도록" 심하게 구타했다. 장영란은 남편의 성적 폭력에 저항할 수 없었는데 이것은 신체적 폭력을 피하기 위해서 어쩔 수 없었다고 구술했다. 성적 폭력은 원치 않는 임신으로 이어졌다. 장영란은 총 일곱 명의 자녀를 출산하였다. 두 자녀를 잃었는데, 그 중 한 자녀의 사인은 사산이었고, 사산의 원인은 남편의 폭력이었다고 한다.

> "몸 푼다고? 지까짓게 몸 풀어?" 이카면서(이러면서), 들어오면서 삼신을 올려놓은 거를(것을) 디립다(딥다) 차가지고 박살을 내놓더라고. 나중에 우예우예(어떻게, 어떻게) 해서 나왔는데 목이 걸려버렸어. 목이 걸려가지고 한참 그러고 있으니까. 막 나올 것 같애(같아), 맘에 이럴티만도(이럴더니) 나중에 한참 안 그러더라고. 그 애를 저녁 아홉시에 가서 낳았어. 나도 지칠 대로 지치고, 고마 애도 죽고.

지속적으로 임신 및 출산을 하고, 다섯 자녀를 둔 장영란은 생사를 넘나드는 폭력을 피할 길을 찾기 어려웠다. 수개월씩 집을 떠났으나 다시 돌아가기를 일곱 번 반복하였다. 한 번은 자녀를 동반했던 적도 있었는데, 일자리를 구하기 어려웠다. 겨우 가정집 식모로 들어갔으나 "식모의 딸이라고 얼마나 괄세(괄시)를 하고 추운데 밖에서 먹고롬(먹게)하고 유세를 떨고 또 애를 때리고" 하여 고통을 받았다. 자녀를 잘 기를 수 있는 환경을 제공하는 것도 어렵다는 것을 깨닫고 "맞아도 지(자기) 아버지한테 맞는 게 낫다" 싶어 이후에는 자녀를 데리고 집을 떠날 생각을 하지 못했다. 그러나 자녀를 사산한 것은 장영란에게 매우 깊은 충격이었고, 엄청난 공포감이었던 것으로 보인다. 장영란은 이후 모든 자녀를 뒤로하고 폭력을 피하기 위하여 "옷을 누덕누덕 진 거 입고 신발도 없이 맨발로, 발은 뒤꿈치는 피가 찔찔 나고, 유리에 베가지고 찔찔" 피가 나는 상태로 가해자가 살고 있는 집을 떠났다.

4) 탈폭력 시도와 어머니 역할 수행을 둘러싼 갈등

장영란은 폭력을 피해 남편을 떠난 것을 자녀를 버린 것으로 인식한다. 장영란은 자녀를 가까이서 돌보며 양육하는 것이 어머니의 역할이라는 점을 강하게 내면화 하고 있었다. 따라서 장영란은 스스로를 자녀를 버린 어머니로 정체화 하고 있었으며, 자녀에 대한 일차적인 돌봄 제공자로서의 어머니역할을 수행하지 못했다는 자책은 장영란이 자신을 설명하는 주된 이야기를 구성한다. 자녀에 대한 죄책감으로 장영란은 정신병원에 4개월 간 입원해 치료를 받는 등, 제 정신을 유지하기 어려울 만큼 힘든 시간을 보냈다.

> 그저 내가 미쳐가지고 애가 옆에서 뒤돌아보면 쳐다보고 남의 애도 끌어안고 내 새끼라고 하고 했다던데. 완전히 미쳤었어요. 그러고 밥도 안 먹고, 애 이름을 부르면서 그래 그 카면서(그러면서). 그렇다고 하니까 아줌마가 보다보다 못하니까 나를 정신병원에 입원을 시켰어요.

이러한 장영란의 인식은 자녀들의 인식과도 연관되어 있다. 장영란의 막내딸은 "우리 어린 거 떼어놓고 당신 혼자 살겠다고 뛰쳐나간" 사람이라고 서운한 마음을 표현한 적이 있다. 장영란은 스스로에 대해 자녀를 키워주지도 못한 죄인이라고 하면서 자녀가 자신을 원망하는 것이 당연하다고 생각한다. 이는 이후 자녀와의 관계에서 장영란이 자녀의 요구에 취약할 수밖에 없는 조건으로 작용한다.

그러나 자녀를 버렸다는 것은 자녀와 동거하며 일상적인 돌봄을 제공하지 못했다는 것을 의미할 뿐, 장영란은 이후 주기적으로 자녀들에게 경제적 지원을 했다. 또한 자녀를 버린 어머니라는 죄책감은 오히려 자녀를 되찾겠다는 목표를 세우고 열심히 일을 하는 동력이 되기도 했다. 장영란에 의하면, 남편은 경제활동을 한 적이 거의 없고, 경제적으로 자녀를 부양하기 어려운 형편이었다. 장영란은 힘닿는 데까지 저축하여 한 달 혹은 몇 달 주기로 자녀들을 경제적으로 지원했다.

> 그래가 통장도 안 만들고 그거를 어떻게 간수했냐면 애들 갖다 준다고 하고 한 달 모았어요. 모았는데 어디다 간수를 했냐면 일하는 여자들 같이 자고 하는데 끼딱하면 돈을 도둑맞거든. 그래서 사타구니 옆에 주머니를 하나 쥐었어. 사리마다 사타구니에다 주머니 넣었어. 그러니까 치마입고 하니까 여기는 모르잖아. 그래가 있었어요. 그래서 어떨 땐 돈에 오줌도

묻을 때도 있고, 하하하 별 경험을 다 겪었어요. 내가 그래가 그래 모아가지고 애들 갖다 주고 그랬어요.

그렇게 자녀가 어릴 때에는 "뿌스러기(부스러기) 돈"을 "애가 여럿이다 보니까 이 애도 갖다 주고, 저 애도 갖다 주고" 하다가 자녀가 성장한 이후에는 저축으로 목돈을 마련하여 아들의 사업 자금을 지원하고, 셋째 딸의 결혼자금에 보탰다. 남편은 매일 술 마시고 "애들 돈 뜯어서 쓰고" 살아서 사실상 자녀들에게 경제적으로 도움이 된 것은 장영란이었다.

5) 지속되는 폭력, 분절되는 노동 경험

장영란은 '몸이 돈이다'는 생각으로 부지런히 일을 했다. 젊은 시절에는 '몸'만 움직이면 생계를 유지하고 남을 만큼의 돈을 벌 수 있었다.

> 그래도 그때는 나가서 돈 버는 재미로. 나는 내 몸이 돈인 줄 알았어요. 나가면 돈이 생기니까. 내 몸이 돈인 줄 알았어요. 젊을 적에는 식당에 조금만 꾸물대도 돈이 들어오니까. 그래가. (면담자: 몸이 돈이다.) 나는 지금도 그래요. 내가 지금 나가서 꾸물대면 돈 들어오잖아요. 지금도 내 몸이 돈이라.

저소득층 여성들에게 '몸'은 생계를 유지할 수 있는 가장 중요한, 단 하나의 자원이다. 그러나 장영란의 몸은 폭력의 후유증을 담고 있는 몸이며, 시간에 따라 노화하는 몸이라는 한계를 갖고 있다. 장영란은 폭력의 후유증 때문에 며칠씩 일을 하지 못했던 때도 있었고, 시간이 지날수록 폭력의 후유증 및 노화로 인한 질병 등으로 이전에 수행하던 일을 지속하기 어려워졌다.

한편, 폭력을 피해 남편을 떠났음에도 불구하고 폭력은 지속되었다. 남편은 예측할 수 없는 순간에 갑작스럽게 찾아와 그 동안 장영란이 축적해 둔 모든 노동자원과 생계노동을 유지하는 데에 필수적인 사회적 관계들을 탈취하고 파괴하며 소진했다. 노동할 수 있는 '몸'을 최후의 자원으로 인식하였던 구술자와 다르게, 가해자에게 최후의 자원은 구술자였다. 남편은 장영란이 버리고 피신한

식당, 집 등을 손쉽게 차지하거나 처분하여 자신의 소유로 하였고, 장영란은 일생동안 남편에게 쫓기고 폭력을 피해 도망치는 꿈을 꾸며 불안한 상태로 살아왔다.

> 저녁에 꿈을 꾸면 만날(매일) 꿈을 꾸면 도망치는 꿈을 꾸고, 남자는 몽둥이 들고 쫓아오고, 도망치고. 맨날(항상) 도망쳤지요, 뭐. 도망치다보니까 꿈도 맨날(항상) 그런 꿈을 꿨어요.

지속적으로 가해자를 피해 옮겨 다녀야 했던 구술자는 노동단절과 더불어 자원 및 관계의 소진을 반복적으로 경험하였고, 시간이 지날수록 생계 노동의 조건을 안정적으로 유지하기가 어려워졌다. 가해자가 일터에서 폭력을 행사하는 것은 가정폭력피해여성이 노동을 지속하지 못하게 하여 여성의 자립을 저해하려는 가해자의 폭력전략이다.

> 남자가 찾아와가지고 디지게(호되게) 뚜드려(두들겨) 맞았지요. 뚜드려(두들겨) 맞아가지고 이웃사람들이 말리고 이래가지고서 말리는 바람에 도망쳐가지고 여서(여기서) 숨어가지고 있다가 숨어 있다가 그 식당도 돈도 못 받고, 도망을 쳐 버렸지. 도망쳐가지고 그 때는 어디로 갔느냐면, 청주서 도망쳐서 어디로 갔느냐면 경기도 이천을 갔어. 이천을 가가지고 식당을 했어요. 근데 거기서도 또 찾아 온 거라. 희한하게 찾아옵디다. 귀신이라, 찾아오는 거는.

남편이 장영란의 소재를 찾아내는 데에는 자녀와 경찰이 기여했다. 자녀에게 자신의 소재를 알리지 않는 편이었지만, 어쩌다 자녀가 알게 되면 영락없이 남편이 찾아와서 폭력을 행사했다. 또한 남편은 경찰을 동원하여 장영란의 소재를 찾고, 함께 동행하기도 했다. 남편이 장영란의 일터를 습격해 폭력을 행사해도 경찰은 전혀 개입하지 않았다.

> 내가 있었는데 부산에 있었는데 지 아버지를 갈켜줘 가지고서(가르쳐줘서) 아주 뭐뭐뭐 내가 말도 못하게 맞았어요, 내가.

> 와가지고 내 머리채를 들고 해도 경찰이 그냥 보고 섰지, 말리지를 않더라고. 머리채를

들고 어떤 놈하고 바람나서 이지랄 한다면서 식당에서 일하고 있는데 왔더라고. 경찰이
보고 서가지고는 구경만 하고 말리지를 안하더라고(않더라고).

당시는 우리사회에서 가정폭력이 사회문제로 인식되기 이전이었고, 가정폭력 문제에 대한 사회적 개입이 제도화되기 이전의 시기였다. 당시에는 가족 안에서 행해지던 가정폭력은 남의 집 가정사 정도로 인식되었고, 제 삼자가 개입할 일이라 여기지 않았다. 집을 떠난 장영란을 찾아내기 위하여 남편은 경찰에 가출신고를 했고, 가출의 이유를 외도라고 하였다. 가정폭력에 대해서는 개입하지 않던 경찰은 '가출한 아내'를 찾는 가해자를 적극적으로 도왔고, 때때로 가해자는 경찰을 앞세워 숨어있는 장영란 앞에 갑작스럽게 나타나기도 했던 것이다.

탈폭력 시도와 어머니 역할 사이에서의 갈등, 자녀를 버린 엄마라는 죄책감, 가정폭력에 대한 낮은 사회적 인식과 가해남성에게 우호적인 사회 구조 속에서, 구술자가 살기위해 시도할 수 있는 단 하나의 방법은 '도망치는 것'이었다. 장영란은 생존을 위하여 폭력상황을 피해 도망감으로써 폭력피해를 최소화하는 방법을 체화하였고, '도망을 잘 다니는 사람'이 되었다. 남편의 폭력을 피해 도망을 다니는 것 이외에 구술자가 자신의 안전을 위해 할 수 있는 것은 극히 제한되어 있었다.

그래 쫓겨가(쫓겨서) 안 맞을라고. 그렇게 누가 말리는 바람에 비켜져 나가가지고 도망가가지
고. 내가 도망을 잘 당깁니다(다닙니다). 내가 살자니 도망을 잘 당겨야지요(다녀야지요).

6) 나이듦과 가족 부양의 이해: 누가 가해자를 돌볼 것인가?

장영란과 자녀들은 정상가족의 신화를 내면화하고 있었다. 이들에게 정상가족은 부모와 자녀가 동거하는 가족이었으며, 부모와 자녀가 동거하는 정상가족은 행복한 가족을 의미했다. "화목하게 사는 가정"이 부러웠던 장영란은 그런 가족 속에서 성장할 기회를 자녀에게 제공하지 못했다는 이유로 깊은 죄책감을 내면화하였고, 정상가족을 향한 자녀의 요구에 더욱 취약했다. 이를 향한 자녀의 요구를 물리치지 못함으로써 장영란은 남편을 떠났음에도 불구하고 남편의 폭력으로부터 완전히 자유로울 수 없는 상태에 오랜 시간 머물 수밖에 없었다. 장영란은 자녀가

요구하는 것은 대체로 수용하고 그 요구에 응함으로써 자녀와의 관계를 유지하는 것이 어머니로서의 자신의 역할이라고 생각해 왔다. 그러나 자녀를 폭력의 도구로 사용하는 남편의 폭력전략에 의해 지속적으로 폭력에 노출된다. 장영란은 폭력을 피해 남편을 떠났지만, 남편의 폭력은 지속되었다.

> 엄마하고 살아봤으면 죽어도 원이 없다고 하도 그캐써서(그래서) 원이나 풀어줘야지 해서 들어갔거든요. 들어 가가지고 디지게(흠씬) 뚜드려(두들겨) 맞았어. 아주 말도 못하게 맞았어요. 그래서 지(저)도 많이 맞았지, 날(나를) 말린다고. 죽일 듯이 때리니까는. 그랬어도 내 원망 크지 아버지 원망 없습디다.

그러나 자녀의 정상가족에 대한 욕구의 이면에는 가족 내 역할 수행의 요구가 동시에 자리한다. 돌봄 책임이 아직 가족에게 주어진 사회적 맥락에서, 시간이 흐를수록 자녀들은 늙고 병든 가해자를 과연 누가 돌볼 것인가에 대한 물음에서 자유롭기 어렵다. 장영란이 정상가족에 대해 부러움을 갖는 것은 어머니로서의 죄책감에 근거하고 있다면, 자녀의 정상가족에 대한 욕구는 늙고 병든 아버지에게 돌봄을 제공할 사람에 대한 욕구일 수 있다. 이는 장영란이 자녀들에게 자신의 소재를 알리는 경우, 어김없이 장영란의 소재가 가해자에게 누설되는 맥락과도 연관된다. 피해여성의 완전한 탈폭력은 늙은 가해자 아버지를 둔 자녀들의 돌봄 의무와 무관하지 않다. 모성 이데올로기와 '자녀를 떠난 엄마'라는 장영란의 죄책감은 자녀들이 구술자의 돌봄자원을 가해자를 돌보기 위해 동원하고 사용하는 것을 용이하게 하는 방향으로 영향을 미쳤으며, 장영란은 다시 가해자의 폭력에 노출되곤 했다.

> 엄마, 간병인을 둘 수가 없으니까 엄마가 간호를 좀 하라고 하더라고. 어느 병원에 있으니까 몇 호실에 있으니까 가면 된다고 하면서. 그래 내가 가가지고 있으니까 내가 이래 가가지고 이래 섰으니까, 나를 이래 쳐다보더니만 눈이 올라갔다 내려갔다 하더라고. (중략) 그래서 내 애 보고 그랬지. 안 되겠다 내가, 니(네) 아버지 나만 보면 저렇게 죽이려고 드니 내가 하기 싫어 그러는 게 아니고 마음이 불안해서 못 하겠다. 그카니깐(그러니까) 그러면 돈이 좀 들어도 좀 하지요. 그래서 내가 딱 삼(3)일하고 말았어요, 간호를. 그래가 두드려(두들겨) 패고 나를 죽이려고 하니 뭐 어쩝니까?

7) 이혼: 탈폭력 및 최후의 빈곤 대응 전략

폭력을 피해 남편을 떠난 이후에도 반복적으로 지속되던 폭력은 자녀들이 부모를 재결합시키고자 하는 바람을 버리고 가해자를 시설에 수용하면서 비로소 중단된다. 1970년대 초반에 남편을 떠났던 장영란은 마침내 자녀들의 승인을 얻어 애초의 떠남의 목적을 달성한다. 남편이 자녀를 폭력의 도구로 삼기를 포기하지 않는 한, 자녀들의 이해와 승인 없이는 남편을 떠나는 것이 곧 폭력의 종식일 수 없었다.

> 지(제) 아버지 술만 안 먹으면 다시 하면 좋겠다고 생각을 하고 있지요. 있는데, 저희들이 그렇게 해줘 봤거든요. 합쳤을 때 마다 엄마가 뚜드려(두들겨) 맞고 나가고, 나가고 하니까 인제는 안 된다고 하는 거를 저희들이 느끼지요.

가해자와의 완전한 분리는 장영란이 긴 세월 너무나도 바라고 바랐던 변화이며, 평생을 두고 만들어온 새로운 삶의 상황이기도 하다. 폭력이 없는 삶이라는 변화를 맞이한 장영란은 가해자와 법적으로 이혼하였다. 폭력은, 더 정확하게 이야기하자면, 남편이 시설에 수용되어 공간적으로 분리되었기 때문이라기보다는 이혼을 함으로써 법적인 관계를 해소 한 이후에 종결되었다. 시설에 수용되어 있으면서도 남편은 자녀들에게 "너희 엄마하고 살도록 해다오"라고 요구하고 장영란에 대한 폭언을 서슴지 않았었는데, 이혼 이후 더 이상 이런 요구도 폭언도 하지 않는다고 한다. 이혼 이후의 이러한 변화에 대해 장영란은 "자기 식구"가 아니라는 것을 알기 때문일 것이라고 구술했다.

관계지속을 끊임없이 요구하는 남편과 달리, 장영란은 50년을 혼자 살아온 사람으로 자신을 설명하면서 가족들에게 '짐이 되기 싫다'는 의사를 보였다. 혼자 살아왔다는 것은 장영란에게는 자녀와 함께 동거하면서 가까이서 돌봄을 제공하지 못했다는 것을 의미한다. 자녀에게 어머니로서의 역할을 수행하지 못했기 때문에, 그녀는 자녀가 노화한 자신에게 자녀역할을 하려는 것을 당연하게 요구하거나 수용할 수 없고, 부양의 짐을 지울 수 없다.

애들한테 내가 짐이 안 되어야지, 이제는 그 생각 뿐이라요(뿐이에요). 내가 이제 짐이 안 되어야지. 짐 되면 안 되지. 이카고(이렇게) 맨날 이런 생각만 해요. 내가 즈그들(저희들) 키워주지도 않고 조끔도(조금도) 도움 된 일도 없이 살다가 짐이 되면 되겠어요? 짐이 안 될라고 그렇게 노력하고 삽니다.

장영란은 혼자 사는 노인이 사망하면 동사무소에서 시신을 처리해준다고 하면서 "인제는 죽어도 나는 애들한테 폐 안 입힐라 해요" 하고 구술하였다.

장영란은 여든의 나이에 이혼을 했다. 이혼은 앞서 논한 바와 같이 폭력의 종식이라는 의미도 있었지만, 비공식영역의 노동을 통하여 유지할 수 있었던 젊은 시절의 경제적 수준을 더 이상 유지할 수 없는 상황에서 장영란이 노후의 삶을 위한 최저선을 확보하기 위하여 선택한 최후의 빈곤완화 전략이기도 하다. 차상위계층으로 기초연금과 공공근로를 통해 번 돈으로 생계를 유지하고 있는 장영란은 이혼이 경제적으로 도움이 되는 것으로 인식하고 있었다.

지금 이렇게 공공일 해가지고 버는 게 한 달에 저 남자하고 실적에는 칠(7)만 얼마밖에 못 받았어요, 노령연금. 근데 지금은 인제 저 남자하고 헤어지고 부터는 이십(20)만원 받거든요. 그래서 공공일 안하니까 이제 돈이 안 나오네요. 공공일 나오면 이거 이십(20)만원하고 그거 이십(20)만원하고 사십(40)만원 되잖아요. 그것도 이제 이십(20)만원을 내가 적금을 했어요. 적금하면 이제 적금, 인자(이제) 안한지가 한 두 달 되네요. 적금을 돈이 없어서 못 넣은 게 두 달 되어요. 공공일하면 여을거라요(넣을 거예요). 이래가지고 내 몸 아플 때 우예(어떻게) 좀 쓸까 싶어서 넣고 있어요.

장영란은 자신이 짐이 되지 않기 위하여 자녀와도 거리를 유지하고 있다고 했지만, 사실상 이혼은 가족에 대한 부양의 짐을 내려놓는 것이기도 한 것으로 보인다. 장영란은 "인제는 늙어서도 오늘 내가 죽어도 너 같은 거 생각 안 하고 죽으면 내가 마음이 편하겠다하는 마음"으로 남편과 이혼했다고 한다. 또한 가족을 떠났지만 가족의 밖에서 주기적으로 가족을 부양해 온 장영란의 생애를 고려한다면, 남편 및 자녀와의 분리 및 거리두기는 더 이상 가족을 부양하지도 돌봄을 제공하지도 않겠다는 선택이기도 하다. 이것은 자녀들이 모두 성장해 결혼했고, 경제적으로 별 어려움 없이 생활하고 있기 때문에 가능한 것이었으며,

장영란이 더 이상 공공근로 이외에 할 수 있는 일을 구할 가능성이 거의 없기 때문이기도 하다.

5. 결론: 가정폭력과 빈곤

장영란의 삶에서 빈곤은 어린 시절부터 지금까지 지속되었다. 결혼으로 원가족의 빈곤을 탈피하려했던 전략은 성공적이지 못했고, 시가의 가계를 일으켜 빈곤에서 탈피하려던 장영란의 노력도 시아버지의 도박으로 결국 실패하였으며, 열심히 일해 돈을 모았지만 자녀를 경제적으로 부양하느라 바빴다. 집을 떠났지만 피할 수 없었던 남편의 폭력으로 한 곳에 정착하여 안정적인 조건에서 지속적으로 일을 할 수도 없었다. 장영란은 결국 기초연금 및 공공근로를 생계수단으로 살아가는 빈곤 노인여성 가구주로 살아가고 있다. 장영란에게 빈곤은 박미정(2014)의 연구결과와 같이 전 생애에 걸쳐 유지되는 생애 지속적인 것으로 나타났다. 불행한 부부관계의 종결을 통한 경제적 자립과 안정, 공적 소득보장, 자녀의 안정적 취업 등은 빈곤을 완화하는 조건(최희경, 2005)이 되지만, 장영란의 경우 불행하고 폭력적인 부부관계는 쉽게 종결되지 않았고, 경제적으로 자립했으나 가족 밖에서 경제적으로 자녀를 부양하느라 빈곤을 완화하는 충분한 조건이 되지 못해, 구술자의 빈곤은 유지되었다. 자녀가 안정적으로 취업했으나 자녀의 성장기에 어머니역할을 수행하지 못했다는 조건은 장영란이 자녀의 부양을 기대하기 어렵게 한다. 공적 소득보장은 절대 빈곤의 위험 속에서 겨우 생존할 수 있도록 하는 것으로 장영란의 생애 빈곤을 완화하는 조건이 되기에는 충분하지 못했다. 장영란의 빈곤은 같은 세대의 다른 여성노인들처럼 구술자가 정규직 일자리가 드문 시기에 경제활동을 했고, 직업 안정성이 확보되기 어려운 비공식부문 노동에 종사했고, 남편이 부재한 혹은 남편의 경제적 능력이 부재한 상황에서 생계노동을 했으며, 노후를 위한 준비를 하지 못했기 때문(장미혜, 2013)이기도 하다.

장영란의 삶에서 가정폭력과 빈곤은 전 생애에 걸쳐 지속되었다. 빈곤은 원가족 경험에서부터 시작되었고, 가정폭력과 함께 유지되었고, 가정폭력이 종결된 이후 앞으로도 지속될 것으로 보인다. 장영란은 폭력의 종식을 위하여 가해자를 떠났지만, 가해자의 폭력 및 가해자와의 관계는 그 이후에도 단절되지 않았고, 그녀의 빈곤에 지속적으로 영향을 미쳤다. 가정폭력은 구술자의 구직 및 고용유지를 방해함으로써 피해여성의 탈빈곤 시도를 좌절시킨다. 1970년대 초반에 가해자를 떠난 이후 장영란은 주로 식당일로 생계를 유지했는데, 그녀가 반복적으로 구직을 하던 시기에는 비공식부문 노동시장이 확대되고 있었기 때문에 구직 자체가 어렵지는 않았던 것으로 보인다. 그러나 남편은 장영란의 일터에 갑자기 찾아와서 폭력을 행사했고, 그녀가 힘겹게 구축한 생계를 위한 노동자원을 파괴하고 소진하기를 반복함으로써 장영란의 고용유지를 방해하였다. 또한 가정폭력의 후유증은 장영란의 구직활동을 신체적 상해가 회복할 때까지 지연시키고는 했다. 폭력을 피해 전국을 이동하며 숨어 살았던 장영란의 삶과 노동은 반복되는 이주로 단절되었고 사회적 관계의 소진이 지속되었다. 장영란이 한참 식당 일을 했던 시기인 1970-1980년대에 가정폭력은 가정 내에서 일어나는 사적인 일로 여겨졌으며, 직장에서 발생하는 가정폭력에 대해 제재를 가하는 사회적 장치도 존재하지 않았다. 따라서 장영란은 반복되는 남편의 폭력을 피해 '도망'가는 것 이외에 안전을 도모할 방법을 찾을 수 없었고, 지속적인 가정폭력에의 노출로 직업적 안정성을 확보하지 못해 빈곤을 탈피하지 못했다. 빈곤탈피를 위한 전제조건일 수 있는 직업적 안정성은 폭력으로부터의 안전이 확보되지 않고서는 성취될 수 없다(Adams et al., 2013).

빈곤 역시 장영란이 가정폭력으로부터 벗어나기 어려운 조건으로 작용했다. 장영란의 남편은 경제적 능력이 없었고, 열심히 일하지도 않았다. 다른 생계수단을 갖지 못했던 남편은 장영란에게 폭력을 행사함으로써 전세금 혹은 권리금 등을 가로채는 등 장영란이 축적한 자원을 빼앗아 전유하였다. 폭력은 여성의 자원을 탈취하는 행위이기도 하고, 여성이 빈곤에서 벗어나기 어렵게 하는 조건이 된다. 폭력을 통해 얻는 것이 있을 때, 가해자는 폭력을 멈추지 않는다. 장영란과 장영란의 남편 모두 빈곤한 원가족에서 성장해 많은 자원을 갖지 못했지만, 육체노동을 할 수 있는 자신의 '몸'을 자원으로 인식한 구술자와 달리 장영란의 남편은 피해자를 자신의 '자원'으로 전유하였다. 이러한 가해자의 인식은 가부장적 이데올로기에 기반하였고, 가정폭력을 사소화하는 사회문화적 구조 속에서 성장하였다. 장영란의 경우 지속된 폭력의 이면에는 가부장적 사회구조를 배경으로 생애에 걸쳐 가족을 부양해 왔던 구술자의 삶과, 구술자 외에는 소유한 자원이 없었던 가해자의 빈곤이 자리하고 있다.

한편 장영란의 생애 경험에는 급속한 도시화와 근대화로 여성의 경제활동참여가 요구되고, 비공식 부문 노동시장이 급격히 팽창하는 등 우리 사회 근현대사의 맥락이 위치하고 있다. 구술자가 구직을 하던 1970년의 여성의 경제활동참가율은 39.3%에 이르렀지만 아직 농업부문이 지배적이었다. 산업화가 진행됨에 따라 제조업 부문이 증가하고 있는 추세였지만 여성취업자 중 임금근로자는 30% 미만이었고(강이수, 2009: 57), 많은 여성 노동자들이 비공식 부문 노동시장으로 편입되었다. 더욱이 장영란의 낮은 교육수준은 좋은 일자리를 구하기 어려운 조건이었다. 따라서 장영란은 시가를 떠난 이후 대부분 남의 식당에서 일하거나 자신의 식당을 운영하기도 하는 등 비공식부문 노동에 종사하며 생계를 유지했고, 일흔 살이 넘어 더 이상 식당일을 구하기도 어렵고 체력적인 한계로 그 일을 지속할 수도 없게 되어 공공근로에 참여하고 있다. 이처럼 장영란은 생애 전반에 걸쳐 안정적인 노동조건을 갖춘 직장에서 일한 경험이 없고, 그로 인한 빈곤이 지속되었다. 따라서 장영란의 빈곤은 이러한 사회구조적인 상황이 가정폭력과 맞물리면서 부정적인 영향이 증폭·강화된 결과로 이해되어야 할 것이다. 한편 장영란은 1995년부터 9년 동안 주변을 돌볼 만큼 경제적 여유가 있었다고 구술했는데, 이 시기는 90년대 후반의 경제 위기 전후에 걸쳐있다. 장영란은 개인적인 차원에서 당시의 경제 위기로 인한 부정적인 영향을 경험하지는 않았는데, 이는 장영란이 이미 공식 부문 정규직 노동에서 배재된 삶을 살아왔기 때문에 나타난 역설적 결과인 것으로 보인다.

가해자의 폭력이 지속되는 데에는 가부장제를 유지하는 문화적 각본들 역시 주요한 역할을 하였다. 장영란이 남편을 떠난 시점인 1970년대 초반은 사회적으로 핵가족을 규범으로 하는 정상가족의 신화가 확산되던 시기이다. 당시 가정폭력의 문제는 가장의 권한 하에 있는 개인적 차원의 문제로 아직 사회적 문제로 규명되지 못했다. 우리사회가 가정폭력을 사회문제로 인식한 것은 1980년대에 이른 이후였다. 그 이후에도 사회적 차원에서 가정폭력에 개입하는 것은 사적 영역으로서의 가족에 대한 강조로 인해 지속적으로 지연되어 왔다. 이러한 사회적 맥락에서 장영란과 그녀의 자녀들은 정상가족 신화 및 어머니역할을 강조하는 모성이데올로기를 내면화하고 있었다. '자녀를 버린 어머니'로 자신을 정체화하고 있었던 장영란과 정상가족에 대한 욕구와 어머니 역할 수행에 대한 기대를 동시에 가진 자녀를 쉽게 통제할 수 있었던 남편은 자녀를 수단으로 삼아 장영란에게 지속적인 폭력을 행사할 수 있었다. 장영란은 자녀의 요구에 매우 취약했고, 가해자와의 관계 단절을 시도하면서도 자녀와의 관계를 유지하고자 했던 장영란의 노력은 양립될 수 없었다. 정상가족에 대한 자녀의 욕구는 단지 부모와 자녀가 동거하는 가족에 그치지 않을 수 있고, 아버지의 폭력으로부터 방패막이가 되어줄 사람 및 아버지에게 돌봄노동을 제공할 사람에 대한 욕구가 존재했던 것으로 보인다. 결국 자녀들은 폭력을 피해 도망 다니던 장영란의 소재를 번번이 가해자에게 알리는 역할을 하였고, 장영란이 경험하는 폭력과 빈곤은 가족관계 속에서 장기화되었다.

 장영란은 가족 구성원들에게 필요한 자원을 제공하고, 돌봄 노동을 제공하였다. 구술자는 중장년기에는 자녀들에 대한 돌봄을, 노년기에는 늙은 가해자에 대한 돌봄을 제공하기에 가장 적합한 사람으로 인식되었고, 또 그 역할을 가장 요구받는 위치에 있었다. 장영란 외에 다른 대안을 갖지 못한 가족은 집을 떠난 그녀를 놓아주지 않았고, 장영란 또한 자신이 공공근로 이외의 생계노동에 참여할 수 없게 되기 전까지 가족부양의 짐을 내려놓지 못했다.

 이는 가정폭력과 빈곤을 논할 때, 가족의 빈곤과 별개로 여성의 빈곤을 논할 수 없으며 가족의 역동 안에서 피해여성의 빈곤이 보다 맥락적으로 드러날 수 있음을 보여준다. 이러한 장영란의 삶의 경험은 빈곤한 여성이 재폭력을 경험할 가능성이 높다는 기존 논의들의 연장선상에 있다고 볼 수 있으나(Bybee and Sullivan, 2002; Benson and Fox, 2004), 그 이유가 빈곤한 여성이 가해자 이외에 자원이 부재하고 사회적 지원체계가 제한적이기 때문(Goodman, et al., 2009)이라는 분석과는 다른 궤적을 보인다. 장영란의 구술생애사에서 구술자는 자신의 '몸' 이외에 다른 자원이 부재하다. 그러나 구술자 이외에 다른 자원을 갖지 못한 가족의 맥락에서 보자면, 구술자는 가해자 및 가족 구성원들에게 주요한 돌봄자원이다.

이상으로 본 연구는 가정폭력피해여성의 생애사적 맥락에서 빈곤과 가정폭력이 어떻게 서로 상호작용하는지 구술자 장영란의 삶의 경험을 통해 살펴보았다. 본 연구의 결과는 1935년에 출생한 장영란의 삶의 특수성과, 이러한 특수성을 구성하고 동 시대 여성들의 삶에 영향을 미쳤던 사회적 조건들에 기반하고 있어 제한적인 의미를 갖는다. 따라서 이혼이 자유롭고, 자녀 수가 적으며, 고등교육을 받았고, 가정폭력이 사회적 문제로 인식되고, 한부모 가족 및 빈곤 가족에 대한 사회적 지원이 존재하는 이후 세대의 가정폭력피해여성의 가정폭력과 빈곤 경험에 대한 추후의 연구가 요구된다. 다른 시기에 출생한 다양한 여성들의 경험을 통해서 1935년에 출생한 구술자의 경험이 갖는 보편성과 특수성이 더욱 명확해지고, 가정폭력과 빈곤에 대한 더욱 풍부한 설명이 가능할 것으로 기대된다.

마지막으로 지금까지의 본 연구 결과를 바탕으로 향후 가정폭력피해여성들의 삶의 질을 높이기 위한 방안을 제안하고자 한다. 첫째, 가정폭력피해여성이 경험하는 가정폭력으로 인한 빈곤에 보다 많은 사회적·학술적 관심이 요구된다. 협의의 가정폭력의 정의를 확장하여 피해여성의 빈곤을 초래하는 경제적 폭력 및 여성의 고용을 불안정하게 하는 가해자의 행위를 가정폭력으로 규정하고, 이를 제한할 수 있는 실천적·정책적 대안을 모색할 것을 제안한다.

둘째, 빈곤가족의 가정폭력피해여성의 경험을 가족의 생존전략 속에서 고찰하고, 이들 피해여성을 어떻게 지원할 것인지에 대한 보다 많은 관심을 기울여야 할 것이다. 동원할 수 있는 삶의 자원이 상대적으로 제한된 빈곤가족에서 가해자 혹은 피해여성이 서로를 자원으로 인식하는 상황을 벗어나 다른 삶의 대안을 가질 수 있는 사회적 차원의 지원 방안을 고려할 필요가 있다.

셋째, 여성의 빈곤을 초래하는 사회구조적 요인들을 변화시키기 위한 보다 적극적인 실천이 요구된다. 노동시장에서의 불안정한 지위는 여성의 빈곤을 촉진하고, 가해자의 폭력전략의 효과를 증폭시켜 여성의 탈폭력 시도를 무력화한다. 가해자를 떠난 피해여성들이 안정적인 소득 및 고용을 유지할 수 있도록 지원하는 것이 가정폭력피해여성의 탈폭력을 지원하는 중요한 축으로 고려되어야 할 것이다.

　넷째, 가정폭력의 장기적 효과에 대한 인식 및 홍보가 요구되며, 생애에 걸쳐 지속된 가정폭력의 복합적인 후유증에 노출되어 있는 빈곤 여성노인을 대상으로 하는 사회복지서비스를 구축하고 제공할 필요가 있다.

■ 참고문헌

강이수. 2009. "노동시장의 변화와 일-가족 관계", 『일·가족·젠더』, 한울아카데미.
김미숙. 2006. "한국 여성노동력의 성격변화와 노동정책: 1960-2000", 『한국인구학』 제29권 제1호: 133-156.
김성숙. 2012. "여성가구주 가계유형별 빈곤가구 특성연구", 『젠더와 문화』 제5권 1호: 71-103.
김수영. 2004. "제4장 근대화와 가족의 변화", 정진성 외, 『한국현대여성사』, 한울아카데미: 139-169.
김은경. 2011. "1950년대 모성 담론과 현실", 『여성학연구』 제21권 제1호: 123-159.
김은정. 2012. "1935-1945년 코호트 전문직 여성노인들의 일 정체성 형성과정에 관한 연구: 여성 노인 연구의 다양성 제고를 위한 모색 작업", 『한국사회학』 제46집 5호: 35-78.
노혜진·김교성. 2008. "결혼해체를 경험한 여성가구주의 빈곤과 사회적 배제에 관한 종단연구", 『사회보장연구』 제24권 제4호: 167-196.
류은주. 2009. "가정폭력피해여성들의 생애사 연구: 자립과 자립 이후의 사회적응을 중심으로", 『한국가족복지학』 제26호: 5-34.
박미정. 2014. "여성독거노인 생애사에 나타난 빈곤의 오래된 새길", 『노인복지연구』 제66호: 7-35.
안태윤. 2007. "딸들의 한국전쟁-결혼과 섹슈얼리티를 중심으로 본 미혼여성들의 한국전쟁경험-", 『여성과 역사』 제7집: 49-85.
_____. 2011. "후방의 '생계전사'가 된 여성들: 한국전쟁과 여성의 경제활동", 『중앙사론』 33집: 257-295.
양영자. 2013. "내러티브-생애사 인터뷰 분석의 실제", 『한국사회복지학』 제65권 제1호: 271-298.
여성가족부. 2013. 『2013년 전국가정폭력실태조사』, 여성가족부.
윤택림. 2013. "분단과 여성의 다중적, 근대적 정체성", 『한국여성학』 제29권 1호: 127-162.
이임하. 2003. "한국전쟁과 여성노동의 확대", 『한국사학보』 제14호: 251-278.
이효선. 2005. 『사회복지실천을 위한 질적연구』, 학현사.
이희연. 2011. "생애사를 통해 본 공공부조수급 여성가구주의 삶", 『아시아여성연구』 제50권 1호: 131-168.
이희연·박태정. 2010. "가정폭력 피해여성의 사회적 배제 경험에 대한 현상학적 연구", 『여성연구』 제78집 1호: 159-200.
이희영. 2005. "사회학 방법론으로서의 생애사 재구성", 『한국사회학』 제39집 3호: 120-148.
장미혜. 2013. "여성노인의 빈곤원인에 대한 생애사적 규명", 한국사회학회 후기 사회학대회, 2013. 12. 443-458.
정미숙. 2007. 『저소득 여성 가구주의 가족경험과 빈곤화 과정에 관한 연구: 사회적 배제의 관점을 중심으로』, 이화여자대학교 박사학위 논문.
정재훈·장수정. 2013. 『폭력피해경험여성의 경제적 자활 지원 강화 방안 연구』, 한국여성인권진흥원.
정혜숙. 2013. "미국 한인 가정폭력피해 한부모 빈곤여성의 자활경험", 『한국사회복지학』 제65권 4호: 245-269.
최희경. 2005. "빈곤 여성 노인의 생애와 빈곤 형성 분석", 『노인복지연구』 통권 27호: 147-174.

Adams, A.E., Tolman, R.M., Bybee, D., Sullivan, C.M., Kennedy, A.C. 2013. "The impact of intimate partner violence on low-income women's economic well-being: The mediating role of job stability", *Violence Against Women*, 18(12): 1345-1367.

Benson, M.L. and Fox, G.L. 2004. *Economic Distress, Community Context, and Intimate Violence: An Application and Extension of Social Disorganization Theory*. Washington, DC: National Institute of Justice.

Brown, C., Trangsrud, H.B., and Linnemeyer, R.M. 2009. "Battered women's process of leaving: A 2-year follow up", *Journal of Career Assessment*, 17(4): 439-456.

Brush, L.D. 2011. *Poverty, Battered Women, and Work in U.S. Public Policy*, New York, NY: Oxford University Press.

Bybee, D.I. and Sullivan, C.M.. 2002. "The process through which a strengths-based intervention resulted in positive changes for battered women over time", *American Journal of Community Psychology*, 30:103-132.

Goodman, L.A., Smyth, K.F., Borges, A.M., and Singer, R. 2009. "When crises collide: How intimate partner violence and poverty intersect to shape women's mental health and coping?", *Trauma, Violence, & Abuse*, 10(4):306-329.

Humphreys, C. 2007. "A health inequalities perspective on violence against women", *Health & Social Care in the Community*, 15:120-127.

Moe and Bell. 2004. "Abject economics: The effects of battering and violence on women's work and employability", *Violence Against Women*, 10:29-55.

Raphael, J. 1997. "Welfare reform: Prescription for abuse? A report on new research studies documenting the relationship of domestic violence and welfare", *Law and Policy*, 19:123-137.

_____. 2000. "Domestic violence as a welfare-to-work barrier: Research and theoretical issues", In Renzetti, C.M., Edleson, J.L, and Bergen, R.K.(Eds.), *Sourcebook on Violence Against Women*, pp.443-456, Thousand Oaks, CA: Sage.

_____. 2003. "Battering through the lens of class", *Journal of Gender, Social Policy, & the Law*, 11:367-368.

Rosenthal, G. 1993. "Reconstruction of life stories: Principles of selection in generating stories for narrative biographical interviews", In *The Narrative Study of Lives I*, pp. 59-91.

_____. 2006. "The narrated life story: On the interrelation between experience, memory and narration," In *Narrative, Memory, and Knowledge: Representations, Aesthetics, Contexts*, pp.1-6, University of Huddersfield, Huddersfield.

Sanders, C.K. 2015. "Economic abuse in the lives of women abused by intimate partner: A qualitative study", *Violence Against Women*, 21(1): 3-29.

Staggs, S.L., Long, S.M., Mason, G.E., Krishnan, S. and Riger, S. 2007. "Intimate partner violence, social support and employment in the post-welfare reform era", *Journal of Interpersonal Violence*, 22:345-367.

찾아보기

(ㄱ)

가부장적 협상　201
가이드　154, 156, 164, 167, 175, 256
가정폭력　20, 275-301
가족계획사업　11, 17, 18, 29, 30, 32, 37, 39-42, 54, 211, 213-233
가족담론　27, 28, 30, 32, 33, 42, 43, 53, 54
가족부양　299
가족이데올로기　12, 27, 28
간호사　16, 17, 155, 179-200
간호인력　183
간호조무사　16, 179-182, 184, 187, 188, 190, 192, 194, 198
개발독재　10, 20
개발주의　10, 29, 59, 80, 86
개성　59, 60, 63, 65, 68-70, 84, 284
결혼　15, 17-20, 33, 35, 36, 60, 64-67, 71-78, 81-84, 86, 95, 96, 101, 102, 105-108, 126, 128, 130, 131, 133, 135-138, 147, 148, 163, 167, 168, 171, 175, 176, 180, 185, 186, 188, 192-200, 213-215, 221, 225, 226-231, 279, 282-287, 290, 295, 296

경제개발　10, 12-14, 16-18, 39, 59-61, 68, 78-81, 85, 86, 179, 213, 218, 220, 241, 245, 247
경제발전　8, 10, 11, 15, 18, 20, 27, 28, 30, 41, 53, 147, 216, 217, 219, 220, 231, 239, 240, 244, 267
경제적 폭력　279, 300
계급이동　59, 85
고려여행사 제주지사　162, 168, 169, 176
골탄　65, 77, 78, 82
공공근로　283, 284, 295, 296, 298, 299
공순이　15, 126, 127, 133, 134, 148
과부　94, 95
관광　16, 19, 153-177, 239-244, 248-269
관광과 젠더　239, 243
관광버스　160, 163-166, 171, 175, 251
관광사업　16, 153-157, 159-161, 168-171, 173-177, 248-251, 262, 265, 267, 268
관광안내원　16, 157, 174
광부　179, 180, 192-196, 247
구술생애사　16, 60-62, 64, 67, 68,

85, 86, 277, 281, 282, 299
국제여행알선업체 160, 162
군인 35, 66, 70, 73-76, 129, 286
근대적 출산조절 211, 213, 214, 231-233
근대화 7-12, 14, 20, 21, 31-34, 37, 43, 48, 49, 53, 128, 213, 214, 217, 218, 220, 221, 223, 231, 233, 240, 244, 245, 247, 264, 266, 267, 298
기생관광 17, 19, 239, 241-244, 248, 255-257, 262-265, 267, 268
기초연금 283, 284, 295, 296

(ㄴ)
남성성 62, 197-200, 263-266, 268
노동운동 15, 143, 149
노인소외 35, 45, 48, 49, 53, 54
『농민신문』 30, 34, 51, 52

(ㄷ)
대중독재론 29
도시화 12, 28, 34, 43, 48, 51, 130, 231, 298
독일 10, 16, 17, 179-200
돌봄 12, 182, 186, 189, 280, 285, 289, 293, 294, 295, 300
돌진적 근대화 220, 221, 223
동일방직사건 15, 139, 140-142

(ㅁ)
모델 마이너리티 200
모성 10, 12, 13, 50, 53, 67, 81, 91-97, 100, 104, 108, 113, 117-119, 135, 231, 285, 293, 299
모성 이데올로기 95, 293
미망인 14, 34, 66, 71, 91-96, 106-108, 114

(ㅂ)
박정희체제 12, 27-33, 38, 40, 43, 53, 54
발전 7-11, 14, 16, 17, 19-21, 28, 33, 36, 37, 40, 63, 125, 127-130, 148, 149, 156, 160, 166, 185, 207, 210, 217, 219, 239, 241, 242, 244, 245, 248-250, 255, 264, 266-268
발전국가 17, 19, 28, 239, 242, 244, 264, 268
발전주의 242, 266
부계가족주의 11
부계직계 가족규범 27
분단 11, 29, 59-61, 63, 67-69, 74, 76, 77, 85, 266
비공식 부문 10, 14, 82, 298
빈곤 13, 20, 52, 59, 63, 68, 72-74, 76, 80, 85, 86, 126, 215, 218, 220, 240, 275-286, 294-301
빈곤 대응 전략 294

(ㅅ)

사회발전 36, 37, 53

사회적 배제 190, 200, 201, 279, 280

산업화 7, 8, 11, 12, 27, 28, 32, 48, 53, 60, 64, 81, 82, 85, 86, 91, 125, 127, 128, 147, 231, 244, 247, 298

생계부양자 12, 14, 93, 109, 110, 191, 195, 197, 199, 201, 282, 286

생애사 텍스트 99, 153, 177

생애사에 대한 1차적인 해석 153

생애사에 대한 2차적인 해석 153

생존 20, 73, 95, 220, 275, 277, 282, 285, 292, 296, 300

서사 13, 31, 59, 60, 63-65, 67, 85, 86, 93, 97-100, 102, 104, 119, 153, 181, 184, 186, 188, 282

성매매 10, 18, 19, 66, 91, 241-244, 246, 248-250, 258, 259, 261, 267-269

성별규범 12, 27, 54

성역할 9, 12, 17, 50, 52, 181, 186, 190, 197, 201, 202, 240

섹슈얼리티 10, 17-21, 66, 93, 138, 208, 212, 213, 226-230, 240, 243, 247, 255, 262, 269

섹스관광 240, 241, 250, 267, 269

소가족 12, 32, 33, 35-39, 41, 46, 48, 53

송금 17, 182, 190, 191, 192

수색 63, 65, 77

10월유신 28, 42, 43

식당 13, 65, 81, 164, 168, 170, 173, 174, 176, 196, 250, 283-285, 290-292, 297, 298

(ㅇ)

안내소 156, 159, 163, 164, 168

안내양 165, 169

어머니 10, 11, 13, 16, 33, 34, 40, 47, 62-65, 70-75, 77, 78, 91-94, 97, 98, 102-105, 108-119, 126, 135, 139, 146, 148, 174, 175, 184, 186, 201, 208, 209, 214-217, 225, 233, 242, 261, 283, 285, 287-289, 292-294, 296, 299

여공 15, 42, 125-133

여성 7, 14-21, 28-30, 32, 34, 35, 37, 41-43, 46-50, 52-54, 59-64, 66-69, 71-82, 91-100, 104-108, 110, 117-119, 125-150, 153, 157, 181-183, 185-188, 193-202, 207-226, 230-233, 240-243, 245-247, 249, 255, 258-265, 275-285, 290, 297-301

여성 사업가 16, 153

여성노동 67, 80, 81, 149, 284

여성노동운동 151

여성노동자 67, 80, 149

여성성 15, 125, 127, 133, 143, 147, 186-188, 193, 197, 200

여성운동 28, 37, 42, 48, 50, 210, 217, 242

여성의 몸 19, 140, 193, 207-212, 215, 223, 233, 247, 249, 255, 262, 267-269

여행사 16, 154, 156, 159-173, 175-177, 257

영웅서사 13, 59

YH사건 15, 142

외화획득 180, 192, 242, 248, 252, 264, 267

월남파병 160

이민 182, 200

이원구조 48, 51

306 조국 근대화의 젠더정치

일상생활   10, 60, 62, 68, 116, 196

(ㅈ)

자유연애   76
재생산의 사생활화   220
재생산적 권리   210, 212, 231, 232, 234
재이주   180, 181, 185, 192, 200
재정착   192, 200
재혼   13, 14, 34, 91-104, 106-112, 115, 117-119, 199
전업주부   13, 15, 43, 53, 54, 80, 81, 115, 126, 135, 195
전쟁미망인   14, 66, 71, 91-93, 96, 106-108, 114
전쟁체제   74
전통   7-9, 11, 12, 14, 17, 20, 27, 28, 30-34, 44, 46, 48-51, 53, 54, 76, 94, 95, 125, 131, 147, 184, 197, 198, 201, 220, 241, 242, 258, 260, 262, 266, 276
전후   8, 13, 46, 59-66, 68, 70-72, 74-76, 81, 91-97, 100, 104, 106, 107, 110, 114, 117, 119, 217, 245, 261, 267, 283, 284, 298
정상가족 신화   285, 299
정절 이데올로기   91, 117
제주관광사업협회   154-157, 159, 160
제주관광여행사   16, 167, 169, 171, 172, 176
제주도 관광사업   16, 153
제주도관광협회   156, 157, 159, 160, 162, 169, 174
제주매일정기관광   169,
제주특별자치도관광협회   156, 157, 168, 177
제주합동여행사   167-169
젠더   8, 9, 15, 16, 19, 20, 28, 31, 53, 62, 73, 74, 99, 125, 127, 129, 131, 139-141, 153, 179, 181, 185-187, 191, 193, 197, 200-202,

208, 211, 213, 215, 233, 239, 240-244, 255, 260-263, 268, 269
젠더정치   4
『조선일보』   30, 32-37, 39-53, 92, 247
『주부생활』   30, 35

(ㅊ)

출산조절의 의료화   221

(ㅌ)

탈빈곤 전략   285
탈식민 페미니즘   9
탈식민주의   9, 242, 243, 255
탈폭력   277-279, 281, 288, 292-294, 300

(ㅍ)

파독 간호사   179
포스트식민 조우   19, 239, 242, 243, 255
포스트식민주의   239

(ㅎ)

한국노동조합총연맹   139
한국전쟁   10, 11, 29, 60, 61, 63, 65, 66, 68, 69, 72, 75, 76, 78, 85, 86, 91-94, 101-105, 117, 119, 182, 216, 282, 283-286
한일기본조약   163
해외 이주   17, 182, 195, 200
핵가족   11-13, 25, 27, 28, 30-55, 67, 82, 285, 298
호텔   159, 161, 162, 165, 168, 170-174, 248-251, 257, 258, 268
확대가족   27-29, 31, 32, 48, 51, 82

■ 집필진 소개

이재경

이재경은 이화여자대학교 여성학과 교수로, 한국여성학회 회장과 한국가족학회 회장을 역임했다. 주요 교육·연구 분야는 여성학 연구방법, 한국 가족, 여성과 국가이다. 근대 한국 가족과 젠더에 대한 연구뿐만 아니라 국가와 젠더, 여성학 방법론에 대한 저서, 번역서, 논문을 집필하였다. 지은 책으로는 『여성(들)이 기억하는 전쟁과 분단』(공저, 2013), 『여성주의 역사쓰기: 구술사 연구방법』(공저, 2012), 『국가와 젠더』(공저, 2010), 『여성학』(공저, 2007), 『가족의 이름으로』(2003) 등이 있다. 논문은 "Precarious motherhood: Lives of Southeast Asian marriage migrant women in Korea"(2015), "한국사회 젠더갈등과 사회통합"(2013), "여성주의 정책 패러다임 모색과 '성평등'"(2012), "탈빈곤전략으로서 이주결혼의 역설: 한국의 필리핀 결혼이주 여성의 사례를 중심으로"(2011), "Measures of Women's Status and Gender Equality in Asia: Issues and Challenges"(2011) 등이 있다.
E-mail: ljk@ewha.ac.kr

김혜경

김혜경은 이화여자대학교에서 사회학과 여성학을 공부하였으며, "일제하 '어린이기'의 형성과 가족변화에 대한 연구"로 박사학위를 취득하였다. 2004년 이래 전북대학교 사회학과에 재직하고 있다. 가족사회학 분야를 주전공영역으로 하고 있으며, 젠더사, 일·가족 양립, 노인 돌봄, 청년과 개인화, 공동체 등의 다양한 주제에 관심을 가지고 연구해왔다. 저서로는 『식민지하 근대가족의 형성과 젠더』(창비, 2006), 『노인돌봄: 노인돌봄의 경험과 윤리』(공저, 양서원, 2011), 『가족과 친밀성의 사회학』(공저, 다산출판사, 2014) 등이 있다.
E-mail: hkkimyou@jbnu.ac.kr

박혜경

박혜경은 강원도여성가족연구원 연구개발부장이다. (재)인천발전연구원 여성정책센터장, 이화여대 한국여성연구원 연구교수, 한국여성학회 운영위원, 한국가족학회 연구이사 등을 역임했다. 젠더 관점에서 가족/친밀성의 구조변동, 여성 및 가족정책, 여성주의 연구방법, 여성주의 실천 등에 관심을 가지고 있다.
E-mail: hgparkra@korea.kr

나성은

나성은은 이화여자대학교 한국여성연구원 연구교수로 재직했으며, 현재 이화여대, 중앙대에서 강의하고 있다. 여성학(정책)을 전공했고, 부성, 돌봄, 일·가족생활 균형에 관해 연구하고 있다. 논문으로는 "부성 실천을 통해 본 '돌보는 남성성'의 가능성"(2015), "남성의 양육 참여와 평등한 부모 역할의 의미 구성"(2014), "아버지의 양육 참여에 내재한 젠더 위계와 '신 도구적' 부성의 구성"(2014) 등이 있고, 번역서로 『시간을 묻다 – 노동사회와 젠더』(2010, 공역), 『성적 차이, 민주주의에 도전하다』(2009, 공역)가 있다.
E-mail: senah529@hanmail.net

김승경

김승경은 메릴랜드 주립대학 여성학과 교수로, 여성학과 학과장 및 동아시아연구센터 원장을 맡고 있으며, 동대학교 인류학과와 아시아계 미국인 연구 프로그램에도 참여하고 있다. 주요 연구 분야는 노동자로서의 여성의 사회운동 참여와 국가와의 관계, 이민 가정의 트랜스내셔널 이주 과정의 경험, 사회적 변화에 대한 페미니스트 이론 등을 아우르고 있다. 그녀의 연구는 수많은 학술논문 외에도 『계급투쟁인가 가정 투쟁인가?: 대한민국 여공들의 삶』(캠브리지대학, 2009/1997), 『페미니스트 이론 읽기: 지역적 관점과 세계적 시각』(라우틀릿지, 2013/2009/2003) 등의 저서를 통해 발표되었다. 최근 저서로는 『한국 여성 운동과 국가: 변화를 위한 투쟁』(라우틀릿지, 2014)이 있다. 현재는 새로운 저서 『글로벌 시민의 탄생?: 기러기 가족을 통해서 본 트랜스내셔널 이주와 교육』을 집필 중에 있다. E-mail: skim2@umd.edu

유철인

유철인은 제주대학교 철학과 교수로, 제주학회 회장과 제주4·3연구소 소장을 역임했고, 현재 한국문화인류학회 회장과 한국구술사학회 부회장을 맡고 있다. 여성 구술생애사의 관점에서 제주4·3사건을 겪은 여성과 제주해녀를 연구해왔으며, 유네스코 무형문화유산의 관점에서 제주도와 일본의 해녀에 대해 발표해왔다. 지은 책으로는 『여성주의 역사쓰기: 구술사 연구방법』(공저, 2012), 『다문화 사회와 국제이해교육』(공저, 2008), 『인류학과 지방의 역사』(공저, 2004), 『처음 만나는 문화인류학』(공저, 2003) 등이 있으며, 번역서로는 『인류학과 문화비평』(2005)이 있다. 논문으로는 "일본 아마와 관광: '전통적' 잠수복인 이소기의 상징성"(2012), "구술생애사를 텍스트로 만들기: 제주해녀 고이화의 두 가지 텍스트 비교"(2011), "구술된 경험 읽기: 제주4·3관련 수형인 여성의 생애사"(2004) 등이 있다. E-mail: chulin@jejunu.ac.kr

안연선

안연선은 프랑크푸르트 대학교 한국학 교수 및 동대학 동아시아 센터 부소장, 한국이중언어학회 이사를 역임하고 있다. 주요 교육,연구 분야는 이주와 젠더, 다문화주의, 해외 한인, 전시 성폭력 등이다. 저서로는 성노예와 병사만들기(삼인, 2003) 그리고 최근 다음과 같은 논문을 발표했다. "Gender under reconstruction: negotiating gender identities of marriage migrant women from Asia in South." In *After Development Dynamics: South Korea's Engagement with a Changing Asia*. Edited by Anthony P. D'Costa. Oxford: Oxford University Press. 2015; "Rewriting the History of Colonialism in South Korea." In *Broken Narratives: Post Cold War History and Identity in Europe and East Asia*. Edited by Susanne Weigelin-Schwiedrzik. Leiden: Brill, 2014. E-mail: Y.Ahn@em.uni-frankfurt.de

배은경

배은경은 서울대학교 사회학과 부교수로, 같은 대학 여성학협동과정의 전공주임 및 여성연구소 겸무연구원으로 일하고 있다. 한국사회 출산조절의 역사적 과정을 젠더 관점에서 추적하는 연구로 박사학위를 받았으며, 페미니즘 시각에서 한국사회의 변화를 이해하는 일에 주된 관심을 두고 작업해 왔다. 『현대사회의 성, 사랑, 에로티시즘: 친밀성의 구조변동』, 『사랑은 지독한 혼란』 등을 공역했으며, 저서 『현대 한국의 인간재생산』, 공저 『사건으로 한국사회 읽기』, 『여성주의 고전을 읽는다』, 논문 "'경제위기'와 한국여성: 여성의 생애전망과 젠더/계급의 교차", "청년 세대 담론의 젠더화를 위한 시론: 남성성 개념을 중심으로" 등이 있다.
E-mail: sereneb@snu.ac.kr

이하영

이하영은 중앙대학교 사회학과 박사수료생으로, 포스트식민 한국의 성매매 정책과 여성운동, 여성운동의 급진화에 관심을 갖고 논문을 준비 중이다. E-mail: toglory77@hanmail.net

이나영

이나영은 중앙대학교 사회학과 교수로, 한국여성학회 연구위원장, 한국문화사회학회 편집위원장을 역임했다. 주요 교육·연구 분야는 페미니즘 이론, 섹슈얼리티, 탈식민주의, 초국적 여성 운동이다.
E-mail: nylee@cau.ac.kr

박언주

박언주는 동아대학교 사회과학대학 사회복지학과 조교수로 재직하고 있다. 주요교육 분야는 사회복지실천, 가족복지, 노인복지, 다문화 복지 등이다. 가정폭력분야의 연구를 수행해 왔으며, 여성노인의 구술생애사 연구를 진행하면서 연구 분야를 노동, 빈곤, 이주 등으로 확장하고 있다. E-mail: epark@dau.ac.kr